中國學術思想 研究輯刊

十七編

林慶彰 主編

第16冊

先秦兩漢陰陽兵略

王智榮 著

花木蘭文化出版社

國家圖書館出版品預行編目資料

先秦兩漢陰陽兵略／王智榮 著 — 初版 — 新北市：花木蘭文
化出版社，2013〔民102〕

目 4+344 面：19×26 公分

（中國學術思想研究輯刊 十七編；第 16 冊）

ISBN：978-986-322-406-8（精裝）

1. 軍事思想　2. 先秦　3. 漢代

030.8　　　　　　　　　　　　　　　　102014741

ISBN-978-986-322-406-8

中國學術思想研究輯刊
十七編　第十六冊　　　　　　　　ISBN：978-986-322-406-8

先秦兩漢陰陽兵略

作　　　者　王智榮
主　　　編　林慶彰
總 編 輯　杜潔祥
出　　　版　花木蘭文化出版社
發 行 所　花木蘭文化出版社
發 行 人　高小娟
聯絡地址　235 新北市中和區中安街七二號十三樓
　　　　　　電話：02-2923-1455／傳真：02-2923-1452
網　　　址　http://www.huamulan.tw 信箱 sut81518@gmail.com
印　　　刷　普羅文化出版廣告事業
封面設計　劉開工作室
初　　　版　2013 年 9 月
定　　　價　十七編 34 冊（精裝）新台幣 60,000 元

先秦兩漢陰陽兵略

王智榮　著

作者簡介

王智榮，一九五四年出生於台灣宜蘭。國立中山大學中國文學研究所暨國防大學政治作戰學院政治研究所畢業，獲有中國文學、法學雙碩士學位，香港珠海大學中國文學研究所博士，師承著名漢學家，香港大學名譽教授何沛雄博士。曾任國軍連、營級輔導長、旅處長、國防部高司參謀、師主任、陸軍步兵學校暨陸軍訓練指揮部政戰部主任、陸軍第八軍團政戰部副主任。現任國立高雄應用大學、實踐大學、樹德科技大學兼任助理教授。著有《先秦兩漢陰陽軍事思想研究》、《周易軍事思想之研究》、《周易兵略》、《胡漢民政治人格之研究》、《易學與兵學之研究》（曾獲第二十八屆國軍軍事著作作戰類佳作獎）、《論左傳戰事的「筮」》、《論春秋左傳鞍之戰》、《易學變易思想與孫子兵法辯證思維研究》、《上古戰略思想——周易之〈師〉卦析探》、《周易蘊含的戰爭哲理》、《淺釋易學對軍人「內聖工夫」之啟發與存養》、《老子戰略思想之研究》、《司馬遷－史記軍事論述之易、老陰陽思想析探》、《黃老陰陽軍事思想析探》、《雜家淮南子陰陽軍事思想析探》、《雜家呂氏春秋陰陽軍事思想析探》、《周易、老子軍事思想比較研究》等多篇論文。

提　要

　　有軍事思想然後有兵略，據《淮南子·兵略》注：「兵，防也，防亂之萌，皆在謀略，解諭至論，用師之意也，故曰『兵略』。」先秦時期是蘊育與開創陰陽軍事思想的關鍵時期，秦代以迄兩漢則為受其陰陽軍事思想影響極深的時期，本書期藉陰陽軍事思想以探討兵略。其如：

　　《周易》是植根於陰陽之軍事思想，其變易軍事辯證思維與剛柔軍事辯證思維，可轉換為戰略上之奇正、虛實陰陽軍事思想。

　　道家《老子》思想如「不以兵強天下」、「以奇用兵」、「不爭」、「虛靜」、「慈戰論」等等，形成其陰陽軍事思想。

　　陰陽家運用天象、曆算、音律、陰陽五行、望氣候星、龜策禨祥等陰陽術數專長，乃成為影響戰爭勝敗之陰陽軍事思想。

　　兵家者流，《漢書·藝文志·兵書略》云：「陰陽者，順時而發，推刑德，隨斗擊，因五勝，假鬼神而為助者也。」乃為其陰陽軍事思想

　　雜家《呂氏春秋》、《淮南子》，其將前代兵學思想予以融合貫通，並將儒、墨、道、法、陰陽等之哲學、政治思想，內蘊、轉化為其陰陽軍事思想。

　　黃老思想面對新時代、新政權以及殘酷的戰爭環境，以「作爭」的尊陽卑陰軍事思想，圓融替代老子的陰柔「不爭」軍事思想。

　　而《史記》受《周易》、《老子》陰陽思想影響極深，亦瞭解兵凶戰危的可怕，其最終之軍事思想是「慎重兵事」反對戰爭。

　　本書研究發現，無論何種兵略，應以「不戰而屈人之兵」及「少殺伐」為最高指導原則，且以保護自己的生存空間為首要目的，絕非以戰勝與殺戮為唯一的選擇，人類亦應瞭解兵凶戰危之可怕，進而慎於兵事，發揚「生生之德」與「太極和階」之思想，達到息戰、止戰之目的。

目
次

第壹章　緒　論

中國哲學思想中，淵源最早，流別最雜，影響後世民間社會至深且鉅者，「陰陽」之思想。林金泉《周秦陰陽五行家思想研究》云：

> 秦漢以降，歷千年來，上至帝王將相，下至販夫走卒，其治國施政，
> 思想觀念，能脫其支配，免其影響者，蓋鮮矣！改朔易服之說、災
> 異祥瑞之論，遍載史篇；妖言惑主之輩，卜算星相之徒，充斥朝野，
> 即若天文地理、醫藥農事之應用，甚或學術思想之闡釋與流衍，亦
> 無不受其籠罩影響也。〔註1〕

然而，梁啓超〈陰陽五行說之來歷〉云：「陰陽五行說，爲二千年來迷信之大本營，直至今日，在社會上猶有莫大勢力。」〔註2〕惟前一段文「陰陽五行說，爲二千年來迷信之大本營。」如此直率的立論，是否過於獨斷，甚難論評，卻引起當時學術界熱烈的回響，如呂思勉〈辯梁任公陰陽五行說之來歷〉謂梁任公先生學問淵博，論古尤多特識，惟此篇頗傷武斷，其云：

> 此篇之誤，在過信經而疑傳。故謂「陰陽兩字相連，表示無形無象
> 兩種對待性質，自孔子或老子始。孔老以前之書，確實可信者：曰

〔註1〕 林金泉著，《周秦陰陽五行家思想研究》（國立師範大學國文研究所碩士論文，
1982年11月），頁33。本文所引典籍，於各章節首次出現時，詳細著明朝代、
作者、書名、冊數、頁數、出版地、出版社、出版年月與版次，以便覆覈；
再次引用時，僅註明書名、冊數、頁數、以省篇幅，爲統一體例，出版年月
一律以西元紀年標記。

〔註2〕 梁啓超著，〈陰陽五行說之來歷〉，顧頡剛編，《古史辨》（台北：藍燈文化事
業股份有限公司，1993年8月，2版），冊5，頁343。本文原著於《東方雜
誌》，1923年5月，第20卷，第10號。

詩，曰書，曰禮，曰易之卦辭，爻辭。儀禮全書無陰陽二字。三經陰陽字，不過自然界中粗淺微末之象，不含深意。」又謂「十翼出孔子手，最可信者，莫如彖象，彖象中陰陽二字，僅乾坤兩卦各一見，繫辭說卦文言諸傳言之較多，然傳中多有子曰字，論體例，應爲七十子後學者所記也。」愚案信經疑傳，自昔已然，於今爲烈。〔註3〕

呂思勉認爲梁任公先生過於信經而疑傳，故易傳中許多陰陽思想，梁任公均有意忽略，不予認同，才造成認爲陰陽爲迷信之看法。

　　除此之外，欒調甫、顧頡剛、錢穆、范文瀾，以至於後來的徐復觀先生，他們都對陰陽五行在理論上作過深入的探析，所以後一段話文「直至今日，在社會上猶有莫大勢力。」確屬至當之言。劉節在《古史辨》第五冊之序言中即云：

> 我覺得陰陽五行說的起源尤其重要，因爲今古文之爭是拿這個問題作中心的。假定把陰陽五行說的起源和發展弄清楚了，今古文學的重心算是定了。兩漢學術界的大本營是札在儒家身上，然而兩漢的儒家決非春秋戰國時的儒家，他們原來是陰陽五行家同儒家的結合體。這派學者最初開創的是鄒衍，集大成的是董仲舒。洪範一篇，就是他們的重要經典，他們的力量在秦漢之間眞有不可一世之概。〔註4〕

誠然，陰陽之思想，從古至今，無論在學術界抑或在民間社會，都有鉅大的影響力與份量，惟論其源起，歷來學者，言之眾矣。

第一節　研究動機與目的

　　陰陽思想不僅爲古代的重要思想，亦是個學術問題，而且這個問題在中國哲學思想史上的影響極大，誠如上段劉節所言：「陰陽五行說的起源尤其重要，因爲今古文之爭是拿這個問題作中心的。假定把陰陽五行說的起源和發展弄清楚了，今古文學的重心算是定了。」又云：「兩漢學術界的大本營是札在儒家身上，然而兩漢的儒家決非春秋戰國時的儒家，他們原來是陰陽五行

〔註3〕呂思勉著，〈辯梁任公陰陽五行說之來歷〉，顧頡剛編，冊5，頁363。
〔註4〕顧頡剛編，《古史辨》，冊5，頁6。

家同儒家的結合體。」不過，陰陽思想起源甚早，直至鄒衍開創陰陽五行學派，而至董仲舒則集其大成，其在秦漢之間，其勢力如日中天不可一世，例如司馬談論六家要旨即云：「道家因陰陽之大順」，且把陰陽家列於六家之首。再如，陰陽五行家在秦漢間所以能大行者，有一個重要原因，即是陰陽五行家提出「四時、八位、十二度、二十四節氣。」種種名目，使一般民眾感到「順之者昌，逆之者不死則亡」〔註5〕的畏懼，同時陰陽家亦談論「春生、夏長、秋收、冬藏」天道大經的哲學，故鄒衍「觀陰陽消息」，〔註6〕並能「以陰陽主運顯於諸侯」，〔註7〕且《後漢書・方術列傳》之前二十三人，如任文公均以陰陽術數馳名（此於第五章陰陽家之陰陽軍事思想析探有深入探究），〔註8〕故陰陽思想在秦漢間或可說是最有權勢的思想，亦是最時髦的思想，殊值研究，此為激起筆者研究動機之一。

其次，陰陽思想之起源，由於時代久遠，古之文獻或不足徵，故歷來學者亦爭論不已，如梁任公認為「商周以前所謂陰陽者，不過自然界中一種粗淺微末之現象，絕不含有何等深邃之意義。」〔註9〕視陰陽思想之起源，不過是自然界中一種現象而已，然而，卻有許多學者如呂思勉、劉節、欒調甫、顧頡剛、錢穆、范文瀾等持不同之意見，此為激起筆者研究動機之二。

再者，陰陽思想在中國無論在政治、軍事、哲學、歷史、樂律、氣象、醫藥、術數抑或是一般民眾在生活方面及信仰方面等等，所產生的影響，是沒有其他思想體系所能匹敵，以中國哲學思想為例，所謂「易以道陰陽」，〔註10〕《周易》是講陰陽的；儒家蓋出於司徒之官，「助人君順陰陽明教化者。」亦不避諱陰陽思想；〔註11〕道家是以陰陽觀念觀察事事物物，其云：「道生一，一生二，二生三，三生萬物。萬物負陰而抱陽，沖氣以為和」；〔註12〕而黃老

〔註5〕漢・司馬遷著，《史記・太史公自序第七十》（台北：金川出版社，1977年7月），卷130，頁3289～3290。

〔註6〕林金泉著，《周秦陰陽五行家思想研究》，頁66

〔註7〕漢・司馬遷著，《史記・歷書》，冊2，卷26，頁1259。

〔註8〕宋・范曄著，唐・李賢等注，《後漢書・方術列傳第七十二上》，冊10，卷82上，頁2706。

〔註9〕梁啟超著，〈陰陽五行說之來歷〉，顧頡剛編輯，《古史辨》，冊5，頁347。

〔註10〕郭慶藩編，《莊子集釋》（台北：河洛圖書出版社，1974年3月臺景印1版），頁1067。

〔註11〕漢・班固著，《漢書・藝文志》（台北：鼎文書局，1976年3月，初版），冊3，卷30，頁1728。

〔註12〕朱謙之著，《老子校釋・第四十二章》（台北：漢京文化事業有限公司，1885

學之陰陽思想如「天地之道也。四時有度，天地之李（理）也。日月星晨（辰）有數，天地之紀也」；〔註13〕其他如墨家之經典，雖未見著陰陽二字字眼，惟亦有「陰陽五行」辭語如「五行毋常勝，說在宜〈經下〉」；〔註14〕陰陽家之陰陽思想如：「夫陰陽四時、八位、十二度、二十四節各有教令，順之者昌，逆之者不死則亡」；〔註15〕兵家之陰陽思想如：「陰陽者，順時而發，推刑德，隨斗擊，因五勝，假鬼神而為助者也。」〔註16〕雜家以《呂氏春秋》為代表著作，其陰陽思想如：「凡人物者，陰陽之化也，陰陽者，造乎天而成者也。」〔註17〕而《淮南子》受先秦陰陽思想影響甚深，且「博採各家」思想亦為後代雜家思想代表，〔註18〕其陰陽思想如：「天設日月列星辰，調陰陽張四時。」〔註19〕最後如董仲舒之《春秋繁露》陰陽五行思想，幾乎中國重要的各思想派別均蘊涵陰陽思想，然而，對於影響中國已往的思想學術如此深遠的陰陽思想，卻不為當今學術界所重視，無不令人浩嘆，此為激起筆者研究動機之三。

　　誠然，陰陽思想雖不為當今學術界所重視，惟目前亦有少數學者孜孜矻矻研究陰陽思想，如呂思勉、欒調甫、劉節　顧頡剛、錢穆、范文瀾、陳榮、童書業等諸前輩學者，現今學者如鄺芷人、林金泉、羅桂成、陳立中、李漢三、謝松齡、林明正及日人井上聰等學者對陰陽思想均有專著，不過，這些研究陰陽思想的領域大致集中於政治、哲學、文學、歷史、醫學等，至於利用陰陽思想理論以探討軍事思想者，則是少之又少，此為激起筆者研究動機之四。

年10月，初版），頁174～175。

〔註13〕陳鼓應註譯，《黃帝四經今註今譯》（台北：臺灣商務印書館，2004年8月，初版4刷），頁222～225。

〔註14〕清・孫詒讓著，《墨子閒詁・經下》，卷10，頁10。

〔註15〕漢・司馬遷著，《史記・太史公自序第七十》，卷130，頁3289～3290。

〔註16〕漢・班固著，《漢書・藝文志》，冊3，卷30，頁1760。

〔註17〕題呂不韋著，《呂氏春秋》（北京：內蒙古文化出版社，2007年1月，初版1刷），頁361～362。

〔註18〕從《淮南子》內容析探其思想之流派，有些學者視《淮南子》為道家或黃老之類，惟《漢書・藝文志》列有道家三十七家，《淮南子》並未列入，而《淮南子》博採各家思想，兼容並蓄，《漢書・藝文志》亦列有《淮南內》二十一篇、《淮南外》三十三篇，故將其列入雜家之林，亦有其道理。本文旨在研究《淮南子》之陰陽軍事思想，由於其思想龐雜，故採納《漢書・藝文志》從雜家之角度或視野研究，或更能有所突破與收獲

〔註19〕題漢・劉安著，《淮南子・泰族訓》（台北：臺灣中華書局，1974年10月臺三版），卷20，頁1。

　　由於目前專門研究軍事思想的學者與專著，或不在少數，然而，以陰陽思想理論以探討軍事思想者，則相對的少了許多，其原因在於，以陰陽思想理論以探討軍事思想，必須涉及的知識相當的多，例如政治、哲學、文學、歷史、軍事甚至醫學、術數等等，且以歷史的眼光觀察，陰陽思想對戰爭或軍事思想的影響時間非常長，先秦時期是蘊育與開創陰陽軍事思想的關鍵重點時期，秦代以迄兩漢則爲受其陰陽軍事思想影響極深的時期；再者，陰陽軍事思想所須研究的對象甚廣，至少包括如《周易》陰陽軍事思想、老子「道家」陰陽軍事思想、黃老陰陽軍事思想、陰陽家陰陽軍事思想、兵家陰陽軍事思想、雜家陰陽軍事思想等，甚至如儒家、墨家亦有少許的陰陽軍事思想，但此兩家在其思想領域中並不強調陰陽軍事思想，卻也不能不提。

　　最後，對於研究軍事領域之軍人而言，可能不屑於利用術數去觀察古代的戰爭，但不可否認的，歷史上依據天象的星占學以及陰陽術數理論，而指導、決定用兵方式，比比皆是，如漢宣帝神爵元年，趙充國奉命全權經略西羌軍事；〔註20〕又如漢武帝征和三年遣貳師將軍李廣利進攻匈奴，漢武帝是受了陰陽家術數之影響，使之草率決定發動本次戰爭，（以上兩例在本文第五章均有詳細說明）；〔註21〕此種例子，不勝枚舉，不算新奇，惟以今日眼光衡量，卻覺得不可思議。至於一般學者，對於陰陽軍事思想的研究，或多或少有些距離感與陌生感，而筆者服務軍旅三十載，且獲政治、中國文學雙碩士暨中國文學博士學位，誠望結合筆者軍事歷練以及政治、中國文學知識專長，對於先秦兩漢陰陽軍事思想作深入研究。

　　誠然有軍事思想然後有兵略，據許愼對兵略的注解：「兵，防也。防亂之萌，皆在謀略，解論至論用師之意也。故曰『兵略』。」因此，本書期藉先秦兩漢之軍事思想之探討，則能知悉先秦兩漢陰陽兵略矣，此爲研究與寫作本文之目的。

第二節　文獻探討

　　陰陽之思想，從古至今，無論在學術界抑或在民間社會，都有鉅大的影響力與份量，故本文對其起源、意涵、演化與擴充作一深入析探如後，俾便

〔註20〕漢・班固著，《漢書・趙充國傳》，冊5，卷69，頁2980～2981。
〔註21〕漢・班固著，《漢書・西域傳第66下》，冊7，卷96，頁3913。

更進一步析探陰陽軍事思想文獻。

一、陰陽思想文獻析探

中國哲學思想中，淵源最早，流別最雜，影響後世民間社會至深且鉅即為「陰陽」之思想，惟論其源起，歷來學者，言之眾矣，析探如後：

（一）陰陽思想之起源

對陰陽思想有深入研究之學者如范文瀾在〈與頡剛論五行說的起源〉曾提起陰陽的起源，其云：

> 陰陽與五行不是一件事，陰陽發生在前。是野蠻社會裡，人除了找些果實和野獸充腹，相等重要的就是男女之間那個事，他們看人有男女，類而推之，有天地，日月，晝夜，人鬼等等，於是「陰陽」成為解釋一切事物的原則。〔註22〕

此處顯示，陰陽思想的起源，是自自然然的產生，或許如梁任公所言：「商周以前所謂陰陽者，不過自然界中一種粗淺微末之現象」，不過需稍作修正，應是「陰陽是自然界中的一種現象，而且是普遍認知的現象，並成為解釋一切事物的原則。」故陰陽思想在當時人們心裡有一定的份量與重要性，惟不是梁任公所云：「自然界中一種粗淺微末之現象。」且范文瀾續云：

> 在易經裡可以探求不少的消息。現在的周易雖經後人增飾，但原始陰陽說卻也保存著。〔註23〕

「現在的周易雖經後人增飾，但原始陰陽說卻也保存著。」從這段論述，可以推論，范文瀾先生應是認同陰陽思想是起源於《周易》。

其次，謝松齡《天人象——陰陽五行學說史導論》將陰陽思想的起源問題大致分為：「易源說」、「性器源說」、「自然取象說」、「天文曆法說」、「枚卜源說」等五類，〔註24〕以上種種對陰陽思想起源之論述，似乎均言之成理，

〔註22〕范文瀾著，〈與頡剛論五行說的起源〉，冊5，頁641～642。
〔註23〕范文瀾著，〈與頡剛論五行說的起源〉，冊5，頁642。
〔註24〕謝松齡著，《天人象——陰陽五行學說史導論》（山東：文藝出版社，1991年6月，初版2刷），頁27～30。「易源說」認為陰陽觀念起源於《易》之陰陽二爻。「性器源說」此說是從文化人類學的觀點切入，認為陰陽觀念起源於古文明中的「生殖器崇拜」。「自然取象說」認為太陽所照射處為陽，蔽陰處為陰，是先民對自然現象的觀察，並將這種相對概念應用於自然界之現象中。「天文曆法說」是從「彝族天文曆法學」中，研究彝族十月太陽曆大小兩個新年，

然而，多數學者，均較認同「易源說」。如《莊子・天下》即云：「易以道陰陽。」〔註25〕《周易・繫辭下》云：

> 古者庖犧氏之王天下也，仰則觀象於天，俯則觀法於地，視鳥獸之文與地之宜，近取諸身，遠取諸物，於是始作易與八卦，以通神明之德，以類萬物之情。〔註26〕

《周易・說卦》云：

> 昔者聖人之作易也，幽贊於神明而生蓍，參天兩地而倚數，觀變於陰陽而立卦。〔註27〕

故筆者綜合言之，認同陰陽思想在商周之前，不僅爲自然界中的一種現象，而且是普遍認知的現象，並成爲解釋一切事物的原則。因而，陰陽思想在當時人們心裡有一定的份量與重要性。且陰陽爲天地化育之二大主力，易言天道，天道不外一陰一陽而已。雖然，易之道陰陽，經文無之，僅見於十翼。如《周易・泰・象》云：「內陽而外陰。」〔註28〕《周易・否・象》云：「內陰而外陽。」〔註29〕《周易・乾・初九・象》云：「潛龍勿用，陽在下也。」〔註30〕《周易・坤・初六・象》云：「履霜堅冰，陰始凝也。」〔註31〕《周易・繫辭上》且云：「一陰一陽之謂道。」〔註32〕然而，道者，本體也；陰陽者，作用也，故以陰陽變化以闡釋宇宙之體用，此原由陰陽觀念蛻變而來。所以易之基本卦爻，爲一陰一陽，奇陽偶陰，以其錯綜往來，曲盡天人之變化。且易言變，無一不以陰陽爲之樞，其重要可知。《管子・輕重》亦云：「慮戲作，造六峜以迎陰陽。」〔註33〕殆亦其說，後人從之。所以多數學者，認同「易源說」，可說其來有自。

正好將一年劃分爲從冷到熱及從熱到冷的兩季。「枚卜源說」枚卜的一俯一仰，即是一陰一陽觀念的表現。

〔註25〕郭慶藩編，《莊子集釋・天下》，頁1067。
〔註26〕樓宇烈校釋，《王弼集校釋・周易注》（台北：華正書局，1992年12月，初版），頁558。
〔註27〕樓宇烈校釋，《王弼集校釋・周易注》，頁575～576。
〔註28〕樓宇烈校釋，《王弼集校釋・周易注》，頁276。
〔註29〕樓宇烈校釋，《王弼集校釋・周易注》，頁281。
〔註30〕樓宇烈校釋，《王弼集校釋・周易注》，頁213。
〔註31〕樓宇烈校釋，《王弼集校釋・周易注》，頁227。
〔註32〕樓宇烈校釋，《王弼集校釋・周易注》，頁541。
〔註33〕黎翔鳳著，《管子校注》（北京：中華書局，2004年6月，初版1刷），冊下，頁1507。

（二）陰陽思想之意涵

陰陽思想基本上乃屬系統性思考的表現，古代的思想家把這樣的系統架構作了多方面的應用，例如政治、教育、文學、宗教、甚至如醫學、數術等；陰陽學說思想在軍事戰爭上亦產生極大的影響，因為，中國古代軍事理論既不限於兵法書籍，也不限於兵學家的作品，很多乃包括於哲學家與政治家之作品中。像道家、儒家、法家、陰陽家及其他有關學派之著作，均或多或少地含有軍事哲學。因此，古代的陰陽學說對軍事戰爭具有很大的影響是有理論根據的。然而，從事研究陰陽學說思想對軍事戰爭的影響，首先須從文字訓詁方面，深入了解陰陽思想之意涵。

1、陰陽語義析探

首先從文字學方面探討，陰陽兩字義見於許慎《說文解字》之阜部，其云：

> 陰，闇也；水之南，山之北也；从阜，侌聲。
>
> 陽，高明也；从阜，昜聲。〔註34〕

因而陰是「闇」的意義，而陽則為「高明」之義。梁啓超〈陰陽五行說之來歷〉說明陰陽二字語意變遷如後：

> 然阜旁乃孳乳後起，其原字實為侌昜。……侌為雲覆日，此其本義；引申為凡覆蔽之義。覆蔽必闇，因而又引申為闇義。背日之地必闇；城市多倚北而背日，因又引申為背面或裡面或北方之義。此陰字字義變遷之大凡也。昜从日从一者，日在地上，即日出之意。从勿者，說文云：「勿，州里所建旗象。……」日出地上而建旗焉，氣象極發揚，此其本義。引申以表日之光彩，故日稱太陽，朝日稱朝陽，夕日稱夕陽。日出則暖，故又引申謂和暖之氣為陽氣。向日乃能見陽光，故又引申為正面或表面或南方。此陽字字義變遷之大凡也。南北向背相對待，故陰陽二字連用，常以表南北或表裡之義。〔註35〕

梁任公認為陰即「侌」字，陽即「昜」字，此說其實出於段玉裁。且依據梁任公陰字語意變遷，其意有「覆蔽」之義或引申為「闇」、「背面」、「裡面」、「北方」等意義。至於陽字語意變遷，有「日出」之意，其引申為「太陽」、「朝陽」「夕陽」、「陽氣」、「正面」、「表面」、「南方」等意義。總而言之，陰

〔註34〕漢・許慎著，《說文解字》（北京：中華書局，2004 年 2 月，22 刷），頁 304。
〔註35〕梁啓超著，〈陰陽五行說之來歷〉，冊 5，頁 343～344。。

字的初始義或應是「雲覆日而暗」，陽字的初始義或應是「日出太陽之明照」。然而，陰陽學說思想是什麼時候產生的，目前已很難確考。但是現在可以確認在甲骨文中有陽字，不過現在所見金文和甲骨文中都沒見到陰陽二字的連屬。〔註36〕但在《詩經》中有陰字或陽字之文句及意義者，列舉如後：

（1）有「明亮、晦暗」相關之義者

　　　春日載「陽」。（《詩經・豳風・七月》）〔註37〕

　　　既景迺岡，相其「陰陽」。（《詩經・大雅・公劉》）〔註38〕

　　　桐梧生矣，於彼朝「陽」。（《詩經・大雅・卷阿》）〔註39〕

　　　曀曀其「陰」，虺虺其雷。（《詩經・邶風・終風》）〔註40〕

　　　習習谷風，以「陰」以雨。（《詩經・衛風・谷風》）〔註41〕

　　　芃芃黍苗，「陰」雨膏之。（《詩經・曹風・下泉》）〔註42〕

　　　迨天之未「陰」雨。（《詩經・豳風・鴟鴞》）〔註43〕

　　　終其永懷，又窘「陰」雨。（《詩經・小雅・正月》）〔註44〕

　　　「陰」靷鋈續。（《詩經・秦風・小戎》）〔註45〕

　　　三之日納于凌「陰」。（《詩經・豳風・七月》）〔註46〕

（2）有「方向」相關之義者

　　　殷其靁，在南山之「陽」。（《詩經・周・南殷其靁》）〔註47〕

　　　我送舅氏，曰至渭「陽」。（《詩經・秦風・渭陽》）〔註48〕

〔註36〕陸玉林、唐有伯合著，《中國陰陽家》（北京：宗教文化出版社，1998年6月，初版2刷），頁8。

〔註37〕清・阮元校勘，《詩經・豳風・七月》，《十三經注疏》（台北：新文豐出版社，1977年1月，初版），卷8，頁281。

〔註38〕《詩經・大雅・公劉》，《十三經注疏》，卷17，頁620。

〔註39〕《詩經・大雅・卷阿》，《十三經注疏》，卷17，頁629。

〔註40〕《詩經・衛風・終風》，《十三經注疏》，卷2，頁79。

〔註41〕《詩經・衛風・谷風》，《十三經注疏》，卷2，頁89。

〔註42〕《詩經・曹風・下泉》，《十三經注疏》，卷7，頁272。

〔註43〕《詩經・豳風・鴟鴞》，《十三經注疏》，卷8，頁293。

〔註44〕《詩經・小雅・正月》，《十三經注疏》，卷12，頁397。

〔註45〕《詩經・秦風・小戎》，《十三經注疏》，卷6，頁236。

〔註46〕《詩經・豳風・七月》，《十三經注疏》，卷8，頁286。

〔註47〕《詩經・大雅・桑柔》，《十三經注疏》，卷18，頁658。

〔註48〕《詩經・秦風・渭陽》，《十三經注疏》，卷6，頁246。

實維大王，居岐之「陽」。(《詩經・魯頌・閟宮》) 〔註49〕

君子「陽陽」左執簧，右招我由房。(《詩經・王風・君子陽陽》)

〔註50〕

(3) 有「顏色」相關之義者

載玄載黃，我朱孔「陽」。(《詩經・豳風・七月》) 〔註51〕

龍旂「陽陽」，和鈴央央。(《詩經・周頌・載見》) 〔註52〕

(4) 有「動作」相關之義者

既之「陰」女，反我來赫。(《詩經・大雅・桑柔》) 〔註53〕

(5) 有「溫暖」之引伸義者

度其夕「陽」，豳居允荒。(《詩經・大雅・公劉》) 〔註54〕

度其鮮原，居岐之「陽」。(《詩經・大雅・皇矣》) 〔註55〕

天作之合，在洽之「陽」。(《詩經・大雅・大明》) 〔註56〕

(6) 有「山名」、「日光」、「光明」之引伸義者

曰歸曰歸，歲亦「陽」止。(《詩經・小雅・采薇》) 〔註57〕

日月「陽」止，女心傷止。(《詩經・小雅・杕杜》) 〔註58〕

湛湛露斯，匪「陽」不晞。(《詩經・小雅・湛露》) 〔註59〕

2、《尚書》中有陰、陽字之文句及意義者

《尚書》中言「陰」言「陽」者，或有陰陽之字句與義者亦所在多有，臚列如後：

(1) 有日「方位」之引伸義者

浮於洛達於河，華「陽」黑水惟梁州。(《尚書・夏書・禹貢》)

〔註49〕《詩經・魯頌・閟宮》，《十三經注疏》，卷20，頁777。
〔註50〕《詩經・王風・君子陽陽》，《十三經注疏》，卷4，頁149。
〔註51〕《詩經・豳風・七月》，《十三經注疏》，卷8，頁282。
〔註52〕《詩經・周頌・載見》，《十三經注疏》，卷19，頁735。
〔註53〕《詩經・大雅・桑柔》，《十三經注疏》，卷18，頁658。
〔註54〕《詩經・大雅・公劉》，《十三經注疏》，卷17，頁620。
〔註55〕《詩經・大雅・皇矣》，《十三經注疏》，卷16，頁572。
〔註56〕《詩經・大雅・大明》，《十三經注疏》，卷16，頁541。
〔註57〕《詩經・小雅・采薇》，《十三經注疏》，卷19，頁333。
〔註58〕《詩經・小雅・杕杜》，《十三經注疏》，卷9，頁340。
〔註59〕《詩經・小雅・湛露》，《十三經注疏》，卷10，頁350。

〔註60〕

岷山之「陽」，至於衡山。（《尚書・夏書・禹貢》）〔註61〕

南至于華「陰」。（《尚書・夏書・禹貢》）〔註62〕

（2）有「向日」、「和暖」之引伸義者

彭蠡既豬，「陽」鳥攸居。（《尚書・夏書・禹貢》）〔註63〕

（3）有「覆蔽」之引伸義者

惟天「陰」騭下民，相協厥居。（《尚書・周書・洪範》）〔註64〕

（4）有凶廬「陰暗」之引伸義者

乃或亮「陰」，三年不言。（《尚書・周書・無逸》）〔註65〕

由於梁啓超「過信經而疑傳」，〔註66〕故在《周易》中有陰字或陽字之文句及意義者，僅列舉《周易・中孚》爻辭，如後：

鳴鶴在「陰」，其子和之。（《周易・中孚・九二》）〔註67〕

上述《詩經》中言「陰」者計有八條，言「陽」者計有十四條，而最早「陰陽」連屬的是《詩經・大雅・公劉》：

篤公劉既溥既長，既景迺崗，相其「陰陽」，觀其流泉，其軍三單，

度其隰原，徹田爲糧。〔註68〕

其次，《尚書》中言「陰」言「陽」者各三。日本學者井上聰《先秦陰陽五行》亦將上述陰陽所代表的意義分爲：「與明亮晦暗相關者」、「與方向相關者」、「與顏色相關者」、「與動作相關者」、「表示太陽者」等五類；〔註69〕然而，梁啓超「過信經而疑傳」，在《周易》中僅列《周易・中孚・九二》爻辭一條，是否過於獨斷，學術界自有評斷。惟筆者認爲，雖然，易之道陰陽，經文無之，僅見於十翼。然易以陰陽變化以闡釋宇宙之體用，此原由陰陽觀念蛻變而來。

〔註60〕　《尚書・夏書・禹貢》，《十三經注疏》，卷6，頁85。
〔註61〕　《尚書・夏書・禹貢》《十三經注疏》，卷6，頁88。
〔註62〕　《尚書・夏書・禹貢》《十三經注疏》，卷6，頁89。
〔註63〕　《尚書・夏書・禹貢》《十三經注疏》，卷6，頁82。
〔註64〕　《尚書・周書・洪範》《十三經注疏》，卷12，頁167。
〔註65〕　《尚書・周書・無逸》《十三經注疏》，卷17，頁240。
〔註66〕　呂思勉著，〈辯梁任公陰陽五行說之來歷〉，冊5，頁363。
〔註67〕　樓宇烈校釋，《王弼集校釋・周易注》，頁516。
〔註68〕　《詩經・大雅・公劉》，《十三經注疏》，卷17，頁620。
〔註69〕　日・井上聰著，《先秦陰陽五行》（湖北：教育出版社，1997年7月，初版1刷），頁12～13。

誠如范文瀾〈與頡剛論五行說的起源〉云：「現在的周易雖經後人增飾，但原始陰陽說卻也保存著。」〔註70〕且易言變，無一不以陰陽爲之樞，其重要可知。不過，筆者對於《周易》陰陽之闡釋，待於〈《周易》陰陽軍事思想析探〉專章詳細討論。

（三）陰陽意涵演化與擴充

誠然，在《詩經》、《尚書》中所條列出的陰陽，大部分是以單獨的陰，或單獨的陽之形式出現，且其所表達或闡釋的意義亦甚爲簡單，惟經過一段時日後，陰陽二字連屬在一起的機會，則愈來愈多，其所代表的意義則更複雜與豐富，且蘊涵豐富的哲學意涵。

因此，除了在《詩經》、《尚書》、《周易》之外，《左傳》亦登載陰陽思想者如後：

《左傳·僖公十六年》：

> 隕石於宋五，隕星也。六鷁退飛，過宋都，風也。周內史叔興聘於宋，宋襄公問焉，曰：「是何祥也？吉凶焉在？」對曰：「今茲魯多大喪，明年齊有亂，君將得諸侯而不終。」退而告人曰：「君失問，是陰陽之事，非吉凶所生也。吉凶由人。吾不敢逆君故也。」〔註71〕

隕石、退飛之事，不以吉凶言之，而以陰陽之事視之，此時吉凶與陰陽雖不相連，並無瓜葛，但以隕星與風歸爲陰陽之事，雖無深奧之哲學意涵，然其意義自較詩經時代之陰陽爲抽象深廣。其次，《左傳·昭公元年》晉侯使求醫於秦，秦伯使醫和視之，其云：

> 「疾不可爲也，是謂近女室，……天命不佑。」公曰：「女不可近乎？」對曰：「節之，……天有六氣，降生五味，發爲五色，徵爲五聲，淫生六疾。六氣曰陰、陽、風、雨、晦、明也，分爲四時，序爲五節，過則爲災；陰淫寒疾，陽淫熱疾，風淫末疾，雨淫腹疾，晦淫惑疾，明淫心疾。女，陽物而晦時，淫則生內熱惑蠱之疾。今君不節不時，能無及此乎？」〔註72〕

林金泉《周秦陰陽五行家思想研究》對此引文有其看法：

〔註70〕范文瀾著，〈與頡剛論五行說的起源〉，冊5，頁642。
〔註71〕楊伯峻著，《春秋左傳注》，冊下（高雄：復文出版社，1991年9月再版），頁369。
〔註72〕楊伯峻著，《春秋左傳注》，冊下，頁1221～1222。

陰陽爲六氣之二，與風雨晦明並列，雖非後世統攝萬物之陰陽，而陰陽爲氣之提出，則前所無也。「陰淫寒疾，陽淫熱疾」，陰陽二氣至此始由解釋外界物象之用，進而與人體發生影響，此則陰陽語義逐漸擴充之證也。至若「女，陽物而晦時」，杜注：「女常隨男，故言陽物，家道在夜，故言晦時。」孔疏：「男爲陽，女爲陰，女常隨男，則女是陽家之物也，而晦夜時用之。」徐復觀先生以女屬陽釋之，似堪斟酌。而由此義亦隱約可見男女配陰陽二字之痕跡。〔註73〕

上述引文，學者林金泉認爲，此時之陰陽已顯示三層意義，其一、陰陽雖非統攝萬物之陰陽，而陰陽爲氣之提出，則前所無也。其二、陰陽二氣爲解釋外界物象之用，並與人體發生影響，此爲陰陽語義逐漸擴充之證。其三、隱約可見男女配陰陽二字之痕跡。

　　因而，林金泉《周秦陰陽五行家思想研究》對陰陽語義逐漸擴充之證，作了最好的說明，其云：

夫萬物森羅，雜然並陳，上則爲日月星辰，下則爲河嶽山川，中則人類鳥獸、草木蟲魚並居焉。有日有月、有男有女、有雄有雌、有天有地、有山有川，……等等，無不呈兩兩相對，相反相成之照應也。有日月則有晝有夜，有寒有暑、有明有暗、有顯有隱、以晝爲陽、夜爲陰；暑爲陽、寒爲陰；明爲陽、暗爲陰；顯爲陽、隱爲陰，……此初民歸納氣象之變化名陰陽也。有男有女，則男爲陽女爲陰；有雄有雌，則雄爲陽雌爲陰；有山有川，則山爲陽川爲陰；有天有地，則天爲陽地爲陰，……此先民歸納具體之實物名陰陽也。男剛而女柔，山高而川低、天上而地下，雄強而雌弱，以剛爲強、柔爲陰；高爲陽、低爲陰；上爲陽、下爲陰；強爲陽、弱爲陰，……此初民由歸納類推抽象之概念名陰陽也。故陰陽觀念抽象層次逐步增高，而宇宙萬物盡可涵蓋其下而具備其性質也。又日落月出，晝往夜來，……因知陰陽循環，反復不息也。……因知陰盛則陽衰，陽強則陰弱，陰陽調和乃順天應時之道也。……因知陰陽變化，莫測如神，非人力所能及也。凡此，陰陽二字，由簡單之觀念進而爲複雜之觀念，由淺近之思想進而爲幽深之思想，蓋皆由先民仰觀俯察，歸納宇宙現象類推所得也。〔註74〕

〔註73〕林金泉著，《周秦陰陽五行家思想研究》，頁8～9。
〔註74〕林金泉著，《周秦陰陽五行家思想研究》，頁45～46。

劉長林《中國系統思維》認爲陰陽具有互相轉化的特性，其云：

> 陰陽兩個方面存在著對立統一的關係，二者既相對立，又相互依存，
> 並且在一定條件下相互轉化。〔註75〕

林明正《說文——陰陽五行觀探析及對後世字書之影響》進一步闡釋陰陽學說思想的意涵：

> 陰陽是解釋「兩個相爲矛盾，卻又互爲平衡力，可單獨爲一種作用
> 力，又可合而爲一種作用力的現象」的一種學理。〔註76〕

至於陰陽意涵逐漸擴充之例證，如在春秋時有梓慎等人，亦將陰陽勝克用於占卜，例如《左傳·昭公二十一年》：

> 秋七月壬午朔，日有食之。公問於梓慎曰：「是何物也？禍福爲何？」
> 對曰：「二至二分，日有食之，不爲災，日月之行也，分，同道也；
> 至，相過也。其他月則爲災，陽不克也，故常爲水。」〔註77〕

《左傳·昭公二十四年》：

> 夏五月乙未朔，日有食之。梓慎曰：「將水。」照子曰：「旱也，日過
> 分而陽猶不克，克必甚，能無旱乎？陽不克莫，將積聚也。」〔註78〕

《左傳·襄公二十八年》：

> 二十八年春，無冰。梓慎曰：「今茲宋鄭其飢乎？歲在星紀，而淫於
> 玄枵。以有時菑，陰不堪陽，蛇乘龍，龍，宋、鄭之星也。宋、鄭
> 必飢。」〔註79〕

《左傳·哀公九年》晉趙鞅卜救鄭，史趙、史墨、史龜以陰陽及五行勝克之理解釋兵事之勝負：

> 晉趙鞅卜救鄭，遇水適火，占諸史趙、史墨、史龜。史龜曰：「『是
> 謂沈陽，可以興兵，利以伐姜，不利子商。』伐齊則可，敵宋不吉。」
> 史墨曰：「盈，水名也；子，水位也。名位敵，不可干也。炎帝爲火
> 師，姜姓其後也。水勝火，伐姜則可。」史趙曰：「是謂如川之滿，

〔註75〕劉長林著，《中國系統思維》（北京：中國社會科學出版社，1991年4月，2刷），頁284。

〔註76〕林明正著，《說文——陰陽五行觀探析及對後世字書之影響》（中國文化大學中國文學研究所碩士論文，2000年12月），頁22。

〔註77〕楊伯峻著，《春秋左傳注》，冊下，頁1426～1427。

〔註78〕楊伯峻著，《春秋左傳注》，冊下，頁1451。

〔註79〕楊伯峻著，《春秋左傳注》，冊下，頁1140～1141。

不可游也。鄭方有罪，不可救也。救鄭則不吉，不知其他。」〔註80〕
自然界的變異，在古代是被當作有意志的人格神「天」的示兆，它們象徵著
災變的來臨；但楊超〈先秦陰陽五行說〉則云：

> 陰陽說則斷然否認它們與吉凶有關，僅把它們歸結為陰陽二氣的失
> 序，這就不能不是一種大膽的、智慧的、反對天命的思想。……從
> 陰陽的對立、統一、流轉來說，這種思想顯然蘊含著辯證法的萌芽。
> 〔註81〕

楊超〈先秦陰陽五行說〉將陰陽的對立、統一、流轉這種思想，斷然否認它
們與吉凶有關，其顯然蘊涵著辯證法的萌芽，這對「陰陽變易」思想而言是
一項極大的轉變與進步。

至於在其他書籍中陰陽連屬的出現，亦能顯示陰陽已蘊育哲學之意涵。
其出於《國語》者：

> 虢文公曰：陰陽分布，震雷出滯。〔註82〕（〈周語〉）
> 伯陽文曰：夫天地之氣，不失其序，若過其序，民亂之也。陽伏而
> 不能出，陰迫而不能蒸，於是有地震。今三川實震，是陽失所而鎮
> 陰也。陽失而在陰，川源必塞。〔註83〕（〈周語〉）
> 陰陽序次，風雨時至。〔註84〕（〈周語〉）

從以上這些引文可以看出，陰陽二氣是對抗的，相反相成的，有一定的次序的，
它們代表兩種極巨大的自然力。這種對抗性又導引出它們之間的相反相成與相
互流轉，「陽至而陰，陰至而陽」〔註85〕（〈越語〉）。在正常情況下，「氣不沈滯，
而亦不散越」〔註86〕（〈周語〉），「天無伏陰，地無散陽」〔註87〕（〈周語〉）。
這就是所謂「天地之氣，不失其序」〔註88〕（〈周語〉），在異常的情況下，則有

〔註80〕楊伯峻著，《春秋左傳注》，冊下，頁1652～1653。
〔註81〕楊超著〈先秦陰陽五行說〉，黃壽祺、張善文編，《周易研究論文集·第二集》
　　　　（北京：北京師範大學出版社，1989年8月，初版1刷），頁318～319。
〔註82〕黃永堂譯注，《國語·周語上》（台北：臺灣古籍出版社，1997年4月，初版
　　　　1刷），頁26。
〔註83〕黃永堂譯注，《國語·周語上》，頁35。
〔註84〕黃永堂譯注，《國語·周語上》，頁36。
〔註85〕黃永堂譯注，《國語·越語上》，頁887。
〔註86〕黃永堂譯注，《國語·周語下》，頁133。
〔註87〕黃永堂譯注，《國語·周語下》，頁135。
〔註88〕黃永堂譯注，《國語·周語上》，頁35。

滯陰散陽，陰滯不能上蒸，爲陽氣所鎮，這樣，二者本來是相成的，現在則變得單純地相對抗和克制，於是陰陽的序次既亂，自然界的變異也就發生。

因此，林金泉《周秦陰陽五行家思想研究》曾對陰陽學說思想作了根本闡釋，其云：

> 陰陽語義之演進，當追溯至陰陽二字未造之初，如男女、日月、天地，……等等兩兩相對照應之概念。由此兩兩相對照應之概念爲初基而漸次發展，至文字產生之後，乃約定俗成，取一具有相對意義之概念，命之曰陰陽。而此陰陽既非製字本義之陰陽，亦非原相對概念之陰陽，乃爲當時進一步抽象化後其外延可涵蓋一切相對概念之陰陽。〔註89〕

由此可知，陰陽概念是由製字的初始義、引申義，更進一步「抽象化後其外延可涵蓋一切相對概念之陰陽。」因而，日本學者井上聰《先秦陰陽五行》詳細描述「商代干名制度中的陰陽觀」、「周代喪葬制度中的陰陽觀」、「周代用鼎制度中的陰陽觀」、「周代婚姻制度中的陰陽觀」、「殷周之際方位選擇中的陰陽觀」等等，〔註90〕並云：

> 以前的研究者們認爲：既然先秦文獻所載「陰陽」二字字義中並不具備陰陽思想，因而春秋戰國時代以前陰陽學說或陰陽思想也不存在。但是像其他任何一種歷史文化現象一樣，陰陽思想不會在春秋戰國時代突然出現，史料可證其思想形成階段從商末起就長期地存在著。〔註91〕

總而言之，陰陽二字，經過長時期的文化營養培育，陰陽思想學說或可能於商末就已經長期存在著；其影響的範圍，可說是既深且廣，無論在政治、教育、文學、宗教方面甚至如醫學、術數以及軍事戰爭方面，陰陽學說思想亦產生極大的影響。

二、近人相關研究述評

目前學術界對於陰陽思想的研究雖不十分重視，惟一些前輩學者對於陰陽思想的研究，還是有相當的成果，如梁起超《陰陽五行說之來歷》，其主要

〔註89〕林金泉著，《周秦陰陽五行家思想研究》，頁3～4。
〔註90〕日・井上聰著，《先秦陰陽五行》，頁33～131。
〔註91〕日・井上聰著，《先秦陰陽五行》，頁32。

闡述陰陽五行語意之變遷及陰陽家之成立與陰陽五行說之傳播；〔註92〕呂思勉〈辨梁任公陰陽五行說之來歷〉認為梁任公過信經而疑傳，且謂「信經疑傳，自昔已然，於今為烈」；〔註93〕欒調甫〈梁任公五行說之商榷〉其對《墨經》五行章及任公校釋文有所辯解，其中亦論及五行與陰陽之關係；〔註94〕顧頡剛〈五德終始說下的政治和歷史〉，其主要論點如五行說的起源、鄒衍的五德終始說、五行相生說、「全史五德終始表」的定本，而五德終始說與五行相生說是與陰陽觀念分不開的；〔註95〕錢穆〈評五德終始說下的政治和歷史〉其解說要點為五行相勝及五行相生之學術原由，並解說陰陽思想與五德終始說，在在影響漢代的政治與歷史；〔註96〕范文瀾〈與頡剛論五行說的起源〉其對陰陽五行的發生與起源作了詳細的解說；〔註97〕謝扶雅〈田駢和鄒衍〉論述陰陽學說的基本觀念與陰陽學的歷史觀。〔註98〕

其次，現今之學者對於陰陽思想之研究，如鄺芷人《陰陽五行及其體系》，其文對陰陽五行及其體系之研析、陰陽五行概念之考釋、陰陽之意義、鄒衍與陰陽五行、陰陽五行與陰陽家、董仲舒的陰陽五行說等均有詳細之論述；〔註99〕林金泉《周秦陰陽五行家思想研究》，其文論述陰陽五行家思想理論之形成、陰陽五行家與古數術之關係、陰陽五行家思想之傳播與流布、陰陽五行家思想體系之拓展、陰陽五行思想對先秦諸家之影響等；〔註100〕羅桂成《唐宋陰陽五行論集》，其文論述陰陽五行說之來歷及其演變、從字源學釋「陰陽」與「五行」並論及陰陽五行與周易之關係；〔註101〕林明正

〔註92〕梁啓超著，〈陰陽五行說之來歷〉，顧頡剛編，《古史辨》，冊5，頁343～362。

〔註93〕呂思勉著，〈辨梁任公陰陽五行說之來歷〉，顧頡剛編，《古史辨》，冊5，頁363～378。

〔註94〕欒調甫著，〈梁任公五行說之商榷〉，顧頡剛編，《古史辨》，冊5，頁378～388。

〔註95〕顧頡剛著，〈五德終始說下的政治和歷史〉，顧頡剛編，《古史辨》，冊5，頁404～617。

〔註96〕錢穆著，〈評五德終始說下的政治和歷史〉，顧頡剛編，《古史辨》，冊5，頁617～630。

〔註97〕范文瀾著，〈與頡剛論五行說的起源〉，顧頡剛編，《古史辨》，冊5，頁640～648。

〔註98〕謝扶雅著，〈田駢和鄒衍〉，顧頡剛編，《古史辨》，冊5，頁728～743。

〔註99〕鄺芷人著，《陰陽五行及其體系》（台北：文津出版社，2003年7月，2版2刷）。

〔註100〕林金泉著，《周秦陰陽五行家思想研究》（國立台灣師範大學國文研究所，碩士論文，1982年）。

〔註101〕羅桂成著，《唐宋陰陽五行論集》（香港：公誠社出版，1982年12月，初版）。

《說文陰陽五行觀探析及對後世字書之影響》，其文論述陰陽五行學說在先秦及兩漢的發展、經學中的陰陽五行說探究、子學中的陰陽五行說探究、醫學中的陰陽五行說探究、《說文》所反映許叔重的陰陽五行觀、《說文》中的陰陽五行觀對後世字書之影響等；〔註102〕以及日本學者井上聰《先秦陰陽五行》，其文要義爲商代干名制度中的陰陽觀、周代喪葬制度中的陰陽觀、周代用鼎制度中的陰陽觀、周代婚姻制度中的陰陽觀、殷周之際方位選擇中的陰陽觀等等。〔註103〕

上述學者，多是研究陰陽思想卓有成就並有專著者，而這些研究陰陽思想的領域大致集中於政治、哲學、文學、歷史、醫學、數術等，但利用陰陽思想理論以探討軍事思想者，則屬貧乏，殊值遺憾。

誠然，目前專門研究軍事思想的學者與專著，不在少數，然而，以陰陽思想理論以探討軍事思想者，則相對的少了許多，而目前研究陰陽軍事思想者如岑丞丕《先秦兵陰陽家問題探論》，其文以《漢書・藝文志・兵書略》中之兵陰陽家爲研究主體，探討兵陰陽家的定義、源流、佚籍叢考以及兵陰陽家的沒落等，其文並運用先秦兩漢的緯書以及天文類集成式圖書如《乙巳占》、《開元占經》等書以強化研究內容；〔註104〕邵鴻〈兵陰陽家與漢代軍事〉，其文論述兵陰陽家在漢代的發展、兵陰陽家與漢代軍事行動的關係、兵陰陽家學說影響漢代的軍事組織與軍職系統以及漢代政府如何對待與管制陰陽術數活動；〔註105〕邵鴻〈中國古代對軍事術數和兵陰陽家的批判〉，其文主要論及兵陰陽家源自神祕主義其對軍事行動並無助力，有識之士皆視軍事術數爲愚民手法，以致兵陰陽家終究無法逃過沒落的命運；〔註106〕邵鴻〈張家山漢墓竹書《蓋盧》與《伍子胥兵法》〉，其文以《吳越春秋》及《越絕書》論證伍子胥爲陰陽大師；〔註107〕田旭東著，〈張家山漢簡《蓋盧》中的兵陰陽家〉，

〔註102〕林明正著，《說文——陰陽五行觀探析及對後世字書之影響》（中國文化大學中國文學研究所碩士論文，2000年12月）。

〔註103〕日・井上聰著，《先秦陰陽五行》（湖北：教育出版社，1997年7月，初版1刷）。

〔註104〕岑丞丕著，《先秦兵陰陽家問題探論》（中國文化大學歷史研究所，碩士論文，2005年）。

〔註105〕邵鴻著，〈兵陰陽家與漢代軍事〉（《南昌大學學報・哲學社會科學版》，2002年12月，第6期）。

〔註106〕邵鴻著，〈中國古代對軍事術數和兵陰陽家的批判〉（《史林》，2000年8月，第3期）。

〔註107〕邵鴻著，〈張家山漢墓竹書《蓋盧》與《伍子胥兵法》〉《南昌大學學報（人社

其文主要探討的是《張家山漢墓竹簡‧蓋盧》中以方向定吉凶的擇日之術以及關於五行相勝之術；〔註108〕羅獨修《先秦兵家思想探源——以孫武、孫臏、尉繚爲例》，其文論及先秦兵家如孫武、孫臏、尉繚等三人所具有的陰陽軍事思想；〔註109〕李零《中國方術考》及《中國方術續考》兩書，均探討古代之陰陽術數，如星氣之占、式占、擇日和歷忌、刑德、龜卜、筮占、風角、五音等，這些古代之陰陽術數在先秦以迄兩漢期間在軍事戰爭中曾扮演重要的角色，所以對於研究陰陽軍事思想者，此爲不可或缺的重要資料。

第三節　研究重點與方法

　　周室自平王之末，已趨微弱。諸侯強大，秦、晉、齊、楚代興，遂釀成春秋之局勢。封建制度既就崩潰，貴族之社會組織與生活亦同時發生變化。士族與庶人間之界限逐漸消失，貴族原有從政掌學之特權亦普及於平民。史家所謂王官失守，殆非虛構。且列國並存，相爭雄長。同文壹教之術猶未用世。思想自由，學術無禁。處士得以橫議，「邪說」亦可大行。且當此天下無道，社會蛻化之際，不僅爭亂頻仍，民生困苦，而舊日所以維繫人心保持秩序之風俗制度皆動搖崩壞，失去原有之效用。深思遠慮之士，對此鉅變之原因與影響，自不免加以疑問批評，而提出抗議或補救之方，各家思想，於是勃興。〔註110〕

一、具有陰陽軍事思想之學家爲研究重點與方法

　　誠如上述，先秦諸子處在春秋戰國時代五百年之間的歷史變局裡，紛然並起，人自爲說，家自爲書，以面對王道既微，諸侯力政，時君世主，好惡殊方的時代狀況。司馬遷在《史記》太史公自序裡，引述其父司馬談的意見，分先秦諸子的流派爲儒家、墨家、道家、法家、名家、陰陽家等六家。〔註111〕而班固在《漢書、藝文志》裡又把先秦學術分儒家、道家、陰陽家、法家、

　　　　　版)》，2002 年 4 月）。
〔註108〕田旭東著，〈張家山漢簡《蓋盧》中的兵陰陽家〉(《歷史研究》，2002 年 12月，第 6 期)。
〔註109〕羅獨修著，《先秦兵家思想探源——以孫武、孫臏、尉繚爲例》(台北：中國文化大學歷史研究所博士論文，1998 年)。
〔註110〕蕭公權著，《中國政治思想史》(台北：聯經出版社，1983 年 5 月，初版 2 刷)，頁 2。
〔註111〕漢‧司馬遷著，《史記‧太史公自序第七十》，頁 3289～3290。

名家、墨家、縱橫家、雜家、農家以及小說家等十家。〔註112〕先秦諸子各種
流派的學說，都持之有故，言之有理。但就陰陽學思想的發展而言，陰陽思
想可能於商末就已經長期存在著，而本文是以文獻研究法為主，並以《周易》、
《老子》、陰陽家、兵家、雜家、黃老思想等各學派陰陽軍事思想為研究之重
點，研究之時程範圍則為先秦至兩漢，誠然，若以純軍事的眼光討探，此期
間之戰爭不知其數，可研究的題材太多，惟本文置重點於陰陽軍事思想，研
析之領域即相對地窄了許多。其次，陰陽思想雖於商末即存在，至《周易》
則更為顯著，故本文從周代開始研究，而至戰國晚期鄒衍既談陰陽，又言五
行，陰陽五行理論至此大備，林金泉《周秦陰陽五行家思想研究》云：

> 鄒衍承閎達之風，秉類推之法，觀陰陽消息，作怪迂之變，以相生
> 之義言主運，相勝之義言終始，五德三正，九洲文質，靡不悉盡，
> 陰陽五行理論至此大備矣！〔註113〕

陰陽五行之成家自鄒衍始，然而，陰陽讖緯思想則大行於兩漢，《漢書‧眭兩
夏侯京翼李傳》云：

> 漢興推陰陽言災異者，孝武時有董仲舒、夏侯始昌，昭、宣則眭孟、
> 夏侯勝，元、成則京房、翼奉、劉向、谷永，哀、平則李尋、田終
> 術。此其納時君著明者也。〔註114〕

兩漢是讖緯之說鼎盛期，讖緯的內容無所不包，其主導之思想則是陰陽五行
思想，影響兩漢之軍事與政治甚深，如漢武帝征和三年遣貳師將軍李廣利進
攻匈奴，漢武帝即是受了陰陽家術數之影響。而王莽篡漢，即是編輯造作讖
緯來論證王氏篡漢是天命所歸，合於五德之運。又如劉秀以《赤伏符》圖讖
之說興起，《後漢書‧光武帝紀》云：

> 光武先在長安時，同舍生強華，自關中奉《赤伏符》曰：「劉秀發兵
> 捕不道，四夷雲集龍鬥野，四七之際火為主。」……讖記曰：「「劉
> 秀發兵捕不道，卯金修德為天子。」〔註115〕

光武崇信圖讖，讖緯在東漢成為正統思想，因之各種學術都籠罩在烏煙瘴氣
的神學迷霧之中，然而，因為圖讖成為竊國篡權的工具，奪權之後的帝王，

〔註112〕漢‧班固著，《漢書》，冊3，卷30，頁1746。
〔註113〕林金泉著，《周秦陰陽五行家思想研究》頁66
〔註114〕漢‧班固著，《漢書‧眭兩夏侯京翼李傳》，冊6，卷75，頁3194～3195。
〔註115〕南朝宋‧范曄著，唐‧李賢等注，《後漢書‧光武帝紀》（北京：中華書局，
1996年5月，初版8刷），冊1，卷1上，頁21～22。

都深知其中弊病，所以自東漢以後，歷代都嚴禁圖讖。故本文研究終結時程則定於兩漢。

再者，本文研究之重點置於「陰陽」軍事思想，在思想流派而言，至鄒衍之後陰陽五行理論，已成合流，尤其影響軍事戰爭甚深的陰陽術數是與五行分不開的，所以胡適《中國中古思想長編》即云：「五行術數出於五德終始之學。這也是陰陽家的一派。」〔註116〕故爲求單純與精確化，以研究「陰陽」軍事思想爲主軸與重點，若陰陽術數實際運用於軍事戰爭時，五行亦可能伴隨且扮演著重要的角色，則本論文亦將五行納入考量與運用，並不排斥。

事實上，陰陽思想其影響的範圍，可說是既深且廣，無論在政治、教育、文學、宗教方面甚至如醫學、術數以及軍事戰爭方面，陰陽學說思想亦產生極大的影響。因而在研究內容方面，本文在第貳章析探《周易》陰陽軍事思想。《周易》除了〈師〉卦專門講戰爭外，尚有〈坤〉、〈屯〉、〈蒙〉、〈需〉、〈訟〉、〈比〉、〈小畜〉、〈泰〉、〈同人〉、〈謙〉、〈豫〉、〈復〉、〈頤〉、〈坎〉、〈離〉、〈大壯〉、〈晉〉、〈解〉、〈損〉、〈夬〉、〈萃〉、〈升〉、〈困〉、〈革〉、〈震〉、〈漸〉、〈歸妹〉、〈中孚〉、〈既濟〉、〈未濟〉等三十個卦及七十五個〈彖〉、〈象〉、〈卦〉、〈爻〉辭，提及戰爭字眼，可說蘊含豐富的軍事思想；〔註117〕而《周易》是植根於陰陽，無陰陽即無《周易》可言，而《周易》軍事思想亦因陰陽之變易，乃能成其軍事辯證法，所以《周易》之陰陽軍事思想，實有研究之必要。

在第參章析探老子陰陽軍事思想。如以道家陰陽軍事思想而論，《老子》八十一章全文中即有二十七章與戰略思想有密切關聯，佔了將盡三分之一的篇幅，〔註118〕而且《老子》是以陰陽觀念觀察事事物物，所謂「萬物負陰而抱陽」，例如，《老子》向來重視以柔克剛、以弱勝強，亦就是重陰輕陽的思想，在《老子》第四十三章提及「天下之至柔，馳騁天下之至堅，無有入無間」，全句並無一字與作戰有關，但是，不可否認，歷代的軍事思想家無不認爲以柔克剛、以弱勝強對後世的陰柔戰略思想具有極大的啓發性，又如第八章：「上善若水，水善利萬物而不爭，……夫唯不爭，故無尤」，亦復如是，故明清之際的王夫之則認爲，《老子》言兵之略、言兵之術，實爲「言兵者之

〔註116〕胡適著，《中國中古思想長編》（安徽：安徽教育出版社，2006年8月，初版1刷），頁18。
〔註117〕王智榮著，《周易軍事思想之研究》（高雄：國立中山大學中國文學研究所碩士論文，2004年6月），頁35。
〔註118〕王智榮著，《周易軍事思想之研究》，頁103。

祖」、應爲「言兵者師之」〔註119〕，道家陰陽軍事思想殊值研究。

在第肆章析探陰陽家之陰陽軍事思想。陰陽家專業的知識領域在天象、曆算、音律、陰陽五行、望氣候星、龜策機祥等等方面。而《漢書·藝文志》所列之陰陽家人物如「宋司星子韋」是春秋時期宋景公朝中專管占星相的官吏，可藉由觀察、瞭解星相，進而能瞭解或避開軍事戰爭災難的發生；雖然陰陽家不是兵家，然而其專業知識卻爲兵家所運用，並對軍事戰爭產生鉅大之影響，所以從這個角度觀察，陰陽家之陰陽軍事思想是值得研究的。

在第伍章析探兵家之陰陽軍事思想。以兵家而論，兵家欲求勝戰，必須整合各種知識系統來解決戰爭問題，並全般性地掌握決定因素，而《漢書·藝文志·兵書略》將兵書分爲兵權謀家、兵形勢家、兵陰陽家及兵技巧家四個範疇，惟兵家必須整合及靈活運用以上四家之專長，才可能克敵致勝，若僅僅使用一家之長，實無法克竟其功，然而，檢視上述兵權謀家、兵形勢家、兵陰陽家及兵技巧家等四家，卻均蘊含陰陽軍事思想，如《孫子兵法·虛實》云：「五行無常勝，四時無常位，日有短長，月有死生。」〔註120〕《孫臏兵法·行篡》云：「用兵移民之道，……陰陽，所以聚眾合敵也。」〔註121〕范蠡《國語·越語下》云：「古之善用兵者，因天地之常，……後則用陰，先則用陽；近則用柔，遠則用剛。」〔註122〕由此可見陰陽軍事思想爲兵家所重視，實值探析。

在第陸章析探雜家陰陽軍事思想。至於論述雜家方面，依據《漢書·藝文志》列雜家二十家，四百三篇，〔註123〕其對雜家之說明爲「兼儒、墨，合

〔註119〕清·王夫之著，《讀通鑑論·宋論合刊》（台北：里仁書局，1985 年 2 月，初版），頁 127。

〔註120〕魏汝霖著，《孫子兵法大全·虛實篇第六》（台北：黎明文化事業公司，1986 年 7 月，4 版），頁 33。

〔註121〕普穎華編著，《孫臏兵法》（台北：旭昇圖書公司，1997 年 4 月，初版 2 刷），頁 111。

〔註122〕易中天著，《國語讀本·越語下·越興師伐吳而弗與戰》（台北：三民書局，1995 年 11 月，初版），頁 883。

〔註123〕《漢書·藝文志》列雜家二十家，四百三篇，如《孔甲盤盂》二十六篇、《大帝》三十七篇、《五子胥》八篇、《子晚子》三十五篇、《由余》三篇、《尉繚》二十九篇、《尸子》二十篇、《呂氏春秋》二十六篇、《淮南內》二十一篇、《淮南外》三十三篇、《東方朔》二十篇、《伯象先生》一篇、《荊軻論》五篇、《吳子》一篇、《公孫尼》一篇、《博士臣賢對》一篇、《臣說》三篇、《解子簿書》三十五篇、《推雜書》八十七篇、《雜家言》一篇。見漢·班固著，《漢書·藝文志》，冊 3，卷 30，頁 1741。

名、法」，可見其在思想上是博雜而豐富，故其長處在於對各家思想無所不包，兼容並蓄，而其缺失，或如所言「漫羨而無所歸心」。本章旨在研究先秦時期雜家代表著作《呂氏春秋》之陰陽軍事思想，而漢代《淮南子》是受到先秦時期陰陽軍事思想影響最深且具雜家典型的一部書，亦有研究之必要。惟從《呂氏春秋》、《淮南子》內容析探其思想之流派，有些學者視《呂氏春秋》、《淮南子》爲道家或黃老之類，惟《漢書・藝文志》列有道家三十七家，《呂氏春秋》、《淮南子》並未列入，而此二書博採各家思想，兼容並蓄，《漢書・藝文志》雜家者流亦列有《呂氏春秋》二十六篇、《淮南內》二十一篇、《淮南外》三十三篇，〔註124〕故將其列入雜家之林，亦有其道理，且由於呂、淮二書思想龐雜，故採納《漢書・藝文志》從雜家之角度或視野研究，或更能有所突破與收獲。

在第柒章析探黃老陰陽軍事思想。黃老學是在戰國時期各國相繼變法圖強的環境中，由原始道家分化出來的一個道家支派，在陰陽軍事思想傳承上難免受到影響，然而，爲了適應新時代與新政權，因而，《黃帝四經》論述攻伐的觀點時，則對老子「柔弱勝剛強」退守的陰柔軍事思想作了修正，因爲，黃老學與代表原始道家的老子在軍事思想上最大的相異之處乃在於「作爭」與「不爭」之論點，以陰陽而論，「作爭」是陽，「不爭」是陰。故黃老的軍事思想乃是「尊陽卑陰」與「陽中有陰」的「作爭」陰陽軍事思想，此與代表原始道家老子的「不爭」之陰柔軍事思想，有所不同，極具研究價值。

在第捌章析探《史記》陰陽軍事思想。本章主要析論一、《史記》反映易、老之剛（陽）柔（陰）用兵思想。二、《史記》反映易、老之奇（陰）正（陽）用兵思想。三、《史記》反映易、老之陰柔反戰軍事思想。本文僅論述《史記》陰陽軍事思想，未提《漢書》，其理由爲：太史公學天官於唐都，受《易》於

〔註124〕勞思光《中國哲學史》云：「淮南子一向被列入『雜家』一類；其書內容頗亂，但亦有數點可代表其特性者：第一：淮南子書中所談之『道』，自以爲即道家之『道』，至少在理論立場上，編成此書者處處以『道家』自居。第二：此書各部份所敘述之思想，爲許多觀念之拼湊；全書不成一系統理論；且亦無一明確『自我』觀念，實未接觸老莊心靈之眞象。第三：書中涉及技術及技術權謀之處甚多，似即以此類觀念作爲其所談之『道』之內容。此即表示淮南各篇作者言及『道家』時，大體屬於所謂『黃老刑名之術』一支。……此正表示淮南一書恰代表六家要旨中所論之『道家』，亦即『雜家化之道家』：決非先秦道家之本來面目。」勞思光著，《中國哲學史》（台北：三民書局，1999年2月，增訂九版），頁108。

楊何，習道論於黃子，〔註125〕可見司馬談、司馬遷父子對易學與道家之陰陽思想實有深厚淵源與興趣，且《史記》一百三十篇中，關涉戰爭內容者，即多達二十八篇，字數十餘萬字言，佔了全書的四分之一篇幅。而《史記》寫戰爭，對於軍事情勢、軍事行動方案及其用兵之法之曲折變化，生動異常，可證司馬遷是通識兵書，深知韜略之人，尤其《史記》戰爭內容反映了豐富的陰陽軍事思想，殊值析探。而《漢書》的取材，趙翼指出武帝以前傳記，多用《史記》文，故兩者相較，本文似以論述《史記》較宜，惟《漢書》中亦蘊涵不少可資利用之陰陽軍事思想史料如《漢書・藝文志・兵書略》等，極具參考價值，本文在《老子》、陰陽家、兵家、雜家、黃老思想等各章均已引用，因而不開闢專章論述。

總而言之，本文以道（含黃老思想）、陰陽、兵、雜等四家（五種思想派別），以及未列入諸子百家之《周易》等為研究對象，其思想中均蘊涵大量陰陽軍事思想，故為研究的重點，本文則闢以專章，予以深入析探。

二、略述儒、墨、法三家不重陰陽軍事思想

由於儒、墨、法家三家思想中雖均有軍事思想成分，但都不強調陰陽軍事思想，而儒、墨兩家思想中雖有陰陽思想成分，一則因儒、墨兩家思想中蘊涵的陰陽思想分量不多亦不重；再者，此二家思想並不以陰陽思想為主軸，且甚少以陰陽術數思想運用於軍事領域。至於法家的軍事思想則著重於法術、法勢、法治之運用及強調信賞必罰原則，甚而，集法家之大成的韓非子借道家「靜觀之智慧」轉為陰謀運用，以為其統治之謀略與軍事戰略思想，但法家絕少提及陰陽軍事思想，然本文亦需檢視儒、墨、法三家與陰陽軍事思想之關係，故在此首先析探儒家與陰陽軍事思想的關係。

（一）儒家與陰陽軍事思想析探

檢視儒家與陰陽思想之關係，首先可從《論語》開始，《論語》當有部分為孔子生時弟子所記，部分為孔子卒後弟子所記，不論是何時記載，所記的均是孔子生時與弟子的問答，實可視為儒家思想的代表。而整部《論語》中談到陰陽部分如：《論語・季氏》「伯夷叔齊餓於首陽之下」的陽字是地名；《論

〔註125〕漢・司馬遷著，《史記・太史公自序》（台北：大申書局，1977年7月，初版1刷），冊5，卷130，頁3288。

語・陽貨》「陽貨欲見孔子」、《論語・微子》「少師陽擊磬襄」、《論語・子張》
「孟氏使陽貨爲士師」等等，其中之陽字都是人名。《論語・子貢》「高宗諒
陰，三年不言」的陰字，明言「書云」，當是引述《尚書・無逸》之文。又如
《孟子》書中雖有陰陽字，但《孟子・滕文公》的「陽虎」、「陽貨」，只是人
名；《孟子・告子》的「南陽」，只是地名；《孟子・公孫丑篇》引《詩》之「迨
天未陰雨」的陰字，是指天氣而言；《孟子・萬章》「蓋避禹之子於箕山之陰」
的陰字，是指山北背陽而言。從以上引文，可知《論語》中之陰陽字眼，不
是地名、就是人名或是指天氣及山北背陽等等，實與陰陽學說思想無涉，但
以儒家思想與精神與陰陽思想之關係，亦非是絕對的不相干，如班固《漢書・
藝文志》對儒家有所形容，其云：

> 儒家者流，蓋出於司徒之官，助人君順陰陽明教化者也。游文於六
> 經之中，留意於仁義之際，祖述堯舜，憲章文武，宗師仲尼，以重
> 其言，於道最爲高。〔註126〕

此處所謂順「陰陽」，即是配合天地，順應人心與自然；而儒家「助人君順陰
陽明教化」，就是儒家依順著天道、自然與人心，幫助君主，以仁政推行教化，
且能「游文於六經之中」，並「祖述堯舜，憲章文武」，最後「留意於仁義之
際」。所以班固《漢書・藝文志》謂儒家「於道最爲高。」這是對儒家最高的
推崇。誠如劉長林《中國系統思維》對陰陽特性描述，其云：

> 陰陽兩個方面存在著對立統一的關係，二者既相對立，又相互依存，
> 並且在一定條件下相互轉化。〔註127〕

林明正《說文——陰陽五行觀探析及對後世字書之影響》進一步闡釋陰陽意
涵：

> 陰陽是解釋「兩個相爲矛盾，卻又互爲平衡力，可單獨爲一種作用
> 力，又可合而爲一種作用力的現象」的一種學理。〔註128〕

而儒家強調的順「陰陽」，就是揚棄陰陽「對立、矛盾」的現象與作用，化解
阻力而成爲順天應人助力。《孟子・公孫丑下》云：

> 天時不如地利，地利不如人和，……域民不以封疆之界，固國不以
> 山谿之險，威天下不以兵革之利。得道者多助，失道者寡助。……

〔註126〕漢・班固著，《漢書・藝文志》，冊3，卷30，頁1728。
〔註127〕劉長林著，《中國系統思維》，頁284。
〔註128〕林明正著，《說文——陰陽五行觀探析及對後世字書之影響》，頁22。

以天下之所順，攻天下之所畔，故君子有不戰，戰必勝矣。〔註129〕

孟子所謂「以天下之所順，攻天下之所畔」，這其實就是順「陰陽」的一種思想，並化為實際的一種行為。唐君毅《哲學概論‧生生之天道論與陰陽五行之說》云：

> 儒家之形上學，主要在其天人合德之理論。其言人，則主要在其言人心、人性、人道、人德，而人道皆可通於天道，人德亦通天德者。
> 〔註130〕

所以順「陰陽」的思想，就是順「人心、人性、人道、人德」，最後人道皆可通於天道，人德亦通天德者。

誠然，儒家代表之人物孔子，是以人事上的「仁」、「禮」立言，罕言「天」、「命」、「神」這一類虛無飄渺的事，從整部《論語》檢視，其論天命之類觀念，僅有如下之言：

> 子見南子，子路不說。夫子矢之曰：「予所否者，天厭之：天厭之！」（〈雍也〉）〔註131〕

> 子不語怪力亂神。（〈述而〉）〔註132〕

> 子疾病，子路請禱。子曰：「有諸？」子路對曰：「有之。誄曰：『禱爾於上下神祇』。」子曰：「丘之禱久矣」。（〈述而〉）〔註133〕

> 子曰：「禹，吾無閒然矣！菲飲食，而致孝乎鬼神：惡衣服，而致美乎黻；卑宮室，而盡力乎溝洫。禹，吾無閒然矣！」（〈泰伯〉）〔註134〕

> 季路問事鬼神？子曰：「未能事人，焉能事鬼？」曰：「敢問死？」曰：「未知生，焉知死？」（〈先進〉）〔註135〕

> 孔子曰：「君子有三畏：畏天命，畏大人，畏聖人之言。小人不知天

〔註129〕《孟子‧公孫丑下》，《十三經注疏》，冊8，卷4上，頁92。
〔註130〕唐君毅著，《哲學概論‧生生之天道論與陰陽五行之說》（台北：臺灣學生書局，1975年9月，4版），頁718。
〔註131〕《論語‧雍也》，《十三經注疏》，冊8，卷6，頁55。
〔註132〕《論語‧述而》，《十三經注疏》，冊8，卷7，頁63。
〔註133〕《論語‧述而》，《十三經注疏》，冊8，卷7，頁65。
〔註134〕《論語‧泰伯》，《十三經注疏》，冊8，卷8，頁73～74。
〔註135〕《論語‧先進》，《十三經注疏》，冊8，卷11，頁97。

命而不畏也，狎大人，侮聖人之言。」(〈季氏〉)〔註136〕

因而，從《論語》之所言，我們可以瞭解，孔子不是不信「天命」，是不言「天命」，所以公冶長引子貢之言曰：「夫子之言性與天道，不可得而聞也。」但儒家所論的就是天人合德之理論，而其言人，則主要在其言人心、人性、人道、人德，而人道皆可通於天道，人德亦通天德者。孔子不言「天命」，但儒家言「人心、人性、人道、人德、天道、天德」，並不衝突，這就是班固《漢書·藝文志》所云：「儒家者流，助人君順陰陽明教化者也。」此處順「陰陽」就是不違逆人心、人性、人道、人德、天道、天德。

其次，先秦儒家孟子以後最具代表性的人物《荀子·天論》云：

天行有常，不為堯存，不為桀亡。應之以治則吉，應之以亂則凶。…… 列星隨旋，日月遞炤，四時代御，陰陽大化，風雨博施，萬物各得其和以生，各得其養以成，不見其事，而見其功，夫是之謂神。〔註137〕

所志於四時者，已其見數之可以事者矣。所志於陰陽者，已其見知之可以治者矣。〔註138〕

星隊木鳴，國人皆恐。……是天地之變，陰陽之化，物之罕至者也。怪之可也，而畏之，非也。〔註139〕

荀子談陰陽，將天客觀化，視之為純自然之運行，且不含任何道德使命與意義。所以荀子的天人關係論，乃是採取莊子的自然觀點、拋卻其安於天命的態度；並著重加強儒家的人文思想，除去其畏天的想法，而形成「天生人成」的新觀點。此一思想觀念的提出，對當時迷信的氣氛大有掃除之功效，但一味地則會使天人之源頭中斷，導致人之內在道德生命缺乏靈根及為善之動力，故荀子其天人關係論並不屬於孔、孟天人合德一類型。因而，荀子將陰陽視之為天地之間一種純自然之運行方式而已。

以上所論之孔子、孟子、荀子是春秋戰國時代的人物，是代表春秋戰國時代的儒家的思想，但陰陽思想在兩漢時期對儒家亦產生極大之影響，劉節

〔註136〕《論語·季氏》，《十三經注疏》，冊8，卷16，頁149。

〔註137〕王忠林，《新譯荀子讀本》(台北：三民書局，1974年1月，修正版)，頁256～257。

〔註138〕王忠林，《新譯荀子讀本》，頁258。

〔註139〕王忠林，《新譯荀子讀本》，頁259。

在《古史辨》第五冊的《序》云：

> 兩漢學術界的大本營是札在儒家身上，然而兩漢的儒家決非春秋戰國時的儒家，他們原來是陰陽五行家同儒家的結合體。這派學者最初開創的是鄒衍，集大成的是董仲舒。〈洪範〉一篇就是他們的重要經典。他們的力量在秦漢之間真有不可一世之概。〔註140〕

由此可見陰陽思想對漢代儒家思想產生極大的影響。而顧頡剛〈五德終始說下的政治和歷史〉亦提出四個理由，說明「集陰陽五行學說之大成」之鄒衍亦是儒家，其云：

> 我很疑鄒衍亦儒家。他的學說歸本於「仁義節儉，君臣上下六親之施」，此其一。史記平原君傳集解引劉向別錄有鄒衍論「辯」一節，適之先生以為完全是儒家的口吻，與荀子論辯的話相同（中國哲學史大綱卷上，頁360）此其二。史記以他與孟子荀卿合傳，此其三。
>
> 西漢儒者如董仲舒劉向等的學說與他極相像，此其四。〔註141〕

總而言之，春秋戰國時的原始儒家文獻裡如《論語》、《孟子》、《荀子》，絕少論及陰陽學說思想，但原始儒家不講陰陽卻能「順陰陽」，就是不違逆人心、人性、人道、人德、天道、天德。誠如班固《漢書‧藝文志》對儒家有所形容，「儒家者流，……助人君順陰陽明教化者也。……於道最為高。」〔註142〕及至兩漢時期，陰陽思想對儒家產生極大之影響，劉節先生甚至將兩漢儒家視為「陰陽五行家同儒家的結合體。」〔註143〕而顧頡剛亦視陰陽家的鄒衍為

〔註140〕劉節著，《古史辨‧序》，顧頡剛編，《古史辨》，冊5，頁7。

〔註141〕顧頡剛著，〈五德終始說下的政治和歷史〉，顧頡剛編，《古史辨》，冊5，頁409。

〔註142〕漢‧班固著，《漢書‧藝文志》，冊3，卷30，頁1728。

〔註143〕黃老之學盛行於西漢前期，直至武帝，董仲舒在賢良對策中提出「罷黜百家，獨尊儒術」的建議被採納後，儒家學說才登上中國正統學術的寶座。然而，誠如劉節《古史辨‧第五冊‧序》云：「兩漢學術界的大本營是札在儒家身上，然而兩漢的儒家決非春秋戰國時的儒家，他們原來是陰陽五行家同儒家的結合體。這派學者，……集大成的是董仲舒。」故《漢書‧五行志》云：「景武之世，董仲舒治公羊春秋，始推陰陽，為儒者宗。」而《春秋繁露》為董仲舒最重要著作之一，共有八十二篇，現在流傳的本子缺第三十九篇、四十篇及第五十四篇，實七十九篇。它的內容大概分為四部分：從楚莊王第一到俞序第十七，共十七篇，其中主要是發揮春秋微言大義。從離合根第十八到諸侯第三十七，共二十篇，這部分是論君主治理國家的原則和方法，其中論述的包括正名、人性、人義、禮樂、制度等方面。從五行對第三十八到五行五事第六十四（其中缺三篇），以及天地行第七十七到天地施第八十二，共三十

儒家，凡此種種即可顯示儒家與陰陽思想的彼此關係。

其次，檢視儒家的軍事思想，如孔子生當春秋末季，其時之君主，大多是務戰而好殘殺，子弒其父，臣弒其君，孔子云：

> 天下有道則禮樂征伐自天子出，天下無道則禮樂征伐自諸侯出。

〔註144〕

所以孔子對於打著義戰的旗幟，合法運用武力征伐的國君或兵家，是持反對的態度，因而孔子希望藉仁義的推行來消弭戰爭，職是之故，孔子回答子貢的問政，以「足食」、「足兵」及「民信之」三者爲治國的必備條件，「足兵」爲必備條件之一，但是子貢說：「必不得已而去，於斯三者何先？」曰：去兵。

〔註145〕而孔子軍事思想，就是勸導國君行仁政，國與國之間以禮相待，無征伐之心，自然就阻止戰爭的發生。至於孟子對於戰爭更是持反對的態度，孟子云：

> 春秋無義戰。……征者上伐下也，敵國不相征也。〔註146〕

又云：

> 爭地以戰，殺人盈野；爭城以戰，殺人盈城，此所謂率土地而食人肉，罪不容於死，故善戰者服上刑。〔註147〕

恃強好戰，爲孟子所深惡絕。因爲一旦兵戎相見，就避免不了死傷，更何況是爲了爭奪土地而開戰，更是罪大惡極。所以孟子對於國君苦口婆心地反覆勸仁政，以爲仁者無敵，可勝過如秦之堅甲利兵。〔註148〕因此，在孟子的軍

篇，是論天地陰陽的運轉，災異的發生和消除，闡發天人相應的道理。從郊語第六十五到祭義第七十六，共十二篇，論述祭祀天地、宗廟以及求雨、止雨的儀式和意義，發揮尊天敬祖的道理。總而言之，《春秋繁露》這部書主要是以天道及陰陽五行之說來闡發春秋公羊傳及儒家思想的大義。《春秋繁露》闡述陰陽思想部分甚重，兩漢儒家視爲「陰陽五行家同儒家的結合體。」惟其並未專述軍事思想，故本論文於「儒家與陰陽軍事思想析探」一節時，對《春秋繁露》略之而不提。

〔註144〕《論語・季氏第十六》，《十三經注疏》，頁147。
〔註145〕《論語・顏淵第十二》，《十三經注疏》，頁107。
〔註146〕《孟子・盡心下》，《十三經注疏》，頁248。
〔註147〕《孟子・離婁上》，《十三經注疏》，頁134。
〔註148〕《孟子・梁惠王》中，孟子勸梁惠王施仁政，便可以王天下。原文如後：梁惠王曰：「晉國天下莫強焉，叟之所知也，及寡人之身，東敗於齊，長子死焉；西喪地於秦七百里；南辱於楚。寡人恥之，願比死者一洒之！如之何則可？」孟子對曰：「地方百里，而可以王。王如施仁政於民；省刑罰，薄稅歛，深耕易耨；壯者以暇日修其孝悌忠信，入以事其父兄，出以事其長上，可使制梃

事思想中，戰爭勝負的關鍵因素不是其他，而在於政治道德上的得失，其云：

> 域民不以封疆之界，固國不以山谿之險，威天下不以兵革之利，得
> 道者多助，失道者寡助。寡助之至，親戚畔之；多助之至，天下順
> 之，以天下之所順攻親戚之所畔，故君子有不戰，戰必勝之。〔註149〕

所以孟子喜以湯武之征伐為例：

> 湯一征，自葛始，天下信之。東面而征西夷怨，南面而征北狄怨。
> 曰：奚為後我？〔註150〕

能行仁義之戰者，民望之若雲霓，將簞食壺漿，以迎王師；甚至可使「制梃
以撻秦楚之堅甲利兵。」孟子堅信「仁者無敵」。

《荀子》書中亦有〈議兵〉一篇，所以荀子對於行仁政的觀點是與孔孟
一致的，尤其荀子有鑒於當時天下混亂，戰爭不斷，故不反對兵事，而期待
以王者之兵來平息天下的紛爭。而謂王者之兵？荀子答趙孝成王之問有詳盡
的解釋，如後：

> 凡在大王，將率末事也；……君賢者其國治，君不能者其國亂；隆
> 禮貴義者其國治，節禮賤義者其國亂；治者強，亂者弱，是強弱之
> 本也。上足卬則下可用也，上不卬，則下不可用也。下可用則強，
> 下不可用則弱；是強弱之常也。隆禮效功，上也；重祿貴節，次也；
> 上功賤節，下也；是強弱之凡也。好士者強，不好士者弱；愛民者
> 強，不愛民者弱；政令信者強，政令不信者弱；民齊者強，民不齊
> 者弱；賞重者強，賞輕者弱；刑威者強，刑侮者弱；械用兵革攻完
> 便利者強，械用兵革窳楛不便利者弱；重用兵者強，輕用兵者弱；
> 權出一者強，權出二者弱，是強弱之常也。〔註151〕

荀子心目中的王者之兵，非一般士卒，故其言王者之兵重在立本，而其立本
的條件在於國君能否以禮義為修政之本。故「政修，則民親其上，樂其君，
而輕為之死。」國君能行仁政，便能號召天下。武王伐紂，為仁義之兵，故

以秦楚之堅甲利兵矣！彼奪其民時，使不得耕耨以養父母；父母凍餓，兄弟
妻子離散。彼陷溺其民，王往而征之，夫誰與王敵？故曰：『仁者無敵』。王
請勿疑。」所以孟子強調「仁者無敵」。見宋‧朱熹著，賴明德註譯，《十三
經注疏‧梁惠王上》，頁14。
〔註149〕《孟子‧公孫丑下》，《十三經注疏》，頁72。
〔註150〕《孟子‧梁惠王下》，《十三經注疏》，頁44。
〔註151〕王忠林註譯，《荀子讀本‧議兵》，頁228。

能獲天下的歸順，而秦四世雖兵強海內，威行諸侯，但非以仁義行之，故無法得到天下人民的認同。荀子反覆強調禮義的重要，以爲秦國雖然盛極一時，但非以仁義爲之，終究是末世之兵，不能長久。荀子亦以四帝、兩王以仁義之兵行於天下標榜：

> 陳囂問孫卿子曰：先生議兵，常以仁義爲本；仁者愛人，義者循理，然則又何以兵爲？凡所有兵者，爲爭奪也。孫卿子曰：非女所知也，彼仁者愛人，愛人故惡人之害之也；義者循理，循理故惡人之亂之也。彼兵者，所以禁暴除害也，非爭奪也。故仁人之兵，所存者神，所過者化，若時雨之降，莫不說喜。是以堯伐驩兜，舜伐有苗，禹伐共工，湯伐有夏，文王伐崇，武王伐紂。此四帝兩王，皆以仁義之兵行於天下也。〔註152〕

荀子更以湯武義戰批評當世勢詐之兵，其云：

> 故齊之技擊不可以遇魏氏之武卒，魏氏之武卒不可以遇秦之銳士，秦之銳士不可以當桓、文之節制，桓文之節制不可以敵湯、武之仁義。有遇之者，若以焦熬投石焉。〔註153〕

所以荀子心目中之王者用兵方式：

> 王者有誅而無戰，城守不攻，兵格不擊。上下相喜則慶之。不屠城，不潛軍，不留眾，師不越時。故亂者樂其政，不安其上，欲其至也。
> 〔註154〕

所以荀子議兵仍以仁義爲樞，國君行仁政，則民甘爲效死，這是發自本心的，自然能戰無不勝，攻無不克。

　　總而言之，先秦儒家希望藉著仁義的推行，來消弭戰爭，所以對儒家思想而言，儒家之軍事思想只是推行其仁義與德政的一種手段與方式，不得已而行之，況且由上述資料檢視，尚未發現儒家將陰陽（術數）思想運用於軍事戰爭上，這是值得重視的。

（二）墨家與陰陽軍事思想析探

　　墨家在先秦曾與儒家並稱爲「顯學」，秦統一中國後，墨學逐漸衰微。清代學者俞樾在《墨子閒詁·序》云：

〔註152〕王忠林註譯，《荀子讀本·議兵》，頁231。
〔註153〕王忠林註譯，《荀子讀本·議兵》，頁229。
〔註154〕王忠林註譯，《荀子讀本·議兵》，頁231。

孟子以楊墨並言，辭而闢之，然楊非墨匹也。楊子之書不傳，略見於列子之書，自適其適而已。墨子則達於天人之理，熟於事物之情，又深察春秋戰國百餘年間時勢之變，欲補弊扶偏，以復之於古。鄭重其意，反復其言，以冀世主之一聽，雖若有稍詭於正者，而實千古之有心人也。尸佼謂孔子貴公，墨子貴兼，其實則一。韓非以儒墨並為世之顯學，至漢世猶以孔墨並稱。〔註155〕

「孟子以楊墨並言，然楊非墨匹也」，且「韓非以儒墨並為世之顯學」，直至漢代仍以孔墨並稱，可見墨家從春秋戰國以迄漢代的影響力。

墨家既從春秋戰國以迄漢代，即具有莫大的影響力，而班固《漢書·藝文志》對墨家有所形容，其云：

墨家者流，蓋出於清廟之守。茅屋采椽，是以貴儉；養三老五更，是以兼愛；選士大射，是以上賢；宗祀嚴父，是以右鬼；順四時而行，是以非命；以孝視天下，是以上同；此其所長也。及蔽者為之，見儉之利，因以非禮，推兼愛之意，而不知別親疏。〔註156〕

在班固《漢書·藝文志》對墨家之形容，實未見著陰陽二字字眼，而一般人亦將陰陽與五行放在一起論述，然於《墨子》關於「陰陽五行」的辭語，其在〈經下〉、〈經說下〉云：

五行毋常勝，說在宜。（〈經下〉）〔註157〕

五合，水土火，火離然。火爍金火多也。金靡炭，金多也。合之府水，木離木。（〈經說下〉）

從上述〈經下〉、〈經說下〉引言，似乎看不出與陰陽思想有什麼關聯性，林明正《說文——陰陽五行觀探析及對後世字書之影響》依據胡適之、梁任公、錢賓四先生等之研究，其認為：「綜合這兩段話看來，墨家是反對『陰陽五行』說的」。其云：

據胡適之、梁任公等研究，〈經〉上下、〈經說〉上下、〈大取〉、〈小取〉六篇，非《墨子》書，亦非墨者記墨子學之書，而乃《莊子·天下篇》所謂「別墨」所作，則其寫成時代應與莊周同時，而《莊

〔註155〕清·孫詒讓著，《墨子閒詁·序》（台北：河洛圖書出版社，1974年3月臺景印1版），頁1。

〔註156〕漢·班固著，《漢書·藝文志》，冊3，卷30，頁1738。

〔註157〕清·孫詒讓著，《墨子閒詁·經下》，卷10，頁10。

子》一書除內篇中部份爲莊子所作，餘應爲後人所記。據錢賓四先
生《先秦諸子繫年》考定墨翟死距莊周生約三十至四十年間，則〈經〉
下、〈經說〉下兩段話十分晚出，不足爲墨家思想代表。因此我們可
以認定原始墨家學說與「陰陽五行」無關；至於後世墨家，從這兩
句話比較全經文而言，似乎對「陰陽五行」也只是稍微批評一下，
並不十分在意它。〔註158〕

所以，林明正《說文──陰陽五行觀探析及對後世字書之影響》認爲墨家是
反對「陰陽五行」說的。

然而，《墨子》書中有三次提及陰陽字眼，似乎與陰陽思想又有一些關聯，
如《墨子·天志中》云：

> 是以天之爲寒熱也。節四時，調陰陽雨露也，時五穀孰，六畜遂。
> 疾菑戾凶饑則。〔註159〕

《墨子·辭過》云

> 君實欲天下之治而惡其亂，當爲舟車不可不節。凡回於天地之間，
> 包於四海之內，天壤之情，陰陽之和，莫不有也，雖至聖不能更也，
> 何以知其然。〔註160〕

又云：

> 聖人有傳，天地也，則曰上下，四時也則曰陰陽，人情也則曰男女，
> 禽獸也則曰牡牝雄雌也，眞天壤之情，雖有先王，不能更也。〔註161〕

從上述《墨子》之三段引言，似乎與陰陽思想有某些關聯，胡自逢《先秦諸
子易說通考》對《墨子·辭過》篇，以綜人物合言之，以陰陽之交感，爲天
壤之眞情論之，有云：

> 按墨子謂陰陽之和，無乎不存，無物不具。故曰「四海之內，天壤
> 之情，陰陽之和，莫不有也」。所微異者：於天地，則曰上下；於四
> 時，則曰陰陽；於人情，則曰男女；於禽獸，則曰牡牝雄雌。然則
> 上下、陰陽、男女、牡牝雄雌，其實一也。故要之曰：「眞天壤之情」。
> 言陰陽交感，爲自然之通象，此語何等明快。〔註162〕

〔註158〕林明正著，《說文──陰陽五行觀探析及對後世字書之影響》，頁61。
〔註159〕清·孫詒讓著，《墨子閒詁·天志中》，卷7，頁12。
〔註160〕清·孫詒讓著，《墨子閒詁·辭過》，卷1，頁37～38。
〔註161〕清·孫詒讓著，《墨子閒詁·辭過》，卷1，頁38。
〔註162〕胡自逢著，《先秦諸子易說通考》（台北：文史哲出版社，1989年8月，3版），

筆者認為，胡自逢先生以「於天地，則曰上下；於四時，則曰陰陽；於人情，則曰男女；於禽獸，則曰牡牝雄雌。然則上下、陰陽、男女、牡牝雄雌，其實一也」之辭語，故云：「陰陽交感，為自然之通象」並以「陰陽之交感，為天壤之真情」此為墨家與陰陽思想之關聯。

其次，論述墨家軍事思想則在於非攻，而墨子非攻說的要點有二：攻戰不義，伐勝不利。以此二端打消君主從事戰爭的念頭。攻戰不義之論，用來摧破自許為義戰的好攻伐之君：

> 今至大為攻國則弗知非，從而譽之謂之義，此可謂知義與不義之別乎？殺一人者謂之不義，必有一死罪矣。若以此說往。殺十人十重不義，必有十死罪矣。殺百人百重不義，必有百死罪矣。當此天下之君子，皆知而非之，謂之不義。今至大為不義攻國，則弗知非，從而譽之，謂之義，情不知其不義也，故書其言，以遺後世，若知其不義也，夫奚說書其不義以遺後世哉？……今小為非，則知而非之，大為非攻國，則不知非，從而譽之，謂之義，此可謂與不義之辯乎？是以知天下之君子，辯義與不義之亂也。〔註163〕

且謂：

> 今逮夫好攻伐之君，又飾其說，以非子墨子曰：「以攻伐之為不義，非利物與？昔者禹征有苗，湯伐桀，武王伐紂，此皆立為聖王，是何故也？」子墨子曰：「子未察吾言之類，未明其故者也。彼非所謂攻，謂誅也。……」〔註164〕

這是墨子用最嚴密之論理，層層剖釋，以見戰爭之不義。惟其時正值戰國初期，列國之間彼此互相攻伐，目的只在毀宗廟，遺重器，擄掠子女財帛，從事權力之擴張，造成連環性之戰爭，而永無寧日。墨子目睹戰爭之殘酷無情，乃用上述譬喻，以揭露戰爭攻伐之本質，為不仁不義，並期以此勸說野心之侵略者放棄戰爭，以建設兼愛交利之仁政社會。

墨子其實並不反先王之義戰，反而是拿古義戰說的崇高理想批判今義戰說者之非。而其論戰爭之不利，曾有極巧妙之比喻，墨子云：

> 大國之攻小國，譬猶童子之為馬，童子之為馬，足用而勞。今大國

頁90。

〔註163〕清・孫詒讓著，《墨子閒詁・非攻上》，卷5，頁2～3。
〔註164〕清・孫詒讓著，《墨子閒詁・非攻下》，卷5，頁19～20。

之攻小國也，攻者，農夫不得耕，婦人不得織，以守爲事。攻人者，

農夫不得耕，婦人不得織，以攻爲事。〔註165〕

此言戰爭之攻戰雙方均爲不利。亦即墨子所云：「所攻者不利，而攻者亦不利，是兩者不利也」。綜合墨子所陳攻之不利約有三項：其一、侵略之戰「計其所自勝，無所可用也。計其所得反不如所喪者之多」，例如攻伐三里之城、七里之郭，殺戮必多，勝負不定。縱使得勝，而「虛城」無用。其二、侵略者誤認攻伐可以兼併土地，富強國家。殊不知有攻伐即有滅亡，而螳螂捕蟬，黃雀已伺其後。例如吳國以闔閭夫差之義戰而天下莫強，乃卒不免滅於勾踐。晉國之智伯勢冠六軍，以兼併爲務，而終敗於三家。此皆前車之鑒，足爲攻伐不利之明徵。其三、墨子更進一步論及攻伐之禍害所及不僅限於國君。墨子云：

夫取天之人，以攻天之邑，此刺殺天民，剝振神之位，傾覆社稷，攘殺其犧牲，則此上不中天之利矣。意將以爲利鬼乎？夫殺之人，滅鬼神之主，廢滅先王，賊虐萬民，百姓離散，則此中不中鬼之利矣。意將以爲利人乎？夫殺之人，利人也博矣。又計其費，此爲周生之本，竭天下百姓之財用，不可勝數也。則此下不中人之利矣。

〔註166〕

因而，墨子非攻之說，則隨時隨地皆以「不利」爲言。因自墨子視之，攻伐之起，多由侵略者認爲戰爭爲有利之事，故必先破除此錯誤之估計，然後非攻之說才可行。且戰禍之興起，既多出於雄才大略之君主，故其言不利亦多就君主之本身著想，冀其能惕然自省，免蹈自焚之危。

　　由上述資料檢視，陰陽思想並非墨子思想的主軸，而墨子非攻之說所蘊涵的軍事思想，亦只是其兼愛思想的一種執行方式與手段，其以兼愛思想爲主，非攻之說爲輔，但墨子亦少將陰陽（術數）思想運用於軍事戰爭上，則是事實。

（三）法家與陰陽軍事思想析探

　　誠然，先秦軍事思想或以法家及道家較爲出色；且先秦嚴格之法治思想乃俟商鞅而後成立，韓非則綜集大成，爲法家學術之總匯；而法家的軍事思想其重點在於法術、法勢、法治等運用，例如商鞅入秦，說秦孝公，制法如

〔註165〕清・孫詒讓著，《墨子閒詁・耕柱》，卷 11，頁 40。
〔註166〕清・孫詒讓著，《墨子閒詁・非攻下》，卷 5，頁 16～17。

後：

> 定變法之令，令民為什伍，而相牧司連坐。不告姦者腰斬。告姦者與斬敵首同賞。匿姦者與降敵同罰。民有二男以上不分異者倍其賦。有軍功者各以受上爵。為私鬥者各以輕重被刑。大小僇力本業耕織。致粟帛多者復其身，事末利及怠而貧者舉以為收孥。宗室非有軍功論不得為屬籍。明尊卑爵秩等級各已，……有功者顯，無功者雖富無所芬華。……衛鞅曰：法之不，自上犯之，將法太子。……民勇於公戰，怯於私鬥。〔註167〕

職是之故，法家重視信賞必罰原則：王子犯法，與庶民同罪，此可以晉秦韓之戰，以慶鄭之事作例子：

> 公至於絳郊，聞慶鄭止，使家僕徒召之，曰：「鄭也有罪，猶在乎？」慶鄭曰：「臣怨君始入而報德，不降；降而聽諫，不戰；戰而用良，不敗。既敗而誅，又失有罪，不可以封國。臣是以待即刑，以成君政。」君曰：「刑之！」慶鄭曰：「下有直言，臣之行也；上有直刑，君之明也。臣行君明，國之利也。君雖弗刑，必自殺也。」蛾析曰：「臣聞奔刑之臣，不若赦之以報讎。君盍赦之，以報於秦？」梁由靡曰：「不可。我能行之，秦豈不能？且戰不勝，而報之以賊，不武；出戰不克，入處不安，不智；成而反之，不信；失刑亂政，不威。出不能用，入不能治，敗國且殺孺子，不若刑之。」君曰：「斬鄭，無使自殺！」家僕徒曰：「有君不忌，有臣死刑，其聞賢於刑之。」梁由靡曰：「夫君政刑，是以治民。不聞命而擅進退，犯政也；快意而喪君，犯刑也。鄭也賊而亂國，不可失也！且戰而自退，退而自殺；臣得其志，君失其刑，後不可用也。」君令司馬說刑之。司馬說進三軍之士而數慶鄭曰：「夫韓之誓曰：失次犯令，死；將止不面夷，死；偽言誤眾，死。今鄭失次犯令，而罪一也；鄭擅進退，而罪二也；女誤梁由靡，使失秦公，而罪三也；君親止，女不面夷，而罪四也；鄭也就刑！」慶鄭曰：「說！三軍之士皆在，有人能坐待刑，而不能面夷？趣行事乎！」丁丑，斬慶鄭，乃入絳。〔註168〕

〔註167〕漢·司馬遷著，《史記·商君列傳第八》，頁 2229～2230。
〔註168〕題春秋·左丘明著，《國語》（台北：藝文印書館，1974 年 3 月，3 版），頁 241～244。

以此例而論，由於君主決定刑之，故司馬乃援引法條俱在的軍法加以制裁。

再者，法家者流更盜取道家「靜觀之智慧」，以爲其統治之謀略及軍事戰略。而道家中許許多多的觀念，例如「常」、「道」、「反」、「無爲」、「無不爲」、「守柔」、「不爭」、「謙下」、「寬容」等等重要的觀念，在法家學說中均轉爲御下之術；〔註169〕道家之智慧，在韓非子思想中轉爲陰謀的軍事戰略思想，例如韓非子的〈解老〉云：

> 所以貴無爲無思爲虛者，爲其意無所制也。夫無術者，故以無爲無思爲虛也。夫故以無爲無思爲虛者，其意常不忘虛，是制於爲虛也。虛者，謂其意無所制也。今制於爲虛是不虛也。虛者之無爲也，不以無爲爲有常，不以無爲爲有常則虛，虛則德盛，德盛之謂上德，故曰：「上德無爲而無不爲。」〔註170〕

韓非子認爲無爲、無思是虛，但必需體認這個虛，不是空無的虛或無能的虛，而是無爲而無不爲的虛，是可以將能量發揮至極致，而不爲任何形式、狀況所局限的虛。事實上，老子曾謂：

> 致虛極，守靜篤，萬物並作，吾以觀復。夫物云云，各復歸其根。歸根曰靜，是謂復命。復命曰常。知常曰明，不知常，妄作凶。〔註171〕

此乃老子對其所肯定之自我境界之描述；自覺心駐於無爲，遂無所執，無所求，故能「虛」，能「靜」；在虛靜中，自覺心乃朗照萬象，故能「觀復」。且「虛」與「靜」皆足謂爲「無爲」之註腳。由於駐於無爲，觀照道之超萬物，亦觀照萬物之依於道，老子則由近乎「捨離」〔註172〕之「虛靜」成爲「靜歛」，並從反射經驗界中，而生出一支配經驗界之力量；更由「無爲」生出其實用之主張，乃至成爲後世陰謀者如韓非者流所用，而韓非上述解老之論更足證

〔註169〕見拙著，《周易軍事思想之研究》，頁95。

〔註170〕陳奇猷校注，《韓非子集釋·解老第二十》（台北：河洛圖書出版社，1974年3月），頁328。

〔註171〕吳怡著，《新譯老子解義》（台北：三民書局，2001年3月，初版4刷），頁106。

〔註172〕勞思光著，《中國哲學史》（台北：三民書局，1999年8月，增訂10版），頁243。依據勞思光《中國哲學史》謂：儒學重德，「德性我」在一一事象上實現價值，故爲「化成世界」之態度；希臘傳統精神重智，「認知我」掌握經驗事物之規律而表現力量，故爲「征服世界」之態度，佛教則只求一靜歛不昧之主體自由，視存在本身爲罪，故爲「捨離世界」之態度。道家說「勝物」之義時，則只強調一「觀賞世界」之態度。

之。又如：

> 故欲成方圓而隨其規矩，則萬事之功形矣。而萬物莫不有規矩。議
> 士之士，計會規矩也。聖人盡隨於萬物之規矩，故曰：「不敢爲天下
> 先。」不敢爲天下先則事無不事，功無不功，而議必蓋世，欲無處
> 大官，其可得乎？處大官之謂爲成事長，是以故曰：「不敢爲天下先，
> 故能爲成事長。」〔註173〕

韓非將老子「不敢爲天下先」引申成爲專制王權馭下權謀（訓練服從）的最
佳藉口與理由。而這種權謀式之軍事戰略思想亦是法家思想的特徵。

因此，觀察先秦法家人物，除愼到外，都是政治的行動人物，他們以非
公族的身份而能竄居高位，除個人的才能之外，最重要的原因，是他們完全
走現實主義的路線，擺脫傳統的一切束縛。不尚空談，不講道德，重執行，
講效率；這種的思想特徵，即是絕少提及任何屬於形而上之陰陽思想，故造
成法家雖有軍事思想卻無陰陽軍事思想之內涵。

〔註173〕陳奇猷校注，《韓非子集釋・解老第二十》，頁 377～378。

第貳章　《周易》陰陽軍事思想析探

　　從文化發生的角度來探析、研究中國文化，則不能不首先想到《周易》。
《周易》通行本和帛書本均含《易經》和《易傳》。《周易》或是中國古代卜
官在長期積累起來的十分豐富的卜筮記錄基礎上編纂而成的一部占筮書，所
以宋代大儒朱熹云：「易本卜筮之書」。然而《周易》蘊含極豐富的哲理，豈
可僅以「卜筮之書」視之？況且《周易》亦相當廣泛地展現了中國古代社會
經濟、政治、軍事、文化結構以及生活方式、倫理道德、風俗習慣、心理結
構等等。其次，《周易》八八六十四卦三百八十四爻，森羅畢備，層層推演，
實是深具邏輯，可與時俱移的變動機制；而其所蘊含的天人合德中心思想，
則屬中國騰衝超拔，歷百世未衰的不變核心。吳康《周易大綱・序》云：

> 易爲中國最古之哲學書，始以卜筮傳，逮十翼諸辭，先後間作，探
> 賾索隱，鉤深致遠。凡宇宙自然之理，人物事變之情，曼衍恢弘，
> 涵苞無外，遂使皇古卜筮之書，轉爲幽思經緯之作；於象數之中，
> 窮義理之致。而易爲中土最古哲學經籍……洋洋乎宰制萬物之義，
> 具存斯文矣！〔註1〕

可見《周易》確是中國學術之源，亦是六經樞樞所在。張其成《易學大辭典》
云：

〔註 1〕吳康著，《周易大綱》（台北：臺灣商務印書館，1991 年 11 月臺 1 版 7 刷），
　　　　頁 1。本文所引典籍，於各章節首次出現時，詳細著明朝代、作者、書名、冊
　　　　數、頁數、出版地、出版社、出版年月與版次，以便覆覈；再次引用時，僅
　　　　註明書名、冊數、頁數、以省篇幅，爲統一體例，出版年月一律以西元紀年
　　　　標記。

《周易》構成中華文化最穩定、最本質的內核，體現了中華文化的
面貌、特色和趨向，決定著中華民族特有的生活方式、價值觀念、
倫理道德、審美意識及風俗習慣。它不僅在本體論、方法論上給人
以指導，而且在行為方式上給人以啓迪；不僅滲透到最深層的思維
方式，而且滲透到實用性的操作層面，不僅在哲學思想史上佔有重
要地位，而且對人文社會科學、自然科學各學科均有重要影響。被
認為是中華文化的「源頭」和「活水」。〔註2〕

誠如《四庫全書總目提要》所云：

易道廣大，無所不包，旁及天文、地理、樂律、兵法、韻學、算術、
以逮方外之爐火，皆可援易以為說。〔註3〕

實為最佳注解。因而，《周易》的致廣大，盡精微的思想體系中，蘊涵著我國
各種思想體系的萌芽。

第一節　《周易》陰陽思想析探

縱觀數千年中國文明發展史，陰陽思想可說是傳統文化中，不可忽視的
一條主軸，影響深遠。陰陽思想的發源，亦或是在遠古時代，而《周易》一
陰一陽的符號，就象徵著《周易》的基本性質與精神，例如在〈乾〉、〈坤〉
兩卦的卦、爻辭中，〈乾〉代表自強不息，是一種陽剛的象徵，〈坤〉代表柔
順凝重，而是一種陰柔的象徵，所以《周易》在陰陽的精神與模式中，已蘊
涵著深切、豐富的內容。

陰陽為天地化育之二大主力。易言天道，天道不外一陰一陽而已。如《莊
子・天下》評論儒家的《六藝》云：

《詩》以道志，《書》以道事，《禮》以道行，《樂》以道和，《易》
以道陰陽，《春秋》以道名分。〔註4〕

所謂：「易以道陰陽」，所以在莊子看來，《周易》是講陰陽學說的，而司馬遷

〔註2〕張其成著，《易學大辭典》（台北：建宏出版社，1996年2月，初版1刷），頁
　　　3。
〔註3〕清・紀昀著，《欽定四庫全書總目》（台北：藝文印書館，1997年9月，初版
　　　7刷），頁63。
〔註4〕郭慶藩編輯，《莊子集釋》（台北：河洛圖書出版社，1974年3月臺景印1版），
　　　頁1067。

《史記‧太史公自序》云：

> 王者之大者也，《易》著天地陰陽四時五行，故長於變；⋯⋯是故禮
> 以節人，樂以發和，書以道事，詩以達意，易以道化，春秋以道義。
> 〔註5〕

因而，「《易》著天地陰陽四時五行，故長於變」。又云：「易以道化」都在強調《周易》這部書，是講陰陽變化的，而《周易》確是植根於陰陽，無陰陽即無任何內容可論，亦無任何變化可言。

一、陰陽共生、彼此共存

天地萬物都是由陰陽二氣所生成，因此萬物都有陰陽之共性，而萬物更藉由陰陽二性的組合造成不同的表現，例如《周易》哲學認為，一陰一陽的關係是對立的，但同時又是統一的，以《周易‧睽‧象傳》而言：

> 天地睽而其事同也。男女睽而其志通也。萬物睽而其事類也。睽之
> 時用，大矣哉！〔註6〕

程頤《易程傳》對此有所解說如後：

> 推物理之同，以明睽之時用，乃聖人合睽之道也。見同之為同者，
> 世俗之知也，聖人則明物理之本同，所以能同天下而和合萬類也。
> 以天地男女萬物明之，天高地下，其體睽也，然陽降陰升，相合而
> 成化育之事則同也。男女異質，睽也，而相求之志則通也。生物萬
> 殊，睽也，然而得天地之和，稟陰陽之氣，則相類也。物雖異而理
> 本同，故天下之大，群生之眾，睽散萬殊，而聖人為能同之，處睽
> 之時，合睽之用，其事至大，故云大矣哉。〔註7〕

睽為乖異不合，亦就是矛盾對立。不過，陰陽對立矛盾並不是絕對的，其卻有著統一性和互相聯繫，如天高地下，睽違對立，但陽氣下降，陰氣上升，其陰陽二氣交流相通而化育萬物之事是相同的。男與女體質互異，亦是睽違對立，但男女追求，結成夫妻生兒育女情感相通是一致的。天地之間萬物，

〔註5〕漢‧司馬遷著，《史記‧太史公自序第七十》（台北：金川出版社，1977 年 7月），頁 3297。

〔註6〕樓宇烈校釋，《王弼集校釋‧周易注》（台北：華正書局，1992 年 12 月，初版），頁 405。

〔註7〕黃忠天著，《周易程傳註評》（高雄：復文圖書出版社，2004 年 9 月，2 版），頁 328～329。

均有陰陽之別，亦為睽違對立，然而稟陰陽之氣，得天地之和，故其生化之事均是相同的。因而，馬振彪《周易學說》引劉沅語云：

> 天地形睽而健順互為功用，男女迹睽而陽教陰教共成家法，萬物露生而得和氣以為消長，其事類也。然不睽亦無由而合。聖人以其睽者類族辨物，以其不睽者通德類情，是不同而其理同，維世憂民之心則一也。大要以相應與為始睽終合。〔註8〕

所以，一陰一陽的關係是對立的，但同時又是統一的。

其次，陰陽關係固然是對立睽違，但因陰陽雙方卻又能相互感應，所以亦能互相聯繫，例如《周易·咸·象傳》云：

> 咸，感也。柔上而剛下，二氣感應以相與，止而說，男下女，是以亨，利貞，取女吉也。〔註9〕

天地感而萬物化生，聖人感人心而天下和平，觀其所感，而天地萬物之情可見矣。〔註10〕程頤《易程傳》云：

> 咸之義感也，……陰陽相交，為男女交感之義，……陰陽二氣相感相應而和合，是相與也。男女相感之義，復推極感道，以盡天地之理，聖人之用。天地二氣交感，而化生萬物，……觀天地交感化生萬物之理，與聖人感人心致和平之道，則天地萬物之情可見矣！〔註11〕

〈咸〉卦是專門論述感應。「陰陽相交，為男女交感之義」，從而才能結合成為夫妻。「陰陽二氣相感相應而和合」這是天與地陰陽之氣互相感應，而使萬物生生不息，而天、地、人從對立的兩方由於相互的感應，於是可見萬事萬物普遍道理均是如此。

再者，陰陽兩者相配合，如《周易·繫辭下》云：

> 日往則月來，月往則日來，日月相推而明生焉；寒往則暑來，暑往則寒來，寒暑相推而歲成焉。往者屈也，來者信也，屈信相感而利生焉。〔註12〕

太陽下山，月亮則升起，月亮下沈，則太陽又升起，而寒暑亦是如此推移，

〔註8〕馬振彪著，《周易學說》（廣州：花城出版社，2002年1月，初版1刷），頁370。
〔註9〕樓宇烈校釋，《王弼集校釋·周易注》，頁373。
〔註10〕黃忠天著，《周易程傳註評》，頁272～273。
〔註11〕黃忠天著，《周易程傳註評》，頁272～273。
〔註12〕樓宇烈校釋，《王弼集校釋·周易注》，頁561～562。

才能一年又一年的下去，通曉日月寒暑的屈伸往來之理，就能領悟陰陽共生共存之理。所以《周易‧繫辭上》云：

> 廣大配天地，變通配四時，陰陽之義配日月，易簡之善配至德。
> 〔註13〕

因而，所謂「天地、四時、日月」都是由於陰陽二氣的形成與推移所造成共性。誠然，天地萬物都是由陰陽二氣所生成，故萬物都有陰陽之共性，且須共生共存，且從陰陽出現的情況瞭解，陰陽必須相對或相合，才能發生作用，孤陰和孤陽是不能發生作用的。邵雍曾云

> 陽不能獨立，必得陰而後立，故陽以陰爲基。陰不能自見，必待陽
> 而後見，故陰以陽爲唱。〔註14〕

陰陽同時唱和，方能顯現變化之功。來知德云：

> 天地造化之理，獨陰獨陽，不能生成，故有剛必有柔，有男必有女。
> 〔註15〕

陰陽分離或獨處，是無法有化生之力，惟有陰陽和合，亦就是有陰有陽，有男有女，才能化生。王夫之亦持同樣見解：

> 陽非孤陽，陰非寡陰，相函而成實，乃不失其和而久安。〔註16〕

孤陽寡陰，皆是偏失，無法變化，陰陽相函而成質，相互推動成濟，乃能「和而久安」。

二、陰陽變化，相互爭勝

《周易》從陰陽之交互變化，相互爭勝，如《周易‧坤文言》云：

> 陰疑於陽，必戰，爲其嫌於無陽也，故稱龍焉；猶未離其類也，故
> 稱血焉。夫玄黃者，天地之雜也，天亦而地黃。〔註17〕

朱子《周易本義》云：

〔註13〕樓宇烈校釋，《王弼集校釋‧周易注》，頁544。

〔註14〕余本著，《皇極經世釋義‧物外外篇》（台北：集文書局，1976年6月，初版），卷3，頁422。

〔註15〕來知德著，《周易集註‧易經字義》（台北：夏學社出版事業有限公司，1986年），頁27。

〔註16〕見《張子正蒙注‧太和篇》，轉引自馮契著，《哲學大辭典》（上海：上海辭書出版社，1992年），頁710。

〔註17〕樓宇烈校釋，《王弼集校釋‧周易注》，頁229。

疑，謂鈞敵而無小大之差也。坤雖無陽，然陽未嘗無也。血，陰屬，
蓋氣陽而血陰也。玄黃，天地之正色，言陰陽皆傷也。〔註18〕

程頤《易程傳》云：

陽大陰小，陰必從陽，陰既盛極，與陽偕矣，是疑於陽也，不相從，
則必戰。卦雖純陰，恐疑無陽，故稱龍，見其與陽戰也。于野，進
不已 而至於外也。盛極而進不已，則戰矣！雖盛極，不離陰類也，
而與陽爭，其傷可知，故稱血。陰既盛極，至與陽爭，雖陽不能無
傷，故其血玄黃。玄黃，天地之色，謂皆傷也。〔註19〕

黃忠天《周易程傳註評》評析引用程朱意見如後：

〈文言〉云：「天地之雜也，天玄而地黃」程朱皆認為象徵陰陽相爭，
兩敗俱傷。〔註20〕

李光地《周易折中》引俞琰語則云：

玄者天之色，黃者地之色，血言玄黃，則天地雜類，而陰陽無別矣，
故曰：夫玄黃者天地之雜也。陰陽相戰，雖至於天地之雜亂，然而
天地定位於上下，其大分終不可易，故其終又分而言之曰：天玄而
地黃。〔註21〕

李光地《周易折中》引鄭維嶽語則云：

謂之曰戰，陰與陽交戰也，交戰而獨曰龍戰者，是時陰處其盛，嫌
於無陽也，故獨稱龍為戰。若曰 陰犯順而龍戰之云耳，以討陰之義
與陽，不許陰為敵也。當其雜也，玄黃似乎莫辨，而不知即雜之中，
玄者是天，黃者是地，斷斷不可混淆，定分原自如此。〔註22〕

誠然，對於上述《周易・文言傳》「陰疑於陽必戰，……」之引言，程朱視為
「陰陽相爭，兩敗俱傷」。但俞琰則云：「天地定位於上下，其大分終不可易，
故其終又分而言之曰：天玄而地黃」。鄭維嶽亦云：「即雜之中，玄者是天，
黃者是地，斷斷不可混淆，定分原自如此」。可見，陰陽雖然時有相爭，然而

〔註18〕 宋・朱熹，《易本義》（台北：世界書局，1996年2月，初版13刷），頁，7。
〔註19〕 宋・程頤著，《易程傳》（台北：文津出版社，1990年10月，初版2刷），頁
34～35。
〔註20〕 黃忠天著，《周易程傳註評》，頁37。
〔註21〕 清・李光地著，《周易折中》（台北：眞善美出版社，1981年7月再版），冊下，
頁1640。
〔註22〕 清・李光地著，《周易折中》，冊下，頁1640。

天地定位於上下，定分原自如此，所以玄者是天，黃者是地，不可混淆。其次，《周易‧繫辭下》云：

> 吉凶者，貞勝者也。天地之道，貞觀者也。日月之道，貞明者也。
> 天下之動，貞夫一者也。〔註23〕

所謂「吉凶」、「天地」、「日月」、「天下」之道，均是顯示陰與陽對立的兩面，彼此爭勝負，其如《周易‧繫辭下》云：「剛柔相推，變在其中矣」。〔註24〕亦是陰陽相推而爭勝之義，所以《朱子語類》解釋得最清楚：

> 「吉凶者，貞勝者也」。這一句最好看。這箇物事，常在這裡相勝。一箇吉，便有一箇凶在後面來。……這箇只是說吉凶相勝。天地間一陰一陽，如環無端，便是相勝底道理。〔註25〕

又云：

> 貞，常也。陰陽常只是相勝。……貞，只是常。吉凶常相勝，不是吉勝凶，便是凶勝吉。二者常相勝，故曰「貞勝」。天地之道則常示，日月之道則常明。「天下之動貞夫一者也」，天下之動雖不齊，常有一箇是底，故曰「貞夫一」。《陰符經》云：「自然之道靜，故天地萬物生，天地之道浸，故剛柔勝」。若不是極靜，則天地萬物不生。浸者，漸也。天地之道漸漸消長，故剛柔勝，此便是「吉凶貞勝」之理。〔註26〕

徐志銳《周易陰陽八卦說解》對陰陽之「貞勝」、「貞夫一」解釋：

> 吉凶不兩立，日月不兼明，天下事物運動的規律是成功者退，方來者進，陰陽的兩個方面總是互相爭勝負。不是此方戰勝彼方，就是彼方戰勝此方，二者總是交疊相勝。這種交疊相勝又是經過長久積累而後勝，誰居於正位誰就是勝。這樣一來，矛盾雖然有兩個方面，但它常常是一個方面示於人，而另一個方面則隱伏著。這就叫「貞夫一」。〔註27〕

〔註23〕樓宇烈校釋，《王弼集校釋‧周易注》，頁557。
〔註24〕樓宇烈校釋，《王弼集校釋‧周易注》，頁556。
〔註25〕宋‧黎靖德編，王星賢點校，《朱子語類》（北京：中華書局，2004年2月，初版5刷），頁1940。
〔註26〕宋‧黎靖德編，王星賢點校，《朱子語類》，頁1940～1941。
〔註27〕徐志銳著，《周易陰陽八卦說解》（台北：里仁書局，1995年5月，初版3刷），頁109～110。

　　由於陰陽互相「貞勝」及「貞夫一」，因而使得天下事物都有對立的兩面，如「吉與凶」、「禍與福」、「生與死」、「治與亂」、「新與舊」、「正與反」，而這些事物對立的兩個方面，總是以一正一偏，一顯一潛的方式顯現，使得陰陽互相「貞勝」及「貞夫一」的哲學意涵，成為「非此即彼」，有時又為「亦此亦彼」的關係。因此，陰陽交互變化，互相爭勝，意味著任何事物都在變化中，如生就是意味著死的開始，成功就意味著走向失敗，但失敗並不意味就是不幸，如《周易‧未濟》卦就是最好實例。〈未濟〉卦，其為六十四卦中的最後一卦，〈未濟〉是未定、未完成的意思。如劉沅云：

> 未濟，事未成之時也。火上水下，不相交則不成功用，六爻皆失其位，故曰未濟。序卦，物不可窮也，故受之以未濟終焉。既濟則勢已窮，未濟尚可望其濟。以此終之，變易無窮之理也。〔註28〕

《周易程傳》云：

> 未濟，序卦：「物不可窮也，故受之以未濟終焉」。既濟矣，物之窮也，物窮而不變，則無不已之理。易者，變易而不窮也，故既濟之後，受之以未濟終焉。未濟，則未窮也，未窮，則有生生之義。〔註29〕

事實上，《周易》蘊涵著陰陽爭勝的思想，以〈未濟〉為結束卦，表現了《周易》中事物變化的無窮盡，一個過程的失敗或終止，正是另一個過程的開始，生生不息，永不止盡的積極進取，所以〈未濟〉代表事未成或失敗但並不意味就是不幸。由於陰陽爭勝的啟示，使得世間事物或在內在矛盾對立中變化，而成為一正一偏，一顯一潛，一種新的方式顯現。

三、陰陽協調，太極和諧

　　《周易》的哲學思想體系，是以陰陽的對立統一為核心，交互變化，互相爭勝，因而使得天下事物都有對立的兩面，如「吉與凶」、「禍與福」、「生與死」、「治與亂」、「新與舊」、「正與反」，其哲學意涵，成為「非此即彼」，有時又為「亦此亦彼」的關係，意味著任何事物都在變化中。然而，《周易》蘊涵著陰陽爭勝的思想，以〈未濟〉為結束卦，表現了《周易》中事物變化的無窮盡，一個過程的失敗或終止，正是另一個過程的開始，生生不息，永不止盡的積極進取，所以〈未濟〉代表事未成或失敗但並不意味就是不幸。

〔註28〕轉引自馬振彪著，《周易學說》，頁615。
〔註29〕黃忠天著，《周易程傳註評》，頁555。

由於陰陽爭勝的啓示，使得世間事物或在內在矛盾對立中變化，而成為一正一偏，一顯一潛，一種新的方式顯現。

　　但是，《周易》的特性除了「陰陽共生共存」、「陰陽交互變化，互相爭勝」之外，尚有「陰陽協調與太極和諧」的整體觀念與特性，因而，陰陽和諧思維是建構《周易》體系的重要元素與靈魂，我們或可從下面幾個層面析探：

（一）卦、爻體系

　　首先，《周易》是由陰爻與陽爻兩個基本符號組成，而這兩個符號陰爻與陽爻，確也反映《周易》的本質與特性，例如〈乾〉卦是全陽爻，而〈坤〉卦是全陰爻，故〈乾〉卦可謂陽之代表，〈坤〉卦可謂陰之代表，不過〈乾〉卦之用九爻：「見群龍無首，吉。」與〈坤〉卦之用六爻：「利永貞。」或能反映陰陽和諧的特質，如《周易程傳》謂〈乾〉卦之用九爻：

> 用九者，處乾剛之道，以陽居乾體，純乎剛者也。剛柔相濟為中，
> 而乃以純剛，是過乎剛也。見群龍，謂觀諸陽之義，無為首則吉也，
> 以剛為天下先，凶之道也。〔註30〕

程頤認為：「用九者，處乾剛之道，純乎剛者」、「乃以純剛，是過乎剛」。而熊十力《讀經示要》則云：

> 全人類和諧若一體，無有逞野志，挾強權，以劫制眾庶者，此亦群龍
> 無首之眾。春秋太平、禮運大同，皆自乾元之義，推演而出。〔註31〕

熊氏認為，見群龍無首，乃是人人皆有士君子之行之時代，全人類和諧若一體，亦是「春秋太平、禮運大同」境界。而《周易程傳》謂〈坤〉卦之用六爻：

> 坤之用六，猶乾之用九，用陰之道也。陰道柔而難常，故用六之道，
> 利在常永貞固。〔註32〕

程頤認為：「坤之用六，猶乾之用九，用陰之道也。陰道柔而難常。」但李光地《周易折中》在〈乾〉卦之用九爻案語處，對於解釋〈乾〉卦之用九爻與〈坤〉卦之用六爻彼此之和諧性解釋的最透澈，其云：

> 爻辭雖所以發明乎卦之理，而實以為占筮之用，……如乾之六爻全
> 變則坤，坤之六爻全變則乾也。先儒之說，以為全變則棄本卦而觀

〔註30〕黃忠天著，《周易程傳註評》，頁5。
〔註31〕熊十力著，《讀經示要》（台北：洪氏出版社，1976年3月，初版），卷3，頁78。
〔註32〕黃忠天著，《周易程傳註評》，頁33。

變卦，而乾坤者，天地之大義，乾雖變坤，未可純用坤辭也，坤雖
變乾，未可純用乾辭也，故別立用九用六以爲皆變之占辭，……如
此，則乾變坤者，合觀乾辭與坤辭而已，坤變乾者，合觀坤辭與乾
辭而已，但自乾而坤，則陽而根陰之義也，自坤而乾，則順而體健
之義也，……蓋群龍雖現，而不現其首，陽而根陰故也，永守其貞
而以大終，順而體健故也。此亦因乾坤以爲六十四卦之通例，如自
復而姤，則長而防其消可也，自姤而復，則亂而圖其治可也，固非
乾坤獨有此義，而諸卦無之也。……陰陽本自合德者，交易之機，
其因動而益顯者，則變易之用，學易者，尤不可以不知。〔註33〕

從以上所申論者，〈乾〉卦雖是全陽爻，而〈坤〉卦雖是全陰爻，但〈乾〉卦
之用九爻與〈坤〉卦之用六爻所顯現的卻是「自乾而坤，則陽而根陰之義也，
自坤而乾，則順而體健之義也」、「蓋群龍雖現，而不現其首，陽而根陰故也，
永守其貞而以大終，順而體健故也」，所以是陽中含陰，陰中含陽的和諧精神。
並且兩卦是《周易》之父母卦，「陰陽本自合德者」是爲一個整體，且陰陽俱
備化生萬物，故《周易・繫辭上》云：

乾坤成列，而《易》立乎其中矣。〔註34〕

總而言之，其所彰顯者乃是〈乾〉卦與〈坤〉卦的一種動態之陰陽和諧觀。

其次，易經八卦或六十四卦，由一個陽爻和一個陰爻組合而成。《周易》認
爲宇宙萬物皆由陰陽二氣所構成。〈咸・象〉云：「二氣感應以相與」。〔註35〕
又云：「天地感而萬物化生」。〔註36〕天地人三才，無不是一陰一陽的對立融
合互補而成。而陽爻和陰爻雖具有不同的屬性和功能，是對立互補的兩種要
素，就每一卦而言，其陰陽爻數不等，其陰陽爻的排列不同，但是在八卦和
六十四卦的整體上，陰爻和陽爻在總量上和數量的結構分配上是「均衡」，精
神上是「和諧」的。

再者，就八卦和六十四卦的卦象來看，八卦之中，〈乾〉與〈坤〉是三陽
三陰的對稱；〈震〉與〈巽〉是二陰一陽與二陽一陰的對稱；〈坎〉與〈離〉
是二陰一陽與二陽一陰的對稱；〈艮〉與〈兌〉是二陰一陽對二陽一陰的對稱，
兩兩相稱，相反相成，因而構成和諧均衡的統一整體。易經六十四卦，從前

〔註33〕清・李光地著，《周易折中》，冊上，頁 149〜150。
〔註34〕樓宇烈校釋，《王弼集校釋・周易注》，頁 555。
〔註35〕樓宇烈校釋，《王弼集校釋・周易注》，頁 373。
〔註36〕樓宇烈校釋，《王弼集校釋・周易注》，頁 373。

向後每兩卦構成對偶，表現爲「非覆即變」的關係。這樣，六十四卦就由相反相成的十二對組，顯示出「和諧」的狀態。

最後，《周易》上經代表自然，下經代表人事。上經三十卦，以〈乾〉〈坤〉二卦開始，〈坎〉〈離〉二卦結束。下經三十四卦，以〈咸〉、〈恆〉二卦開始，〈既濟〉、〈未濟〉二卦結束。〈乾〉、〈坤〉代表天地，〈坎〉、〈離〉代表水火，它們是自然界最具陰陽特徵，也是最重要的四類事物。〈咸〉〈恆〉象徵男女婚配，爲人道之基，社會之始。上經和下經的這樣安排，顯現陰陽的對立與統一，其結果是達致更完善、更「和諧」的統一。

（二）陰陽屬性與形式

就陰陽的屬性而言，陽屬於剛健、國君、男、父、夫，陰屬於柔順、臣僚、女、母、妻。如《周易‧繫辭下》云：

> 夫乾，天下之至健也，德行恆易以知險；夫坤，天下之至順也，德行恆簡以知阻。〔註37〕

乾爲陽屬性剛健，坤爲陰屬性柔順。《周易‧泰‧彖》云：

> 內陽而外陰，內健而外順。〔註38〕

《周易‧否‧彖》云：

> 內陰而外陽，內柔而外剛。〔註39〕

由上可知，陽屬剛健之代表，陰屬柔順之代表。《周易‧蹇‧六二》云：

> 王臣蹇蹇，匪躬之故。〔註40〕

程頤《易程傳》如此解析：

> 二以中正之德居艮體，止於中正者也。與五相應，是中正之人，爲中正之君所信任，故謂之王臣。〔註41〕

程頤認爲《周易‧蹇‧九五》爲陽爻爲國君，《周易‧蹇‧六二》爲陰爻爲臣子，故以「王臣」相稱，亦就是陽代表國君，陰代表臣子。《周易‧家人‧彖》云：

> 家人，女正位乎內，男正位乎外，男女正，天地之大義也。〔註42〕

〔註37〕樓宇烈校釋，《王弼集校釋‧周易注》，頁573。
〔註38〕樓宇烈校釋，《王弼集校釋‧周易注》，頁276。
〔註39〕樓宇烈校釋，《王弼集校釋‧周易注》，頁281。
〔註40〕樓宇烈校釋，《王弼集校釋‧周易注》，頁411。
〔註41〕黃忠天著，《周易程傳註評》，頁340。
〔註42〕樓宇烈校釋，《王弼集校釋‧周易注》，頁401。

程頤《易程傳》如此解析：

> 彖以卦才而言，陽居五，在外也；陰居二，處內也，男女各得其正
> 位也。尊卑內外之道正，合天地陰陽之大義也。〔註43〕

程頤以卦才論，《周易·家人·九五》為陽爻，在外為男，《周易·家人·六二》為陰爻，處內為女，故陰陽亦可以男女之意替代。又如《周易·繫辭上》云：

> 乾道成男，坤道成女。〔註44〕

乾道屬陽，坤道屬陰，此亦是將陽代表男，將陰代表女之例。《周易·說卦》云：

> 乾，天也，故稱乎父。坤，地也，故稱乎母。震一索而得男，故謂
> 之長男。巽一索而得女，故謂之長女。坎再索而得男，故謂之中男。
> 離再索而得女，故謂之中女。艮三索而得男，故謂之少男。兌三索
> 而得女，故謂之少女。〔註45〕

乾為陽為父，坤為陰為母，〈震〉、〈坎〉、〈艮〉三卦為陽卦，故稱長男、中男、少男，〈巽〉、〈離〉、〈兌〉三卦為陰卦，故稱長女、中女，少女。《周易·坤·文言》云：

> 陰雖有美含之，以從王事，弗敢成也；地道也，妻道也，臣道也，
> 地道無成而代有終也。〔註46〕

故《周易·坤》為陰，為妻為臣，而《周易·乾》為陽，為夫為君。又如《周易·說卦》云：

> 是以立天之道，曰陰與陽；立地之道，曰柔與剛；立人之道，曰仁
> 與義；兼三才而兩之，故易六畫而成卦。分陰分陽，迭用柔剛，故
> 易六位而成章。〔註47〕

所以，陰陽又成為仁與義之代表。

誠如所知，《周易》是思想文化的源頭，《周易》致廣大、盡精微的思想體系中，蘊涵著我國各種思想體系的萌芽，即是儒、道、墨、法、兵、刑、陰陽各家的思想，或發端於《周易》。但一般而言，儒家的思想，還是《周易》思想的主流，故上述所論，陰陽所代表的屬性與形式，無論是剛健、柔順，

〔註43〕黃忠天著，《周易程傳註評》，頁320。
〔註44〕樓宇烈校釋，《王弼集校釋·周易注》，頁536。
〔註45〕樓宇烈校釋，《王弼集校釋·周易注》，頁578。
〔註46〕樓宇烈校釋，《王弼集校釋·周易注》，頁229。
〔註47〕樓宇烈校釋，《王弼集校釋·周易注》，頁576。

國君、臣僚，或是男、女，父、母，夫、妻，對於彼此的關係所講求的皆是相對的與和諧的關係，而不強調對立、衝突與鬥爭，如〈咸〉卦講男女交感之卦，李光地《周易折中》引朱子《周易本義》云：

> 咸，交感也，兌柔在上，艮剛在下，而交相感應。……男女之正，婚姻之時，故其卦爲咸。〔註48〕

又如〈恆〉卦，講夫婦白頭偕老之道，李光地《周易折中》引程頤《易程傳》云：

> 恆序卦，夫婦之道，不可以不久也，故受之以恆，恆久也。咸，夫婦之道，夫婦終身不變者也。故咸之後受之以恆也。〔註49〕

所以《周易》〈咸〉卦與〈恆〉卦是講夫婦和諧之道。其次，《周易‧說卦》云：「以立天之道，曰陰與陽」，是將宇宙和諧性概括爲陰陽之道，所強調的均是陰陽二氣的和諧與調和。而《周易‧泰》之卦象是天在下，地在上，天爲陽，地爲陰，陽氣上升，陰氣下降，陰陽二氣和諧交感，化生萬物。《周易‧泰》之卦辭：「泰，小往大來，吉亨」，程頤《易程傳》云：

> 小謂陰，大謂陽。往，往之於外也；來，來居於內也。陽氣下降，陰氣上交也。陰陽和暢則萬物生遂，天地之泰也。以人事言之：大則君上，小則臣下，君推誠以任下，臣盡誠以事君，上下之志通，朝廷之泰也。〔註50〕

就天道而言，強調陰陽二氣的和諧與調和，就人事言，強調「君推誠以任下，臣盡誠以事君」。凡此種種，講求是相對的與和諧的關係。

（三）尚中思想

在《周易》中最能表現出陰陽調和與太極和諧思想，即是尚中思想。所謂宇宙萬象，雜然紛陳，於時間永恆之流中，無時不在更迭變動。聖人仰觀天象，俯察地理，中觀物宜，悟出易理，遂制八卦，以通神明之德，類萬物之情，使人與時偕行，因變所適，而不失正。故將人之內在道德價值與天地時空變易相互聯繫，而成三極之道。以人道爲貴，上體天之仁心，「中」以持之，無有偏倚；下行地之義宜，「正」以出處，行止節度。以易理示之，位爲爻於卦象之位置，乃空間也，身份也，職務也；爻位變異，卦象即動，其變化過程爲時也，乃時

〔註48〕清‧李光地著，《周易折中》，冊上，頁478。
〔註49〕清‧李光地著，《周易折中》，冊上，頁491。
〔註50〕黃忠天著，《周易程傳註評》，頁105。

間也，時機也，時局也。在位以「正」爲主，在時以「中」爲適。

而《周易》貴中，主要表現在對卦中二、五爻的重視上。凡二、五皆稱中，爻居中皆好，不居中皆不如居中好。如〈坤・文言〉云：

> 君子黃中通理，……美在其中。〔註51〕

〈師・九二・象〉云：

> 在師中吉無咎，王三錫命。〔註52〕

〈大壯・九二・象〉云：

> 九二貞吉，以中也。〔註53〕

而〈乾・文言〉云：

> 九四重剛而不中，上不在天，下不在田，中不在人，故或之，或之
> 者，疑之也，故無咎。〔註54〕

且「中」亦可以「中正」稱之，如〈需・九五・象〉云：

> 酒食貞吉，以中正也。〔註55〕

《周易折中》引張振淵云：

> 內多欲則有求治太急之患，德惟中正，所以需合於貞而得吉。中正，
> 即孚貞吉，是推原所以能需處。〔註56〕

由此可見「中正」之重要。「中」亦可以「正中」稱之，如〈乾・文言〉云：

> 子曰：龍德而正中者也。〔註57〕

「中」又可以「正」稱之，如〈履・九五・象〉云：「位正當也」。〔註58〕「中」
又可以「中直」稱之，如〈同人・九五・象〉云：「以中直也」。〔註59〕「中」
直即「中正」。此亦稱「中道」，如〈夬・九二・象〉云：「得中道也。」〔註60〕
亦稱「中行」，如〈師・六五・象〉云：「以中行之」。〔註61〕《周易》「中」

〔註51〕樓宇烈校釋，《王弼集校釋・周易注》，頁229。
〔註52〕樓宇烈校釋，《王弼集校釋・周易注》，頁257。
〔註53〕樓宇烈校釋，《王弼集校釋・周易注》，頁388。
〔註54〕樓宇烈校釋，《王弼集校釋・周易注》，頁217。
〔註55〕樓宇烈校釋，《王弼集校釋・周易注》，頁246。
〔註56〕清・李光地著，《周易折中》（台北：真善美出版社，1981年7月再版），頁771。
〔註57〕樓宇烈校釋，《王弼集校釋・周易注》，頁214。
〔註58〕樓宇烈校釋，《王弼集校釋・周易注》，頁274。
〔註59〕樓宇烈校釋，《王弼集校釋・周易注》，頁286。
〔註60〕樓宇烈校釋，《王弼集校釋・周易注》，頁435。
〔註61〕樓宇烈校釋，《王弼集校釋・周易注》，頁257。

的意義極深，在此亦舉幾位易學大師對「中」的闡釋如下，王弼《周易註‧泰‧六五》云：

> 泰者，陰陽交通之時也。女處尊位，履中居順，降身應二，感以相與，「用中行願」，不失其禮。〔註62〕

意為用中正之道，而且行其復下之志願。王弼意在強調君主居尊位，應履行中正之道，順應民眾意願。其在《周易註‧訟卦辭》云：

> 窒，謂窒塞也。能惕，然後可以獲中吉。〔註63〕

獲中即得中。意為得中乃吉，王弼認為事物應不偏不倚，見好就收，不可過分，要保持中正，其云：

> 唯有信而見塞懼者，乃可以得吉也。猶復不可終，中乃吉也。不閉其源，使訟不至，雖每不枉，而訟至終竟，此亦凶矣。〔註64〕

南北朝周弘正於《黃氏逸書考‧序卦解》云：

> 諸賢多搜索於位置時數之間，可喜可愕，不可枚舉。然而夫子當時曾不瑣及，惟隨時用中之道為不易也。〔註65〕

隨時用中之道即講時中。所謂「時中」，即「高者抑之，下者舉之」，使高下都不過於懸殊，「得中者順之，隨時從道以趨中而已」。北宋程頤《伊川易傳》云：

> 在恆之，居得其正，則常道也。〔註66〕

意為處於自己應居之位。從爻位說指當位。〈恆‧九二〉陽居陰位，其位不正，但因其居中位，「而九二以中德而應於五，五復居中，以中而應中，其處與動皆得中也，是能久於中也」，〔註67〕王弼曾認為居中可以補救失位。程頤特別推崇中位，其釋〈震‧六五〉云：

> 六五雖以陰居陽，不當位為不正，然以柔居剛又得中，乃有中道者也。不失中則不違於正矣，所以中為貴也。諸卦二五雖不當位，多以中為美；三四雖當位，或以不中為過，中常重於正也。蓋中則不

〔註62〕樓宇烈校釋，《王弼集校釋‧周易注》，頁278。
〔註63〕樓宇烈校釋，《王弼集校釋‧周易注》，頁248。
〔註64〕樓宇烈校釋，《王弼集校釋‧周易注》，頁249。
〔註65〕張其成主編，《易學大辭典》（台北：建宏出版社，1996年2月，初版1刷），565。
〔註66〕宋‧程頤著《伊川易傳》，《景印文淵閣四庫全書》（台灣商務印書館，1983年9月），冊9，卷3，頁280。
〔註67〕宋‧程頤著《伊川易傳》，《景印文淵閣四庫全書》，冊9，卷3，頁281。

違於正，正不必中也，天下之理莫善於中。〔註68〕

其認爲「中重於正，中則正矣，正不必中矣」，即中可以率正，中高於正。故其云：「不失中則不違於正矣，所以中爲貴矣」，意爲居中比居正更重要。「天下之理莫善於中」，判斷事情的是非應以是否有中德爲最高準則。《周易》強調「尚中」的思想，與先秦儒家「中庸」之道相吻合，呂紹綱《周易辭典》云：

《論語》記孔子謂中爲「無過不及」，爲「允執其中」，爲「我則異於是，無可無不可」，《中庸》記孔子謂中爲「時中」，爲「執其兩端，用其中於民」，孟子稱孔子是「聖之時者」，即用中的榜樣，且進一步說「執中爲近之，執中無權，猶執一也。所惡執一者，爲其賊道也，舉一而廢百也」。中的含義，據孔、孟之理解，用今語表述，就是抓住矛盾的主要方面，依據具體情況的變化而靈活把握。不是在兩方面中取一方面一成不變，也不是在兩方面之間折中調和。《易經》固有中的概念，不過蘊藏在象裡而不明顯，孔子作《易傳》發掘了出來。〔註69〕

由上所述，可以體察「中」、「正」即「尚中」思想，在《周易》中佔著非常重要的地位，而且《周易》將「中」、「正」之「尚中」思想與「和諧」視爲事物最理想的狀態。徐志銳《周易陰陽八卦說解》云：

因此，在《周易》六十四卦三百八十四爻的一百二十八個中位裡，得「吉」、「大吉」、「元吉」、「貞吉」者，共有五十四爻，占百分之四十二。得「無咎」、「無悔」、「悔亡」、「無尤」者，共有十五爻，占百分之十一。得「凶」、「吝」、「厲」者，只有七爻，占百分之五。從這一比數即可看出得「中」的重要。所以，《易傳》解卦釋爻反覆強調「中」，據統計，《彖傳》言「中」者共有四十五處，涉及到三十七個卦。《象傳》言「中」者共有五十二處，涉及到四十一個卦。〔註70〕

且論述《周易》「中」的重要概念，凡一百二十餘件，其次談論到「正」者約六件，「中正」者約二十三件。尤其，易經特別重視爻位的是否「中正」，

〔註68〕 宋・程頤著《伊川易傳》，《景印文淵閣四庫全書》，冊9，卷3，頁356。

〔註69〕 呂紹綱主編，《周易辭典》（台北：漢藝色研文化事業有限公司，2001年9月，初版），頁18。

〔註70〕 徐志銳著，《周易陰陽八卦說解》（台北：里仁書局，1995年5月，初版3刷），頁118。

其又可分爲下列四類：「既中且正」、「正而未中」、「中而委正」、「不中不正」等，〔註71〕宋代大儒朱子曾言：「必中必正，乃亨乃吉」。因此，「中正」之「尚中」思想是易經重要的哲學思想，而「尚中」思想亦是講求陰陽調和與太極和諧的。

第二節　《周易》軍事思想析探

　　誠如所知，《周易》致廣大、盡精微的思想體系中，蘊涵著我國各種思想體系的萌芽，即是儒、道、墨、法、兵、刑、陰陽各家的思想，或發端於《周易》，故《四庫全書總目提要》云：

> 易道廣大，無所不包，旁及天文、地理、樂律、兵法、韻學、算術、以逮方外之爐火，皆可援易以爲說。〔註72〕

事實上，從殷商時代出現的甲骨文中可以證明，卜祭祀占首位，卜征戰是重要一項。所謂「國之大事，在祀與戎」正是此意。事實上，郭沫若《中國古代社會研究》云：

> 戰爭在原始人的生活上是很重要的，這是誰也可以想像得到。《易經》中戰爭的文字之多，實在任何的事項之上。〔註73〕

姜國柱《周易與兵法》云：

> 《周易》是記錄周朝社會生活之作，是爲挽救周王室危亡而作。要挽救周王室，除了要採取德治、人治等政治措施外，還要採取軍事手段，而軍事手段是實現政治目的的一個主要手段，因此戰爭在周人的社會生活中佔據極重要的地位。〔註74〕

再者，《周易》思想，森羅畢備，層層推演，實是深具邏輯，可與時俱移的變動機制；而其所蘊含豐富兵學思想與軍事哲學有著不容忽視的參考價值。

〔註71〕郭世清著，《易經哲學之現代意義—以對軍事倫理啓發價值爲例》（政戰學校碩士論文，2000年6月），頁42。

〔註72〕清・紀昀著，《欽定四庫全書總目》，頁63。

〔註73〕郭沫若著，《中國古代社會研究》，《郭沫若全集》（北京：人民出版社，1982年9月，初版1刷），頁52。郭沫若亦云：「此外還有不少的單獨的征字（十四處），以及意義雖然很鮮明而不敢妄定的無數的孚字（經文中的孚字凡三十三處，古人均一律訓信，有些地方實在講不通）。『匪寇婚媾』四字連文的寇字四處。」所以郭沫若亦覺得這些單獨的字或有戰爭意含。

〔註74〕姜國柱著，《周易與兵法》（北京：國防大學出版社，1997年9月1刷），頁1。

一、《周易》的軍事內容與謀略

「周朝的創建」是歷經了季歷、文王、武王等重要之開國君王以及無數次的重要戰役的勝利，如季歷時期對山西地區有所開拓，到文王時期在黃河以北占有黎和邗，在黃河以南攻克了崇。到武王時期在黃河以北攻占了商的京畿，在黃河以南又消滅了商所屬諸侯，於是克商的目的全部達成。〔註75〕

所謂「國之大事，在祀與戎」，周朝的創建，絕對離不開戰爭，所以戰爭在一般人心中佔據著非常重要的地位；而兵書則在西周似已產生，因為殷、周之際，小邦周為了擴大土地或勢力，與大國殷之間直接或間接的戰爭不知其數，而有名之牧野之戰，雙方投入的兵力之大，已十分驚人，因而，西周時不僅戰爭的思想、型態更進步，亦由於竹和木之書寫材料普遍，且製作容易，閱讀方便，所以兵書在西周已應運而生。依據古文獻記載，《左傳》中記載的《軍政》、《軍志》很可能是西周晚期的作品，且在《左傳》及一些兵書中均記載了這兩部書的書名，如：

《左傳·僖公二十八年》記載：

> 《軍志》曰：「允當則歸。」又曰：「知難而退。」又曰：「有德者不可敵。」此三志者，晉之謂矣。〔註76〕

《左傳·宣公十二年》記載：

> 《軍志》曰：先人有奪人之心。〔註77〕

《左傳·昭公二十一年》記載：

> 《軍志》有之：「先人有奪人之心，後人有待其衰。」〔註78〕

《孫子兵法·軍爭》記載：

> 《軍政》曰：言不相聞，故為金鼓，視不相見，故為旌旗者。〔註79〕

因而《軍政》、《軍志》是有名之兵書，許保林《中國兵書通覽》亦云：《軍政》、《軍志》是兵書產生於西周的標誌。〔註80〕

〔註75〕見王智榮著，《周易軍事思想之研究》（高雄：國立中山大學中國文學研究所碩士論文，2004 年 6 月），頁 23～28。
〔註76〕楊伯峻著，《春秋左傳注》，頁 456。
〔註77〕楊伯峻著，《春秋左傳注》，頁 739。
〔註78〕楊伯峻著，《春秋左傳注》，頁 1427。
〔註79〕魏汝霖著，《孫子兵法大全》，頁 34。
〔註80〕許保林著，《中國兵書通覽》（北京：解放軍出版社，1990 年 10 月），頁 11。

（一）《周易》中之軍事辭彙

《周易》雖不是道道地地的兵書，但卻蘊含著甚多軍事思想，例如《周易》除了〈師〉卦顯現許多軍事思想，還有許多卦爻辭，包含許多軍事辭彙，講述軍事內容，依其性質，分四類敘述：

其一、有關「征」、「伐」字類，計有〈小畜〉、〈泰〉、〈謙〉、〈頤〉、〈離〉、〈大壯〉、〈晉〉、〈損〉、〈升〉、〈困〉、〈革〉、〈震〉、〈歸妹〉、〈既濟〉、〈未濟〉等十五個卦及三十四個象、象、卦爻辭。其中「征」字類計出現二十七次，「伐」字類計出現六次。〔註81〕「征」、「伐」字類確具作戰意涵，如「征」字，許慎《說文解字》云：正行也，从彳正聲，引申爲征伐。〔註82〕即有攻擊、作戰之意。且吳浩坤、潘悠《中國甲骨學史》引述之語辭如：

> 從甲骨文看，商王朝與方國部族的戰爭，除了商王朝主動出擊，發動侵略戰爭以外，也有大量卜辭記方國部族入侵的。卜辭有記「方出」、「方來」、「方出作禍」、「方出禍我」、「方來入邑」、「征茲邑」、「伐卅邑」。〔註83〕
>
> 告曰：土方征于我東鄙。〔註84〕
>
> 貞，方征，唯帝今作我，三月。〔註85〕

卜辭所云「征茲邑」、「土方征于我東鄙」、「方征」之「征」字，即蘊含征伐、作戰之意。如卜辭記載：「王來征人方」。「征人方」是說去伐人方。〔註86〕郭沫若〈中國古代社會研究〉亦認「征」字具有戰爭意涵。〔註87〕「伐」字，《說文解字》云：擊也。从人持戈。〔註88〕也就是一個人手持武器，與敵作戰之

〔註81〕王智榮著，《周易軍事思想之研究》，頁28〜30。

〔註82〕清・段玉裁注釋，《段氏說文解字注》（台北：1973年，10月，初版1刷），頁53。

〔註83〕吳浩坤、潘悠著，《中國甲骨學史》（台北：貫雅文化事業有限公司，1990年9月），頁312。

〔註84〕吳浩坤、潘悠著，《中國甲骨學史》，頁313。

〔註85〕吳浩坤、潘悠著，《中國甲骨學史》，頁313。

〔註86〕吳浩坤、潘悠著，《中國甲骨學史》，頁315。

〔註87〕郭沫若著，〈中國古代社會研究〉，《郭沫若全集》（北京：人民出版社，1982年9月，初版1刷），頁52。郭沫若亦云：「此外還有不少的單獨的征字（十四處），以及意義雖然很鮮明而不敢妄定的無數的孚字（經文中的孚字凡三十三處，古人均一律訓信，有些地方實在講不通）。『匪寇婚媾』四字連文的寇字四處。」所以郭沫若亦覺得這些單獨的字或有戰爭意含。

〔註88〕漢・許慎著，《說文解字》卷8，頁161。

意。如卜辭記載：「大方出，伐我（師）」。〔註89〕

其二、有關「行『師』」、「禦『寇』」字類，計有〈蒙〉、〈需〉、〈師〉、〈泰〉、〈同人〉、〈豫〉、〈復〉、〈解〉、〈漸〉等九個卦及二十四個彖、象、卦爻辭。其中「行『師』」字類計出現十七次，「禦『寇』」字類計出現六次。〔註90〕《周易》〈師〉卦，即是專門研討行軍作戰的卦。吳浩坤、潘悠《中國甲骨學史》云：

> 商代已有正規的軍隊，已經有了（師）、旅的編制。卜辭有「丁酉貞，王乍（作）三（師）：右、中、左」的記載。商代的三（師），可能即《左傳》中記載春秋時三軍的濫觴。〔註91〕

《說文解字》云：「師」二千五百人爲師。〔註92〕許愼將「師」理解爲軍隊編制的一級，而「行師」就是集中兵力與敵作戰。「寇」字，《說文解字》云：暴也。〔註93〕亦是敵人之意。「禦寇」就是抵禦敵人侵伐，均含作戰之意。

其三、有關「攻」、「敵」、「戎」字類，計有〈同人〉、〈解〉、〈夬〉、〈萃〉、〈中孚〉等五個卦及十個彖、象、卦辭。其中「攻」字類計出現一次，「敵」字類計出現二次，「戎」字類計出現八次。〔註94〕「攻」字，《說文解字》云：擊也，从攴工聲。〔註95〕就是攻擊敵軍或敵人，「敵」字，《說文解字》云：仇也。〔註96〕意指敵軍或敵人，「戎」亦是敵軍或敵人之類，此均意指對敵作戰之意。

其四，有關「戰爭意涵」類句，計有〈坤〉、〈訟〉、〈比〉、〈坎〉、〈革〉等五個卦，一個〈文言〉卦及七個彖、象、爻辭。〔註97〕《周易》有些並非戰爭的字類，但卻蘊含戰爭意涵，如「王事」即是國家大事，古之國家大事即祀與戎，所以「王事」即有「戰爭」意涵。

總而言之，《周易》中除了〈師〉卦專門講戰爭外，尚有〈坤〉、〈屯〉、〈蒙〉、〈需〉、〈訟〉、〈比〉、〈小畜〉、〈泰〉、〈同人〉、〈謙〉、〈豫〉、〈復〉、〈頤〉、〈坎〉、〈離〉、〈大壯〉、〈晉〉、〈解〉、〈損〉、〈夬〉、〈萃〉、〈升〉、〈困〉、〈革〉、〈震〉、〈漸〉、〈歸妹〉、〈中孚〉、〈既濟〉、〈未濟〉等三十個卦及七十五個〈彖〉、〈象〉、

〔註89〕吳浩坤、潘悠著，《中國甲骨學史》，頁309。
〔註90〕見王智榮著，《周易軍事思想之研究》，頁30～32。
〔註91〕吳浩坤、潘悠著，《中國甲骨學史》，頁309。
〔註92〕漢‧許愼著，《說文解字》卷6，頁127。
〔註93〕漢‧許愼著，《說文解字》卷3，頁68。
〔註94〕見王智榮著，《周易軍事思想之研究》，頁32～33。
〔註95〕漢‧許愼著，《說文解字》卷3，頁69。
〔註96〕漢‧許愼著，《說文解字》卷3，頁68。
〔註97〕見王智榮著，《周易軍事思想之研究》，頁33～35。

〈卦〉、〈爻〉辭，提及戰爭字眼，誠如郭沫若〈中國古代社會研究〉云：

> 戰爭在原始人的生活上是很重要的，這是誰也可以想像得到。《易經》
> 中戰爭的文字之多，實在任何的事項之上。〔註98〕

故由此得知，易經中幾乎有一半的卦（三十一卦）論及戰爭，所以說「《易經》中戰爭的文字之多，實在任何的事項之上」，實不爲過。

（二）《周易》〈師〉卦之軍事謀略

卜辭中常見「𠂤」字，在卜辭中出現的頻率相當高，以往對此字的釋讀意見紛陳，黃聖松《殷商軍事組識研究》云：

> 「𠂤」字有「堆」、「師」、「屯」、「次」、「𠂤」、「官」等六種說法，
> 但現今大多數的學者都將之釋讀爲「師」。〔註99〕

其如清人阮元《積古齋鐘鼎彝器款識》、〔註100〕孫詒讓《古籀拾遺・晉姜鼎》，〔註101〕及近人于省吾〈略論西周金文中的六𠂤和八𠂤及其屯田制〉〔註102〕皆作師解。而《周易》〈師〉卦是專門研討戰爭的卦，亦可代表《周易》的戰略思想；所謂師就是眾，〈象〉云：「師，眾也。」〈序卦〉亦云：「師者眾也。」《公羊傳》桓公九年解釋京師一辭：「京者何？大也。師者何？眾也。天子之居必以眾大之辭言之。」〔註103〕《穀梁傳》文公九年解釋京師一辭亦謂：「京大也，師眾也，言周必以眾與大言之也。」〔註104〕眾就是很多人。在古代眾就是廣大勞動群眾，就是那些生活在井田制度下從事生產勞動的人。因此，眾就是兵眾的意思。因爲古代國家不設常備兵而是寓兵於農，兵農合一。平時耕田，戰時集中起來，即是兵眾，兵眾拉出去就可行軍打仗。〈師〉卦的師，正是講如何興師動眾、出兵打仗。若細分的話，師包含兩層含意：一是兵員的集中。二是採取軍事行動。

〔註98〕郭沫若著，《中國古代社會研究》，《郭沫若全集》，頁52。

〔註99〕黃聖松著，《殷商軍事組識研究》（高雄：國立中山大學中國文學研究所博士論文，2006年6月），頁77。

〔註100〕參見阮元著，《積古齋鐘鼎彝器款識》（台北：漢京文化出版社，1980年，初版1刷）

〔註101〕參見孫詒讓著，《古籀拾遺》（台北：華文書局，1971年5月，初版），頁21。

〔註102〕參見于省吾著，〈略論西周金文中的六𠂤和八𠂤及其屯田制〉《考古》，1964年第三期）。

〔註103〕《公羊傳・桓公九年》，《十三經注疏》（台北：新文豐出版社，1977年元月，初版），卷5，頁61。

〔註104〕《穀梁傳・文公九年》《十三經注疏》，卷11，頁107。

事實上這兩層含意，從〈師〉卦的卦象可以得到說明。從內外卦的卦體看，水在下，地在上，地中有水，是聚眾之象。從內外卦的含義看，坎險在內，坤順在外，順行險道，有行軍打仗的意思，所以《周易・雜卦》謂「比樂、師憂」，從六爻看，一陽爻五陰爻，一陽爻在下面為眾陰爻之主，有將帥統兵之象。

依據《周易・序卦傳》謂「訟必有眾起，故受之以師，師者眾也」，〈師〉卦列於〈訟〉卦之後，是有其內在原由，因為爭訟的結果必然造成興師動眾，戰爭總是由平常的爭訟引起的，所以〈訟〉卦之後列〈師〉卦。劉沅對〈師〉卦作了很恰當的解釋：

> 一陽居下卦之中，五陰從之，將統兵之象。二以剛中居下，五以柔居上而任之，君命將出師之象。〈序卦〉，訟必有眾起，故受之以師。師由爭起，故繼訟。卦德內險外順，險道而以順行，師之義也。
> 〔註105〕

然而，軍以戰為主，戰以勝為先，不過人是戰爭勝負的重要因素，戰爭是敵我雙方智慧、勇力之爭，在戰爭中，要想削弱、消滅敵人，保存、壯大自己，就必須對敵人進行智慧、勇力的殊死戰。魯莽的武夫不行，迂腐的仁義不行，無組織紀律的烏合之眾更不行，必須是智勇雙全的將帥，懂得戰略運用才能克敵制勝。因此《周易》師卦蘊含著高深的軍事謀略，以及用兵遣將的領導統御藝術，等著我們開發運用，在此提出下列幾項重點茲供研討：

1、出師合義、中道統御

興師動眾，須能獲致人民之向心，人民有向心力，才能團結鞏固，眾志成城。眾志成城，才能爭取戰爭勝利。《周易・師》卦辭云：

> 師貞，丈人吉，無咎。
>
> 彖曰：師，眾也。貞，正也。能以眾正，可以王矣。剛中而應，行險而順。以此毒天下，而民從之，吉又何咎矣？〔註106〕

此乃說明戰爭是極危險的，興師必用民，必以正昌，正則得民，得民則民從，故《周易程傳》云：

> 師之道，以正為本，興師動眾以毒天下，而不以正，民弗從也，強驅之耳。故師以貞為主，其動雖正也，帥之者必丈人，則吉而無咎

〔註105〕轉引自：馬振彪著，《周易學說》（廣東：花城出版社，2001年12月，初版1刷），頁88。

〔註106〕樓宇烈校釋，《王弼集校釋・周易注》，頁256。

也。蓋有吉而有咎者，有無咎而不吉者，吉且無咎，乃盡善也。丈
人者，尊嚴之稱，帥師總眾，非眾所尊信畏服，則安能得人心之從？
故司馬穰苴擢自微賤，授之以眾，乃以眾心未服，請莊賈爲將也。
所謂丈人，不必素居崇貴，但其才謀德業，眾所畏服，則是也。如
穰苴既誅莊賈，則眾心畏服，乃丈人也。又如淮陰侯起於微賤，遂
爲大將，蓋其謀爲有以使人尊畏也。〔註107〕

馬振彪《周易學說》引劉沅云：

言合眾志而一之，乃成爲師，正弔民伐罪，仁義之事。順乎天理，
人歸天與，可王天下。毒，害也。用師止亂如用藥攻疾，不得已而
用之，實有安民之心，非徒好武。以此治亂，民必從之。〔註108〕

由此顯示〈師〉卦是重視「貞」、「正」，也就是強調作戰的目的必須正確，應
該是順天應人，弔民伐罪，聲張正義的戰爭，而不是發動以強凌弱，眾暴寡
的侵略戰爭。只有進行正義的戰爭，才能得到人民的支持，雖然戰爭會勞民
傷財，必然毒害天下，但師以順動，作戰是爲了解除民困，像湯放桀，武王
伐紂，人民是可以諒解的。

　　其次，〈師〉卦除重視「貞」、「正」之外，亦重視「丈人」，即是重視軍
隊將帥的問題。因此〈師〉卦所說的「丈人」，是一位才智、品德都爲大家所
敬服的好將帥，而且，《周易》的時代，兵農合一，軍隊往往在臨戰前才召集
組成，率軍出征的將帥（丈人）必也臨時任命，不似後世有專職的領導人才，
因而將帥的選擇更顯的重要，所以《周易程傳》舉出司馬穰苴及淮陰侯兩人
是優秀的將帥之才（丈人），且〈師〉卦亦顯示將帥的質量，是決定戰爭勝負
的重要因素之一，故《周易本義》云：「『丈人』長老之稱，……而任老成之
人，乃得吉而無咎」。〔註109〕因而《孫子兵法‧謀攻篇第三》云：

夫將者，國之輔也，輔周則國必強，輔隙則國必弱。〔註110〕

《六韜‧龍韜‧論將第十九》云：

故兵者，國之大事，存亡之道，命在於將。將者，國之輔，先王之
所重也，故置將不可不察也。〔註111〕

〔註107〕黃忠天著《周易程傳註評》，頁93～94。
〔註108〕馬振彪著，《周易學說》，頁89。
〔註109〕清‧李光地著，《周易折中》，頁179。
〔註110〕魏汝霖著，《孫子兵法大全‧謀攻篇第三》，頁26。
〔註111〕呂望著，〈六韜‧龍韜‧論將第十九〉，收入葛玉瑩注譯，《武經七書新譯》，

所以將帥影響國家安危，不僅應慎舉兵事，以愛民命。且須知使民用眾以為戰，乃國之大事，不可不察，統軍作戰之勝敗，則在將帥之良，故必有賢將，才能從事戰爭，如此無往不利矣。

　　其次，慎戰兵聖——孫子論將，是以仁為中心，但領軍作戰，唯求勝利，而其手段則屬慘酷，如過於仁慈，則易於致敗而危國。所以《孫子兵法‧始計篇第一》云：「將者，智信仁勇嚴也」，〔註112〕除以「仁」為中心之外，尚有智信勇嚴，因為將帥必須頭腦冷靜，心理狀態保持中道、平衡，且須深謀遠慮。魏汝霖《孫子兵法大全》引夏振翼云：

　　　　為將者，豈盡智謀之人哉？其狃於性情之偏，不知所以矯之，而入於危殆者，蓋有五焉：如不分險易，不計眾寡，徒勇無謀，期於必死者，可布奇設伏，以殺之也。依戀城堡不敢深入，臨陣退怯，必欲生還者，可邀擊襲取，而擄之也。若剛暴褊急者，其心志淺狹，智識卑陋可知也，有以侮慢之，則乘怒而輕進矣。狷介自飭者，其喜好名譽，不受人污可知也，有以凌辱之，則必求雪其恥矣。至姑息求全，才非果決者，乃仁慈不忍之人也，使煩擾之，則心緒紛亂，謀慮不精，而敗可立見。凡此五者皆一偏之失，為將者之過也，以之用兵，必致災害之至也。覆亡三軍，殺傷將士，必由此五者危殆之咎，為將者，誠不可忽略視之，而不思所以自省也。〔註113〕

因而為將帥者，不可性格偏執，剛愎自恣，須識權變，不可執一道也，故為將之道，須合於中道。《周易‧師》即有如此思想：

　　　　〈師‧九二〉：在師中吉無咎，王三錫命。

　　　　〈師‧九二‧象〉：在師中吉，承天寵也。王三錫命，懷萬邦也。

　　　　〔註114〕

《周易程傳》則解釋如後：

　　　　自古命將，閫外之事，得專制之，在師專制而得中道，故吉而無咎。蓋恃專則失為下之道，不專則無成功之理，故得中為吉。凡師之道，威和並至則吉也。既處之盡其善，則能成功而安天下。故王錫寵命

　　　　頁232。

〔註112〕魏汝霖著，《孫子兵法大全‧始計篇第一》，頁21。

〔註113〕魏汝霖著，《孫子兵法大全‧九變篇第八》，頁206。

〔註114〕樓宇烈校釋，《王弼集校釋‧周易注》，頁256～257。

至於三也，凡事至於三者，極也，六五在上，既專倚任，復厚其寵
數，蓋禮不稱，則威不重下不信也。〔註115〕

馬振彪《周易學說》引李士鉁云：

二以一陽帥眾陰，專閫之寄，權無旁貸。二，將兵之將；五，命將
之君。賞薄者不可以得士，權輕者不足以莅眾。命錫至三，賞之厚，
任之專矣。〔註116〕

誠然，戰場戰機是瞬息萬變，一位戰場指揮官，必須臨機應變，把握戰機，
所以一位身受重任的方面大將，必須是能獨當一面，甚至是將在外，君命有
所不受，所謂「自古命將，閫外之事，得專制之」即是受到上級絕對的肯定
與信任，而且接受許多精神上的鼓舞以及物質上的贈予，此即為「承天寵、
王三錫命」之意，不過當此之際，〈師〉卦的九二爻辭及象辭均提出「在師中
吉」，此「中」就是「中道」、「均衡」之意。因為軍隊事務，恃專則失為下之
道，不專則無成功之理，例如《左傳‧閔公二年》記里克諫止晉獻公命太子
申生帥師伐東山皋落氏云：

夫帥師，專行謀，君與國政之所圖也。師在制命而已，稟命則不威，
專命則不孝，故君子之嗣適不可以帥師。君失其官，帥師不威，將
焉用之？〔註117〕

將帥在軍必須有一定的專命之權，所以太子不宜將兵出征。然而統軍在外作
戰，不專制，沒有獨立的指揮權，不能取勝。過度專制，一切自作主張，則
失為臣之道。理想的作法在師專制而得中道，所以將帥「行中道」、「個性均
衡」才能吉而無咎。故魏汝霖《孫子兵法大全》引先總統蔣公在考核人才的
要領與原則中，對「中道」之「均衡」一項，特別重視。因為「中道」、「均
衡」之反面，就是「偏執剛愎」，其云：

凡是一個領導者，無論在智識能力，尤其是性格上，必須時時注意
其保持均衡不偏才行，這當然是不容易的事。因為凡是有些才幹的
人，必然是有其個性的，要求其不偏不激，合乎中庸持平是很難的，
如果他能夠時時注意其自己的個性，而能不使其過度放縱不羈，且
以保持平衡自勉，亦就得益非少了。這「均衡」兩字，如用我國古

〔註115〕黃忠天著，《周易程傳註評》，頁97。
〔註116〕馬振彪著，《周易學說》，頁91。
〔註117〕楊伯峻著，《春秋左傳注》，頁932。

語「吾心如秤，不能爲人作輕重。」來解釋，庶幾近之。〔註118〕

《周易・師》之「在師中吉」，即是「爲將之道、合於中道」，至爲重要，否則將帥個性偏執，將帥之過也，用兵之災也，覆軍殺將，不可不察也。

2、用兵容民、事權專一

治國用兵，必修德以容民，所謂兵必動眾，眾不從，何以爲用？何以爲戰？兵凶戰危，孰願赴之？故非同民利害者，孰能使眾？所以《周易・師・象》云：

地中有水，師；君子以容民畜眾。〔註119〕

《周易本義・師・象》云：

水不外於地，兵不外於民，故能養民，則可以得眾矣。〔註120〕

李光地《周易折中》引陳琛云：

地中有水，猶民中有兵。非師之象乎？君子觀師之象，必容保其民，必畜其兵眾焉。蓋田以民分，兵以賦出，故當無事之時，必制田，教樹畜使此閭族黨州鄉之民，無不各得其養。民既有養，則所謂伍兩卒旅軍師之眾，以爲他日折衝禦侮之用者，皆畜於此矣，苟平時誨之無其方，則緩急誰復爲之用哉。〔註121〕

〈師〉卦上坤坤爲地，下坎坎爲水，有地中有水，水聚地中之象。軍事家觀此象，應能體認容民畜眾的重要。

再者，戰爭地域遼闊，作戰部隊眾多，若將帥無法事權專一，統一指揮，動輒請示，輾轉需時，及至令抵戰場，早已時過境遷，良機逸逝，何以爭勝？所以《周易・師・六三》云：

師或輿尸，凶。

《師・六三・象》：師或輿尸，大無功也。〔註122〕

六三以柔居剛，極似一才弱志剛的人在軍中撓權躐位，侵奪主將統軍之權，造成軍命不由一的事態。師中一旦發生「輿尸」的情況，六二那種主將有權有威的局面即被破壞，必大無功。誠如《唐太宗李衛公問對》云：

太宗曰：古者出師命將，齋三日，授之以鉞曰：從此至天，將軍制

〔註118〕魏汝霖著，《孫子兵法大全・九變篇第八》，頁208。
〔註119〕樓宇烈校釋，《王弼集校釋・周易注》，頁256。
〔註120〕宋・朱子著，《周易本義》，頁11。
〔註121〕清・李光地著，《周易折中》，頁775。
〔註122〕樓宇烈校釋，《王弼集校釋・周易注》，頁257。

之。又授之以斧曰：從此至地，將軍制之。又推其轂曰：進退唯時。
既行，軍中但聞將軍之令，不聞君命。朕謂此禮久廢，今欲與卿參
定遣將之儀，如何？靖曰：臣竊謂聖人制作，致齋於廟者，所以假
威於神也；授斧鉞以推其轂者，所以委寄以權也。今陛下每有出師，
必與公卿議論，告廟而後遣，此則邀以神至矣。每有任將，必使之
便宜從事，此則假以權重矣。何異於致齋推轂邪？盡合古禮，不須
參定。上曰：善。乃命近臣書此二事，爲後世法。〔註123〕

此爲說明命將授權，必使之專，乃能克敵致勝。馬振彪《周易學說》引劉沅
云：「師貴統一，至於或輿尸而不及料，大無功矣。」〔註124〕因而《周易・師・
六五》云：

田有禽，利執言，無咎；長子帥師，弟子輿尸，貞凶。〔註125〕

《周易・師・六五・象》云：

《師・六五・象》：長子帥師，以中行也。弟子輿尸，使不當也。

〔註126〕

《周易程傳》云：

任將授師之道，當以長子帥師，二在下而爲師之主，長子也。若以
弟子眾主之，則所爲雖正亦凶也。弟子，凡非長者也。自古任將不
專而致覆敗者，如晉荀林父邲之戰，郭子儀相州之敗是也。〔註127〕

此處「長子」指師卦的九二爻，九二爻陽剛居中，以中行師，是一位非常優
秀的統帥，決策者任命其爲統帥是正確的，但是既用長子帥師又任用「弟子」
分長子統帥的指揮權，此即「弟子輿尸，使不當也」。例如郭子儀相州之敗即
是一例：唐肅宗乾元元年（758 年），郭子儀、李光弼等九節度使討安慶緒。
是時安慶緒退保相州（今河南臨漳縣），史思明降而復叛，擁重兵居范陽。天
子以子儀、光弼皆元勳，恐難相攝，故不立元帥，而以宦官魚朝恩爲「觀軍
容宣慰史」統全局。大軍久圍鄴城（相州縣治）不下，遂引漳水灌城，慶緒
求救於思明。思明率精兵來，唐軍倉促交戰，雙方死傷各半。子儀隨後佈陣
接戰，然未及合戰，大風驟起，吹沙拔木，天地晦暝，跬步不辨物色。兩軍

〔註123〕〈唐太宗李衛公問對〉，收入《武經七書新譯》，頁 411。
〔註124〕馬振彪著，《周易學說》，頁 92。
〔註125〕樓宇烈校釋，《王弼集校釋・周易注》，頁 257。
〔註126〕樓宇烈校釋，《王弼集校釋・周易注》，頁 257。
〔註127〕黃忠天著，《周易程傳註評》，頁 101。

驚惶潰散，九節度使各敗歸本鎮。子儀為魚朝恩所間，解兵權。論相州敗戰之因，蓋九節度使皆擁兵一方之雄，本難相服，又軍無統帥，進退失據，軍心弛散，而引漳水灌城，亦有違仁心，故未戰而風雲變色。〔註128〕

3、謀定而動、師出以律

兵家認為領軍作戰，首須謀定而動，否則盲目躁進，戰則必敗。或於狀況未明之際，不利於進，如患已迫近，更應審慎，蓋進退必有其道也。故《周易・乾・文言》云：

> 知進退存亡，而不失其正者，其唯聖人乎！〔註129〕

蓋無論進退，須有週詳計劃，尤其陷於困窘之境時，不能僅憑血氣之勇，冒險前進，所以善用兵者、知所進退，誠如《尉繚子・戰權第十二》云：

> 故知道者，必先圖不知止之敗，惡在乎必往有功？輕進而求戰，敵復圖止，我往而敵制勝矣。〔註130〕

意謂領軍作戰必先考慮不知止之最壞打算，為求有功而輕舉暴進，則必為敵所乘。《吳子・料敵第二》云：

> 凡此不如敵人，避之勿疑，所謂見可而進，知難而退也。〔註131〕

意謂判斷敵人進退休止之道理，以為決定進退之依據。對於此，《周易・師・六四》亦有很好的警示，如：

> 師左次，無咎。〔註132〕

《周易・師・六四・象》云：

> 左次無咎，未失常也。〔註133〕

《周易程傳》云：

> 量宜進退，乃所當也，故無咎。見可而進，知難而退，師之常也。唯取其退之得宜，不論其才之能否也，度不能勝而完師以退，愈於覆敗遠矣，可進而退，乃為咎也。〔註134〕

又云：

〔註128〕黃忠天著，《周易程傳註評》，頁77。事見《舊唐書・郭子儀傳》卷120。
〔註129〕樓宇烈校釋，《王弼集校釋・周易注》，頁217。
〔註130〕《尉繚子・戰權第十二》，《武經七書新譯》，頁156。
〔註131〕《吳子・料敵第二》，收入葛玉瑩注譯，《武經七書新譯》，頁64。
〔註132〕樓宇烈校釋，《王弼集校釋・周易注》，頁257。
〔註133〕樓宇烈校釋，《王弼集校釋・周易注》，頁257。
〔註134〕黃忠天著，《周易程傳註評》，頁100。

行師之道，因時施宜，乃其常也，故左次未必爲失也。如四退次，
乃得其宜，是以無咎。〔註135〕

作戰的目的是擊敗並消滅敵人，欲消滅敵人，必須進擊。但在敵強我弱的情
況下，將帥須善於適時應變，必要時可作戰略轉移，不可硬碰，此即「師左
次，無咎。師左次，未失常也」。《孫子兵法・謀攻篇第三》云：

不知三軍之不可以進，而謂之進；不知三軍之不可以退，而謂之退，
是謂縻軍。〔註136〕

例如二次世界大戰時之敦克爾敦的大撤退，實爲最佳典範，所以善用兵者，
須知行師之道，因時施宜，見可而進，知難而退，謀定而動，才能全軍保國。

最後，將領指揮作戰目不得全視，耳不得全聞，欲齊一心志，規律其行
動，以使部隊分合自如，進退不亂者，首須立定兵制，並訂立軍令以規範準
則而奠軍威。故兵制之優良與否，或可判斷戰事之勝負，且軍令之貫徹執行，
乃爲領軍作戰之首要條件，尤其於兵凶戰危，不得已而用兵之時，更須嚴格
貫徹軍令，不得稍有敷衍、放縱，否則兵既爲危事，其後果將是戰敗以亡國，
《唐太宗李衛公問對・卷上》云：

太宗曰：諸葛亮有言：有制之兵，無能之將，不可敗也；無制之兵，
有能之將，不可勝也。朕疑此談非極致之論。靖曰：武侯有所激云
爾。臣案《孫子》曰：教道不明，吏卒無常，陳兵縱橫，曰亂。自
古亂軍引勝，不可勝計。夫教道不明者，言教閱無古法也；吏卒無
常者，言將臣權任無久職也；亂軍引勝者，言已自潰敗，非敵勝之
也。是以武侯言：兵卒有制，雖庸將未敗；若兵卒自亂，雖賢將危
之。又何疑焉？〔註137〕

所謂治軍必爲節制之師，師有節制，則行止攻戰，均有規律可循，部隊整然
有序，必立於不敗之地。所以《周易・師・初六》云：

師出以律，否臧凶。〔註138〕

《周易・師・初六・象》云：

師出以律，失律凶也。〔註139〕

〔註135〕黃忠天著，《周易程傳註評》，頁100。
〔註136〕魏汝霖著，《孫子兵法大全》，頁103。
〔註137〕《唐太宗李衛公問對・卷上》，《武經七書新譯》，頁370～371。
〔註138〕樓宇烈校釋，《王弼集校釋・周易注》，頁256。
〔註139〕樓宇烈校釋，《王弼集校釋・周易注》，頁256。

所以治軍作戰，必以法制為節制。如法制不立，紀律廢弛，戰則必敗，故凶，因治軍首在定法制、明軍令。《左傳·宣公十二年》晉楚「邲之戰」即是一例。因楚國軍隊包圍鄭國首都，晉國派兵救鄭，兵至黃河，聽說鄭國已經投降楚國，晉軍元帥荀林父決定返回晉國，等待時機，再征伐楚國。但是晉軍副元帥先縠剛愎自用，不同意元帥荀林父的決定，其云：

> 不可。晉所以霸，師武、臣力也。今失諸侯，不可謂力；有敵而不從，不可謂武。由我失霸，不如死。且成師以出，聞敵強而退，非夫也。命為軍帥，而卒以非夫，唯群子能，我弗為也。以中軍佐濟⋯⋯」。〔註140〕

先縠不聽主帥命令，率領他的部屬渡過黃河，與楚軍交戰。對此一事件，晉國名臣知莊子則引用《周易》〈師之臨〉卦論斷：

> 知莊子曰：「此師殆哉！周易有之，在師之臨，曰：『師出以律，否臧，凶。』執事順成為臧，逆為否。眾散為弱，川壅為澤。有律以如己也，故曰律。否臧，且律竭也。盈而以竭，天且不整，所以凶也。不行之謂臨，有帥而不從，臨孰甚焉！此之謂矣。果遇，必敗⋯⋯」

〔註141〕

《左傳》邲之戰，原是晉、楚兩國為爭奪控制鄭國而起，鄭之得失是兩國霸權消長的關鍵。晉軍之失敗，並非實力不如楚軍，而是由於不能「師出以律」，將帥不和，無法統一指揮，作戰時各逞其能，不能發揮統合戰力，以致軍心渙散，此師殆哉。

二、《左傳》中《周易》占筮所反映之軍事思想

關於《左傳》的研究，有從經、從文、從史、從小學等各個層面角度為之，彙為洋洋《左傳》學。〔註142〕這麼多對《左傳》的分析耙疏，並不會窮

〔註140〕楊伯峻著，《春秋左傳注·宣公十二》，冊上，頁726。
〔註141〕楊伯峻著，《春秋左傳注·宣公十二》，冊上，頁726～727。
〔註142〕參見林慶彰主編，《經學研究論著目錄一九一二～一九八七》（台北：漢學研究中心，1989年12月）及林慶彰主編，《日本研究經學論著目錄一九〇〇～一九九二》（台北：中央研究院中國文哲研究所，1993年10月），九十年來中外學者研究《左傳》的方向有數百餘題，論述之包羅閎富，除顯示《左傳》蘊含豐富的詮釋空間，更可在許多新的學科及研究方法不斷成立之後，開拓其研究方向。

盡研究《左傳》的方向，反而讓我們發現《左傳》的蘊含豐富，還有更多值得開發的領域和討論空間。

依《左傳》的體例言，是以編年的歷史記載，為解釋、說明《春秋》。其敘事之精采向為後人稱道，唯值得注意的是，《左傳》所載春秋二百五十五年事跡，便包含有五百餘場戰役。〔註143〕這麼多關於戰爭的記載，除了顯示當時戰爭之頻仍，也可見《左傳》作者注重戰爭敘事。因此後世從《左傳》敘戰引為行軍用兵之鑑，甚至以為兵法之祖。〔註144〕當然，我們從這些戰爭中可歸納出許多作戰攻防之謀略，以及行軍用兵之戰術，而成《左傳》之「兵法」，故學者張高評云：「兵法之要，世謂《武經》七書足以盡之，竊以為不然。世之言兵法者，類多祖《陰符》、師《韜略》，取法《孫》、《吳》、《司馬》法，以為捨此莫尚矣。而不知前乎此者，有《左傳》之兵法也」。〔註145〕因此，從這些古代戰役中汲取經驗的作法，亦使《左傳》或有不同於其他兵法、史書之處，且可發現許多新的研究題材。

就像「卜筮」這麼一個在春秋時常見的行為，我們如果以「迷信」視之，便會忽略它在當時的重要意義及其作用。從《左傳》所載之戰役，常可見到卜官對一場戰役「卜筮」，而卜筮出的吉凶常與戰事結果不謀而合。我們都知道，春秋時的卜官具有重要的地位，國家有大事時常以卜筮做決斷，故有「卜以決疑，不疑何卜」之說，〔註146〕太史公更說：「王者決定諸疑，參以卜筮，斷以蓍龜，不易之道也。」〔註147〕在許多關鍵時刻尤其具有決定意義。〔註148〕既然如此，「卜筮」與戰爭究竟有何關係？若卜官卜筮時已預見戰役的結果，

〔註143〕簡福興著，〈春秋戰事年表〉，《春秋無義戰論》（高雄：高師大國研所碩士論文，1982年5月），頁221～291。其自《春秋》和《左傳》兩書中統計出大小戰役五百零八次。

〔註144〕張高評著，《左傳之武略》（高雄：麗文文化出版社，1994年10月，初版1刷），頁1。其謂：「《春秋左氏傳》一書，實古今兵學之大宗，韜鈐得失之左券也。」此對《左傳》於「兵法」之地位實推崇備致。

〔註145〕張高評著，《左傳之武略》，頁1。

〔註146〕楊伯峻著，《春秋左傳注》，冊上，頁131。

〔註147〕宋·司馬遷撰，參見洪北江主編，《史記》（台北：洪氏出版社，1975年9月，3版），頁3223。

〔註148〕劉玉健認為占卜的結果只有參考價值，而沒有決定意義，以「科學客觀」論否定占卜的意義，實忽略了占卜在春秋時代的重要性。至於對卜筮結果的不同解釋及儒家對《易經》人文化的轉向，是卜筮的另一問題，甚至可以反証占卜在春秋時的重要性。參見劉玉健著，《中國古代龜卜文化》（廣西：廣西師範大學出版社，1992年4月，1版），頁381～383。

則這場戰爭還要不要打？即卜筮的結果究竟與戰爭的勝負有無影響？甚至我們是否可以據之推想卜筮是否為戰場的指揮官所利用，而為後世「心理戰」、「謀略戰」的濫觴？於是，本節擬以《左傳》所記戰事中，有關利用《周易》卜筮與戰爭的關係做一探討。而卜筮所涉及的《周易》諸卦，則是討論的範圍。筆者曾就《周易》中的兵學思想做過討論，指出《周易》對後代兵學思想的啟發。〔註149〕當時已注意到《左傳》中有大量關於《周易》卦爻辭的記載，論者或從此一證據討論《左傳》與《周易》之軍事事例。於是筆者不憚孤陋，願就這個問題提出一己之淺見。

（一）《周易》卜筮與興戰

中國古代社會早自西元前三千四百多年已有骨卜存在，占卜的行為在商代已很普遍，且商王室占問的內容幾乎無所不包，得到占卜的結果才可行動，然而至商代末期問卜的行為已大為降低；〔註150〕而「筮」法則是以一定數目的蓍草，經過某些推衍的步驟取得單數或雙數以為占斷是非的根據。「筮」法的歷史也很久，或以為從骨卜而來。〔註151〕「卜」與「筮」是不同的占術，皆為對未來的預測，本文不擬討論兩者的操作之法。〔註152〕不論如何，《左傳》中常見在決定各種大事之前施用卜筮之術，唯有對卜筮與這些事件發生的前因後果做考察，才可探知卜筮在春秋時的影響力究竟如何，以下便集中於一些戰爭史實的討論。

《左傳》中言《周易》者十九條，其中十六條是占筮，這說明春秋時人是從占筮角度來利用和說解《周易》的。然而，就像運用《周易》「卜筮」這麼一個在春秋時常見的行為，在戰場上常為主將是否出兵作戰的重要考量，

〔註149〕參見拙著，《易學與兵學之研究》，國軍第二十八屆軍事著作金像獎佳作獎，2001年3月。

〔註150〕張秉權著，〈甲骨文的發現與骨卜習慣的考證〉，《歷史語言研究所集刊》，第37本，1967年6月，頁827～879。

〔註151〕饒宗頤認為筮法從骨卜演變而來，見饒宗頤著，〈由卜兆記數推究殷人對於數的觀念〉，《歷史語言研究所集刊》，外編第四種，1961年6月，頁949～982。而丁驌反對，認為筮法早於龜卜。見丁驌著，〈說周原契數〉，《中國文字》，新五期，1981年5月，頁25～45。

〔註152〕關於《左傳》中「卜」與「筮」的操作方法，參見李鏡池著，〈左傳、國語中易筮之研究〉，《周易探源》（北京：中華書局，1978年11月，初版），頁78。；張善文、樊聖著，〈《左傳》、《國語》中的《周易》筮法〉，《大陸雜誌》，101卷第2期，頁38～48。

而卜官也成爲重要的諮詢對象，其對卜筮結果的解釋，往往是戰事的預言。
試看《左傳‧僖公十五年》的一個重要事例：

> 晉饑，秦輸之粟；秦饑，晉閉之糴，故秦伯伐晉。卜徒父筮之，吉：
> 「涉河，侯車敗。」詰之。對曰：「乃大吉也，三敗，必獲晉君。其
> 卦遇〈蠱〉，曰『千乘三去，三去之餘，獲其雄狐。』夫狐蠱，必其
> 君也。蠱之貞，風也，其悔，山也。歲云秋矣，我落其實，而取其
> 材，所以克也。實落、材亡，不敗，何待？」三敗及韓。〔註153〕

秦穆公發兵攻打晉國，秦國的卜人徒父占筮後得到〈蠱〉卦，〔註154〕並從卦
象判曰此次出兵必能大敗晉軍，且最後終能俘虜晉惠公。果然，秦軍一連三
勝，並將晉軍逼至韓國。反觀晉軍這邊：

> 晉侯謂慶鄭曰：「寇深矣，若之何？」對曰：「君實深之，可若何！」
> 公曰：「不孫！」卜右，慶鄭吉。弗使。步揚御戎，家僕徒爲右，乘
> 小駟，鄭入也。慶鄭曰：「古者大事，必乘其產。生其水土，……君
> 必悔之。弗聽。」〔註155〕

晉惠公吃了敗仗，卻還嫌臣子慶鄭的態度不好，也不聽卜師占卜的結果，就
是不用慶鄭。此外，他還騎著鄭國進獻的戰馬出征，慶鄭苦口婆心的分析勸
阻，晉惠公仍然不聽。於是這場韓之戰，晉軍果然大敗，晉惠公被俘虜。從
事件始末觀之，秦出戰的卜卦爲吉，而晉惠公卻不採占卜結果，似乎勝負成
敗早由卜筮得知。然而我們仔細觀察這場戰事的前因後果，晉惠公會失敗絕
非卜筮所影響，《左傳》作者花了極大工夫細述整個事件，秦穆公之所以伐
晉，在於晉惠公背信忘義。秦軍師出有名，晉軍進攻卻名不正言不順，故韓
簡分析秦軍比晉軍人數少，但士氣卻遠遠勝過晉軍，其因便是晉惠公「出因
其資，入用其寵，饑食其粟，三施而無報，是以來也。今又擊之，我怠、秦
奮，倍猶未也。」〔註156〕而晉惠公不但不聽，還說：「一夫不可狃，況國乎？」

〔註153〕楊伯峻著，《春秋左傳注》，冊上，頁352～354。
〔註154〕卜徒父所引卦辭，現今《周易》不見，杜預僅以「蓋卜筮書雜辭，以狐蠱爲
　　　君，其義欲以喻晉惠公，其象未聞。」作注，實則艮爲狐爲陽，蠱爲壞爲敗，
　　　狐被獲而敗；而上艮爲覆震，震君既覆，表示所獲必其君者，卦象已明。至
　　　於巽爲風，艮爲山，山下有風，故實落材亡。可參考尚秉和著，〈左傳、國語
　　　易象解〉，《周易尚氏學‧附錄》，（台北：老古文化事業公司，1981年7月，
　　　初版），頁339～354。
〔註155〕楊伯峻著，《春秋左傳注》，冊上，頁354～355。
〔註156〕楊伯峻著，《春秋左傳注》，冊上，頁355。

〔註157〕其敗象已露。可見這場戰爭的發生完全是晉惠公的個人因素,其失德在先,戰時又一意孤行,不聽臣子對戰事的分析,晉軍會敗,顯然是人事,而非卜筮。卜官的占卜看似一種神秘的預言,實則這些預言式的謎語是建立在現實的人事上的,像秦國卜徒父的筮卦,在一定意義上只不過是更堅定秦國打勝仗的決心。

(二)主帥意志與《周易》卜筮

《周易》之「卜筮」功效,在春秋時已逐漸降低其影響力,《左傳》中便有許多關於主帥的個人意志凌駕於卜筮結果的事例,我們舉《左傳‧哀公九年》中一個著名事例:

> 晉趙鞅卜救鄭,遇水適火,占諸史趙、史墨、史龜。史龜曰:「『是謂沈陽,可以興兵,利以伐姜,不利子商。』伐齊則可,敵宋不吉。」史墨曰:「盈,水名也;子,水位也。名位敵,不可干也。炎帝為火師,姜姓其後也。水勝火,伐姜則可。」史趙曰:「是謂如川之滿,不可游也。鄭方有罪,不可救也。救鄭則不吉,不知其他。」陽虎以《周易》筮之,遇〈泰〉之〈需〉曰:「宋方吉,不可與也。微子啓,帝乙之元子也。宋、鄭,甥舅也。祉,祿也。若帝乙之元子歸妹而有吉祿,我安得吉焉?」乃止。〔註158〕

宋國伐鄭,晉國欲救之。趙鞅以「卜」法測之,並請史趙、史墨、史龜三人解釋,三人都云不可救鄭,與宋國為敵不吉,反而可以藉此機會伐齊。除了「卜」,還以「筮」法測之,結果亦與「卜」同,於是晉國便停止救鄭的計劃。這個事例表面上看來只是說明「卜筮」為國家出兵行軍的重要依據,但我們再看看過一年後的《左傳‧哀公十年》夏天,趙鞅決定率兵伐齊,這時大夫又請求卜卦,可是趙鞅卻以去年已卜筮過了為由拒絕。〔註159〕《周易‧蒙》卦辭有云:「……初筮告,再三瀆,瀆則不告,……」〔註160〕請筮一次不信,再三請筮是對卜人不敬。趙鞅拒絕再卜看來理由堂皇,但我們得注意他最後又說了句「卜不襲吉」,亦即若再卜的結果是不吉,那他是否還要出兵?對趙

〔註157〕楊伯峻著,《春秋左傳注》,冊上,頁355。
〔註158〕楊伯峻著,《春秋左傳注》,冊下,頁1652～1654。
〔註159〕《左傳‧哀公十年》:「夏,趙鞅帥師伐齊,大夫請卜之。趙孟曰:『吾卜於此起兵,事不再令,卜不襲吉。行也!』於是乎取犁及轅,毀高唐之郭,侵及賴而還。」。楊伯峻著,《春秋左傳注》,冊下,頁1656。
〔註160〕樓宇烈校釋,《王弼集校釋‧周易注》,頁239。

靴來說，去年卜筮的結果都指明不能救鄭，而要伐齊，這個結果正合其意，今年出兵伐齊自然絕不會再重卜一次。由此可見，出兵前雖要卜筮，但主帥的意志已逐漸凌駕卜筮之上。

其次，《左傳‧桓公十一年》楚國準備攻襲鄖國：

> 莫敖曰：「盍請濟師於王？」（鬥廉）對曰：「師克在和，不在眾。
> 商、周之不敵，君之所聞也。成軍以出，又何濟焉？」莫敖曰：「卜
> 之？」對曰：「卜以決疑。不疑，何卜？」遂敗鄖師於蒲騷，卒盟
> 而還。〔註161〕

楚軍內部在是否要求用兵和增兵的問題上，意見不一致，莫敖猶豫，鬥廉態度堅決，莫敖要求卜占決定，鬥廉云：「卜以決疑。不疑，何卜？」反對用卜。這顯出春秋時期在軍事戰爭的決策中，亦有部分作戰指揮官，不依賴占卜的判斷，而憑藉自己對形勢的分析和判斷。

又如《左傳‧昭公十七年》楚吳交戰：

> 吳伐楚，陽匄為令尹，卜戰，不吉。司馬子魚曰：「我得上流，何故
> 不吉？且楚故，司馬令龜，我請改卜。」令曰：「魴也以其屬死之，
> 楚師繼之，尚大克之！」吉。戰于岸，子魚先死，楚師繼之，大敗
> 吳師。〔註162〕

司馬子魚在卜戰不吉的情況下，要求「改卜」，並云：「我得上流，何故不吉？」最後直到卜吉而止，然而，即使再卜不吉，楚師也會進行決戰，此亦是人智依據客觀的情勢判斷，戰勝占卜的表現。

再如《左傳‧哀公十八年》巴人伐楚，楚國按例應當卜帥，即由占卜決定本次作戰指揮官人選，其例如後：

> 巴人伐楚，圍鄾。初，右司馬子國之卜也，觀瞻曰：「如志。」故命
> 之。及巴師至，將卜帥。王曰：「寧如志，何卜焉？」使帥師而行。……
> 君子曰：「惠王知志。《夏書》曰，『官占唯能蔽志，昆命於元龜』。
> 其是之謂乎！《志》曰，『聖人不煩卜筮』，惠王其有焉」。〔註163〕

楚惠王不卜，並說：「寧如志，何卜焉？」《左傳》記載「君子」對此事的評論，主張遇事應先以心志判斷為主，且主張「不煩卜筮」，此與殷商時期大煩

〔註161〕楊伯峻著，《春秋左傳注》，冊上，頁131。
〔註162〕楊伯峻著，《春秋左傳注》，冊下，頁1392。
〔註163〕楊伯峻著，《春秋左傳注》，冊下，頁1713。

卜筮正好相反，表現人「志」高於卜筮。

《左傳・哀公二十三年》又有一例與前面例子相似：

> 夏六月，晉荀瑤伐齊，……將戰，長武子請卜。知伯曰：「君告於天
> 子，而卜之以守龜於宗祧，吉矣，吾又何卜焉？且齊人取我英丘，
> 君命瑤，非敢耀武也，治英丘也。以辭伐罪足矣，何必卜？」〔註164〕

陳來《古代思想文化的世界——春秋時代的宗教、倫理與社會思想》云：

> 晉、楚本來都是卜筮活動較多的國家，而在征戰的事務中，很明顯
> 的，實用理性壓倒了「禮」的規定和神祕的方法。

誠然，從荀瑤的話中在在顯示，理性已戰勝了卜筮，故云：「以辭伐罪足矣，
何必卜？」此亦是人「志」高於卜筮例子。

（三）《周易》「卜筮」與心理

卜筮之吉凶與戰爭結果已漸漸沒有必然的關係，即卜筮在春秋時已逐漸
從一個神祕的預言，轉型為單純的儀式，甚至被統帥引以為作戰時一項心理
戰工具。照理來說，卜筮的結果如何，統帥便應遵守，可是我們可以在《左
傳》中發現許多例子並非如此。若統帥不遵守而招致失敗，反而突顯卜筮之
靈驗；然而值得注意的是，統帥對於卜筮出來的結果加以個人意志的解釋，
使其符合自己的意願，即不管卜筮的吉凶，主事者已有個人定見，卜筮成為
一種形式，或只是取得某種表面的合法性。這種對卜筮的利用，尤可見得戰
場指揮官對軍隊的調控，已不依賴卜筮，個人意志凌駕占卜蓍筮，是春秋時
期一個重要轉變。也正是在這個轉變時期，一般大眾仍然信服於卜筮的力量，
而軍隊之主將便可巧妙地利用卜筮來影響士兵的心理，可引起提振士氣的作
用。我們可以舉幾個事例，《左傳・成公十六年》記載了一場晉楚大戰，晉楚
之間征戰多年，這次是晉國發兵攻打鄭國，楚國出兵救援，兩軍於鄢陵相遇。
楚共王看似兵強馬壯，且有國士伯州犁在旁獻策，晉厲公身邊的臣子皆膽怯
勸晉厲公退兵，唯苗賁皇反對，傳載：

> 苗賁皇言於晉侯曰：「楚之良，在其中軍王族而已。請分良以擊其左
> 右，而三軍萃於王卒，必大敗之。」公筮之。史曰：「吉。其卦遇《復》，
> 曰：『南國（戚），射其元王，中厥目。』國（戚）、王傷，不敗
> 何待！」公從之。〔註165〕

〔註164〕楊伯峻著，《春秋左傳注》，冊下，頁1721。
〔註165〕楊伯峻著，《春秋左傳注》，冊上，頁885。

卜史對於〈復〉卦的解釋於今《周易》不見，我們不曉得他是不是自造卦辭，
但顯然地，苗賁皇依軍情分析局勢，再配合卜史的解釋，晉厲公更堅定了出
兵的意志。之前晉侯出兵時，魯太夫孟獻子便已言：「有勝矣。」而申叔亦就
「德、刑、詳、義、禮、信」六事分析楚國「內棄其民，而外絕其好」，必敗
無疑。由此可知，晉國出兵已佔天時地利，苗賁皇只不過為堅定晉厲公信念，
不致為小人左右，這時卜筮的結果便引起一個重要的心理作用。晉國最後打
敗了楚國，並非因為一個卦象所決定，但這個卦象在關鍵時刻穩定了晉國軍
心，卻有極大的象徵意義。更遑論後來發生的事竟然完全依照卦辭而應驗，
即南國之王不但兵敗，且會被箭射中眼睛，這一段不可思議的卦辭，與其說
是卜史的預言靈驗，不如說是晉兵努力讓它實現。

　　此外，卜筮還能為統帥出兵提供一種合法的保證，或云統帥可藉由卜筮
的結果引起師出有名的效果。《左傳·僖公二十五年》有這麼一則記載：

> 秦伯師于河上，將納王。狐偃言於晉侯曰：「求諸侯，莫如勤王。諸
> 侯信之，且大義也。繼文之業，而信宣於諸侯，今為可矣。」使卜
> 偃卜之，曰：「吉。遇黃帝戰于阪泉之兆。」公曰：「吾不堪也。」
> 對曰：「周禮未改，今之王，古之帝也。」公曰：「筮之！」遇〈大
> 有〉之〈睽〉，曰：「吉。遇『公用享于天子』之卦。戰克而王饗，
> 吉孰大焉。且是卦也，天為澤以當日，天子降心以逆公，不亦可乎？
> 〈大有〉去〈睽〉而復，亦其所也。」晉侯辭師而下。三月甲辰，
> 次于陽樊，右師圍溫，左師逆王。〔註166〕

秦國一直想稱霸中原，此番藉護駕周襄王回京出兵，晉文公亦欲藉勤王維持
晉國霸業，但是猶豫不決。卜偃為其占卜，得吉之兆，甚至還說「遇黃帝戰
于阪泉之兆」，分明把晉文公比成平定天下的黃帝。晉文公以「吾不堪也」做
答，其實不是謙虛，而是還沒有完全掌握出兵的正當性，於是再提「筮之」。
卜偃也順水推舟筮出一個「〈大有〉之〈睽〉」卦，依《周易》，〈大有〉卦之
卦辭為「大有，元亨。」〔註167〕表示在上位者能掌握天時良機，自能大有斬
獲。且其九三爻辭為「公用享于天子，小人弗克。」〔註168〕明指晉文公能直
通周天子，因公得饗。姑且不論這是否為卜偃有意為之，至少晉文公便能順

〔註166〕楊伯峻著，《春秋左傳注》，冊上，頁431～432。
〔註167〕樓宇烈校釋，《王弼集校釋·周易注》，頁289。
〔註168〕樓宇烈校釋，《王弼集校釋·周易注》，頁290。

理成章地出兵勤王。可見依卜筮不僅可爲軍事行動尋求一個正當理由，同時也可收穩定軍心之效。這是卜筮在當時一個非常特殊的作用，若爲統帥善用，便是戰場心理學實際執行的極佳範例。此外，據《國語‧晉語》知卜偃姓郭，而《韓非子‧南面》有云：「管仲毋易齊，郭偃毋更晉，則桓、文不霸矣」。〔註169〕且《墨子》、《商君書》等均提及卜偃是晉文公的得力助手，其對於卜筮卦辭的解釋顯見有其特定主觀意志的表述，即爲勸戒文公或引導國事，常藉卜筮以遂其目的。潘雨廷曾指卜偃「借卜筮之言，非迷信於卜筮者可比。其間有可辨之幾，未可混而爲一」。〔註170〕其實已說明春秋時解卦者已不再以神秘不可知的預言來說卦，而是以當前局勢做爲分析卦象的依據，以達到借卦象說理的目的。

總而言之，在《左傳》中出現多次的《周易》「占卜」，絕對不能單純地以對未來的預言視之。若以《左傳》所記載諸多有關卜筮的史實來證明卜筮有多準，或神話了卜筮，實在忽略了卜筮在春秋時代從原始的宗教儀式轉成人文教化依據的變化。尤其是《左傳》中有多處指明行德政才是長治久安的「常道」，在在顯示《左傳》中隱含的儒家義理。《左傳‧成公十三年》載：「劉康公曰：吾聞之，民受天地之中以生，所謂命也。是以有動作禮義威儀之則，以定命也。」〔註171〕其實已清楚指出「動作禮義威儀之則」才是「定命」，而非飄渺未知的宿命論。

因此，我們便可進一步分析《左傳》中所記載的戰爭與《周易》卜筮的關係，而從本文的討論中實可看出這些在戰爭中出現的卜筮，多是統帥爲出兵打仗所尋求的合理藉口，更有些被使用爲激勵軍心之用。

第三節　《周易》陰陽軍事思想析探

《周易》儒家尊之爲「六經之首」，道家尊之爲「三玄之一」，寓含豐富的哲學和人生道理，更是我國的文化寶藏，其中尤以形上辯證思維體系的建立，使《周易》脫離卜筮占問吉凶的層次，提昇至哲理探討的境界，使《周易》的內涵，格外有價值和值得重視。

〔註169〕陳奇猷著，《韓非子集釋》，頁298。
〔註170〕潘雨廷著，〈論《左傳》與易學〉，《易學史發微》（上海：復旦大學出版社，2001年12月1版1刷）頁80。
〔註171〕楊伯峻著，《春秋左傳注》，冊上，頁860～861。

　　《周易》立意宗旨，是推天道以明人事，由人事以證天道，即是所謂的「以通神明之德，以類萬物之情」。其對天道的演繹，即是形上辯證的本體論和宇宙論之建構，實爲《周易》哲學思想的重點所在。再加上歷代易學家鞭辟入裡的論證和鑽研，使《周易》的形上辯證思維體系，更加周全和完備。趙中偉《周易「變」的思想研究》云：

　　　　《周易》的形上辯證思維，是以「變」爲思維中心，上以結合太極
　　　　和易，以產生變化，生生不息，源源不絕；下以推動天道、地道和
　　　　人道的「變」，以建構整個世界模式。〔註172〕

誠然，《周易》的形上辯證思維，是以「變」爲思維中心。

一、變易思想與陰陽軍事辯證思維析探

　　《易》含三義。「易簡一也，變易二也，不易三也」，語出《易緯‧乾鑿度》及鄭玄之《易贊》、《易論》。《變易》指宇宙、天地運動的變化，是比擬、象徵宇宙萬物實相的原理，也是《易》的最大特色。《周易‧繫辭上》謂「知變化之道者，其知神之所爲乎？」、「是故闔戶謂之坤，闢戶謂之乾，一闔一闢謂之變」、「易窮則變，變則通，通則久」、「神無方、易無體」及《周易‧繫辭下》謂「易之爲常也不可遠，爲道也屢遷，變動不居，周流六虛，上下無常，剛柔相易，不可爲典要，唯變所適」，此即《易》的變易性。又如《易緯‧乾鑿度》云：

　　　　變易者，其氣也。天地不變、不能通氣。五行迭終，四時更廢，君
　　　　臣取象，變節相移，能消患者，不專則敗，此其變易者也。〔註173〕

孔穎達《周易正義》云：

　　　　夫易者，變化之總名，改換之殊稱。自天地開闢，陰陽運行，寒暑
　　　　迭來，日月更出，孚萌庶類，亭毒群品，新新不停，生生相續，莫
　　　　非資變化之爲，換代之功。……謂之爲易，取變化之義。〔註174〕

此上所述實爲《周易》變易之義。事實上，《周易》沒有太極的「變」，《周易》的形上辯證思維體系就無法建立，對於太極的生化，萬物的生成，就無法起作用。因而我們深入探究，在《周易》之中，出現「變」字計有四十九處。《周

〔註172〕趙中偉著，《周易「變」的思想研究》（輔仁大學中國文學研究所博士論文，1994年6月），頁1。

〔註173〕鄭玄著，《易緯‧乾鑿度》（台北：藝文印書館，1966年），頁1後。

〔註174〕李學勤主編，《周易正義》（北京：北京大學出版社，1999年12月，初版1刷），卷1，頁4。

易》除了具有變更的本義外,並具有變易、變化、變通及變動等的引申義。
最重要的,《周易》中「變」的意義,除有一般意義外,並具有上述形上辯證,
萬物化生的特殊意義。也就是萬物的化生,透過「變」的總法則,亦即太極
的化生,經由變易的流轉、變化、變通、及變動的展開,周而復始,循環不
息,呈現一個繽紛多彩、森羅萬象的宇宙世界。《周易「變」的思想研究》云:

> 《周易》形上辯證思維體系,是以太極的「變」,經由變化、變通、
> 及變動的形式展開,以天、地、人道爲範疇,向外擴展。這其中包
> 含天地絪縕、陰陽合德、動靜有常的對立又統一的相對作用,以顯
> 發萬物。〔註175〕

然而,這個形上辯證思維體系,具體地落實在六十四卦的「變」之上,以卦
爻變化,時位互轉,建構一套完整的宇宙世界模式,亦成爲《周易》形上學
的辯證思維模式與規範。

因此,就「變」的形上辯證來論,是以太極作爲萬物化生和變化的總法
則,是萬物的本根,推動萬物的化生和發展。然而太極的化生,必須有一個
中介者,就是「變」來運作,才能使萬物永續生存。「變」的化生運作,呈現
多種形式,以表現化生的順暢;並建立規範性的法則,及變動性的作用,以
建構一個多元、複雜和變化,而又不止不息的宇宙世界。換言之,「變」的化
生範疇,就是整個宇宙,所謂「立天之道曰陰與陽,立地之道曰柔與剛,立
人之道曰仁與義(說卦·第二章)」。以天道論,以「健」作爲「變」的元素,
以天地、陰陽、動靜等三個對偶範疇,作爲化生的運作。然而,陰陽、柔剛、
動靜,都是由兩個相對面所組成的對待合一體,在這個合一體之中,相待的
任何一方,都不能離開另一方而單獨存在。它們互相聯繫,互相滲透,又互
相排斥,互相轉化,從而推動事物運動和變化。它們之中一方對另一方的否
定,都不是單純的否定,而是作爲發展聯繫辯證的否定,即否定之中有肯定,
肯定之中有否定。

其次,在道家看來,《周易》是講陰陽學說的,離開陰陽變易,也就沒有
《周易》的變易法則,孫國中《易經指南·通論篇》云:

> 變易者,陰極而陽,陽極而陰,互爲其根者也。……互爲其根,故
> 其道相生而相濟。〔註176〕

〔註175〕趙中偉著,《周易「變」的思想研究》,頁27。
〔註176〕孫國中著,《易經指南·通論篇》(台北:團結出版社,1992年),頁346。

所謂「互爲其根」，即指陰陽的變換及相生的方式，必須是陰陽互以對方爲基礎的變化，陰以陽爲基礎而變爲陽，陽以陰爲基礎而變爲陰。以此，陰陽兩者，相互變換，相互爲濟助。李鼎祚《周易集解》引荀爽之語云：「陰陽相易，轉相生也。」〔註177〕「相易」指陰陽變易互換，「相生」是說陰陽相生之理，陳夢雷《周義淺述》對相生之理，則有精闢解釋：「陰生陽，陽生陰，其變無窮，易之理如是。」〔註178〕陰陽相生，使萬物化生，臻於無窮無盡，是易道變化的要素。而李震《中外形上學比較研究》亦闡述陰陽變易的道理，其云：

> 易經本文多言陰陽變化，自形上觀點看，其重要目的在於透過變化以求不變。因爲沒有不變，變化沒法解釋和瞭解。〔註179〕

這是以陰陽變易之道，探求不變之道，此即陰陽變易的另一種詮釋。

　　再者，春秋戰國時系統論述陰陽的則是《易傳》。《易傳》以陰陽來說明卦象、爻象以及事物的根本性質，並且概括爲「一陰一陽之謂道。」例如《周易・繫辭傳》用陰陽解易如次：

> 一陰一陽之謂道。（〈繫辭上・第五章〉）
>
> 陰陽不測之謂神。（〈繫辭上・第五章〉）
>
> 陰陽之義配日月。（〈繫辭上・第六章〉）
>
> 是故易有太極，是生兩儀；兩儀生四象，四象生八卦。（〈繫辭上・第十一章〉）
>
> 陽卦多陰，陰卦多陽；其故何也？陽卦奇，陰卦耦。其德行何也？陽一君而二民，君子之道也；陰二君而一民，小人之道也。（〈繫辭下・第四章〉）
>
> 子曰：乾坤其易之門邪？乾，陽物也；坤，陰物也。陰陽合德，而剛柔有體，以體天地之撰，以通神明之德。（〈繫辭下・第六章〉）
>
> 易之爲書也，廣大悉備；有天道焉，有人道焉，有地道焉，兼三才而兩之故六，六者非它也，三才之道也。（〈繫辭下・第十章〉）〔註180〕

〔註177〕唐・李鼎祚著，《周易集解》（台北：臺灣商務印書館，1996 年 12 月臺 1 版 2 刷），卷 13，頁 322。

〔註178〕陳夢雷著，《周義淺述》（台北：臺灣商務印書館，1996 年 12 月臺 1 版 2 刷），卷 7，頁 265。

〔註179〕李震著，《中外形上學比較研究》（台北：中央文物供應社，1996 年），頁 16。

〔註180〕樓宇烈校釋，《王弼集校釋・周易注》，頁 541～572。

〈繫辭下‧第六章〉云：「陰陽合德，而剛柔有體，以體天地之撰，以通神明之德」，此云陰陽爲易之門，舉凡天地之事，神明之德，皆可由陰陽之開闔，而體察達之也。〈繫辭上‧第六章〉云：「陰陽之義配日月」，言其懸象著明；〈繫辭上‧第五章〉云：「陰陽不測之謂神」，言其變化玄妙；〈繫辭上‧第五章〉云「一陰一陽之謂道」，言道實不外陰陽之變化消長也。而《莊子‧天下篇》云：「易以道陰陽」，即應是指此繫辭傳之易說而論的。〈繫辭傳〉陰陽涵義更加豐富，復可於下列兩例證之：

> 是故易有太極，是生兩儀；兩儀生四象，四象生八卦。(〈繫辭上‧第十一章〉)〔註181〕

> 易之爲書也，廣大悉備；有天道焉，有人道焉，有地道焉，兼三才而兩之故六，六者非它也，三才之道也。(〈繫辭下‧第十章〉)〔註182〕

〈文言〉言陰陽，雖以陰喻地道、妻道、臣道，以陽喻天道、夫道、君道，然已將陰陽兩分天地、夫妻、君臣之道，惟陰陽之上，固尚未有其母；陰陽之下，亦未曾有其子也。至〈繫辭〉則云：「易有太極，是生兩儀」，兩儀謂陰陽，是陰陽有其母矣。又謂：「兩儀生四象，四象生八卦」，則陰陽復有其子，故陰陽涵義更進一層。陸玉林、唐有伯《中國陰陽家》云：

> 《易傳》陰陽説的特點一具將陰陽與氣勾連起來；二是把陰陽視爲兩種對待互補的屬性；如剛柔、健順等；三是把陰陽作爲立卦的根基；四是認爲卦畫隱含著陰陽變易的法則，是以有形之象彰現無形的陰陽之義。這種陰陽觀念對此前的陰陽説有承接有突破，最關鍵的是陰陽説和占筮的結合，使陰陽的解釋功能具體化而且成爲可操作的東西。至此，陰陽觀念也成爲系統化的學説。〔註183〕

所謂「立天之道曰陰與陽，立地之道曰柔與剛，立人之道曰仁與義《說卦‧第二章》」。《易》之變易，植根於陰陽，無陰陽即無變易，〈繫辭上‧第五章〉云：「陰陽不測之謂神」，就是說陰陽的變化，神妙莫測。亦如韓康伯之《周易‧繫辭上》注：

> 神也者，變化之極，妙萬物而爲言，不可以形詰者也，故曰陰陽不

〔註181〕樓宇烈校釋，《王弼集校釋‧周易注》，頁553。
〔註182〕樓宇烈校釋，《王弼集校釋‧周易注》，頁572。
〔註183〕陸玉林、唐有伯著，《中國陰陽家》，頁11。

測。〔註 184〕

可見陰陽變化是難以預料、不可知的，且莫測高深，具有神祕性。孔穎達《周易正義》亦有同樣論點：

> 天下萬物，皆由陰陽，或生或成，本其所由之理，不可測量之謂神也，故云：「陰陽不測之謂神」。〔註 185〕

陰陽變化，化生萬物，是一項奇妙複雜的工程，而陰陽變化是經由對立、衝突而趨向融合統一，其間的變化是不可預測的。所以張岱年亦云：

> 由陰陽兩個方面的相互作用而引起的變化是非常複雜微妙，不可窮盡，不可完全預測的。《周易大傳》用一個專門名詞來表示變化的微妙不測，這個名詞叫「神」。《易大傳》説「陰陽不測之謂神」〔註 186〕

呂紹剛《周易辭典》則進步論析：

> 世界變化的規律中有必然性的一面，也有偶然性的一面；有人可知一面，也有人難知的一面。故〈繫辭傳〉説：「陰陽不測之謂神」。
> 〔註 187〕

陰陽的必然性是變化的規律，因而，陰陽的偶然性是變化的不規律；必然性與偶然性、規律與不規律的對立和統一、衝突和融合，產生陰陽的複雜多變，不可測定。因此〈繫辭上・第五章〉云：「一陰一陽之謂道」，言道實不外陰陽之變化消長也。誠如上述，楊超〈先秦陰陽五行說〉已將陰陽的對立、統一、流轉這種思想，視為蘊含著形上辯證思維，這對「陰陽變易」思想而言是一項極大的轉變與進步。

　　然而，什麼是「形上辯證思維」？關於「形上」的意義，沈清松《物理之後：形上學的發展》定義云：

> 對於存有者的存有以及各主要存有者領域的本性與原理所做的全體性、統一性、基礎性的探討。〔註 188〕

至於「辯證思維」，是從變化的觀點考察一切事物的思維方式，依據朱伯崑《周

〔註 184〕樓宇烈校釋，《王弼集校釋》（台北：華正書局，1992 年 12 月，初版），頁 543。
〔註 185〕李學勤主編，《周易正義》，頁 272。
〔註 186〕張岱年著，《周易大傳》（上海：上海人民出版社，1992 年 6 月，初版），頁 67。
〔註 187〕呂紹綱主編，《周易辭典》（台北：漢藝色研文化事業有限公司，2001 年 9 月，初版），頁 10。
〔註 188〕沈清松著，《物理之後：形上學的發展》（台北：牛頓出版股份有限公司，1991 年 3 月，初版），頁 20。

易漫步》云：

> 辯證思維，指以運動的、變化的、聯繫的觀點認識事物的思維形式。它是《周易》中蘊含的最為突出，最為系統，最為豐富，最為珍貴的一種思維方式。〔註189〕

其又於〈易學中邏輯思維與辯證思維傳統〉云：

> 辯證思維是基於事物的動態或變化的過程而形成的思維方式，注重從反面和動態以及整體角度思考問題。〔註190〕

辯證思維用對立統一、發展變化、普遍聯繫的觀點看待世界，正確地反映了世界的實際情況，是人類思維高度發展的重要標誌。其與形式邏輯思維相輔相成，共同構成人類理性思維的高級形式。前者從靜態的視角分析個體事物之間的差異及內在的結構，有助於理解事物的穩定性；後者從動態的角度統觀事物之間存在的影響和聯繫，有助於理解事物的變動性。

然而春秋時代兵家，將《周易》蘊含的最為突出、最為系統、最為豐富、最為珍貴的一種思維方式，即是陰陽變易形上學的辯證思維模式，轉變為兵學辯證思維，誠如朱伯崑《易學哲學史》云：

> 就〈繫辭傳〉解釋筮法時所舉事例看：天為陽，地為陰；日為陽，月為陰；暑為陽，寒為陰；晝為陽，夜為陰。剛為陽，柔為陰；健為陽，順為陰；明為陽，幽為陰；進為陽，退為陰；闢為陽，闔為陰；伸為陽，屈為陰。貴為陽，賤為陰；男為陽，女為陰；君為陽，民為陰；君子為陽，小人為陰。……其歷史意義是，將西周末年以來的陰陽說，從對具體事物的論述，如兵法中的顯露和隱蔽……，等等，抽象為表述事物對立性質的範疇，並且把對立面的依存和轉化，概括為「一陰一陽」，看成是事物的本性及其變化的規律。〔註191〕

朱伯崑認為，此是以陰陽觀念顯現從自然界到人類社會的一切對立現象。同時認為這些對立現象之間可以互相變化，如日往則月來，月往則日來，寒往則暑來等，這些變化都是一陰一陽，而其歷史意義是，將西周末年以來的陰陽說，成功的轉變為兵學辯證思維。而春秋末年，越國的范蠡在《國語·越

〔註189〕朱伯崑著，《周易漫步》(台北：臺灣學生書局，1996年11月，初版)，頁153。

〔註190〕朱伯崑著，〈易學中邏輯思維與辯證思維傳統〉，《中國文哲研究通訊》，1993年》，3期，3卷，頁30。

〔註191〕朱伯崑著，《易學哲學史》(台北：藍燈文化事業股份有限公司，1991年9月，初版)，卷1，頁90。

語下》記述他輔助越王勾踐伐吳時有一番議論如下：

> 夫人事必將與天地相參，然後乃可以成功。……天道皇皇，日月以爲
> 常，明者以爲法，微者則是行。陽至而陰，陰至而陽；日困而還，月
> 盈而匡（虧也）古之善用兵者，因天地之常，與之俱行。後則用陰，
> 先則用陽；近則用柔，遠則用剛。後無陰蔽，先無陽察，用人無藝，
> 往從其所。剛柔以禦，陽節不盡，不死其野。彼來從我，固守勿與。
> 若將與之，必因天地之災。又觀其民之饑飽勞逸以參之，盡其陽節，
> 盈吾陰節，而奪之利。宜爲人客，剛彊而力疾，陽節不盡，輕而不可
> 取。宜爲人主要，安徐而重固，陰節不盡，柔而不可迫。〔註192〕

范蠡觀察天象「陽至而陰，陰至而陽；日困而還，月盈而匡」，於此他領悟到
事物的發展有此消彼長、循環交替的規律。軍事上的攻守情勢，也受這種規
律支配。他認爲挑戰的一方，要用陽道，即是「先則用陽」；應戰的一方，則
用陰道，即是「後則用陰」；進攻的一方，有「剛彊力疾」的「陽節」；防守
的一方有「安徐而重固」的「陰節」。范蠡輔佐越王興師伐吳，駐軍在五湖地
區，吳人出來挑戰，一日五次。范蠡觀察形勢，勸越王布陣固守，以「盡其
陽節，盈吾陰節」。結果越國戰略正確，「居軍三年，吳師自潰」。此或是將陰
陽觀念運用在兵學上之啓蒙階段。惟種種證據顯示，兵家已將陰陽辯證思維
模式運用在兵學上，並由此發展出許多兵學中相對的觀念，例如：「先後、遠
近、剛柔、攻守、勞逸」等，且以人事相參天地，並觀察天地虛盈、日困月
盈現象，以瞭解軍事戰力上的此消彼長。因此，陰陽辯證思維模式運用在兵
學上作一系統研析，就兵學而言，《周易》的剛柔與《周易》的陰陽變易是相
同、相通的，所以《周易》的陰陽、剛柔，可以轉換爲兵法上奇正、虛實、
攻守、進退，以使兵法變化無窮。對於《周易》陰陽辯證思維，已作過陳述，
現就《周易》剛柔思想與兵學辯證思維作一研究。

二、剛、柔思想與陰陽軍事辯證思維析探

剛和柔是《周易》的基本概念，用以表達天地萬物和卦爻之間的對立統
一的關係，其性質與陰陽相類似而層次略低。〔註193〕〈說卦〉：「立天之道曰

〔註192〕易中天著，《國語讀本・越語下・越興師伐吳而弗與戰》（台北：三民書局，
　　　　1995 年 11 月，初版），頁 883。
〔註193〕見《周易辭典》，頁 11。因爲剛柔是地道「變」的形式，陰陽則是天道「變」

陰與陽，立地之道曰柔與剛，立人之道曰仁與義。」及「分陰分陽，迭用柔剛，故《易》六位而成章」。說明陰陽、剛柔、仁義，其義相同。何謂剛柔？先論述「剛」字義，在《周易》之中，共出現九十二次，段玉裁云：「凡有力曰剛」，以表示陽的基本屬性之概念。次論「柔」的字義，《說文解字》解釋云：「柔，木曲直也」。段玉裁注解云：「凡木曲者可直，直者可曲，曰柔」。可見柔的本義為可以曲直變化而稱之為柔。在《周易》之中，柔共出現六十五次，以表示陰的基本屬性之概念，可代替地、坤、靜、夜等，具有順和弱等義。剛和柔的推移，其如陰陽之交感，萬物為之化生，〈繫辭上〉云：「剛柔相摩，八卦相盪」，韓康伯注云：

> 相切摩也，言陰陽之交感也。相推盪也，言運化之推移。〔註194〕

剛柔相摩推移，如同陰陽之交感，以化生萬物。孔穎達《周易正義》疏證云：

> 以變化形見，即陽極變為陰，陰極變為陽。陽剛而陰柔，故剛柔共相切摩，更遞變化也。〔註195〕

陰陽變化，萬物為之化生，剛柔即是陰陽的變化，相互切摩影響，形成變化，化生萬物。《周易》剛柔相摩，其與「陰陽變易」思想同樣蘊含著形上辯證思維，因此，〈繫辭下〉云：

> 八卦成列，象在其中矣。因而重之，爻在其中矣。剛柔相推，變在其中矣。繫辭焉而命之，動在其中矣。吉凶悔吝者，生乎動者也。〔註196〕

孔穎達則云：

> 剛柔相推而生變化，是變化之道在剛柔相推之中。剛柔即陰陽也。論其氣，即謂之陰陽；語其體，即謂之剛柔也。〔註197〕

剛柔和陰陽，是一體兩面，就氣言，是陰陽；就體言，是剛柔，皆主化生作用。且其變動之意義便顯現出來，此亦「動在其中矣」。所謂剛柔相推，不僅包括陰陽二爻互變，而且包括上下往來，互相消長。如〈剝・象〉云：「柔變剛也」。〈夬・象〉云：「剛柔決也」。前者為柔長剛消，後者為剛長柔消，而以剛柔交替，不斷變化或因剛柔爻的變動，而形成卦的變動如次：

的形式，而地道是效法天道的，是以剛柔較陰陽的層次為低。

〔註194〕樓宇烈著，《王弼集校釋》，頁535。

〔註195〕李學勤主編，《周易正義》，卷7，頁258。

〔註196〕樓宇烈校釋，《王弼集校釋・周易注》，頁556。

〔註197〕李學勤主編，《周易正義》，卷8，頁294

剛柔雜居，而吉凶可見矣（〈繫辭下傳‧第十二章〉）。

觀變於陰陽而立卦，發揮於陰陽而生爻（〈說卦‧第一章〉）。

分陰分陽，迭用剛柔，故易六位而成章。（〈說卦‧第二章〉）。〔註198〕

以剛柔作為陰陽的象徵，所以孔穎達云：「聖人初畫八卦，設剛柔兩畫，象二氣也。」〔註199〕並且認為無陰陽二氣，則無卦爻象的變易，因而《易傳》認為爻象變化的基本形式是剛柔相推移。如〈繫辭上〉云：

聖人設卦觀象，繫辭焉而明吉凶。剛柔相推而生變化。是故吉凶者，失得之象也。悔吝者，憂虞之象也。變化者，進退之象也。剛柔者，晝夜之象也。六爻之動，三極之道也。〔註200〕

以剛柔比喻晝夜，因為晝夜的變化是相互推移。〈繫辭上〉認為，相互推移的結果，有的前進，有的後退。如白天到來，黑夜則後退。一進一退，也意味一長一消。就爻象說，陰陽二爻，由下至上為進，由上至下為退。有進退消長方有變化，此即「剛柔相推而生變化」。而朱伯崑《易學哲學史》亦就陰陽相推來說明剛柔的變化之道，朱氏云：

《易傳》的剛柔相推說，就其理論思維的內容說，是以對立面的轉移解釋變化。認為沒有陰陽對立面，則沒有變易；陰陽對立面不互相推移，也沒有變易。這種觀點，是把對立面相互作用看成是變化的原因，乃中國古代內因論的先驅。……所謂相推，不僅推去一方，而且招來另一方，如能屈方能伸，寒往則暑來。此種觀點，又含有對立面相互依存的涵義。〔註201〕

黃楠森《哲學概念辨析辭典》所云「內因」，是指內部矛盾，是事物發展變化的根本原因，是事物存在和發展的根據。〔註202〕陰陽是利用對立而產生的力量，在相合之中而化生一切萬物。而剛柔則是依據陰陽對立面的轉移，以產生變化，同樣具有化生的功能。是故剛柔在相推之中產生變化，並在相推之中，完成變化。所以，剛柔和陰陽是有相輔作用的，皆具化生功能。朱震《漢上易傳》亦云：

〔註198〕樓宇烈校釋，《王弼集校釋‧周易注》，頁574～576。
〔註199〕孔穎達著，《周易正義》疏，引見《易學哲學史》，卷2，頁301。
〔註200〕樓宇烈校釋，《王弼集校釋‧周易注》，頁537～538。
〔註201〕朱伯崑著，《易學哲學史》，卷1，頁95。
〔註202〕黃楠森著，《哲學概念辨析辭典》（北京：中共中央黨校出版社，1993年），頁39。

易有太極，太虛也。陰陽者，太虛聚而有氣。柔剛者，氣聚而有體。
仁義根於太虛，見於氣體，動於知覺者也。〔註203〕

所云「氣聚而有體」，說明萬物是經由太虛之氣的陰陽而來，而剛柔則是經由氣聚而形成萬物之實體。即是說明以柔和剛兩種對立的力量相互作用、相互衝撞，致成一切有形、無形的變化。

誠然，《易傳》認為，事物的變化有其規律性，但並非按著一個模式而變化，這即是辯證的思維，如〈繫辭下‧第八章〉所云：

易之為書也不可遠，為道也屢遷，變動不居，周流六虛，上下無常，
剛柔相易，不可為典要，唯變所適。〔註204〕

「不可為典要」，即是無常定不變的格式，難以預料。〈繫辭上‧第五章〉又云：

成象之謂乾，效法之謂坤。極數知來之謂占，變通之謂事，陰陽不
測之謂神。〔註205〕

「陰陽不測」就是說因剛柔相易、變動不居、上下無常、唯變所適、不可為典要，且因其難以推測，即為「陰陽不測」。兵法中利用「虛（陰）實（陽）不測」而致勝的案例不少，如《左傳‧哀公九年》一個著名事例：

楚王侵隨，使薳章求成焉，軍於瑕以待之。隨人使少帥董成。鬥伯
比言于楚子曰：「吾不得志於漢東也，我則使然。我張吾三軍，而被
吾甲兵，以武臨之，彼則懼而協以謀我。故難閒（間）也。」漢東
之國，隨為大。隨張，必棄小國。小國離，楚之利也。少帥侈，請
羸師以張之。〔註206〕

楚國隱藏實力，造成隨國的自大，以離間隨國與漢東小國間的合作自保，此為羸師滅敵之謀略，亦是兵法中利用「虛（陰）實（陽）不測」的方法而致勝。而此種莫測的性質，〈繫辭〉稱之為「神」，朱伯崑《易學哲學史》則解釋為「其用兵神妙莫測」：

在先秦的典籍中，較早見於《孫武兵法》：「兵無常勢，水無常形，
能因變化而取勝者謂之神」（〈虛實〉）。是說，因形勢的變化而取勝，
其用兵神妙莫測。〔註207〕

〔註203〕朱震著，《漢上易傳》（上海：古籍出版社，1998年），卷9，頁264。

〔註204〕樓宇烈校釋，《王弼集校釋‧周易注》，頁569。

〔註205〕樓宇烈校釋，《王弼集校釋‧周易注》，頁543。

〔註206〕楊伯峻著，《春秋左傳注》，冊上，頁109～110。

〔註207〕《易學哲學史》，卷1，頁110。朱氏認為〈繫辭〉所云「陰陽不測」之「神」，

因此，朱氏認為〈繫辭〉所云「陰陽不測」之「神」，同《孫武兵法》中的說法是一致的，此或為《周易》剛柔相易，變動不居的辯證思維，為兵家所借用，成為辯證的兵學思維。

三、「奇正、虛實」陰陽軍事辯證思維析探

春秋時代兵家，將《周易》陰陽變易形上學的辯證思維模式，轉變為兵學辯證思維，誠然，就兵學而言，《周易》的剛柔與《周易》的陰陽變易是相同、相通的，因此《周易》的陰陽、剛柔，可以轉換為兵法上「奇正、虛實」以使兵法變化無窮。

（一）「以奇（陰）致勝」軍事辯證思維

《易》之變易，植根於陰陽，無陰陽即無變易，〈繫辭上·第五章〉云：「陰陽不測之謂神」，就是說陰陽的變化神妙莫測。而《周易》的陰陽、剛柔，可以轉換為兵法上奇（陰柔）正（陽剛）、虛（陰柔）實（陽剛）、攻守、進退，使兵法變化無窮。孫子對亦有深刻體會，其認為用兵之道，重在「奇、正」二字，奇、正相互運用，變化無窮，所以奇與正是《孫子兵法》中非常重要的相對觀念。不過，歷代兵家對奇、正均有不同的詮釋與意見，《尉繚子·勒卒令第十八》云：

夫早決先定。若計不先定，慮不早決，則進退不定，疑生必敗。故正兵貴先、奇兵貴後，或先或後，制敵者也。〔註208〕

尉繚子認為「正兵貴先、奇兵貴後」是有效的制敵方式，曹操說：「正者當敵，奇兵從旁，擊不備也」；李靖《唐太宗李衛公問對》亦云：「凡兵以向前為正，後卻為奇。」〔註209〕梅堯臣釋為：「動為奇，靜為正」，事實上，「兵者，詭道也」，詭道就是「兵體萬變，紛紜混沌，無不是正，無不是奇。若兵以義舉者，正也；臨敵令變者，奇也」，這是甚好的詮釋，然而，孫子則又有一番說詞與論點，其於〈兵勢篇第五〉云：

有四種意義。一是指天神，鬼神，神靈，如〈觀·象〉所說：「聖人以神道設教」；〈繫辭〉所說：「幽贊神明而生著」。二是指變化神速，如〈繫辭〉所說：「唯神也，故不疾而速，不行而至」。三是指思想上有深刻的領悟，如〈繫辭〉所說：「神而明之，存乎其人」。四是指事物的變化，神妙莫測。較早見於《孫武兵法》：「兵無常勢，水無常形，能因變化而取勝者謂之神」（〈虛實〉）。

〔註208〕周·尉繚著，《尉繚子·勒卒令第十八》，徐勇注譯，《武經七書新譯》，頁165。

〔註209〕黃樸民注譯，《武經七書新譯·唐太宗李衛公問對》，頁348。

凡戰者，以正合，以奇勝。故善出奇者，無窮如天地，不竭如江河。〔註210〕

聲不過五，五聲之變，不可勝聽也；色不過五，五色之變，不可勝觀也；味不過五，五味之變，不可勝嘗也；戰勢，不過奇正，奇正之變，不可勝窮也。奇正相生，如循環之無端，孰能窮之哉。〔註211〕

李零《孫子十三篇綜合研究》對奇正亦有一番見解：

古人認為「餘奇」即「一」是數字變化的關鍵：任何偶數加一都可變為奇數，任何奇數減一都可變為偶數。也就是說，祗要手中留有「餘奇」，就有可能造成任何變化。同樣，在軍事上，機動力量也被稱為「餘奇」。雖然這種機動力量似乎只是一種「追加」，但這種「追加」卻往往是關鍵的一擊，有如扣動弩機，也是造成各種變化的關鍵。〔註212〕

李零是以古代「餘奇」觀念，描述、形容軍事上奇正用兵的機動效果，一般而言，先出為正，後出為奇；常法為正，變法為奇；正面為正，側翼為奇；守備為正，突襲為奇；奇與正，互生互輔，變化無窮。帶兵作戰，就必須「以正合，以奇勝」，因為兩軍相爭，無不正，無不奇，所以要以奇制勝，歷史上以奇兵制勝的戰例非常多，如韓信背水一戰使戰士「陷之死地而後生，置之亡地而後存」，人人奮勇殺敵，《史記‧淮陰侯列傳》描述韓信：

選輕騎二千人，人持一赤幟，從間道草山而望趙軍，誡曰：「趙見我走，必空壁逐我，若疾入趙壁，拔趙幟，立漢赤幟。」令其裨將傳殯曰：「今日破趙會食！」〔註213〕

韓信果然「破趙會食」，此即是以奇致勝的戰例。

又如《左傳‧莊公十年》蒙馬先犯之計：

齊師、宋師次于郎。公子偃曰：「宋師不整，可敗也。宋敗，齊必還。請擊之。」公弗許。自雩門竊出，蒙皋比（即虎皮）而先犯之。公從之。大敗宋師于乘丘。齊師乃還。〔註214〕

〔註210〕魏汝霖著，《孫子兵法大全‧兵勢篇第五》，頁29。
〔註211〕魏汝霖著，《孫子兵法大全‧兵勢篇第五》，頁29。
〔註212〕李零著，《孫子十三篇綜合研究》（北京：中華書局，2006年4月，初版1刷），頁36。
〔註213〕漢‧司馬遷著，《史記‧淮陰侯列傳》，冊4，卷92，頁2614。
〔註214〕楊伯峻著，《春秋左傳注》，冊上，頁183～184。

齊、宋聯軍伐魯，魯公子偃便以皋比（即虎皮）蒙馬先犯宋人軍陣，宋軍受此驚嚇，大敗於乘丘，齊師隨即退兵。

《左傳·僖公二十八年》城濮之戰亦使用蒙馬先犯之計：

> 晉師陳于莘北，胥臣以下軍之佐當陳、蔡。子玉以若敖之六卒將中軍，曰：「今日必無晉矣。」子西將左，子上將右。胥臣蒙馬以虎皮，先犯陳、蔡。陳、蔡奔，楚右師潰。〔註215〕

此乃晉軍胥臣亦蒙馬以虎皮先犯陳、蔡，擊潰楚方右翼軍。春秋時期尚用車戰，馬上蒙以虎皮，乘對方尚未發起攻擊之時衝入敵陣，對方之馬一見虎皮，受了驚嚇，車陣必亂，便可以奇致勝。而以上二則戰例，均以蒙馬先犯之計，以達奇致勝的目的。所以《唐太宗李衛公問對》唐太宗云：

> 吾之正，使敵視之以奇，吾之奇，使敵視以為正，斯所謂「形人者」歟？以奇為正，以正為奇；變化莫測，斯所謂「形人者」歟？〔註216〕

總而言之，「奇、正」用兵之論的哲學基礎，與陰陽、剛柔的辯證思維實有異曲同工之妙，因而「以奇致勝」軍事辯證思維，正是由陰陽變理所推演而成的用兵之道。

（二）「虛（陰）、實（陽）」軍事辯證思維

《周易》重視「消息盈虛」與「陰陽剛柔」的變化，轉化為兵法的辯證邏輯，陰與柔是虛，陽與剛是實。例如孫子在重視奇正的同時，亦重視虛實，他認為用兵作戰，打擊敵人，「如以碫投卵者，虛實是也」，所以「虛」為怯、弱、亂、饑、勞、寡、不備；「實」為勇、強、治、飽、逸、眾、有備。有利的方面為「實」，不利的方面為「虛」。其實，虛實是軍事的大學問，所謂：虛則實之、實則虛之、虛虛實實、實實虛虛、以虛示實、以實示虛、以虛示虛、以實示實均是軍事謀略中最為常見、又最變化無窮的藝術形式。不過，在軍事作戰中，利用虛實來引誘、欺騙敵軍，主要是要達成軍事上的「主動攻擊、避實擊虛、出其不意」等三大目的，而這些即是戰勝敵軍的有利手段。

綜觀歷史，許多傑出軍事家都在「虛實」這一軍事謀略上花樣百出，使之常見常新，難以窮盡。

〔註215〕楊伯峻著，《春秋左傳注》，冊上，頁461
〔註216〕黃樸民注譯，《武經七書新譯·唐太宗李衛公問對》，頁352。

1、虛（陰）、實（陽）互用

在戰爭中，如何才能掌握主動權呢？這就必須以「虛實」去欺騙、引誘敵軍。就是以虛虛實實、實實虛虛的景況，使敵軍無法判斷我軍的動態，然而我軍對敵軍的動態，卻能瞭如指掌，如此即能成功的左右敵軍，常使敵軍陷於左右為難的境地，直接或間接地聽從我軍的調遣。此即孫子所云：「故善戰者，致人而不致於人」的道理，例如《左傳·文公十六年》庸人帥群蠻以叛楚之例：

> （子揚窗）曰：「庸師眾，群蠻聚焉，不如復大師，且起王卒，合而後進。」師叔（潘尪）曰：「不可。姑又與之遇以驕之。彼驕我怒，而後可克，先君蚡冒所以服陘隰也。」又與之遇，七遇皆北，唯裨、儵、魚人實逐之，庸人曰：「楚不足與戰矣！」遂不設備，楚子乘馹，會師于臨品……遂滅庸。〔註217〕

師叔之計，怒我驕敵而已！因為我怒，則敵愾同仇，萬眾一心；敵驕，則得意忘形，失其所據。楚師叔與庸人戰，七遇皆北，所以示弱以驕也，此為「以實示虛」之策。而孫臏的「減灶欺敵」亦是很好戰例，《史記·孫子吳起列傳》記述：

> 孫子謂田忌曰：「彼三晉之兵素悍勇而輕齊，齊號為怯，善戰者因勢而利導之。……使齊軍入魏地為十萬灶，明日為五萬灶，又明日為三萬灶。」龐涓行三日大喜，曰：「我固知齊軍怯，入吾地三日，士卒亡者過半矣。」〔註218〕

孫臏遂在馬陵道，埋伏大軍，將魏軍一舉殲滅。此「以實示虛」戰例即是孫臏利用虛虛實實的戰場景況，誤導龐涓的判斷，並能主動攻擊，發揮戰力，全軍破敵。

依據《智謀大全》記載，虞詡「增灶破敵」計策，卻是「以虛示實」的不同戰例。〔註219〕虞詡至武都任太守時，羌軍頭領率上萬人馬，於陳倉之崤谷，堵住虞詡去路；虞詡假稱已上書朝廷，請求派兵增援作戰，羌軍竊此假情報，乃分兵攻擊他縣城。虞詡見羌軍兵力分散，乃日夜兼程，日行二百里。

〔註217〕楊伯峻著，《春秋左傳注》，冊上，頁617～619。
〔註218〕漢·司馬遷著，《史記·孫子吳起列傳》，冊4，卷65，頁2164。
〔註219〕鄔學燾著，《易學與兵法》（台北：旭屋文化出版社，1999年1月，初版2刷），頁182～183。

並命令軍中士兵各壘兩處灶，每日按倍增加，羌軍於是不敢逼近。有人詢問：「孫臏減灶，而你增之。且兵法上云：日行不過三十里，而今日行二百里，為何如此？」虞詡云：「敵眾我寡，慢行易被追擊，且速進，則令敵軍無法估算我軍人數，孫臏減灶，是向敵軍示弱；我今增灶，是向敵軍示強，此為環境和條件不同之故！」因而，羌軍恐懼虞詡兵力強大不敢主動攻擊。且虞詡設伏五佰人於水中，襲擊羌軍，羌軍驚懼，因此虞詡大破羌軍。

由上述三例，「庸人帥群蠻以叛楚」及孫臏的「減灶欺敵」為「以實示虛」戰例，而虞詡「增灶破敵」計策，卻是「以虛示實」，雖是運用完全不同的戰法，但均能利用虛虛實實的戰場景況，誤導敵軍的判斷，並能發揮戰力，主動攻擊，全軍破敵。然而，《孫子兵法‧虛實篇第六》云：「故其戰勝不復，而應形於無窮」。所云之意為：一般人僅知此種戰法可收戰勝之效，至於為何策定此種戰法，則莫知也。井陘之戰，韓信背水拔幟破趙，世人但知水上軍殊死戰，而對於何以能作殊死戰，能為不可敗，則未知之也。敵情之變化（虛實）無常，因應之方法（奇正、陰陽、剛柔）亦無一定，善戰者對於一種戰法，常不作二次以上重複使用。蓋一則恐為敵所算，二則因時間空間之不同，無法完全適應。故曰：「故其戰勝不復，而應形於無窮。」如曾國藩之湘，以「結硬寨，打死戰」。之戰法，平定洪楊大亂。但到同治初年，繼僧格林沁陣亡、剿平捻匪，則改設四老營（臨淮、濟寧、周家口、徐州）築長堤之戰法，遂以有定之兵，制無定之捻。此例即是虛實、奇正、陰陽、剛柔運用於兵學之最佳詮釋。

2、擊虛（陰）、避實（實）

在軍事戰史中，幾乎所有的輝煌戰例，多是以「擊虛、避實」為傑作。然而，虛實雖變化無窮、神秘莫測，卻也萬變不離其宗。就主動進攻的一方而言，這就是「擊虛、避實」。魏汝霖《孫子兵法大全》引王晳語云：

> 兵有常理，而無常勢，水有常性，而無常性。兵有常理者，擊虛是也。〔註220〕

何守法亦云：

> 兵之形，象水之形，水避地之高而趨下，性之順也。兵避敵之實而擊其虛，勢之利也。惟趨下，則水本無為，但因地之高下而制其流。惟擊虛，則兵本無心，但因敵之虛實而制其勝。……耿弇討張步，

〔註220〕魏汝霖著，《孫子兵法大全‧兵法十三篇集注‧第四章》，頁167。

舍張藍西安之堅，而攻諸郡臨淄之弱。魏元忠討徐敬業，棄敬業下
阿之勁，而取敬猷淮陰之寡，是避實而擊虛也。〔註221〕

孫子認為，虛與實是彼此依存、相互轉化的。敵人有實就有虛，虛即是其致
命點。以防守面而言，「故備前則後寡，備後則前寡，備左則右寡，備右則左
寡，無所不備，就無所不寡」，此即是「備多力分」的最佳詮釋。因此作戰雙
方無不竭盡心智判斷對方的虛實，並盡可能的偽裝己方的虛實，然後再集中
兵力，「避實擊虛」。歷史上「避實擊虛」的戰例舉不勝舉，其例如後，《左傳·
僖公二十七年》：

楚子及諸侯圍宋。宋公孫固如晉告急。先軫曰：「報施、救患；取威、
定霸，於是乎在矣！」狐偃曰：「楚始得曹，而新婚於衛，若伐曹衛，
楚必救之，則齊、宋免矣。」於是乎蒐於被廬，作三軍。〔註222〕

晉欲救宋，不直接引兵解圍，此即是「避實」；卻以侵曹伐衛為手段，此為「擊
虛」。進而誘楚師北上，紓解齊、宋之難。《孫子·虛實篇》云：

我欲戰，敵雖高壘深溝，不得不與我戰者，攻其所必救也。〔註223〕

張高評《左傳之武略》亦舉出「避實擊虛」案例，其云：

楚晉爭霸戰中，楚亦曾採用此一戰略，為救齊而伐鄭。後世兵家運
用者多，如孫臏攻大梁，以救趙邯鄲之戰略；耿弇攻臨淄，以取西
安之戰略；晉宣帝之虛攻遼東，而實指襄平；陶侃之佯攻石頭，為
實救大業，是其例也。〔註224〕

再如，曹操討伐袁紹之「官渡之戰」，亦是良好戰例。公元一九九年八月袁紹
大軍進至官渡後，拒不採納以輕騎抄曹軍後方，奇襲許昌的建議。而在官渡
一帶築營四十里，企圖從正面戰場平推硬攻。曹操則據險力守，雙方相持達
數月之久。同年十月，袁紹在離大營北四十里的烏巢設站屯糧，以支持曠日
持久的戰爭，但又不派重兵防守（此為虛處）。曹操得知後，留大軍在正面堅
持，親率精兵五千冒充袁軍，夜襲烏巢，斬守將淳于瓊，火燒烏巢糧站（此
為曹操避實擊虛）。袁紹這時又誤認為曹軍主力已出，大營空虛，只派少數兵
馬救援烏巢，而率大軍正面猛攻官渡，遭到曹軍頑強抵抗，曹軍大營既未攻

〔註221〕魏汝霖著，《孫子兵法大全·兵法十三篇集注·第四章》，頁 168～169。
〔註222〕楊伯峻著，《春秋左傳注》，冊上，頁 445。
〔註223〕魏汝霖著，《孫子兵法大全·虛實篇》，頁 31。
〔註224〕張高評著，《左傳之武略》（高雄：復文出版社，1994 年 10 月，初版 1 刷），
頁 72～73。

下，烏巢糧食又全部被焚毀，袁軍軍心大亂，曹操乘機反攻，因而取得了官渡戰役的勝利。檢討「官渡之戰」勝敗關鍵，乃在曹操能擊其虛（夜襲烏巢糧站）、避其實（只留大軍與袁紹部隊正面堅持），才能得到最後的勝利。

然而，《左傳‧文公八年》亦有不知「避實擊虛」的失敗案例，如後：

> 楚子伐隨，軍於漢、淮之間。季梁請下之，「弗許而後戰，所以怒我而怠寇也。」少帥謂隨侯曰：「必速戰。不然，將失楚師。」隨侯禦之。望楚師。季梁曰：「楚人上左，君必左，無與王遇。且攻其右。右無良焉，必敗。偏敗，眾乃攜矣。」少師曰：「不當王，非敵也！」弗從。戰于速杞。隨師敗績。隨侯逸。〔註225〕

所謂「強而避之」，以吾強攻其弱，則勝；以吾弱當其強，則不勝。惜隨侯不聽季梁而信少師，不知「避實擊虛」之道，當王以攻強，其敗績逃逸，可謂宜哉。故魏汝霖《孫子兵法大全》引李贄語云：

> 兵無常形，未戰則以實待虛，亦無常勢，將戰則避實擊虛而已，此為將者之所通知也。若夫敵逸而能使之勞，敵飽而能使之飢，敵安而能使之動，敵眾而能使之寡，敵不必備而能使之無所不備，敵不欲戰而使之不得不戰；故敵雖眾可使無鬥，敵雖強可使不敢恃，敵雖近，而左右前後可使不得相救。若我則雖遠而行千里，可使無人不欲戰而能使敵必不敢戰，則不但以待其虛，衝其虛而已。〔註226〕

宇宙萬物及自然之現象如四時、日月之盈虛消長，陰陽、剛柔之推移變化，無時無刻不在變動不居。用兵之道亦是如此，敵情之變化不測，制勝之方法無窮，決不可拘泥於不變之原則。然兵之情在擊虛避實，因敵而制勝，正如水因地勢之變化而制流者同。敵無常情，故兵亦無常勢，但能因敵情之變化而勝者，如能「待其虛，衝其虛」始可謂臻於神化之境地矣。

（三）「奇正、虛實」陰陽軍事辯證思維具體運用

出其不意往往可造成致命的打擊，而致命的打擊，則是自己沒有思想準備的受到攻擊。所謂謀略，無非就是你要算計我，我也要算計你。高超的謀略是要做到，你的算計在我的意料之中，而我的算計則在你的意料之外。其於兵法上言，即是孫子所謂的：「攻其無備、出其不意」就是兵法上奇（陰）正（陽）虛（陰）實（陽）的具體運用。例如，《左傳‧僖公二十八年》城濮

〔註225〕楊伯峻著，《春秋左傳注》，冊上，頁121～122。
〔註226〕魏汝霖著，《孫子兵法大全‧兵法十三篇集注第四章》，頁168～169。

之戰「曳柴揚塵」之計：

> 狐毛設二旆而退之。欒枝使輿曳柴而僞遁，楚師馳之，原軫、郤溱
> 以中軍公族橫擊之。狐毛、狐偃以上軍夾攻子西，楚左師潰。楚師
> 敗績。〔註227〕

晉上軍師狐毛故意設二旆假裝撤退，下軍師欒枝則令部下將樹枝綁在戰車後面奔跑，揚起陣陣烟塵以作撤退之態。楚軍不知是計，以爲晉軍大部隊敗逃，便下令左軍追擊。晉人見楚軍中計，馬上指揮中軍部隊攔腰截擊楚軍。晉方上、下軍也突然回師夾擊楚軍，楚方腹背受敵，死傷無數。晉軍故意設二旆假裝撤退（此爲虛、爲陰），見楚軍中計，馬上截、夾擊楚軍（此爲實、爲陽），乃有兵法上「攻其無備、出其不意」之效果。又如《左傳·襄公十八年》平陰之戰，亦用類似謀策：

> 齊侯登巫山以望晉師。晉人使司馬斥山澤之險，雖所不至，必旆而
> 疏陳之。使乘車者左實右僞，以旆先，輿曳柴而從之。齊侯見之，
> 畏其衆也，乃脫歸。丙寅晦，齊師夜遁。〔註228〕

晉國與齊國作戰，晉軍兵力較少，於是在戰車左邊坐上個眞人，右邊放個假人，讓戰車「曳柴」奔馳，揚起漫天塵土，齊人不知虛假，連夜逃遁。《淮南子·兵略訓》對此計亦有解說：

> 曳梢肆柴，揚塵起堨，所以營其目者，此善爲詐佯者也。〔註229〕

因而，城濮之戰與平陰之戰均以曳柴揚塵之計詐佯敵人或迷惑敵軍，使其不知虛實，此類計策爲古代戰爭（尤其是古時代冷兵器戰爭）中常用之計策。

魏汝霖《孫子兵法大全》引張居正云：

> 奇勝，以奇兵設伏制勝。正中有奇，奇中有正，正而奇，奇而正，
> 使敵莫測，自足以勝敵，重奇勝上，謂謀有以預之也。〔註230〕

魏汝霖《孫子兵法大全》引李贄亦云：

> 兵無一定之勢，故奇正之兵，亦無一定之用。勢者，因利而制權；
> 故奇兵之勢，亦因敵而變化也。〔註231〕

〔註227〕楊伯峻著，《春秋左傳注》，冊上，頁461～462。

〔註228〕楊伯峻著，《春秋左傳注》，冊下，頁1038。

〔註229〕題漢·劉安著，《淮南子·兵略訓》（台北：臺灣中華書局，1974年10月臺三版），卷15，頁15下。

〔註230〕魏汝霖著，《孫子兵法大全·兵法十三篇集注·第四章》，頁138。

〔註231〕魏汝霖著，《孫子兵法大全·兵法十三篇集注·第四章》，頁138。

因而，在戰役中是否能夠產生「攻其無備、出其不意」的效果，端在戰場指揮者是否能靈活運用「虛虛實實」的戰場景況。「奇正、虛實」的運用，造成戰機的瞬息萬變。所以戰場上的一切「奇正、虛實」變化，就是戰機之所在。要想掌握戰機，只須洞悉變化。因此孫子謂：「能因敵變化而勝者，謂之神」，此處所謂「神」，實與易經「變易」精神相通相合，亦爲兵法上奇（陰）正（陽）虛（陰）實（陽）「攻其無備、出其不意」的具體運用，殊值深思。

第參章 《老子》陰陽軍事思想析探

　　《老子》一書，是智慧的結晶，亦是哲理之大成，雖僅有五千餘言，然說理無所不包，談義無所不含，故前人以「玄理幽深」、「廣博精微」評之。《老子》之註解，從古至今，至少也有幾百種版本，這對於鑽研《老子》思想的人而言，實為一筆相當豐富的資產。

　　誠然，研究《老子》之人，歷代以降，所在多有，據不完全統計，僅中國大陸近十年內發表的老子專題論文，就有近三百篇（部）。而其研究之重點方向或集中於老子政治思想、治國理念與方法、謀事籌劃、人生哲學以及軍事思想等等。其對《老子》的解讀，乃是仁者見仁，智者見智，正可謂「橫看成嶺側成峰，遠近高低各不同」。總而言之，所有的學者公認，《老子》對中國文化的影響是深層而無形的。面對中國文化的瑰寶《老子》，由於筆者才疏學淺，謹以所熟悉的領域——從陰陽觀念析探老子的軍事思想，不惴孤陋，提出一己之淺見。

　　然而，老子其人其書，眾說紛云，茲摘取近代學者研究如後：勞思光《中國哲學史》云：

> 老子其書其人，真偽先後之辯，群言滋繁。……考老子問題之所以發生，實一由於史記傳文之誕妄，二由於今本經文之雜亂，三由於莊子以下後世立說之假託臆度。〔註1〕

〔註 1〕勞思光著，《中國哲學史》（台北：三民書局，1999年8月，10版），頁205。本文所引典籍，於各章節首次出現時，詳細著明朝代、作者、書名、冊數、頁數、出版地、出版社、出版年月與版次，以便覆覈；再次引用時，僅註明書名、冊數、頁數、以省篇幅，為統一體例，出版年月一律以西元紀年標記。

韋政通《中國思想史》云：

> 老子，佚其名，號聃。……史記所說的老子，年長於孔子，與著《道德經》的老子究有何種關係，很難確定，《莊子・天下篇》所說的老聃，是五千言的作者，這是沒有疑問的。〔註2〕

馮友蘭《中國哲學史》云：

> 老子一書相傳爲係較孔子爲年長之老聃所作。其書之成，在孔子以前。今以爲老子係戰國時人所作，關於此說之證據，前人已詳舉，茲不贅述。〔註3〕

晁福林〈論老子思想的歷史發展〉云：

> 關於老子其人，《史記・老子列傳》的相關記載是比較可信的。《老子》一書大體經過了老聃、老萊子，太史儋這三個時期才最終寫定而流傳於世。今傳本《老子》書中的「德」論、「道」論、「禮」論等當爲老聃首創；而「道」披上神秘外衣，提出「貴虛」並闡釋「無爲」之說，蓋爲老萊子的補充；《老子》書中的「聖人」和治國之論、權術之言，以及對於道、德、仁、義、禮等的位置與次序的排定，可能是太史儋所做的工作。老子思想體係大約經歷了三個階段的歷史發展才最終形成。〔註4〕

上述四位學者對老子其人其書有三類不同意見：

第一類：勞思光《中國哲學史》認爲「老子問題之所以發生，實一由於史記傳文之誕妄」。

第二類：韋政通《中國思想史》與馮友蘭《中國哲學史》均認爲老子名爲「老聃」，五千言爲其所著。

第三類：晁福林〈論老子思想的歷史發展〉認爲「關於老子其人，《史記・老子列傳》的相關記載是比較可信的」，「《老子》一書大體經過了老聃、老萊子，太史儋這三個時期才最終寫定而流傳於世。」

楊寬《戰國史》云：

> 老子這個人的年代，司馬遷寫《史記》時已不清楚。他一會兒認爲姓李名耳，……一會兒又認爲可能就是周烈王時見過秦獻公的周太

〔註 2〕 韋政通著，《中國思想史》（台北：水牛圖書出版社，2001年11月，初版），頁 137。

〔註 3〕 馮友蘭著，《中國哲學史》（九龍官塘：1970年2月再版。），頁 210。

〔註 4〕 晁福林著，〈論老子思想的歷史發展〉，《孔子研究》（2002年第1期），頁 21。

> 史儋：……一會兒又說老子的兒子名宗，曾做魏將，封於段干。……
> 是戰國晚年魏安釐王時人。《老子》一書是用韻文寫成的哲理詩，是
> 道家的主要著作。從其對戰國中期黃老學派有重大影響來看，這書
> 應該作於戰國初期。〔註5〕

由上述資料研究分析，《老子》一書應該作於戰國初期，或是較爲可靠。

第一節　《老子》軍事思想背景研究

　　《老子》既作於戰國初期，是否蘊含豐富的軍事思想？其軍事思想產生
背景爲何？茲說明如後：

一、征戰連連、兵學發達

　　周朝東遷以降，受世官、世祿制度所造就的巨室政治出現巨大的改變，
封建禮法開始崩解，上陵下替，強制弱、眾暴寡，征戰頻仍，則是春秋時代
一大特色。誠然，研究戰爭史的人都明瞭，《左傳》並不是一部專門描述戰爭
的戰爭史，但《左傳》全書中共紀錄了春秋時期四百九十二起戰爭，加上《春
秋》上有記而《左傳》無記的三十九起，經傳合記大小戰爭五百三十一起，〔註
6〕而高銳《中國上古軍事史》則云，在春秋時期近三百年間，大小戰役約八
百餘次，平均一年就有兩到三次。〔註7〕且依據《中國戰史大辭典──戰役之
部》統計，春秋時期大型戰爭即有十九次之多。〔註8〕在如此眾多的戰事中，
戰爭的結果，就是大國益大，小國被兼併。同時各國也發生內亂，臣弒其君，
弟弒其兄，亂臣賊子滋起，使宗法制度遭到破壞，社會極爲混亂。其次尙有
戎狄對諸夏的侵略，在這種情勢之下，周天子既沒有應付的能力，諸侯中方

〔註5〕 楊寬著，《戰國史》（台北：台灣商務印書館，2001年11月，初版7刷），頁
　　　　476，
〔註6〕 見張善文、馬重奇主編，《左傳漫談》（台北：頂淵出版社，1997年8月，初
　　　　版），頁109～110。
〔註7〕 高銳著，《中國上古軍事史》（北京：軍事科學出版社，1995年），頁124。
〔註8〕 國防部史政編譯局編印，《中國戰史大辭典──戰役之部》（台北：國防部史
　　　　政編譯局，1989年6月），頁1～2。春秋時期大型戰爭即有十九次之多，其
　　　　如周鄭繻葛之戰、齊桓公伐楚之戰、宋楚泓水之戰、晉楚城濮之戰、晉秦殽
　　　　函之戰、晉楚邲之戰、晉齊鞌之戰、吳楚江淮爭霸戰、晉楚鄢陵之戰、晉悼
　　　　公續霸之戰、吳楚雞父之戰、吳陷楚郢都之戰、攜李之戰、夫椒之戰、會稽
　　　　之戰、吳伐齊艾陵之戰、越襲吳都之戰、笠澤之戰、滅吳之戰等。

有霸者出現，即是齊桓公、晉文公、宋襄公、秦穆公、楚莊王，號稱爲五霸。
而高銳《中國上古軍事史》依此將春秋時期分爲三個時期，前期可從平王東
遷（公元前 770 年）到齊桓公始霸前一年（公元前 679 年），即「霸政前期」，
約九十年。此時期周王室在鄭、晉、虢、秦等諸侯國的幫助下得以東遷雒邑，
然威望已失，在王命不行之下，此時期的主戰場集中於黃河下游，主要參與
國以當時最爲強盛的鄭國爲中心，加上圍繞於旁的宋、衛、魯、齊、陳、蔡
等國所展開的一場中原諸侯爭奪戰。中期從齊桓公稱霸到向戌倡議各國弭兵
（公元前 546 年），即「霸政中期」，共一百三十四年，此時期共發生大小戰
役約六百餘次，幾個主要諸侯更是彼此更替稱霸。而齊桓公首開「尊王攘夷」
的霸主事業，如《左傳‧閔公元年》記載狄人侵邢，管仲即對齊桓公建言如
後：

> 戎狄豺狼，不可厭也，諸夏親暱，不可棄也。宴安酖毒，不可懷也。
> 詩云：「豈不懷歸，畏此簡書。」簡書，同惡相恤之謂也。請救邢以
> 從簡書。〔註9〕

齊桓公採納管仲的建議，實行「安國定民」、「寄軍令于內政」、「富國強兵」
的政策強化自身實力。且高舉大義之旗，不但幫助岌岌可危的華夏諸邦抵抗
游牧民族與南方的帝國主義，更極力維繫封建城邦，口號上打著尊周王、親
諸侯、恢復封建禮法的名號；作法上合強伐弱，近攻遠取，示威小國，以脅
大國，〔註10〕進而消除或防範列國間內在矛盾與危機，先後大會諸侯于昭陵、
陽穀、葵丘，成爲春秋時代第一個霸主。

> 後期則自向戌弭兵到韓、趙、魏三家分晉（公元前 453 年），即「霸
> 政後期」，共九十三年，此時期南方新興的吳、越兩國逐漸強盛起來，
> 先後成爲霸權國家，戰爭的重心從黃河流域南移至長江中下流，從
> 中原諸侯轉移到吳、越、楚國間。〔註11〕

總而言之，自周朝開始分封的一千多個邦國，至春秋初期剩一百四十多國，
在經過幾個大邦諸侯趁王綱不振時兼併周遭的小邦國，遂逐漸形成二十多個
大、中型國家。除《史記》十二諸侯年表列出的周、魯、齊、晉、秦、楚、

〔註 9〕 楊伯峻著，《春秋左傳注》（高雄：復文圖書出版社，1991 年 9 月再版），頁
256。

〔註10〕 劉伯驥著，《春秋會盟政治》（台北：中華叢書編審委員會，1969 年），頁 89。

〔註11〕 高銳著，《中國上古軍事史》，頁 124。高銳將春秋時期的連串征戰分爲「霸政
前期」、「霸政中期」、「霸政後期」等三個時期。

宋、衛、陳、蔡、曹、鄭、燕、吳等國之外，尚有邾、莒、滕、薛、郯、許、徐、越等中小國。加上一些雜處四方的蠻、夷、戎、狄等非華夏民族部落，共同寫下春秋時期的連串征戰紀錄。〔註12〕最後韓、趙、魏三家分晉，春秋時代結束，進入戰國七雄之世。

　　然而，二千二百年以前的戰國時代，是中國歷史上關鍵性的重大變革和發展時期，無論軍事、政治、經濟、文化等各方面，都有著重大的變革和發展。清代學者王夫之在《讀通鑑論》中稱之爲「古今一大變革之會」。〔註13〕戰國初期，魏國由於魏文侯任用李悝變法，最早成爲強國。公元前三五六年，秦孝公任用衛鞅變法，秦國也強盛起來。齊威王也進行改革，國勢亦強大起來。而魏、趙、韓、齊、秦等國先後經過政治改革，形成爲中央集權的國家。楚國在楚悼王時任用吳起變法，亦有相當成效，燕國也已在戰爭中漸露頭角，於是戰國七雄形勢確立。〔註14〕戰國時代是齊、秦、楚、燕、韓、趙、魏七國連年進行合縱連橫的兼併戰爭時期，這時戰爭的性質和春秋時代不同，春秋時代戰爭主要是爲了爭霸，這時的戰爭主要是爲了兼併土地。如《墨子·公孟》云：

> 若大人舉不義之異行，雖得大巧之經可行於軍旅之事，欲攻代無罪
> 之國有之也，君得之則必用之矣，以廣闢土地，著稅僞材。〔註15〕

所謂「以廣闢土地，著稅僞材」即是奪取更多的土地、人口和租稅。而且，戰國時代戰爭方式也有變化，春秋時代的軍隊以「國人」（貴族的下層）爲主力，乘著馬車作戰，人數較少，如晉國從一軍、二軍增加到五軍、六軍，《左傳·僖公二十八年》晉、楚城濮之戰只用七百乘兵力，〔註16〕然而在《左傳·成公二年》晉、齊鞍之戰，晉景公原只同意出兵七百乘兵力，但中軍帥郤克

〔註12〕杜京德著，《春秋時代兵學思想的承襲與創新》（淡江大學國際事務與戰略研究所碩士論文，2001年6月），頁23。而《春秋會盟政治》則云：兩百年間，有紀錄的滅國者凡五十二，弒君三十六。見劉伯驥著，《春秋會盟政治》，頁89。《中國歷代戰爭史》則云：春秋初期見於史書者一百六十餘國，至晚期僅剩十餘國。見中國歷代戰爭史編纂委員會著，《中國歷代戰爭史》（台北：黎明文化事業股份有限公司，1963年），頁107。

〔註13〕清·王夫之著，《讀通鑑論·敍論四》（台北：河洛圖書出版社，1976年3月臺景印初版），頁1112。

〔註14〕楊寬著，《戰國史》，頁300，。

〔註15〕清·孫詒讓著，《墨子閒詁》（台北：河洛圖書出版社，1976年3月），卷12，頁13。

〔註16〕楊伯峻著，《春秋左傳注》，冊上，頁460。

卻要求八百乘兵力，依傳記載：

> 晉侯許之七百乘，郤子曰，此城濮之賦也，有先君之明，與先大夫
> 之肅，故捷。克於先大夫無能為役，請八百乘許之。〔註17〕

但無論是七百乘或是八百乘兵力，若每乘以三十人計算，也只有二萬多人。而且每次戰役由國君或卿大夫鳴鼓指揮，勝負常由雙方用排列的車陣作戰來決定，一次大戰的勝負常在一、二天內就分曉。戰國時代實行以郡縣為單位的徵兵制度，徵發成年的農民作為主力，軍隊人數大增，因此戰國時代已有「萬乘之國」、「千乘之國」出現，而各大國的兵額就有三十萬至一百萬之多，如在秦國，《戰國策》云：

> 范雎曰：「大王之國，北有甘泉谷口，南帶涇渭，右隴蜀，左關阪，
> 戰車千乘，奮擊百萬，以秦卒之勇，車騎之多，以當諸侯，譬若馳
> 韓盧而逐蹇兔也，霸王之業可致。」〔註18〕

可見秦國已是千乘之國，且奮擊百萬，可致霸業。在楚國，《史記·楚世家》亦云：

> 「今楚之地方五千里，帶甲百萬，猶足以踴躍中野也，而坐受困，
> 臣竊為大王弗取也。」於是頃襄王遣使於諸侯，復為從，欲以伐秦。
>
> 〔註19〕

所以楚亦「帶甲百萬」，且欲伐秦，以鞏固地位，拓展實力。在燕國，《戰國策》云：

> 蘇秦將為從，北說燕文侯曰：「燕東有朝鮮遼東……，地方二千餘里；
> 帶甲數十萬，車七百乘，騎六千疋，粟支十年；……此所謂天府也。」
>
> 〔註20〕

燕國亦是「帶甲數十萬，車七百乘，騎六千疋」，至於其他如齊、韓、趙、魏四國所擁有的兵力，應都在「萬乘之國」、「千乘之國」之間，可見戰國時代七雄均擁有龐大的兵力。又如春秋戰國，用兵的數量則在十萬人左右，《孫子兵法·作戰》云：

> 馳車千駟，革車千乘，帶甲十萬。……日費千金，然後十萬之師舉

〔註17〕楊伯峻著，《春秋左傳注》，冊上，頁789。
〔註18〕漢·劉向編，《戰國策》（台北：大孚書局，2001年10月，初版3刷），頁64。
〔註19〕漢·司馬遷著，《史記·楚世家第十》（台北：大申書局，1977年7月），冊3，頁1731。
〔註20〕漢·劉向編，《戰國策》，頁97。

矣。〔註21〕

《墨子·非攻下》亦云：

> 君子庶人也必且數千，徒倍十萬，然而足以師而動矣。〔註22〕

至戰國中期以後，參戰的兵力明顯增加，死傷亦大，如《史記·秦本紀第五》云：「左更白起攻韓、魏於伊闕，斬首二十四萬人」。〔註23〕公元前二六〇年長平之戰，秦將武安君白起俘虜趙軍四十萬人且盡阬（坑）殺之，《史記·白起王翦列傳第十三》云：

> 其將軍趙括出銳卒自搏戰，秦軍射殺趙括。括軍敗，卒四十萬人降
> 武安君。武安君計曰：「前秦已拔上黨，上黨民不樂爲秦而歸趙。趙
> 卒反覆，非盡殺之，恐爲亂。」乃挾詐而盡阬（坑）殺之。〔註24〕

公元前二二六年王翦將六十萬大軍攻楚，《史記·白起王翦列傳第十三》云：

> 王翦曰：「大王必不得已用臣，非六十萬人不可。」始皇曰：「爲聽
> 將軍計耳。」於是王翦將兵六十萬人，始皇自送至灞上。〔註25〕

由於各國軍隊人數的增多，且一場大戰，雙方動員的兵力幾達十萬人（如上述），戰爭的規模也達到空前未有的地步。

　　總的來說，春秋時代戰爭是由數量較少的軍隊來進行的，軍事行動的範圍比較狹小，戰爭的勝利主要靠車陣的會戰來取得，在較短的時間內就決定勝負了。到戰國時代，由於生產比較發達，集權的地主政權的建立，以及武器的進步和軍隊以農民爲主要成份，軍隊人數大增，軍事行動的範圍擴大。戰爭方式由車陣作戰改爲步騎兵的野戰和包圍戰，戰爭也比較帶有持久的、長期的性質了，戰爭的勝負不僅決定於交戰國的經濟、政治、人口數量和技術水平等條件，而且也決定於一國的民氣，同時進攻方式也比較帶有運動性。如此，戰爭就比較錯綜複雜，戰爭的指揮已成爲一種技藝。春秋以前的軍隊都由國君和卿大夫親自鳴鼓指揮，到了春秋戰國之際就產生了專門指揮軍隊的將帥和軍事家，且兵法要比以前講究。〔註26〕老子生長在連串戰爭的春秋

〔註21〕魏汝霖著，《孫子兵法大全·作戰篇第二》（台北：黎明文化事業股份有限公司，1986年7月，4版），頁23。

〔註22〕清·孫詒讓撰，《墨子閒詁》（台北：河洛圖書出版社，1974年3月臺景印1版），卷5，頁18。

〔註23〕漢·司馬遷著，《史記·秦本紀第五》，冊1，頁212。

〔註24〕漢·司馬遷著，《史記·白起王翦列傳第十三》，冊4，頁2335。

〔註25〕漢·司馬遷著，《史記·白起王翦列傳第十三》，冊4，頁2340。

〔註26〕楊寬著，《戰國史》，頁310～311，。

戰國時代，目睹戰禍連連，戰爭的殘酷，而《老子》一書具有豐富的軍事思想或是老子生當春秋戰國時代，對戰爭的一種認知並思考解決戰爭的一種方法，此是《老子》一書產生背景的可能之一。

再者，春秋戰國征戰連連，亦是兵法書籍應運而生的絕佳環境與機會，如《左傳・昭公二十一年》記載《軍志》有云：「先人有奪人之心，後人有待其衰」。〔註27〕其意為，先發制人可以起「奪人之心」的作用，如果敵人先發，就得等待敵軍疲憊之後再反攻。由此可知，《軍志》或是講論兵法最早期的書，而且亦提出了一些簡要兵法觀念，例如「允當則歸」、「知難而退」、「有德者不可敵」等。〔註28〕然而在春秋戰國間，因戰爭規模的擴大與激烈，產生了專門指揮作戰的將帥和軍事家，其在《史記》提及的即有司馬穰苴、孫子、吳起、白起、王翦、樂毅、田單等，這些軍事家總結戰爭的經驗，以及從事軍事理論的研究，並論著成兵法的書。如春秋晚期孫武所著《孫子兵法》，是我國現存最早的一部兵書。隨著古代軍事學的發展，兵書的內容賡續增加，種類亦不斷增多。〔註29〕直至漢代，劉歆繼承父志，「總群書而奏其《七略》」，〔註30〕其中《兵書略》即是由當時的步兵校尉任宏所校，其將兵書分為兵權謀、兵勢謀、兵陰陽、兵技巧四類，依據《漢書・藝文志》記載：兵權謀十三家，二百五十九篇，其「權謀者，以正守國，以奇用兵，先計而後戰，兼形勢，包陰陽，用技巧者也」，著重講求戰略戰術運用，此為兵家學派中最主要的一派，以《孫子兵法》和《孫臏兵法》為主要代表。兵形勢十一家，九十二篇，圖十八卷，其「形勢者，靁動風舉，後發而先至，離合背鄉，變化無常，以輕疾制敵者也」，講求軍事行動的運動性和靈活性，此為當時軍事家普遍重視的作戰原則。兵陰陽十六家，二百四十九篇，圖十

〔註27〕楊伯峻著，《春秋左傳注》，冊下，頁 1427。
〔註28〕楊伯峻著，《春秋左傳注・僖公二十八年》，冊上，頁 456。
〔註29〕許保林著，《中國兵書通覽》（北京：解放軍出版社，1990 年 10 月，初版 1 刷），頁 17。按照不同的分類標準，兵書可以區分出不同的類型。按內容分，有兵法、兵略、訓練、陣法陣圖、兵制、兵器、城守、鄉兵團練、軍事地理、名將傳略、軍事後勤、軍事天文和氣象；按體裁分，有論文體、語錄體、記敘體、注疏體、輯評體、筆記體；按書籍形式特徵分，有綜合性兵書、匯編兵書、軍事叢書、軍事類書等；按書籍制度分，有簡冊本、版牘本、帛書本、紙寫本、紙印本、卷子本、線裝本、木刻本、活字本、鉛印本等等。
〔註30〕漢・班固著，《漢書・藝文志第十》（台北：鼎文書局，1974 年 10 月，初版），冊3，頁 1701。《七略》包括《輯略》、《六藝略》、《諸子略》、《詩賦略》、《兵書略》、《術數略》、《方技略》。

卷，「陰陽者，順時而發，推刑德，隨斗擊，因五勝，假鬼神而爲助者也」，
或帶有迷信之色彩，或有多種是假託黃帝君臣的作品。兵技巧十三家，百九
十九篇。「技巧者，習手足，便器械，積機關，以立攻守之勝者也」，講求武
藝的訓練和體育的鍛鍊。總計兵書五十三家，七百九十篇，圖四十三卷。〔註
31〕然而，這四類兵書大都亡佚，今日只能見到兵權謀的《吳孫子》、《孫武
兵法》、《齊孫子》、《孫臏兵法》、《吳子》、《吳起兵法》和兵勢的《尉繚子》
等少數幾部兵書。〔註 32〕

二、先秦兵家、群體崛起

　　春秋後期開始，許多諸侯國發生了深刻的變化。尤其至戰國時代，各國
在中央確立國君的權威，在地方發展郡縣制度，摧毀世襲的采邑，擴大國家
的編戶，實行全國統一的土地及賦稅制度，建立國家統一的常備軍等。各大
國由於已具有雄厚的政治、經濟和軍事實力，通過戰爭以統一天下的目的則
越來越明確，王曉衛《兵家史話》云：此時期的戰爭，發展出「規模空前擴
大、多兵種配合作戰、戰法的多樣與多變、戰爭明顯具備戰役特徵、兵器的
長足進步」等新的特點。〔註 33〕因此，春秋後期開始的軍事形勢的大變，各
大國提出了延攬優秀軍事人才的迫切要求，戰爭特點爲造就優秀軍事人才提
供了條件。而隨著世襲貴族特權的動搖而崛起的士族階層，又恰巧迎逢了這
種需要，士人們精研兵法戰例，剖析列國形勢，形成各自的軍事理論體系，
先秦兵家群體由是而崛起。

　　一般而論，研究戰爭的學問稱爲兵學，記載兵學的書籍稱爲兵書，精通
兵學的人，即被稱爲兵家。而《漢書·兵書略》云：「兵家者，蓋古司馬之職，
王官之武備也」，〔註34〕《漢書·刑法志》對兵家亦有描述：

> 春秋之後，滅弱吞小，並爲戰國，……雄桀之士因勢輔時，作爲權
> 詐之相傾覆，吳有孫武，齊有孫臏，魏有吳起，秦有商鞅，皆禽敵
> 立勝，垂著篇籍。〔註 35〕

〔註31〕漢·班固著，《漢書·藝文志第十》，冊3，頁 1757～1762。
〔註32〕許保林著，《中國兵書通覽》，頁 17。
〔註33〕王曉衛著，《兵家史話》（台北：國家出版社，2004 年 3 月，初版 1 刷），頁
　　　　19～20。
〔註34〕漢·班固著，《漢書·藝文志第十》，冊3，頁 1762。
〔註35〕漢·班固著，《漢書·刑法志第三》，冊 2，頁 1085。

這些對軍事與戰爭本身有特別關注與研究的人物，或「垂著篇籍」，且「因勢輔時」，形成春秋戰國時代兵家的特殊風采。王曉衛《兵家史話》對兵家有深刻縮述：

> 他們或朝爲布衣，夕爲卿相，得以一展雄才大略；或投身軍伍，屢建奇功，終於得到國君重用。在這個「爭地以戰，殺人盈野；爭城以戰，殺人盈城」的時代，任何一個兵家都不可能侷限於紙上談兵，必須在血與火中去辨別良窳。〔註36〕

誠然，兵學爲實用之學、專技之學，兵家必須爭取入仕機會，否則即無發展長才之可能，因此，兵家求仕之心殷切。以戰爭觀而言，所謂「上善不戰」之事，非兵家所願爲。兵家所關注的是如何取得君王信任後，協助其「爭王爭霸」或「全勝存國」。所以先秦諸子固有如儒家、道家反戰之思想，兵家卻是走向相反的方向，使得春秋戰國戰事更加激烈，但亦是蘊育各類戰略思想的絕好機會。

第二節　《老子》兵書古今論述

若將《老子》列爲哲學典籍，似無人持反對意見，至於將《老子》視爲文學作品，亦無不可，劉大杰《中國文學發展史》云：

> 我國古代的哲學散文，當以《老子》爲最早。……就其文字的體裁看來，許多韻文的部分，似乎也是受到騷體的影響。〔註37〕

可見《老子》是一部哲學典籍，亦可視爲文學作品。但將《老子》視爲兵書解讀，即或有人持懷疑的態度。事實上，中國古代軍事理論既不限於兵法書籍，也不限於兵學家的作品。很多乃包括於哲學家與政治家的作品中，像道家、儒家、法家及其他有關學派之著作，均或多或少地含有軍事哲學。因此，對於古代的兵學家具有很大的影響。然而，各朝代存留的兵書，卷帙浩繁，內容豐富，依陸達節《歷代兵書目錄》著錄兵書共一千三百零四部，六千八百三十一卷（內二百零三部不知卷數），存世者二百八十八部，二千一百三十一卷。〔註38〕在如此卷帙浩繁的兵書中，《老子》是否值得視爲兵書解讀，殊

〔註36〕王曉衛著，《兵家史話》，頁 20。

〔註37〕劉大杰著，《中國文學發展史》（台北：華正書局，1990 年 8 月，初版），頁 75。

〔註38〕見許保林著，《中國兵書通覽》（北京：解放軍出版社，1990 年 10 月，初版 1

值研究探討。

　　誠然，《老子》是先秦時期道家一部偉大的哲理、文學著作，由於其中不少內容是談論用兵之道，即論述軍事思想與戰略思考，所以自古及今，不少的思想家、軍事家、研究者將《老子》視爲兵書解讀。例如，《隋書・經籍志》兵家著錄即有《老子兵書》一卷，〔註39〕南宋鄭樵在《通志略》中再次將《老子》之著作錄於兵家。〔註40〕唐代王眞所著《道德經兵論要義述》四卷，是一部很有特色的古代兵書，其在《道德經兵論要義述》敘表中曾作了簡要說明：

> 五千之文，殷勤愍惻斯亦至矣！……故曰：忘戰則危，好戰則亡。是知兵則者可用也，不可好也；可戰也，不可忘也。……上德者天下歸之，上仁者海內歸之，上義者一國歸之，上禮者一鄉歸之。無此四德者，人不歸也，人不歸即用兵，用兵即危之道也。故謂不祥之器，又曰死地，所以王者，必先務于道德而重用兵也。……由是特建五千之言，故先舉大道至德、修身理國之要，無爲之事，不言之教，皆數十章之后，方始正言其兵，原夫深衷微旨，未當有一章不屬于之兵也。……夫爭者，兵戰之源，禍亂之本也，聖人先欲堙其源，絕其本，故經中首尾重疊，唯以不爭爲要也。夫爲不爭，則兵革何由而興，戰降何因而列，故道君主叮嚀深誡有其哉！……今之所言，獨以兵戰之要，采摭玄微，輒錄《道德經》中章首爲題，序列如左，各于題后粗述。……故號曰《道德經論兵要義述》。〔註41〕

王眞在這篇上皇帝講《道德經兵論要義述》的敘表中，說明了自己的政治、

刷），頁 20。其云：漢初張良、韓信奉命整理兵書，共得一百八十二家。《漢書・藝文志》著錄五十三家、七百九十篇，圖四十三卷。《隋書・經籍志》著錄一百三十三部、五百一十二卷。《舊唐書・經籍志》著錄四十五部、二百八十九卷。《新唐書・藝文志》著錄六十三部、三百一十九卷。《通志・藝文略》著錄二百四十五部、九百四十五卷。《宋史・藝文志》著錄三百四十七部、一千九百五十六卷。《明史・藝文志》著錄五十八部、一千一百二十二卷。《清史稿・藝文志》著錄五十九部、二百三十八卷，《補編》著錄五十三部、三百五十九卷，合計一百一十二部、五百九十七卷。以上史志書目大都是根據當時政府藏書編制的。1932 年陸達節便以歷代史志書目和一些公私藏書目錄，匯編成《歷代兵書目錄》，並於 1933 年 4 月由南京軍用圖書社印行。

〔註39〕唐・魏徵著，《隋書》（台北：中華書局，1971 年 9 月臺二版），頁 7。
〔註40〕宋・鄭樵著，《通志略》（台北：中華書局，1970 年 6 月臺二版），頁 3。
〔註41〕唐・王眞著，《道德經論兵要義述》（台北：臺灣商務印書館，1981 年 10 月，初版），頁 1。

軍事觀點，對《老子》的看法，以及自己爲什麼要取這個軍事的角度詮釋《老子》。在王眞看來，《老子》八十一章，「未嘗有一章不屬意於兵也」。即是說，王眞把《老子》視爲兵書解讀，因此他要從軍事角度闡發《老子》的「深衷微旨」。姜國柱《道家與兵家》云：

> 王眞將《老子》五千言，都視爲言兵之書，依據《道德經》八十一章立論，從兵學角度引申，發揮《老子》思想，並兼採儒家觀點，所以《道德經兵論要義述》是一部以兵言道，以儒解道，將兵家、道家、儒家糅爲一體的兵書，因而是一部頗具特色的古代兵書。〔註42〕

又云：

> 王眞依循《老子》八十一章立論，把每一章都視爲屬意言兵之書，故作了引申、發揮，從而闡發了自己的軍事思想，於中可以看到其思想特點和獨到之處。他的「務於道德而重用兵」的思想，不失爲智者之見。〔註43〕

宋代三蘇之一的蘇轍於《老子解》亦云「幾於用智也，與管仲、孫武何異」，〔註44〕將《老子》列爲權謀之類；明清之際的王夫之則認爲，《老子》言兵之略、言兵之術，實爲「言兵者之祖」、應爲「言兵者師之」；〔註45〕清代張廷玉等《子史精華》在〈武功部・兵機〉篇章亦論述《老子》用兵之略與其軍事戰略思想；〔註46〕魏源於《老子本義》序亦云：

> 有黃老之學，有老莊之學，黃老之學出於上古，故五千言中，動稱經言及太上有言，又多引禮家之言，兵家之言。〔註47〕

依據魏源見解，《老子》五千言中，多引「兵家之言」，其在〈論老子二〉亦云：

> 或以五千言皆容成氏書。至經中稱古之所謂，稱建言有之，稱聖人

〔註42〕姜國柱著，《道家與兵家》（北京：西苑出版社，1998年2月，1版1刷），頁302。

〔註43〕姜國柱著，《道家與兵家》，頁303。

〔註44〕宋・蘇轍著，《老子解》（北京：中華書局，1985年，新1版），頁32。

〔註45〕清・王夫之著，《讀通鑑論・宋論合刊》（台北：里仁書局，1985年2月，初版），頁127。

〔註46〕清・張廷玉著，《子史精華・武功部・兵機》（北京：新華書店，1991年7月，1版1刷），頁781。

〔註47〕魏源著，〈老子本義序〉，《魏源集》（台北：鼎文書局，1978年11月，初版），頁253。

云，稱用兵有言，……老氏書賅古今，通上下。上焉者羲皇、關尹
治之以明道；中焉者良、文、景治之以濟世，下焉者明太祖誦民不
畏死而心滅，宋太祖聞佳兵不祥之戒而動色是也。〔註48〕

其中，《老子》稱「用兵有言」，且謂其「道」：「上焉明道，中焉濟世，下焉
則『宋太祖聞佳兵不祥之戒而動色』」；可知，《老子》用兵之道，影響後世亦
甚鉅。至於〈論老子四〉云：

老子主柔賓剛，而取牝、取雌、取母、取水之善下，其體用皆出於陰。
陰之道雖柔，則其機則殺；故學之而善者則清淨慈祥，不善者則深刻
堅忍，而兵謀權術宗之，雖非其本眞，而亦勢所必至也。〔註49〕

依魏源對《老子》的認知，《老子》主柔賓剛，其機則殺，故學之而不善者則
深刻堅忍，而兵謀權術宗之，此「兵謀權術」或爲《老子》所蘊含的戰略思
想特色之一。至於近代思想家章太炎《訄書・儒道》云：

學者謂黃老足以治天下，……然自伊尹大公，有撥亂之才，未嘗不
以道家言爲急。……老聃爲柱下史，多識故事，約金版、六弢之旨，
著五千言，以爲後世陰謀者法。其治天下同，其術甚異於儒者矣。
〔註50〕

其在〈老子政治思想概論序〉云：

余嘗謂老子如大醫，遍列方齊，寒熱攻守雜陳而不相害，用之者則
因其材性，與其時之所宜，終不能盡取也。……是所謂遍列方齊，
任人用之者也。漢世傳其術者甚眾，陳平得之爲陰謀，……數子者
材性不同，而偶成其用。若夫姦人成朋，貴族陵逼，上以侵其主，
下以賊其民庶，非有老子、韓非之術者，固無以應之。〔註51〕

章太炎認爲，老子爲柱下史，多識故事，約金版、六弢之旨，著五千言，以
爲後世陰謀者法。且云：老子如大醫，遍列方齊，用之者則因其材性，陳平
得之爲陰謀，而老子主柔重陰，強調「以奇用兵」，重陰謀權術，所以章太炎
已視《老子》爲兵書解讀。至於近代學者研究《老子》兵學著述者，所在多
有，例如袁宙宗《老子身世及其兵學思想探頤》中第八章〈老子兵學思想與

〔註48〕魏源著，〈論老子二〉，《魏源集》，頁257～258。
〔註49〕魏源著，〈論老子四〉，《魏源集》，頁261。
〔註50〕章太炎著，《訄書》（台北：世界書局，1971年11月再版），頁5～6。
〔註51〕章太炎著，〈老子政治思想概論序〉，《章太炎全集》（上海：人民出版社，1985
　　　年2月，1版1刷），頁146～147。

後世兵家影響〉、〔註52〕嚴靈峰《老子研讀須知》中第三篇〈老子思想對於孫子兵法的影響〉、〔註53〕姜國柱〈老子的用兵之略〉、〔註54〕張立文等主編《玄境——道學與中國文化》中第一、二、三篇〈道學為韜略之母〉、〈道學對法家、兵家韜略的輻射〉〔註55〕及日人前田一可所著《老子之軍事思想研究》〔註56〕等等均對《老子》在戰略思想有所著墨。

第三節　《老子》陰柔軍事思想析探

　　《老子》八十一章全文中即有二十七章與戰略思想有密切關聯，佔了將近三分之一的篇幅，其分量之重，不可小覷。直接論及有關「用兵」、「作戰」方面的內容摘要如後：

> 以道佐人主者，不以兵強天下。其事好還。師之所處，荊棘生焉。
> 大軍之後，必有凶年。(〈第三十章〉)〔註57〕
>
> 夫佳兵者不祥之器，……不得已而用之，……君子居則貴左，用兵則貴右。兵者不祥之器，　非君子之器，……吉事尚左，凶事尚右。偏將軍尚左，上將軍居右。言以喪禮處之。殺人之眾，以悲哀泣之，戰勝以喪禮處之。(〈第三十一章〉)〔註58〕
>
> 以正治國，以奇用兵，以無事取天下。(〈第五十七章〉)〔註59〕
>
> 慈故能勇，……夫慈，以戰則勝，以守則固。天將救之，以慈衛之。

〔註52〕袁宙宗著，〈老子兵學思想與後世兵家影響〉，《老子身世及其兵學思想探頤》（台北：商務印書館，1977年9月，初版），頁233～276。

〔註53〕嚴靈峰著，〈老子思想對於孫子兵法的影響〉，《老子研讀須知》（台北：正中書局，1992年月臺初版），頁263～287。

〔註54〕姜國柱著，〈老子的用兵之略〉，《道家與兵家》（北京：新華書店，1998年2月，1版1刷），頁8～21。

〔註55〕張立文等主編，〈道學為韜略之母〉、〈道學對法家、兵家韜略的輻射〉，《玄境——道學與中國文化》（北京：新華書店，1997年5月，1版2刷），頁337～351。

〔註56〕前田一可著，《老子之軍事思想研究》（文化大學中文研究所碩士論文，1988年6月）。

〔註57〕王淮注釋，《老子探義》（台北：臺灣商務印書館，2001年6月，初版12刷），頁120。

〔註58〕王淮注釋，《老子探義》，頁124～126。

〔註59〕王淮注釋，《老子探義》，頁227。

（〈第六十七章〉）〔註60〕

善為士者不武，善戰者不怒，善勝敵者不與，善用人者為之下。（〈第六十八章〉）〔註61〕

用兵有言：……是謂行無行，攘無臂，執無兵，扔無敵。禍莫大於輕敵，輕敵幾喪吾寶。故抗兵相加，哀者勝矣。（〈第六十九章〉）〔註62〕

故堅強者死之徒，柔弱者生之徒。是以兵強則不勝，木強則兵。（〈第七十六章〉）〔註63〕

小國寡民，使有什伯之器而不用，……雖有甲兵，無所陳之。（〈第八十章〉）〔註64〕

然而，這只是指直接、顯明與軍事思想有關的內文。事實上，《老子》具有高度哲學意涵，其對軍事思想的探討與分析，決不僅僅存在於直接或明顯的文字表達中，有些是隱含在其哲理中，例如《老子》向來重視以柔克剛、以弱勝強，在《老子》第四十三章提及「天下之至柔，馳騁天下之至堅，無有入無間」，〔註65〕全句並無一字與作戰有關。但是，不可否認，歷代的軍事思想家無不認為以柔克剛、以弱勝強對後世的戰略思想具有極大的啟發性，又如第八章：「上善若水，水善利萬物而不爭，……夫唯不爭，故無尤」，〔註66〕亦復如是，凡此種種具有哲理思想的文字與內容，充斥全書，摘要如後：

將欲取天下而為之，吾見其不得已。天下神器，不可為也，為者敗之，執者失之。（〈第二十九章〉）〔註67〕

將欲歙之，必固張之。將欲弱之，必固強之。將欲廢之，必固舉之。將欲奪之，必固與之。是謂微明。（〈第三十六章〉）〔註68〕

〔註60〕王淮注釋，《老子探義》，頁259～260。
〔註61〕王淮注釋，《老子探義》，頁261～262。
〔註62〕王淮注釋，《老子探義》，頁263～266。
〔註63〕王淮注釋，《老子探義》，頁283～284。
〔註64〕王淮注釋，《老子探義》，頁294。
〔註65〕王淮注釋，《老子探義》，頁179。
〔註66〕王淮注釋，《老子探義》，頁33～38。
〔註67〕王淮注釋，《老子探義》，頁117～118。
〔註68〕王淮注釋，《老子探義》，頁141。

取天下常以無事，及其有事，不足以其天下。(〈第四十八章〉)〔註69〕

大國者下流，天下之交。……故大國以下小國，則取小國；小國以下大國，則取大國。故或下以取，或下而取。……大者宜爲下。(〈第六十一章〉)〔註70〕

江海所以能爲百谷王者，以其善下之，故能爲百谷王。……以其不爭，故天下莫能與之爭。(〈第六十六章〉)〔註71〕

天下莫柔弱於水，而攻堅強者莫之能勝。……是以聖人云：「受國之垢，是謂社稷主；受國不祥，是謂天下王。」正言若反。(〈第七十八章〉)〔註72〕

因此，《老子》全書蘊含豐富的軍事思想，確爲事實，而且本論文主在闡釋《老子》獨特的陰柔軍事思想特質。而《史記·太史公自序第七十》論六家之要旨云：

道家使人精神專一，動合無形，贍足萬物。其爲術也，因陰陽之大順，采儒墨之善，撮名法之要，與時遷移，應物變化，立俗施事，無所不宜，指約而易操，事少而功多。儒者則則不然……主倡而臣和，主先而臣隨。如此則主勞而臣逸。〔註73〕

司馬談認爲道家「因陰陽之大順，……與時遷移，應物變化，立俗施事，無所不宜，指約而易操，事少而功多」，可見，道家是講陰陽的。而《老子》是道家思想的重心，故《老子》書中呈現的陰陽觀念無所不在，如「萬物負陰而抱陽」〔註74〕即明言「陰陽」。所謂陰陽消息者，即莊子所謂「盈虛消息」，亦即《周易·豐·象傳》所云：「日中則昃，月盈則食；天地虛盈，與時消息」。〔註75〕《周易》云，盈則消損，盈則增益，爲天道循環之理。《老子》亦云：「物或損之而益，或益之而損。」〔註76〕又云：

〔註69〕 王淮注釋，《老子探義》，頁193。

〔註70〕 王淮注釋，《老子探義》，頁242。

〔註71〕 王淮注釋，《老子探義》，頁255～257。

〔註72〕 王淮注釋，《老子探義》，頁288～289。

〔註73〕 漢·司馬遷著，《史記·太史公自序第七十》，冊5，頁3289。

〔註74〕 朱謙之著，《老子校釋》(台北：漢京文化事業有限公司，1885年10月，初版)，頁175。

〔註75〕 樓宇烈校釋，《王弼集校釋·周易注》(台北：華正書局，1992年12月，初版)，頁492。

〔註76〕 王淮注釋，《老子探義》，頁177。

天之道其猶張弓！高者抑之，下者舉之，有餘者損之，不足者補之。

天之道，損有餘而補不足。〔註77〕

豈非「天道盈虛」的「消息」？而「虛盈」、「消息」講的就是陰陽。陳槃〈寫在「五德終始說下的政治和歷史」之後〉亦有深入的研討，其云：

我認爲老子有爲、無爲的哲學，全是用這種陰陽消息來說明的。陰陽有時他直捷呼之爲「牝牡」或「雌雄」。陰陽者，道之體，而「有無」、「剛柔」、「歙張」、「取與」、「生死」、「上下」等則是道之用。

本來，所謂陰者，因爲他有空能受物，如「江海不擇細流，故能成其大。」若是充盈的陽，則滿招損，受不了什麼益處了。老子最反對的就是這種持盈的態度，如云：「持而盈之，不如其已。揣而梲之，不可長保。金玉滿堂，莫之能守。富貴而驕，自遺其咎。」

道所以能長久不去者，爲其能深微奧妙，不見盡藏。這種道德，正是陰性的特徵。所以能學陰性的長處，即能庶于道。

陰的哲學，老子已説明白了，但譬如人單有陰是不能生育的，所以他提出陽的功能。第五章云：「天地之間，其猶橐籥乎？虛而不屈，動而愈出。」「動」是積極的名辭，故屬陽。橐籥之物，中間虛空，自然屬陰。相須爲利，故動而愈出。

老子哲學本有二個概念：一者積極，二者消極。積極屬陽，消極屬陰。推而言之，凡一切違反本性矯揉造作的都是陽，凡一切清淨無爲的都是陰。

老子的宇宙觀是主張陰陽二元的，但陰陽之主宰爲道，所以不妨説他是道的一元論者。

老子所謂「一生二，二生三，三生萬物」者，一即是道，道者一有二無，無者陰也；有者陽也。陰陽具備，第三者然後藉此得生，更由此生生不息，故云「三生萬物」。

沒有陰陽消息的關係，就沒有老子的哲學。〔註78〕

誠然，《老子》談論陰陽的觀念，或僅有「道生一，一生二，二生三，三生萬

〔註77〕王淮注釋，《老子探義》，頁286。

〔註78〕陳槃著，〈寫在「五德終始說下的政治和歷史之後」〉，《古史辨》，冊5，頁651～656。

物。萬物負陰而抱陽，沖氣以爲和」此一條例，但從「廣義的陰陽觀」言，《老子》一直用「有無」、「剛柔」、「歙張」、「取與」、「生死」、「上下」、「強弱」、「雄雌」、「黑白」等相對觀念來反覆論述「兩個相爲矛盾，卻又互爲平衡的作用力」，並以「道」來統籌這兩種作用力。上述陳槃〈寫在「五德終始說下的政治和歷史」之後〉即是有力之論證。甚至，章炳麟諸子系統說云：「所謂道家者，實陰陽家之變形」，可見一斑。

　　誠如上述所論，《老子》是以陰陽觀念觀察事事物物，然而，自古迄今，許許多多的思想家，亦將《老子》視爲兵書解讀。不可諱言，《老子》八十一章的確蘊含豐富的軍事戰略思想，故可爲「言兵者之祖」，應爲「言兵者師之」。故本文欲以陰陽觀念觀察《老子》書中有關軍事的思想，並彙整如後：

一、「不以兵強天下」

　　《老子》云：「以道佐人主者，不以兵強天下。其事好還。師之所處，荆棘生焉。大軍之後，必有凶年」。(〈第三十章〉) 〔註79〕王淮《老子探義》云：

> 以「道」佐人主，是正面的積極主張；不以「兵」強天下，是反面的消極主張。……後世孟子貴「德」賤「力」之思想與老子此處貴「道」賤「兵」之思想在脈絡上是一貫的，……戰爭行爲之後果問題，產生社會之毀滅，所謂「人禍」，故曰：「師之所處，荆棘生焉。大軍之後，必有凶年。」〔註80〕

以「道」輔佐君主治國之人，即不會以軍事武力雄霸天下。所以「不以『兵』強天下，是反面的消極主張」。故此「道」爲「陰柔之道」，而以「軍事武力雄霸天下」是「陽剛之道」，是老子所不取的。其次，戰爭是有後遺症的，凡是師旅所經之處，都變爲廢墟，荆棘雜草叢生。凡是大戰之後，必然破壞農耕，隨後便是饑荒連年。其他再如：

> 夫佳兵者不祥之器，……不得已而用之，……君子居則貴左，用兵則貴右。兵者不祥之器， 非君子之器，……吉事尚左，凶事尚右。偏將軍尚左，上將軍居右。言以喪禮處之。殺人之眾，以悲哀泣之，戰勝以喪禮處之。(〈第三十一章〉) 〔註81〕

〔註79〕　王淮著，《老子探義》，頁 120。
〔註80〕　王淮著，《老子探義》，頁 121。
〔註81〕　王淮著，《老子探義》，頁 124～126。

善爲士者不武，善戰者不怒，善勝敵者不與，善用人者爲之下。（〈第六十八章〉）〔註82〕

《老子》認爲作戰勝利沒有值得慶幸之處，而須以喪禮處之，且須「善爲士者不武」。凡此均顯示《老子》不以兵強天下的哲理。事實上，《老子》論道以「自然」、「陰柔」爲宗，論政以「清靜無爲」爲主，故《老子》是反對戰爭。

二、「兵者，陰事也」

《老子》云：「夫佳兵者不祥之器，……不得已而用之，……君子居則貴左，用兵則貴右。兵者不祥之器， 非君子之器，……吉事尚左，凶事尚右。偏將軍尚左，上將軍居右。言以喪禮處之。殺人之眾，以悲哀泣之，戰勝以喪禮處之」。（〈第三十一章〉）〔註83〕吳怡《老子解義》從陰陽觀念探析云：

> 中國古代風俗制度，左「陽」而右「陰」，「陽」是生長之氣，「陰」是肅殺之氣，所以一般禮制左貴而右賤。君子平居以左爲尚，是表示生長的和氣，可是在軍隊裡，卻相反的，以右爲貴，因爲這是代表了肅殺之氣。〔註84〕

袁宙宗《老子身世及其兵學思想探頤》云：

> 老子的用兵，主張不向外發展侵略的，但當外來的勢力向我發展時，……所以老子以爲倘被迫而出兵，也不可過分的報復才好，如果敵我雙方有了矛盾，也只好採用和平主義，柔弱自守。〔註85〕

《老子》「柔弱自守」即是棄「陽」用「陰」的思想。吉慶之事以左邊位置爲高貴，喪葬之事則以右邊位置爲高貴。可是在軍隊裡，以右爲貴，此是代表了肅殺之氣，所以副將在左，主將在右，故須以喪禮對待軍事，而殺戮甚多的戰爭，應以悲哀泣之。曾國藩的筆記且云「兵者，陰事也」，特抄錄如下：

> 兵者，陰事也。哀戚之意，如臨親喪，肅敬之心，如承大祭，庶幾近之。今以牛羊犬豕而就屠烹，見其悲於割剝之頃，宛轉於刀俎之間，仁者將有所不忍，況以人命爲浪博輕擲之物？無論其敗喪也，

〔註82〕王淮著，《老子探義》，頁261～262。

〔註83〕王淮著，《老子探義》，頁124～126。

〔註84〕吳怡著，《老子解義》（台北：三民書局，2001年3月，初版4刷），頁210。

〔註85〕袁宙宗著，〈老子兵學思想與後世兵家影響〉，《老子身世及其兵學思想探頤》，頁233～276。

即使倖勝，而死傷相望，斷頭洞胸，折臂失足，血肉狼籍，日陳吾前，哀矜之不遑，喜於何有？故軍中不宜有歡欣之象，有歡欣之象者，無論或爲和悅，或爲驕盈，終歸於敗而已矣。田單之在即墨，將軍有死之心，士卒無生之氣，此所以破燕也。及其攻狄也，黃金橫帶，而騁乎淄澠之間，有生之樂，無死之心，魯仲連策其必不勝，兵事之宜慘戚不宜歡欣，亦明矣。嘉慶末年，名將楊遇春屢立戰功，嘗語人曰：「吾每臨陣，行間覺有熱風吹拂面上者，是日必敗。行間若有冷風，身體似不禁寒者，是日必勝。」斯亦肅殺之義也。〔註86〕

曾國藩亦是以陰陽觀念來研究、討論兵事，故云：「兵者，陰事也。哀戚之意，如臨親喪」，又云：「『吾每臨陣，行間覺有熱風吹拂面上者，是日必敗。行間若有冷風，身體似不禁寒者，是日必勝。』斯亦肅殺之義也。」所以兵者，陰事也。

三、「以奇用兵」

「以正治國，以奇用兵，以無事取天下。（〈第五十七章〉）」〔註87〕如何才是「以奇用兵」呢？依《老子》的思想，「奇」就是「用陰」，亦就是要「守柔」，因而「陰」與「柔」是同義之名詞。即是以柔克剛，以強爲弱，反主爲客，以退爲進，這均是以「陰柔」爲主。《列子·黃帝》亦云：

> 天下有常勝之道，有常不勝之道；常勝之道曰柔，常不勝之道曰彊。二者易知，而人未之知。故上古之言：「彊先不己若者，柔先出於己者；先不己若者，至於若己，則殆矣；先出於己者，亡所殆矣。」
> 〔註88〕

粥熊亦云：

> 欲剛，必以柔守之；欲彊，必以弱保之；積於柔必剛，積於弱必彊；觀其所積，以知禍福之鄉。彊勝不若己者，至於若己者剛；柔勝出於己者，其力不可量。〔註89〕

〔註86〕 曾國藩著，《曾國藩全集·雜著》（台北：漢苑出版社，1982年3月），頁330～331。
〔註87〕 王淮著，《老子探義》，頁227。
〔註88〕 蕭登福著，《列子古注今譯》（台北：文津出版社，2000年3月，初版），頁223。
〔註89〕 蕭登福著，《列子古注今譯》，頁223。

「常勝之道曰柔」、「欲剛，必以柔守之；欲彊，必以弱保之；積於柔必剛，積於弱必彊」，從陰陽觀念視之，「剛」即是「陽」，「柔」即是「陰」，且《老子‧第六十九章》云：

> 用兵有言：「吾不敢為主而為客，不敢進寸而退尺。」是謂行無行，攘無臂，執無兵，扔無敵。禍莫大於輕敵，輕敵幾喪吾寶。故抗兵相加，哀者勝矣。〔註90〕

所謂：「抗兵相加，哀者勝矣」，《老子》主張的以「哀兵」取勝，這亦是「用奇」的致勝之法，而「哀兵」就是「用陰」、「用柔」，所以《老子‧第七十六章》云：「堅強者死之徒，柔弱者生之徒。兵強則不勝，木強則兵。強大處下、柔弱處上」〔註91〕亦可說明「欲歙固張」、「欲弱固強」、「欲廢固舉」「欲取固與」〔註92〕的「柔勝剛、弱勝強」〔註93〕大道理，以及「善為士者不武」〔註94〕、「守柔曰強」〔註95〕的陰柔觀念，所以《孫子兵法‧始計篇第一》云：

> 兵者，詭道也。故能而示之不能，用而示之不用，近而示之遠，遠而示之近。利而誘之，亂而取之，實而備之，強而避之，怒而撓之，卑而驕之，佚而勞之，攻其無備，出其不意，此兵家之勝，不可先傳也。〔註96〕

「故能而示之不能，用而示之不用」、「強而避之，怒而撓之，卑而驕之，佚而勞之，攻其無備，出其不意」，這是《孫子兵法》用奇之招術，其與《老子》「哀兵」取勝，實有異曲同功之妙。而其中共通與特殊之處，都是用「陰柔」、「退讓」的方式取得優勢而決不使用陽剛的方式及武力與敵人作純軍事上的對抗或決戰，若以陰陽觀念檢視，《老子》重陰而不重陽，重柔而不重剛，於此甚明。

四、「不爭」

　　若以今日戰爭觀念檢視，《老子》「不爭」思想，應屬國家戰略思想層級。「戰略」一詞，古已有之，西晉司馬彪即以《戰略》為名著書，收錄於《太

〔註90〕王淮著，《老子探義》，頁263～266。
〔註91〕王淮著，《老子探義》，頁282～285。
〔註92〕王淮著，《老子探義》，頁141～142。
〔註93〕王淮著，《老子探義》，頁142～143。
〔註94〕王淮著，《老子探義》，頁261～263。
〔註95〕王淮著，《老子探義》，頁205～209。
〔註96〕魏汝霖著，《孫子兵法大全‧始計篇第一》，頁53。

平御覽》。〔註97〕隋文帝時之丞相趙煚亦撰《戰略》二十六卷，書目見於《隋書‧經籍志》中。〔註98〕元明之際，茅元儀《武備志》，其書中有專論戰爭、軍事之篇章，稱爲〈戰略考〉，此或爲中國最早以「戰略」命名的軍事書籍。〔註99〕時至今日，我國將軍事戰略分爲四個層級，最高爲「大戰略」，其下爲「國家戰略」，而國家戰略之下區分政治、經濟、心理、軍事等四項戰略，其次爲「軍事戰略」及「軍種、野戰戰略」等。〔註100〕依據鈕先鍾《戰略緒論》對戰略的描述：

> 一種運用力量的藝術，以使力量對於政策目標的達成可以作最有效的貢獻。〔註101〕

鈕先鍾且於《戰略家》中對戰略的描述：

> 戰略的起點爲思想，對所將面對的未來環境思考如何適應之道，即爲戰略。戰略的終點爲行動，能把思想化爲行動，戰略始不至於淪爲空談。〔註102〕

所以「戰略」或是將思想化爲行動，以表達一種直接式或顯露式的軍事戰略思想。然而，軍事戰略思想的運作範疇，甚爲廣泛且形式不一，故《老子》「不爭」是國家戰略思想，即是對所將面對的未來環境思考如何適應之道，採取一種較間接式、隱藏式國家層級的軍事戰略思想。

事實上，《老子》認爲「治國」、「取天下」、不應使強而力爭，而應「爲無爲，則無不治」（〈第三章〉）、「愛國治民，能無爲乎？」（〈第十章〉）、「天下神器，不可爲也，不可執也。」（〈第二十九章〉）、「無爲而成」（〈第四十七章〉）、「取天下常以無事，及其有事，不足以其天下」（〈第四十八章〉）、「治大國，若烹小鮮」（〈第六十章〉）、「大國者下流，天下之交。……大者宜爲下」（〈第六十一章〉）、「爲無爲，事無事，……天下難事，必作於易。」（〈第

〔註97〕宋‧李昉著，《太平御覽‧總類‧經史圖書綱目》（台北：商務印書館，1997年7月），頁14。

〔註98〕唐‧魏徵著，《隋書‧經籍3‧志第29》（台北：鼎文書局，1996年11月），卷34，頁1015。

〔註99〕明‧茅元儀著，《武備志》（台北：華世出版社社，1984年），冊3～冊4爲〈戰略考〉。

〔註100〕岳天主編，王桂巖等著，《現代國防戰略——國防之鑰》（台北：中華戰略學會，2001年12月），頁24～25。

〔註101〕鈕先鍾著，《戰略緒論》（台北：麥田出版社，1999年11月，初版3刷），頁25。

〔註102〕鈕先鍾著，《戰略家》（台北：麥田出版社，2000年6月，初版2刷），頁3。

六十三章〉）、〈〈第六十六章〉〉、且認清「天下莫柔弱於水，而攻堅強者莫之
能勝。……是謂天下王。」（〈第七十八章〉）故「以其不爭，故天下莫能與
之爭。」（〈第六六章〉）

　　以上「無爲」、「無事」、「不可執」、「柔弱」都是「不爭」的國家戰略思
想，若以陰陽觀念研析，就是揚棄「陽剛」的作爲，而以「陰柔」的「不爭」
替代，這與一般的思維方式是極爲不同。

五、「虛靜」

　　虛靜是《老子》提出的一個重要觀念，但以陰陽觀念檢視，「虛」就是
「陰」，「實」就是「陽」，亦能引申而爲陰謀的戰略思想，其所引用的內容
如後：

> 致虛極，守靜篤。萬物並作，吾以觀復。……歸根曰靜，是謂復命。
> （〈第十六章〉）〔註103〕

王弼《老子道德經注》云：

> 以虛靜觀其反復，凡有起於虛，動起於靜，故萬物雖並動作，卒復
> 歸於虛靜，是物之極篤也。……歸根則靜，故曰「靜」。靜則復命，
> 故曰「復命」也。復命則得性命之常，故曰「常」也。〔註104〕

《莊子・天道》對虛靜亦深有體驗，其云：

> 虛則靜，靜則動，動則得矣，……靜而聖，動而王，無爲也而尊，
> 樸素而天下莫能與之爭矣。〔註105〕

又云：

> 聖人之靜也，非曰靜也善，故靜也；萬物無足以鐃心者，故靜也。
> 水靜則明燭鬚眉，平中準，大匠取法焉。水靜猶明，而況精神！聖
> 人之心靜乎！天地之鑑也，萬物之鏡也。夫虛靜、恬淡、寂寞、無
> 爲者，天地之平，而道德之至，故帝王聖人休焉。〔註106〕

《莊子・天道》篇首即言靜。謂明於天，通於聖，辟於帝王之德者，其自爲
也，無不靜。靜則無不察知，有如明鏡然。甚至是「虛則靜，靜則動，……

〔註103〕王淮著，《老子探義》，頁67～70。
〔註104〕樓宇烈著，《王弼集校釋・老子道德經注》，頁36。
〔註105〕郭慶藩編輯，《莊子集釋》（台北：河洛出版社，1974年3月臺景1版），頁457。
〔註106〕郭慶藩編輯，《莊子集釋》，頁457。

動而王，無爲也而尊，樸素而天下莫能與之爭矣」。

　　事實上，樸素而天下莫能與之爭矣，從陰陽觀念視之，就是「不作爲」的「作爲」，此與《老子》「無爲」、「無事」、「不可執」、「柔弱」與「不爭」的國家戰略思想是完全一致的。誠然，莊子不求名，不動計謀，不將行任事，不要智巧等等都是要求達到虛靜的方法。不將不迎，應而不藏，是描寫虛靜心境的妙用。而人的精神，若能徹底做到虛靜，就能使它清明如鏡，所以它是天地之平。然而，這是從人生的修養境界探理的。可是法家者流，卻將虛靜視爲權謀，亦成爲一種戰略思想。如法家視《老子》則由近乎「捨離」之「虛靜」成爲「靜歙」，並從反射經驗界中，而生出一支配經驗界之力量。〔註107〕《韓非子‧解老》云：

　　所以貴無爲無思爲虛者，謂其意無所制也。夫無術者，故以無爲無思爲虛也。夫故以無爲無思爲虛者，其意常不忘虛，是制於爲虛也。虛者，謂其意無所制也。今制於爲虛，是不虛也。虛者之無爲也，不以無爲爲有常，不以無爲爲有常則虛，虛則德盛，德盛之謂上德，故曰：「上德無爲而無不爲」。〔註108〕

因而，法家韓非子認爲無爲、無思是虛，但必須體認這個虛，不是空無的虛或無能的虛，而是「其意無所制也」，是可以將能量發揮至極致，而不爲任何形式、狀況所局限的虛。且能虛，能靜，在虛靜中，自覺心乃朗照萬象，故能「觀復」。「靜觀之智慧」從陰陽的角度審之，即成爲統治者之陰性謀略及戰略思想。

六、「慈」戰論

　　《老子》在有關軍事思想方面，有一非常特殊的論點，即是以「慈」論戰。以陰陽的觀念檢視「慈」，其爲「柔弱」、「退讓」、「不爭」、「不敢爲天下先」是陰性的代表。但陰性的「柔弱」、「退讓」、「不爭」、「不敢爲天下先」在非常現實，且講求力量強弱、大小的戰爭中，卻能發揮意想不到的特殊功效。而這個「慈」字在《老子》書中共出現在「六親不和，有孝慈」（〈第十八章〉）、「絕仁棄義，民復孝慈」（〈第十九章〉）等二章，再者，就是《老子‧第六十七章》，其云：

〔註107〕勞思光著，《中國哲學史》，頁243。
〔註108〕陳奇猷校注，《韓非子集釋‧解老第6》（台北：河洛圖書出版社，1974年3月），頁328。

> 我有三寶，持而保之，一曰慈、二曰儉、三曰不敢爲天下先。
>
> 慈故能勇，儉故能廣，不敢爲天下先，故能成器長。今舍慈且勇，舍後且先，死矣。
>
> 夫慈以戰則勝，以守則固，天將救之，以慈衛之。(〈第六十七章〉)
> 〔註109〕

王淮《老子探義》云：

> 「慈」、「儉」、「不敢爲天下先」三者爲老子持而保之之「三寶」，今乃出以示人，持以贈人。此其無私之德，同體之仁，將欲成人之美而與人爲善也。老子之三寶：「慈」、是德之體，其性質即「大仁不仁」之「仁」；「儉」、是成德達用之工夫，亦即所謂「治人事天莫如嗇」之嗇；「不敢爲天下先」，是德性作用之表現方式，亦即柔弱不爭之謂也。合而言之：老子之「三寶」實爲其「德性」之全體大用。此其所以持而保之，並示以贈人者也。〔註110〕

王淮《老子探義》云：《老子》持而保之之「三寶」如「慈」、「儉」、「不敢爲天下先」三者；「慈」是德之體，「儉」是成德達用之工夫，「不敢爲天下先」是德性作用之表現方式，亦即柔弱不爭之謂也。然而在《老子·第六十七章》中，「慈」字計有五次的出現，重要性不言而喻，唐代成玄英《老子義疏》云：

> 天尊大道，救度行慈之人，還用慈悲，俯相衛穫也。故三寶之內，以慈爲先，四等之中用慈爲首，是知慈之爲義，其大矣哉。〔註111〕

可見「三寶」之中乃以「慈」爲最重要。其次，《老子》亦謂「慈故能勇」，對此，王弼《老子道德經注》云：

> 夫慈，以陳則勝，以守則固，故能勇也。〔註112〕

王淮《老子探義》對「慈故能勇」亦有所表達：

> 「慈」之所以能有「勇」者，猶論語所謂「有德者必有勇」也。蓋慈者德之體，有慈故有德，有德則有勇。……故曰：「慈故能勇」。
> 〔註113〕

〔註109〕王淮著，《老子探義·第六十七章》，頁258～261。

〔註110〕王淮著，《老子探義·第六十七章》，頁259。

〔註111〕成玄英著，《老子義疏》(台北：廣文書局，1974年七月)，頁435。

〔註112〕樓宇烈著，《王弼集校釋·老子道德經注》，頁170。

〔註113〕王淮著，《老子探義·第六十七章》，頁260。

《老子》全書戒強梁，主張柔弱勝剛強。所以這裡的「勇」決不是好強鬥狠的小勇，而是「仁者無敵」的大勇。「仁者」的無敵，不是以武力制人，而是以道德化人。吳怡《老子解義》云：

> 《老子》的慈是大仁，是自己對萬物的無欲，卻又能眞正的關懷萬物、生養萬物，這是老子講的「慈」，由於這種「慈」的無欲，才是眞正的大勇，這在佛學稱爲「無畏」，佛陀被尊稱爲「大慈」，又爲「大勇」，也就是這種意思。〔註114〕

由於「慈故能勇」，以致「以戰則勝，以守則固，天將救之，以慈衛之」，蔣錫昌《老子校詁》亦有說明：

> 錫昌按老子談戰，談用兵，其目的與方法不外「慈」之一字。人君用兵之目的，在於愛民，在於維護和平，在於防禦他國之侵略，其方法在以此愛民之心感化士兵，務使人人互有慈愛之心，入則守望相助，出則疾病相扶，戰則危難相惜。夫能如此，則此兵不則已，戰則無有不勝者矣。〔註115〕

蔣錫昌認爲，戰爭之目的與方法不外「慈」之一字。夫能如此，則此兵不則已，戰則無有不勝。夫能如此，則此兵不則已，戰則無有不勝者。吳怡《老子解義》對「以戰則勝，以守則固」亦有解釋：

> 我們深體老子的苦心，「慈以戰則勝」，並不是鼓勵去殺人，以武力致勝。而是用「慈」去化解了暴戾之氣，而達到止戰的目的，這是「慈」的偉大力量。慈應付戰爭有如此功效，對於保衛自己的國家，使人民安居樂業，更是最重要的安定力量。〔註116〕

日本學者前田一可《老子之軍事思想研究》亦認爲，《老子》所肯定的戰爭，是不得已而戰鬥的，對於敵人絕無憎惡之心存在，且要把「慈」之心情不斷保持而遂行，尤其是臨戰時，「慈」心也必須堅守，不可揚棄。所以「慈」在「三寶」之中可謂第一寶。其云：

> 雖是戰爭一定要勝，但對我方也好，對敵也好，若把「慈」的心保持著從戰的話，則戰爭必會因「不得已」而進行。所以萬一不幸而開戰，但必須防止戰爭擴大，或是不必要的殺人等，總不致於到搶

〔註114〕吳怡著，《老子解義》（台北：三民書局，2001年3月），頁405。
〔註115〕蔣錫昌著，《老子校詁》（台北：明倫出版社，1971年），頁409。
〔註116〕吳怡著，《老子解義》，頁407。

奪劫殺之地步。並且在終戰以後，對敵人也以其「慈」之心，則天
下治爲太平。對於不幸而戰死者，不問我方敵方，一律地做「殺人
之眾，以哀悲泣之」，又以「戰勝以喪禮處之」的態度處之。可謂這
是眞「慈」之心的極致。〔註117〕

由以上的論述，可以確信「慈」是「三寶」之中最重要的，因「慈」才「故
能勇」，以致「以戰則勝，以守則固」。但我們亦應深切瞭解「慈」的特質，
王淮《老子探義》認爲是與「儉」、「不敢爲天下先」二者相呼應，「慈」是德
之體，「儉」是成德達用之工夫，「不敢爲天下先」是德性作用之表現方式，
亦即柔弱不爭之謂也。若是由陰陽的觀念檢視，「慈」的特質亦是陰性而非陽
性，是「退讓」、「柔弱」、「不敢爲天下先」，如此才能「勇」，才能「勝」，蔣
錫昌《老子校詁》云：

> 第七十三章「勇於敢則殺，勇於不敢則活」是謂勇於謙退，勇於防
> 禦，非謂勇於爭奪、勇於侵略。「慈故能勇」言唯聖人抱有慈心，然
> 後士兵能有防禦之勇也。〔註118〕

「慈」的特質是陰性，是「勇於謙退」、「勇於防禦」，而非陽性「勇於爭奪」、
「勇於侵略」。又如《韓非・解老》釋「慈故能勇」云：

> 愛子者慈於子，重生者慈於身，貴功者慈於事。慈母之於弱子也，
> 務致其福，務致其福則事除其禍，事除其禍則思慮熟，思慮熟則得
> 事理，得事理則必成功，必成功則其行之也不疑，不疑之謂勇。
> ……不疑生於慈，故曰：「慈故能勇」。〔註119〕

日本學者前田一可《老子之軍事思想研究》對《韓非・解老》釋「慈故能勇」
則解釋云：

> 慈的精神，是柔弱的思想，雖容易被認爲只似女性的優柔性思想，
> 但其精神發出外面而顯露具體性的時候，其強的程度變成爲無比強
> 力的表現。〔註120〕

前田一可亦認爲「慈」的精神，是柔弱的思想，或是女性的優柔性思想，這
亦說明「慈」的特質是陰性而非陽性。

〔註117〕前田一可著，《老子之軍事思想研究》（文化大學中文研究所碩士論文，1988
　　　　年6月），頁86〜87。
〔註118〕朱謙之著，《老子校詁》，頁409。
〔註119〕陳奇猷著，《韓非子集釋・解老第6》，頁376。
〔註120〕前田一可著，《老子之軍事思想研究》，頁98。

第四節　《老子》陰柔辯證戰略特質析探

　　誠如上述，《老子》雖不是一本道道地地的兵書，由於其具有豐富的哲理，且在豐富的哲理之中，蘊含著豐富的軍事思想，所以歷代不少名人將《老子》視爲兵書解讀。然而，《老子》究竟不是一本純軍事的兵書，對於實際的用兵、練兵或戰術的運用，著墨不多，但其在高層次的軍事戰略思想，卻有許多發人深省之處。因此，我們或可從陰柔觀念析探《老子》軍事戰略思想的特質，作下列幾個重點探討或研究。

一、辯證特質之戰略思想

　　依據《現代國防戰略》對戰略一詞，其涵義界定如下：

　　　爲達成所望目標而運策建立力量與／或運用力量的藝術與科學
　　〔註121〕

鈕先鍾《戰略緒論》亦對戰略本質作一分析如後：

　　　戰略的本質是一種抽象性的相互作用，若是引用福煦所說的話，那
　　　就是從兩個對立意志之間的衝突中所產生出來的。……說的更精確
　　　一點，也就是兩個對立意志使用力量以來解決其爭執時，所用的辯
　　　證法藝術。〔註122〕

由上述二個界說，或能瞭解戰略是一門處理或解決爭執時的藝術，甚至是辯證法的藝術，而《老子》因陰柔觀念發展出高度哲學意涵，且能蘊含辯證法的特質，而此特質對軍事戰略思想之啓發，產生極大的效能。

　　事實上，《老子》從陰陽觀念角度，覺察到對立統一規律，並有系統地揭示，事物的存在是相互依存，而不是彼此孤立的，其廣泛論及各種對立關係，如「陰陽」、剛柔、強弱、虛實、難易、厚薄、壯老、重輕、巧拙、長短、高下、前後、正反、始終、主客、禍福、利害、損益、治亂、興廢、生死、去取、得失、有無、開闔、歙張等等，這種對立統一規律亦是一種辯證法藝術，若將此種由陰陽觀念之辯證法藝術的思維理則擴張延伸，其與軍事戰略的本質是十分的契合，因爲戰爭最講求的即是辯證邏輯。以愼戰兵聖──孫子爲

〔註121〕岳天主編，《現代國防戰略──國防之鑰》（台北：中華戰略協會，2001 年 12 月，初版），頁 2。

〔註122〕鈕先鍾著，《戰略緒論》（台北：麥田出版社，1999 年 11 月，初版 3 刷），頁 26～27。

例，其面對戰爭，即研究出一套戰爭的辯證思維理則，例如：「陰陽」、剛柔、奇正、虛實、敵我、主客、彼己、動靜、進退、攻守、強弱、速久、勝負、勇怯、避就、專分、治亂、利害、優劣、安危、險易、廣狹、遠近、眾寡、勞逸、迂直、內外、卑驕、生死等等，瞭解這些辯證思維理則，孫子即掌握了戰爭的變化與戰機，誠如《孫子兵法》第五篇〈兵勢〉云：

> 三軍之眾，可使必受敵而無敗者，奇正是也。
>
> 凡戰者，以正合，以奇勝。
>
> 戰勢不過奇正，奇正之變，不可勝窮也。奇正相生，如循環之無端，熟能窮之。〔註123〕

孫子兵法第六篇〈虛實〉云：

> 故形兵之極，至於無形；無形，則深間不能窺，智者不能謀。
>
> 夫兵形象水，⋯⋯兵之形，避實而擊虛。⋯⋯故兵無常勢，水無常形；能因敵變化而取勝者，謂之神。〔註124〕

凡此都是講求辯證邏輯，如此「兵形象水」、「奇正相生」，能使戰力「虛虛實實」、「實實虛虛」、「能柔能剛」、「化弱為強」，甚至像神龍一般「見首不見尾」，致能「主動攻擊，避實擊虛」讓敵人無法判斷、逆料，這種軍事上的辨證思維，實與《老子》辯證思維有異曲同工之妙，而這種辯證邏輯與思維在爾後軍事戰略上的運用與影響，實不可忽視。

二、「重陰輕陽」、「以柔克剛」、「以弱勝強」戰略特質

一般而言，生物在自然界生存是需要經過物競天擇的試煉，優則生，劣則亡。人類的戰爭更是講求力量的大小，屬於陽性剛強的一面，因而容易令人誤解，陽性剛強就等於力量。然而事實並非如此，力量的大小，需要剛柔的互相配合，才能將力量展現於極致，就好像在夜間裡產生的聲音，很容易震憾人心。因此，有時候陽性剛強必須隱藏於陰性柔弱之中，才能發揮最大的效能。例如，後退包圍的口袋戰術，後退是陰、是柔、是虛，包圍則是陽、是剛、是強，如此陰陽剛柔互濟，虛實互用，才能克敵致勝。而《老子》從陰陽的觀念更進一步，發展出以柔克剛、以弱勝強的勝敵之

〔註123〕春秋・孫武著，孫曉玲譯注，〈兵勢篇〉，《孫子兵法》（山西：古籍出版社，1999年9月，初版1刷），頁61。
〔註124〕春秋・孫武著，孫曉玲譯注，〈虛實篇〉，《孫子兵法》，頁76。

法。誠然，其未嘗不知爭雄逞強之道，然於心智與戰略運用之際，則先言剛強之弊害，如後：

> 勇於敢則殺。(〈第七十三章〉) 〔註 125〕

> 人之生也柔弱，其死也堅強；草木之生也柔弱，其死也枯槁。故堅強者死之徒，柔弱者生之徒。是以兵強則不勝，木強則兵。(〈第七十六章〉) 〔註 126〕

反觀柔弱則為用甚大，自其消極效果言，柔弱可以全生：

> 勇於不敢則活。(〈第七十三章〉) 〔註 127〕

自其積極效果言，非僅剛強不可勝柔弱，抑且柔弱反而足以勝剛強：

> 柔弱勝剛強。(〈第三十六章〉) 〔註 128〕

> 天下之至柔，馳騁天下之至堅。(〈第四十三章〉) 〔註 129〕

> 守柔曰強。(〈第五十二章〉) 〔註 130〕

> 慈故能勇。……今舍其慈且勇，死矣。……夫慈，以戰則勝，以守則固，天將救之，以慈衛之。(〈第六十七章〉) 〔註 131〕

> 強大處下，柔弱處上。(〈第七十六章〉) 〔註 132〕

> 天下莫柔弱於水，而攻堅強者莫之能勝。(〈第七十八章〉) 〔註 133〕

> 柔之勝剛，弱之勝強。(〈第七十八章〉) 〔註 134〕

由此柔弱雌慈之主張引申，進而乃有不爭主義之提出。不爭主義亦是《老子》以柔克剛、以弱勝強戰略思想中之一重要觀念：

> 不尚賢，使民不爭；……是以聖人之治，虛其心，……為無為，則無不治。(〈第三章〉) 〔註 135〕

〔註 125〕王淮著，《老子探義》，頁 273。
〔註 126〕王淮著，《老子探義》，頁 282～285。
〔註 127〕王淮著，《老子探義》，頁 273。
〔註 128〕王淮著，《老子探義》，頁 142。
〔註 129〕王淮著，《老子探義》，頁 179。
〔註 130〕王淮著，《老子探義》，頁 209。
〔註 131〕王淮著，《老子探義》，頁 259～260。
〔註 132〕王淮著，《老子探義》，頁 285。
〔註 133〕王淮著，《老子探義》，頁 288。
〔註 134〕王淮著，《老子探義》，頁 288。
〔註 135〕王淮著，《老子探義》，頁 14～17。

以其不爭，故天下莫能與之爭。(〈第六十六章〉)〔註136〕

善為士者不武，善戰者不怒，善勝者不與，善用人者為之下，是謂不爭之德。(〈第六十八章〉)〔註137〕

天之道不爭而善勝。(〈第七十三章〉)〔註138〕

姜國柱《道家與兵家》云：

《老子》的「柔弱勝剛強」的用兵之略，受到古今中外許多軍事家的重視、推崇，並為他們所引申、運用。中國乃至東方兵學中的軍事謀略，最強調「以柔勝剛、以弱勝強」。兵家常常以水喻兵形，言其變無常形，持而不懈，深知制勝之道，常常存在於柔克剛、弱勝強的變化之中。〔註139〕

例如《兵雷淺說》亦云：

未有使人無智者，有使人不能用其智於我者也。未有使人無力者，有使人不能施其力於我者也。其法曰制。玄龜咽蟒，黃要伏虎，螂蛆啖龍，稂犴嚙鶴，豈非以小制大乎？苦酒泥玉，鳥笭碎銅，鴕脂屑金，鵲髓化石，豈非以柔克剛乎？古之用兵者，勝於樽俎之者，不於疆場之內；勝於帷幄，不於矢石之際，人皆知敵之為吾之所制，而竟不知吾之所以制。〔註140〕

上列所舉之例，都是說明「以柔勝剛、以弱勝強」的道理。在敵我雙方交戰之時，當我處於弱小劣勢之境，或能採取「柔弱勝剛強」的策略，創造條件，轉弱為強，戰勝敵人。田震亞《中國近代軍事思想》即對道家以柔克剛、以弱勝強作了如後之描述：

因為道家之哲學主張「天下之至柔，馳騁天下之至堅」，「天下莫柔弱於水，而攻堅強者莫之能勝」。由此而形成的柔能克剛，弱能勝強之說法，變成了一個重要的中國軍事哲學原則。孫子就充分利用水性的柔與弱以說明用兵之法。「夫兵形象水，……兵之形避實而擊虛。水因地而制流，兵因敵而制勝。故兵無常勢，水無常形」。這就

〔註136〕王淮著，《老子探義》，頁257。

〔註137〕王淮著，《老子探義》，頁261～263。

〔註138〕王淮著，《老子探義》，頁275。

〔註139〕姜國柱著，《道家與兵家》，頁14～15。

〔註140〕明‧尹賓商著，季德源注，《兵雷淺說》(北京：解放軍出版社，1989年1月，初版)，頁116。

是中國兵法中人人皆知的避實就虛，以弱勝強的則。〔註 141〕

這種以「陰陽」觀念發展出的「以柔克剛」、「以弱勝強」軍事戰略，確有異於「戰爭的勝敗只維繫、依恃於剛強的武力」之一般觀念，實為《老子》軍事戰略思想特質。

三、「兵為陰事」與「謹慎用兵」戰略特質

春秋戰國時期軍事戰爭，諸侯國間隨著政治上兼并和爭霸，攻伐益形激烈，並且規模不斷擴大，動輒出動兵車千乘，不僅有舉國動員的戰爭，還出現了「合縱連橫」的集團式戰爭。且戰爭持續時間逐漸延長，有的曠日持久，延續數月以至經年，隨著戰爭的演變，其戰略思想也得到很大的發展。梁必駸《軍事哲學思想史》云：

> 春秋戰國時期其兵書之多，堪稱中國和世界古代歷史之最。而其中蘊涵的軍事哲學思想，無論在廣度和深度上都達到了前所未有的境界。〔註 142〕

誠然，春秋戰國是中國歷史上一個多彩多姿的時期，也是在諸多方面極富創造力和頗有收獲的「黃金時代」，而軍事戰略思想的蘊育與發展亦是其重要之一環。

然而，《老子》看到當時戰爭的殘酷現實，總結了戰爭的教訓，深刻地認識到戰爭的危害。因此，他極力反對侵略戰爭和無道用兵。他明確指出，戰爭嚴重破壞了社會生產，殺戮無辜，使田園荒蕪，民不聊生。因而，蔡松坡於《曾胡治兵語錄・十一章兵機》所謂「兵為陰事」，其云：

> 兵者，陰事也。哀戚之意，如臨親喪，肅敬之心，如承大祭；故軍中不宜有歡欣之象者，有有歡欣之象者，無論或為和悅，或為驕盈，終歸於敗而已矣，……兵事之宜慘戚，不宜歡欣亦明矣。〔註 143〕

無論曾國藩或蔡松坡兩位優秀之軍事人才均認為，「兵者陰事，只宜慘戚，不宜歡欣」，故《淮南子・道應訓》說：

〔註 141〕田震亞著，《中國近代軍事思想》（台北：台灣商務印書館，1992 年 2 月，初版 1 刷），頁 30。

〔註 142〕梁必駸主編，《軍事哲學思想史》（北京：軍事科學出版社，1998 年 3 月，1 版 1 刷），頁 234。

〔註 143〕蔡松坡著，《曾胡治兵語錄》（中壢：陸軍總司令部印，1989 年 3 月），頁 134 ～135。

> 魏武候問於李克曰：「吳之所亡者何也？」李克對曰：「數戰數勝。」
> 武候曰：「數戰數勝，國之福，其獨以亡，何故也？」對曰：「數戰
> 則民罷（疲），數勝則主驕，以驕主使罷民，而國不亡者，天下鮮矣。
> 驕則恣，恣則極，物罷則怨，怨則極慮，上下具極，吳之亡猶晚矣。」
> 〔註144〕

所以最高的戰略指導應是「不戰而屈人之兵」及「少殺伐」。戰爭的手段是殘忍的，其本質應是仁慈的，研究兵學的目的，應是以保護自己的生存空間為主，決非以戰勝與殺戮為唯一的選擇與目的。因而《老子》從陰柔觀念，發展出「謹慎用兵」的軍事戰略思想，確有其特色。

事實上，由於「爭地以戰，殺人盈野，爭城以戰，殺人盈城」，〔註145〕因此，戰爭會帶來巨大的災禍，故《老子》云：

> 夫佳兵者不祥之器，物或惡之，故有道者不處。君子居則貴左，用
> 兵則貴右。兵者不祥之器，非君子之器，不得已而用之，恬淡為
> 上。……吉事尚左，凶事尚右。偏將軍尚左，上將軍居右。言以喪
> 禮處之。殺人之眾，以悲哀泣之，戰勝以喪禮處之。〔註146〕

大凡兵器都是不祥之物，公眾誰都厭惡它。既然兵器是不祥之物，誰都討厭它，因此《老子》認為君子應該謹慎用兵。大凡有道的君子，家居時以左為貴，用兵時才以右為貴。這是為什麼呢？就是因為「吉事尚左，凶事尚右」。所以，兵器不是君子的工具，只有在萬不得已時，才偶爾用一用。

在《老子》看來，兵器雖然是不祥的東西，但做為君子，在迫不得已的時候，也必用戰爭的方式達到目的。只是在獲得勝利後不要逞強，不要濫殺無辜。相反，對於戰爭死去的人，還要真心表示哀傷痛心，並且以喪禮妥善安置死者。從以上的論述，足見《老子》謹慎用兵的戰略思想特質，如慎戰兵聖——孫子亦有同樣慎戰戰略思想，其云：

> 兵者，國之大事，死生之地，存亡之道，不可不察也。〔註147〕

因為，戰爭是國家的頭等大事，關係人民的生死以及國家的存亡，應慎重其事，切不可草率從事，魯莽興兵。因此其反復強調：

〔註144〕題漢・劉安著，《淮南子・道應訓》，卷12，頁5。
〔註145〕清・阮元校勘，《孟子・離婁章句上》，《十三經注疏》（台北：新文豐出版社，1977年1月，初版），卷7下，頁134。
〔註146〕王淮著，《老子探義》，頁124～126。
〔註147〕春秋・孫武著，孫曉玲譯注，〈始計篇〉，《孫子兵法》，頁10。

　　非利不動，非得不用，非危不戰。主不可以怒而興師，將不可
　　以慍而致戰。合於利而動，不合於利而止。怒可以復喜，慍可
　　以復悅；亡國不可以復存，死者不可以復生。故明君慎之，良
　　將警之，此安國全軍之道。〔註148〕

誠然，《老子》與孫子均認爲戰爭是國家大事，亦是生死存亡的重大問題，因
此也都產生「愼戰」的觀念。這種「愼戰」的觀念，確是由陰陽觀念的發展，
體認出「兵爲陰事」，並瞭解戰爭所產生無比的災害與可怕，進而衍生出「愼
戰」觀念與軍事戰略思想，這對後世國家領導者及軍事家都產生深沉的警惕
與啓發。

〔註148〕春秋・孫武著，孫曉玲譯注，〈火攻篇〉，《孫子兵法》，頁 164～165。

第肆章　陰陽家之陰陽軍事思想析探

　　所謂「國之大事，在祀與戎」，[註1] 意即是說「戎」為國家大事，蓋自有人類，即有戰爭；一部人類發展史，即是一部戰爭史。十九世紀德國軍事史問題專家卡爾‧克勞塞維茨（Care Von Clausewitz）對戰爭的目的定下一個確切的定義：「戰爭是迫使敵人服從我們意志的一種暴力行為」。[註2] 雖然時間上有古今之別，空間上有地域差異，戰爭亦有不同的執行方式，但克勞塞維茨對於戰爭目的之詮釋，卻可說是放諸四海而皆準。而我國古代對戰爭的起源，則有如後的解釋與看法，如王天晞〈淺議中國戰爭之起源〉認為中國軍事戰爭的起源於「原始氏族與部落的武裝衝突和掠奪」，[註3] 其目的在於「為了尋找新的生活居住地，為了拓展活動範圍，或為了保衛自己的活動地域及生活資源，為了血緣復仇等原因」，[註4] 故云：「舊石器時代以前，戰爭是不存在的」。[註5] 其他的說法如《管子‧君臣下第三十一》云：

〔註1〕　楊伯峻著，《春秋左傳注‧成公 13 年》（高雄：復文圖書出版社，1991 年 9
　　　　月再版），頁 861。本文所引典籍，於各章節首次出現時，詳細著明朝代，作
　　　　者、書名、冊數、頁數、出版地、出版社、出版年月與版次，以便覆覈；再
　　　　次引用時，僅註明書明、冊數、頁數、以省篇幅，為統一體例，出版年月一
　　　　律以西元紀年標記。
〔註2〕　德國‧卡爾‧克勞塞維茨（CareVonClausewitz）著，中國人民解放軍軍事科
　　　　學院譯，《戰爭論》（北京：商務印書館，2003 年 6 月，初版 8 刷），冊 1，頁
　　　　23。
〔註3〕　王天晞著，〈淺議中國戰爭之起源〉，《人文雜誌》（2002 年第 4 期），頁 127～
　　　　131。
〔註4〕　中國人民革命軍軍事博物館編著，《中國戰爭發展史》（北京：人民出版社，
　　　　2001 年 12 月，初版 1 刷），頁 29。
〔註5〕　王天晞著，〈淺議中國戰爭之起源〉，《人文雜誌》，頁 127～131。

> 古者未有君臣上下之別，未有夫婦妃匹之合，獸處群居，以力相征。
> 於是智者詐愚，強者凌弱，老弱孤獨不得其所。故智者假眾力以禁
> 強虐，而暴人止。為民興利除害，正民之德，而民師之。〔註6〕

《管子》認為，上古未有國家制度，獸處群居，故「以力相征」，這或是最早
戰爭的起源。《禮記・禮運第九》亦云：

> 今大道既隱，天下為家，各親其親，各子其子，貨力為己，大人世
> 及以為禮，城郭溝池以為固，……故謀用是作，而兵由此起，禹湯
> 文武成王周公由此其選也。〔註7〕

《禮記》認為，「各親其親，各子其子，貨力為己，……故謀用是作」，而「兵
由此起」，且由時間的推算，較早的戰爭或起源於夏、禹時期。《淮南子・兵
略訓》云：

> 兵之所由來者遠矣，黃帝嘗與炎帝戰矣，顓頊嘗與共工爭矣，故黃
> 帝戰於涿鹿之野，堯戰於丹水之浦，舜伐有苗，啟攻有扈，自五帝
> 而弗能偃也。〔註8〕

《淮南子》認為，戰爭的起源非常的早，可能遠溯於黃帝與炎帝時期。《韓非
子・五蠹第四十》云：

> 上古之世，人民少而禽獸眾，人民不勝禽獸蟲蛇，有聖人作，構木
> 為巢以避群害，而民悅之，使王天下，……近古之世，桀、紂暴亂，
> 而湯、武征伐。〔註9〕

《韓非子》認為，「桀、紂暴亂」而「湯、武征伐」，或是最早發生的戰爭。

誠如上述，最早的戰爭起源於何時？眾說紛云，莫衷一是。然而，以《左
傳》為例，僅在春秋時期短短二百五十五年的歷史中，即記載了四百九十二
起戰爭，加上《春秋》經上有記而《左傳》無記的三十九起，經傳合記大小
戰爭五百三十一起。〔註10〕且許保林《中國兵書通覽》亦云，在我們中華民

〔註6〕 黎翔鳳著，《管子校注・君臣下第三十一》（北京：中華書局，2004年6月，
　　　　初版1刷），冊中，頁568。

〔註7〕 清・阮元校勘，《禮記・禮運第九》，《十三經注疏》（台北：新文豐出版社，
　　　　1977年1月，初版），冊5，卷21，頁413～414。

〔註8〕 題漢・劉安著，《淮南子・兵略訓》（台北：臺灣中華書局，1974年10月臺3
　　　　版），卷15，頁1～2。

〔註9〕 陳奇猷校注，《韓非子集釋・五蠹第四十》（台北：河洛圖書出版社，1974年
　　　　3月），頁1040。

〔註10〕 張善文、馬重奇主編，《左傳漫談》（台北：頂淵出版社，1997年8月，初版），

族發展的歷史進程中，從神話傳說到鴉片戰爭，據不完全統計，曾經發生過三六四五次大型戰爭，所以戰爭在一般人心中佔據著非常重要的地位。〔註11〕誠然，戰爭帶來的往往是血流漂杵，哀鴻遍野，及強力的破壞、摧毀既有的文明。但武王滅商，卻促使人們在舊的文明的廢墟上，建設起更高層次的西周文明。秦滅六國，帶來車同軌，書同文的大一統局面。南北朝的對抗，孕育了熔南北文化為一爐的盛唐文明。滿族入關，帶來的也不僅僅「揚州十日」的血和恨，卻也促成了康、雍、乾的盛世局面。〔註12〕戰爭對人類文明可說有負面影響，惟或亦有正面影響。

　　戰爭與人類文明的發展是息息相關的，戰爭不僅是「國之大事」，亦是任何時代的大事，所以自古迄今，各朝各代研究戰爭的兵書，可說是卷帙浩繁，內容豐富。依陸達節《歷代兵書目錄》著錄兵書共一千三百零四部，六千八百三十一卷（內二百零三部不知卷數），存世者二百八十八部，二千一百三十一卷。〔註13〕事實上，目前研究戰爭的類別、方法與方向亦豐富而多樣，有從戰史、戰略方面研究，有從兵法、戰法、陣法方面研究，亦有從兵制、兵器方面研究，其他如名將列傳研究、領導統御特質研究、軍事地理學、軍事心理學、軍事社會學方面研究等等。這麼多對戰爭的研究與分析，並不會窮盡研究戰爭的題材與範疇，反而讓我們發現「戰爭」的「題材」蘊含豐富，還有更多值得開發的領域和討論空間。

　　誠然，戰爭不僅是「國之大事」，亦是任何時代的大事，研究歷史必須研

頁 109～110。

〔註11〕劉云柏著，《中國兵家管理思想》（上海：人民出版社，1990 年 11 月），頁 9。

〔註12〕王曉衛著，《兵家史話》（台北：國家出版社，2004 年 3 月，初版 1 刷），頁 11。

〔註13〕許保林著，《中國兵書通覽》（北京：解放軍出版社，1990 年 10 月，初版 1 刷），頁 20。其云：漢初張良、韓信奉命整理兵書，共得一百八十二家。《漢書·藝文志》著錄五十三家、七百九十篇，圖四十三卷。《隋書·經籍志》著錄一百三十三部、五百一十二卷。《舊唐書·經籍志》著錄四十五部、二百八十九卷。《新唐書·藝文志》著錄六十三部、三百一十九卷。《通志·藝文略》著錄二百四十五部、九百四十五卷。《宋史·藝文志》著錄三百四十七部、一千九百五十六卷。《明史·藝文志》著錄五十八部、一千一百二十二卷。《清史稿·藝文志》著錄五十九部、二百三十八卷，《補編》著錄五十三部、三百五十九卷，合計一百一十二部、五百九十七卷。以上史志書目大都是根據當時政府藏書編制的。1932 年陸達節便以歷代史志書目和一些公私藏書目錄，匯編成《歷代兵書目錄》，並於 1933 年四月由南京軍用圖書社印行。

究戰爭，目前專門研究軍事戰爭思想的學者與專著，或不在少數，然以陰陽思想理論以探討軍事思想者，則相對的少了許多，其原因在於，以陰陽思想理論以探討軍事思想，必須涉及的知識相當的多，例如政治、哲學、文學、歷史、軍事甚至醫學、數術等等。而陰陽家專業的知識領域在天象、曆算、音律、陰陽五行、望氣候星、龜策機祥等等方面。如《漢書・藝文志》所列之陰陽家人物如「宋司星子韋」是宋景公朝中專管占星相的官吏，可藉由觀察、瞭解星相，進而能瞭解或避開軍事戰爭災難的發生；雖然陰陽家不是兵家，然而其專業知識卻為兵家所運用，並對後代軍事戰爭產生鉅大之影響，但一般軍事研究者總是有意無意的忽視陰陽家在戰爭方面的影響力，且不論此影響力是正面或負面的，甚至將所有與陰陽術數有關的軍事戰爭行為或思想均視為迷信，或視之為兵家之中的糟粕，這種的價值判斷是有商榷的餘地，所以從這個角度觀察，陰陽家之陰陽軍事思想是值得研究的。故本文欲從「從陰陽思想析探陰陽家之軍事思想」此一方向與角度，作深層之析探？

第一節　陰陽家之陰陽思想析探

中國先秦學術思想，諸子稱家，可說肇端史公，而《漢書・藝文志》列為九流十家，儒家居首，道家次之，陰陽家排第三位。不過，司馬談在論六家要旨時，把陰陽家列為首位，因為陰陽學術思想是最早存在的。其云：

> 「天下一致而百慮，同歸而殊塗。」夫陰陽、儒、墨、名、法、道德，此務為治者也，直所從言之異路，有省不省耳。嘗竊觀陰陽之術，大祥而眾忌諱，使人拘而多畏；然其序四時之大順，不可失也。……夫陰陽四時、八位、十二度、二十四節各有教令，順之者昌，逆之者不死則亡，未必然也，故曰「使人拘而多畏」。夫春生夏長，秋收冬藏，此天道之大經也，弗順則無以為天下綱紀，故曰「四時之大順，不可失也」。〔註14〕

由此可知，陰陽家之名，至少於西漢武帝時已被人所稱道。然而，陰陽二字，由簡單之觀念進而為複雜之觀念，由淺近之思想進而為幽深之思想，如有以晝為陽、夜為陰；暑為陽、寒為陰；明為陽、暗為陰；顯為陽、隱為陰，……

〔註14〕漢・司馬遷著，《史記・太史公自序第七十》（台北：大申書局，1977 年 7 月），卷 130，頁 3289～3290。

此爲歸納氣象之變化名陰陽。男爲陽女爲陰；雄爲陽雌爲陰；山爲陽川爲陰；天爲陽地爲陰，……此爲歸納具體之實物名陰陽。男剛而女柔，山高而川低、天上而地下，雄強而雌弱，以剛爲強、柔爲陰；高爲陽、低爲陰；上爲陽、下爲陰；強爲陽、弱爲陰，……此由歸納類推抽象之概念名陰陽。此皆由先民仰觀俯察，歸納宇宙現象類推所得。然而，陰陽學說思想能成爲一家之言，或須俟鄒衍整合之後乃成。

　　事實上，陰陽思想經過漫長的數百年時間，不斷演化，由簡單之觀念進而爲複雜之觀念，由淺近之思想進而爲幽深之哲學思想，並經過系統化、理論化的整合，且由相逆之順序，循不同之線索，由天侯而下及物類，由物類而上達天象，一上一下，交流循環，惟至戰國時期，陰陽學說思想乃肇始成爲一家之言，我們可從《史記·孟子荀卿列傳》看出端倪：

　　　　其次騶衍，後孟子。騶衍睹有國者益淫侈，不能尚德，若大雅整之於
　　　　身，施及黎庶矣。乃深觀陰陽消息而作怪迂之變，終始、大聖之篇十
　　　　餘萬言。其語閎大不經，必先驗小，推而大之，至於無垠。先序今以
　　　　上至黃帝，學者所共術，大並世盛衰，因載其機祥度制，推而遠之，
　　　　至天地未生，窈冥不可考而原也。先列中國名山大川，通谷禽獸，水
　　　　土所殖，物類所珍，因而推之，及海外人所不能睹。稱引天地剖判以
　　　　來，五德轉移，治各有宜，而符應若茲。以爲儒者所謂中國者，於天
　　　　下乃八十一分居其一分耳。中國名曰赤縣神州。赤縣神州內自有九
　　　　州，禹之序九州是也，不得爲州數。中國外如赤縣神州者九，乃所謂
　　　　九州也。於是有裨海環之，人民禽獸莫能相通者。如一區中者，乃爲
　　　　一州。如此者九，乃有大瀛海環其外，天地之際焉。其術皆此類也。
　　　　然要其歸，必止乎仁義節儉，君臣上下六親之施，始也濫耳，王公大
　　　　人初見其術，懼然顧化，其後不能行之。〔註15〕

因而，而《漢書·藝文志》著錄陰陽家作品共二十一家，三百六十九篇，其中有鄒子四十九篇及鄒子終始五十六篇等。而鄒子四十九篇依班固自注云：「名衍，齊人，爲燕昭王師，居稷下，號談天衍」，〔註16〕此即爲鄒衍。至於鄒衍其人，《史記·孟子荀卿列傳》云：

〔註15〕漢·司馬遷著，《史記·孟子荀卿列傳》，卷74，頁2344。
〔註16〕漢·班固著，《漢書·藝文志》（台北：鼎文書局，1976年3月，初版），冊3，
　　　　卷30，頁1733～1734。

騶子（衍）重於齊，適梁，惠王郊迎，執賓主之禮，適趙；平原側
行撇席，如燕，昭王擁彗先驅，請列弟子之座而受業，築碣石室，
身親往師之。作主運，其游諸侯見尊禮如此。〔註17〕

《史記・田敬仲完世家》云：

宣王喜文學遊說之士，自如騶衍、淳于髡、田駢、接子、慎到、環
淵之徒七十六人，皆賜第列爲上大夫，不治而議論。是以齊稷下學
士復盛，且數百千人。〔註18〕

據此可知鄒衍望重於齊，後顯於燕，且被賜第列爲上大夫之尊寵，而造成齊
稷下學士之風氣。

而鄒衍主要的思想即爲「陰陽」，誠如謝扶雅〈田駢和騶衍〉云：

騶衍思想的基本觀念，正如上文司馬遷所述的「怪迂之變」底一個
「變」字，恰與田駢的「齊」字相頡頏。而變底原理，即是所謂「陰
陽」。〔註19〕

《史記・封禪書》云：

騶子之徒論著終始五德之運，……騶衍以陰陽主運顯於諸侯。〔註20〕

因而謝扶雅〈田駢和騶衍〉又云：

漢人把他看作陰陽家者以此。……陰陽是玄學上所謂宇宙論。……
所以道離開陰陽，便無道之可言，不妨說陰陽就是道底魂魄。騶衍
底慧眼，獨能對於道窺破其奧妙之所在，故司馬遷稱他「深觀陰陽
消息」的是一針見血之評。〔註21〕

學者謝扶雅最終認爲騶衍的學說並沒有那樣闊邈而不可把捉，其云：

道的表現，又必受一定公律底支配；騶衍叫它做「陰陽」。近代學者
解釋歷史，據美國社會學家班思（H.E.Barnes）的研究，以爲可分八
派。……但我們的騶衍卻提出一種可以稱做陰陽學的史觀。〔註22〕

〔註17〕 漢・司馬遷著，《史記・孟子荀卿列傳》，卷74，頁2345。
〔註18〕 漢・司馬遷著，《史記・田敬仲完世家》，卷46，頁1895。
〔註19〕 謝扶雅著，〈田駢和騶衍〉，顧頡剛編，《古史辨》（台北：藍燈出版社，1993
年8月，2版），冊5，頁738。
〔註20〕 漢・司馬遷著，《史記・封禪書》，卷28，頁1368。
〔註21〕 謝扶雅著，〈田駢和騶衍〉，顧頡剛編，《古史辨》，冊5，頁738～739。
〔註22〕 謝扶雅著，〈田駢和騶衍〉，顧頡剛編輯，《古史辨》，冊5，頁741。謝扶雅引
美國社會學家班思（H.E.Barnes）的研究，解釋歷史可分八派：（1）偉人史觀。
（2）經濟史觀。(3)地理史觀。(4）精神史觀。（5）科學史觀。（6）人類史觀。

而胡適之在《中國中古思想史長篇》中則謂，陰陽思想是一個無所不包的萬全書，其影響之大，可見一斑：

> 五德終始與陰陽消息兩個觀念，又可適用到宇宙的一切現象，可以支配人生的一切行為，可以解釋政治的得失和國家的盛衰，故這種思想竟成了一個無所不包的萬全書。〔註23〕

陳啓云《中國古代思想文化的歷史論析》云：

> 世人每誤以為，鄒衍是陰陽觀念的開創者；其實陰陽五行的觀念來源極早，對偶、排比、對占的習慣和五方、五帝的觀念起於殷商時代或更早；陰陽五行觀念對中國思想廣義方面的影響，不限於鄒衍或「陰陽五行者流」一派，而是屬於上述蔡元培所說的「中國民族哲學」思想的范疇。鄒衍所代表的只是在戰國末期這階段中，以務實的學風和心態把陰陽五行的觀念加以系統化和機械化來解釋宇宙人生眾事務而已。〔註24〕

總而言之，陰陽思想由來久矣，載諸典籍者，歷春秋以迄戰國，斑斑可考。惟鄒衍是陰陽家思想的宏揚者，而不是創始者。〔註25〕其在戰國末期這階段中，以務實的學風和心態把陰陽五行的觀念加以系統化和機械化並糅合以成，本陰陽消息說天道，蓋終與消，如日之沒，可謂之陰；始與息，如日之出，可謂之陽。陰消則陽長，陽長則陰消，如終極而復始，始盡而復終之循環也。孫紀文《淮南子研究》云：「儘管我們不知道陰陽家成於何人之手，但可以說鄒衍是陰陽家思想的奠基人和集大成者」，〔註26〕如此陰陽思想似已成一家之言。

第二節　陰陽家思想與戰爭關係

陰陽思想之起源，由於時代久遠，古之文獻或不足徵。載諸典籍者，歷

（7）社會學史觀。（8）群眾心理史觀。
〔註23〕胡適著，《中國中古思想史長篇·手稿本》（台北：胡適紀念館，1971 年 2 月），頁 41～42。
〔註24〕陳啓云著，《中國古代思想文化的歷史論析》（北京：北京大學出版社，2001 年），頁 98。
〔註25〕見孫紀文著，《淮南子研究》（北京：學苑出版社，2005 年 7 月，初版 1 刷），頁 211。
〔註26〕見孫紀文著，《淮南子研究》，頁 211。

春秋以迄戰國，鄒衍是陰陽家思想的宏揚者，其在戰國末期這階段中，以務實的學風和心態，把陰陽的觀念加以系統化和機械化，並糅合以成，如此，陰陽思想似已成一家之言。但在典籍中並無陰陽家之專有名辭出現，直至漢代，司馬遷在《史記》太史公自序裡，引述其父司馬談的意見，分先秦諸子的流派爲儒家、墨家、道家、法家、名家、陰陽家等六家。〔註27〕而班固在《漢書‧藝文志》裡又把先秦學術分儒家、道家、陰陽家、法家、名家、墨家、縱橫家、雜家、農家以及小說家等十家；〔註28〕司馬談在論六家要旨時，把陰陽家列爲首位，因爲陰陽思想是最早存在的。〔註29〕

而《漢書‧藝文志》亦將陰陽家列於前三名，其重要性可見一斑，且清楚地述其源流：

> 陰陽家者流，蓋出於羲和之官，敬順昊天，歷象日月星辰，敬授民時，此其所長也。及拘者爲之，則牽於禁忌，泥於小數，舍人事而任鬼神。〔註30〕

誠然，陰陽家這個流派，或是由掌管天文測候的官演化而來。他們恭順上天，推算曆法，觀察日月星辰天象，並把天時運作規律，傳授百姓，此爲其派之長處。惟後世拘執之人，被禁忌所牽制，拘泥於小技，捨棄人事，而聽命於鬼神。《漢書‧藝文志》著錄陰陽家作品計有宋司星子韋三篇等等共二十一家，三百六十九篇。〔註31〕惟陰陽家不等於星占家或「軍國星占學」，但古代陰陽家常以天文星占觀測戰爭發生之時機，並預測戰爭的勝負，此在古代軍事戰爭中均曾扮演過非常重要的角色，故本章將以較大篇幅詳細釐清古代陰陽家與天文星占、戰爭彼此之間的緊密關聯。然而，陰陽軍事術數包括甚廣如卜筮、占星、占雲氣、占夢、祭祀、詛咒、厭勝和形形色色的雜占、巫術等，

〔註27〕漢‧司馬遷著，《史記‧太史公自序第七十》，頁 3289～3290。

〔註28〕漢‧班固著，《漢書》（台北：鼎文書局，1976 年 3 月，初版），冊 3，卷 30，頁 1746。

〔註29〕漢‧司馬遷著，《史記‧太史公自序第七十》，卷 130，頁 3289～3290。

〔註30〕漢‧班固著，《漢書‧藝文志》，冊 3，卷 30，頁 1734～1735。

〔註31〕漢‧班固著，《漢書‧藝文志》，冊 3，卷 30，頁 1733～1735。錄陰陽家作品計有《宋司星子韋三篇》、《公檮生終始十四篇》、《公孫發二十二篇》、《鄒子四十九篇》、《鄒子終始五十六篇》、《乘丘子五篇》、《杜文公五篇》、《黃帝泰素二十篇》、《南公三十一篇》、《容成子十四篇》、《張蒼十六篇》、《鄒奭子十二篇》、《閭丘子十三篇》、《馮促十三篇》、《將鉅子五篇》、《五曹官制五篇》、《周伯十一篇》、《衛侯官十二篇》、《于長天下忠臣九篇》、《公孫渾邪十五篇》、《雜陰陽三十八篇》等二十一家，三百六十九篇。

此種陰陽術數在古代軍事戰爭中亦佔有重要地位與影響力，故均須詳細論述。其次，本章亦將深入析探《漢書・藝文志》著錄的陰陽家作品，與軍事戰爭有無關係？陰陽家中有無軍事家背景人物出現？陰陽家作品是否對軍事戰爭產生影響？此為本章研究之重點與方向。

一、陰陽家觀象授時與戰爭關係

在遠古時代，曆法還沒有誕生，需要直接觀察日月星辰的出沒來確定農業活動的安排。清代畢沅在《夏小正考證》中提「觀象授時」這一術語，用以描述原始民族萌芽狀態的天文學知識。「觀象授時」，語出《尚書・堯典》：「乃命羲和欽若昊天，曆象日月星辰，敬授人時」，且命羲仲，審定春分，「以殷仲春」；委任羲叔，至南方測定「夏至」，「以正仲夏」；派和仲進行鑑定「秋分」，「以殷仲秋，平秩西成」；委派和叔至朔方，以鑑定「冬至」，「以正仲冬」。〔註32〕又如，北斗可以說是中國傳統天文學中最重要的授時星象，它不僅教會了古人如何認識天極，而且通過其與二十八宿赤道星官的聯繫，直接建立起了中國獨特的天官體系。因此，北斗在很早的時期便已被先民們奉為神祇而加以觀測和祭禱了。

其次，觀察恆星的出沒，是早期人類社會一種客觀準確地確定四時的觀象授時方法。據《公羊傳・昭公十七年》云：

　　大火為大辰，伐為大辰；北辰亦為大辰。〔註33〕

何休《解詁》云：

　　大火謂心星，伐為參；大火與伐，所以示民時之早晚。〔註34〕

大火在我國歷史上是最著名的一顆星，《尚書・堯典》云：

　　日永星火，以正仲夏。〔註35〕

〔註32〕「乃命羲和欽若昊天，曆象日月星辰，敬授人時。分命羲仲，宅嵎夷，曰暘谷。寅賓出日，平秩東作。日中，星鳥，以殷仲春。厥民析，鳥獸孳尾。申命羲叔，宅南交，平秩南訛，敬致。日永，星火，以正仲夏。厥民因，鳥獸希革。分命和仲，宅西，曰昧谷。寅餞納日，平秩西成。宵中，星虛，以殷仲秋。厥民夷，鳥獸毛。申命和叔，宅朔方，曰幽都，平在朔易。日短星昴，以正仲冬。厥民隩，鳥獸氄毛。帝曰：『咨，汝羲暨和，朞三百有六旬有六日，以閏月定四時成歲。』」清・阮元校勘，《尚書・堯典》，《十三經注疏》，卷2，頁21。
〔註33〕清・阮元校勘，《公羊傳・昭公十七年》，《十三經注疏》，卷23，頁291。
〔註34〕清・阮元校勘，《公羊傳・昭公十七年》，《十三經注疏》，卷23，頁291。
〔註35〕清・阮元校勘，《尚書・堯典》，《十三經注疏》，卷2，頁21。

《詩經・豳風・七月》云：

> 七月流火，九月授衣。〔註36〕

《左傳・昭公三年》云：

> 火中，寒暑乃退。〔註37〕

《漢書・五行志》云：

> 火出，於夏爲三月，於商爲四月，於周爲五月。〔註38〕

關於大火的記載不但多，而且是古代觀象授時的重要對象。因爲中國古代的原始農業以焚田爲生產工作的第一步，這個時間一定要有準確的把握，過早燒田，種子發芽之後，沒有雨水就會枯死；過晚燒田，又會受到雨水的干擾。古人經過長期的觀象授時活動發現，這個時間確定在心宿二昏見於東方的時候最爲適宜，而心宿二恰巧爲一顆紅的一等亮星，它的顏色與焚田的烈火又如此契合，因而大火星（心宿二）逐漸成爲中國古代傳統的授時星象。所以，顧炎武《日知錄》云：

> 三代以上，人人皆知天文，七月流火，農夫之辭也；三星在戶，婦
> 人之語也；月離於畢，戍卒之作也；龍尾伏辰，兒童之謠也。〔註39〕

固然，天文學的概念，是近代西方科學分科後的概念，不過中國古代傳統的觀象授時亦可稱之爲古代的天文學。但中國古代的觀象授時亦是一門星占學，而此星占學，除了根據星象活動的變化來判斷春、夏、秋、冬之四時外，且能與政治結合以預測朝代興替，戰爭勝敗及人間事務變化之因果的方術體系。然而，星占學作爲一種方術是極不科學的，所以有人視星占學爲一門騙術而存在，這並不過分。因爲不論星占學應驗與否，它在形式上使大多數人處於迷惘之中，但指控星占學完全荒謬無理的，則還缺乏根據。儘管在某一奇異天象發生之後，應驗的事在時間上極不確定，但並不足以否定星占學本身。目前對星占學還缺乏系統的研究，然而有一點似乎可以肯定，星占學由於要瞭解各種天體的運動規律，因而在早期，它對推動中國天文學的發展曾經起過積極的作用。但是它把自然天象視爲上天的警告和人間禍福的徵兆，

〔註36〕清・阮元校勘，《詩經・豳風・七月》，《十三經注疏》，卷2，頁281。
〔註37〕楊伯峻著，《春秋左傳注・昭公三年》（高雄：復文圖書出版社，1991年9月再版），頁1233。
〔註38〕漢・班固著，《漢書・五行志》，冊3，卷27下之下，頁1514。
〔註39〕清・顧炎武著，楊家駱主編，《日知錄集釋》（台北：世界書局，1971年4月，3版），冊下，卷30，頁695。

從而在根本上淡化了人們對於這些天象的發生原因等問題的深入探索，以致於最後終於成為束縛中國天文學發展的枷鎖。而《漢書·藝文志》清楚地交待陰陽家源流：

> 陰陽家者流，蓋出於羲和之官，敬順昊天，歷象日月星辰，敬授民時，此其所長也。〔註40〕

可見，陰陽家擅於觀象授時並瞭解各種天體的運動規律，但將星占學運用在與政治結合以預測朝代興替，戰爭勝敗及人間事務變化之因果的方術體系，則應檢視。故在此我們或可將天文學、星占學、陰陽家之關係，作一番粗略的說明。所謂天文學，劉昭民《中華天文學發展史》云：

> 天文學研究的對象，雖然可分為天象、觀象授時、天體、宇宙和人造天體等五個階段，而實際總的研究對象是天體。所以簡單地說，天文學是研究天體的科學，是研究怎樣利用天體知識為人類服務的科學。〔註41〕

所謂占星術（星占學）的定義，劉韶軍《占星術注評》云：

> 根據星象活動的變化來判斷和預測人間事務變化之因果的方術。……占星術不只是關心星象活動的異常變化，其基礎是星象活動的正常狀況。在這個基礎上，異變變化才能有進行比較對照的對象，如此才能展開星象占測活動。……我們要指出，中國天文學與占星術是二位一體的，甚至可以說，中國古天文學實即占星術。〔註42〕

馮時《出土古代天文學文獻研究》則云：

> 占星術在天文學起源的同時便已萌芽了，並且始終與古代天文學的發展糾纏在一齊，因此，早期的天文學如果與占星術等量齊觀或許並不過分。占星術的發展顯然有其自身的歷史，中國古老的天人合一的思想可能使最早出現的占星術只是作為一種巫術。〔註43〕

劉韶軍、馮時二位學者所述意見，應是大同小異，而劉韶軍《占星術注評》所云：「根據星象活動的變化來判斷和預測人間事務變化之因果的方術。」或

〔註40〕漢·班固著，《漢書·藝文志》，冊3，卷30，頁1734～1735。

〔註41〕劉昭民著，《中華天文學發展史》（台北：臺灣商務印書館，1985年1月，初版），頁4。

〔註42〕劉韶軍著，《占星術注評》（台北：雲龍出版社，1994年2月，初版），頁2。

〔註43〕馮時著，《出土古代天文學文獻研究》（台北：台灣古籍出版公司，2001年5月，初版1刷），頁148。

為劉、馮兩人相同之處，惟劉韶軍「中國天文學與占星術是二位一體的，甚至可以說，中國古天文學實即占星術。」之語，似不如馮時「占星術在天文學起源的同時便已萌芽了，並且始終與古代天文學的發展糾纏在一齊，因此，早期的天文學如果與占星術等量齊觀或許並不過分」客觀週延。

星占學在天文學起源的同時便已萌芽，並且始終與古代天文學的發展糾纏在一起，中國古代的天文著作許多是星占著作，而且早期的天文家也許多是占星家。《史記·天官書》云：

昔之傳天數者，高辛之前，重、黎；于唐、虞，義、和；有夏，昆吾；殷，巫咸；周室，史佚、萇弘；于宋，子韋；鄭則禆竈，在齊，甘公；楚，唐昧；趙，尹皋；魏，石申。〔註44〕

這些人物都是上古時代著名的天文家，亦或是星占家，且有大部分亦屬陰陽家。而且，從西周到東周的百年間，星占學顯然已漸成熟，這並非僅僅因為當時的文獻提供了比前代多得多的占星記錄，更重要的原因則在於，作為星占學的全部基礎在這時已建立了起來。

誠然，西周與東周的天文學較前有了長足的發展，特別是在春秋戰國時期，中國天文學的各種體系都已奠立完備。其中的關鍵問題是中國傳統星官的命名已基本完成，它甚至成為人間社會與天上感應的複製品。地上有皇宮，天上就有紫微宮；地上有正妃、嬪妃，天上亦有正妃、嬪妃；地上有三公，天上則有三星，如《史記·天官書》云：

中宮天極星，其一明者，太一常居也；旁三星三公，或曰子屬。後句四星，末大星正妃，餘三星後宮之屬也。環之匡衛十二星，藩臣。皆曰紫宮。〔註45〕

因為，古人將天空星象分為東西南北中五個區域，分別稱為東宮、西宮、南宮、北宮、中宮。而中宮指北極附近的星區。天極星即是北極星。而北極五星中最亮的一顆星即是帝星，亦是天帝通常居住之所。北斗斗杓東邊三顆星，稱為三公，象徵人間之太尉、司徒、司空三種官職。北極星之後有四顆，形成勾曲形狀，稱作四輔，其中最大的一顆星為天帝的正妃，其餘三星是天帝的嬪妃。且在北極五星周圍有十二星環繞圍護，是天帝的藩臣，而中宮的別名，即是紫微垣、紫微宮。

〔註44〕漢·司馬遷著，《史記·天官書》，卷27，頁1342。
〔註45〕漢·司馬遷著，《史記·天官書》，卷27，頁1289。

因此，中國古代星占學即有爲政治服務功能，如《史記‧天官書》云：

日變修德，月變省刑，星變結和。凡天變，過度乃占。國君彊大，
有德者昌；弱小，飾詐者亡。太上修德，其次修政，其次修救，其
次修禳，正下無之。夫常星之變希見，而三光之占極用。日月暈適，
雲風，此天之客氣，其發見亦有大運。然其與政事俯仰，最近人之
符。此五者，天之感動。爲天數者，必通三五。終始古今，深觀時
變，察其精粗，則天官備矣。〔註46〕

所謂「三五」，是「三辰五星」，即指日、月、恆星和五大行星。與這些天體
有關的種種天象，被認爲「天之感動」。而上天的這些反應，是「與政事俯仰」
的。所謂「修德」、「修政」、「修救」、「修禳」等等均是政事中不可或缺的重
要內容。上述之事若不知修治，則上天始而示警，即呈現種種不吉天象；終
而罰之，或謂天命轉移，改朝換代。

事實上，古代觀察天象是史官重要的職守，而史官之候星氣、察機祥，
尤關心兵事與天象變化之間的關係。如《管子‧輕重》云：

兆國有槍星，其君必辱。國有彗心，必有流血。浮丘之戰，彗之所
出，必服天下之仇。〔註47〕

因而，古代以天文占驗兵事的發生，是極其普遍的事，其影響層面亦甚廣泛。
迨至漢代，《史記‧天官書》亦有同樣的記載：

察剛氣以處熒惑。曰南方火，主夏，日丙、丁。禮失，罰出熒惑，
熒惑失行是也。出則有兵，入則兵散。以其合命國。熒惑爲勃亂、
殘賊、疾、喪、饑、兵。〔註48〕

所謂觀察天地間的剛氣的情況，就要依據觀察熒惑的星象變化，而熒惑在方
位上屬南方，在五行上屬火，在四季上屬夏，在十干上屬丙、丁。人間的行
動在禮的方面出現過失，則懲罰自熒惑出，這就表現爲熒惑的失行。〔註49〕
熒惑出現則代表將有兵事發生，沉入西方則兵事消除。且根據熒惑出入於某
宿的分野，即可確定兵事將會發生在那個國家。因此，在占星術中，熒惑被

〔註46〕漢‧司馬遷著，《史記‧天官書》，卷27，頁1351。
〔註47〕黎翔鳳著，《管子校注》，冊下，卷24，頁1487。
〔註48〕漢‧司馬遷著，《史記‧天官書》，卷27，頁1317。「熒惑星」，火星的別名，
　　　主刀兵的凶星，行止不定，休止在某位置，就象徵某國家有災禍。
〔註49〕熒惑，火星，五大行星之一。所謂熒惑失行即是，熒惑的運行與其正常速度
　　　和方向不同。

視爲是悖亂、殘害、賊害、疾病、死喪、饑饉、戰爭的象徵與代表。《漢書·天文志》亦記載：

> 熒惑出則有大兵，入則兵散。周還止息，乃爲其死喪。寇亂在其野者亡地，以戰不勝。……熒惑，天子理也。故曰雖有明天子，必視熒惑所在。〔註50〕

可見當時對於以天文占驗兵事的重視，又如《史記·天官書》有專門論「歲星」順逆所代表的意義，其云：

> 察日、月之行以揆歲星順逆。曰東方木，主春，日甲乙。義失者，罰出歲星。歲星贏縮，以其舍命國。所在國不可伐，可以伐人。其趨舍而前曰贏，退舍曰縮。贏，其國有兵不復；縮，其國有憂，將亡，國傾敗。〔註51〕

其意爲，觀察日月的運行以計算歲星順行或逆行的情況。歲星屬於東方，且屬於五行中的木，在季節上主管春季，在十干上屬甲乙。對於義失之人，天的懲罰出自歲星。歲星的運行，有快有慢，占星時看它停於那個星宿，再根據分野說，找出該星對應的國家地區。歲星所在的國家，他國不能進攻它，而它可以懲罰別的國家。歲星運行過快而超過了正常速度應處的星宿叫做贏，退在正常星宿位置之後稱爲縮。而歲星運行超前，所在之國將有兵事而不得停息；歲星運行縮後，所在之國將有憂患，將亡國，其國將傾覆敗亂。

《漢書·天文志》也有「察機祥候星氣」察驗兵事之敘述，其云：

> 周室微弱。……自是之後，眾暴寡，大并小。秦、楚、吳、粵、夷狄也、爲疆伯。田氏篡齊，三家分晉，並爲戰國，爭於攻取，兵革遞起，城邑數屠，因以飢饉疾疫愁苦，臣主共憂患，其察機祥候星氣尤急。近世十二諸侯七國相王，言從橫者繼踵，而占天文者因時務論書傳，故其占驗鱗雜米鹽，亡可錄者。〔註52〕

因此，《周易·繫辭下》云：

> 古者庖犧氏之王天下也，仰則觀象於天，俯則觀法於地，視鳥獸之

〔註50〕漢·班固著，《漢書·天文志》，冊3，卷26，頁1281。
〔註51〕漢·司馬遷著，《史記·天官書》，卷27，頁1312。「歲星」，一曰應星，一曰經星，一曰紀星。歲行一次，謂之歲星，則十二歲而星一周天也。
〔註52〕漢·班固著，《漢書·天文志》，冊3，卷26，頁1300～1301。

文與地之宜，近取諸身，遠取諸物，於是始作易與八卦。〔註53〕

可見，中國的老祖宗早就知道如何「仰則觀象於天，俯則觀法於地」。《周易·
繫辭上》云：

天地變化，聖人效之。天垂象，見吉凶，聖人象之。〔註54〕

古時聖賢亦知，如何從天象的徵兆推知人事吉凶，故有「天垂象，見吉凶」
之語，《史記·天官書》云：

自初生民以來，世主曷嘗不曆日月星辰？至五家、三代，紹而明之，
內冠帶，外夷狄，分中國爲十有二州，仰則觀象於天，俯則法類於
地。天則有日月，地則有陰陽。天有五星，地有五行。天則有列宿，
地則有州域。三光者，陰陽之精，氣本在地，而聖人統理之。〔註55〕

誠然，司馬遷亦十分認同「天垂象，見吉凶」，這即是古時所謂的「軍國星占
學」。〔註56〕而岑丞丕《先秦兵陰陽家問題探論》云：

戰國中期之後，隨著鄒衍陰陽五行學說的發展與流行，人們對星辰
的位置、日月的變化、四時的運行以及陰陽的交替都歸結於「天垂
象，見吉凶」，大至國家的發展，小至個人的吉凶都可由天象或自然
的變化加以反映。〔註57〕

其次，《漢書·藝文志》陰陽家者流，錄有〈鄒子四十九篇〉而班氏自注：「名
衍，齊人，爲燕昭王師，居稷下，號天衍」。又列〈鄒子終始五十六篇〉，顏
師古注：「亦鄒衍說」。〔註58〕可見均爲鄒衍所著，惟其書於《隋志》已無登
載、亡佚，今欲瞭解鄒衍其書與其人，則須藉由古籍查考。如《史記·封禪
書》云：「騶衍以陰陽主運顯於諸侯」，《索隱》：「主運是鄒子書篇名也」。〔註
59〕《史記·孟子荀卿列傳》云：

騶衍，……乃深觀陰陽消息，而作怪迂之變，終始大聖之篇，十餘

〔註53〕 樓宇烈校釋，《王弼集校釋·周易注》（台北：華正書局，1992 年 12 月，初版），
　　　　頁 558。
〔註54〕 樓宇烈校釋，《王弼集校釋·周易注》，頁 554。
〔註55〕 漢·司馬遷著，《史記·天官書》，卷 27，頁 1342。
〔註56〕 江曉原著，《歷史上的星占學》（上海：上海科技教育出版社，1995 年 1 月，
　　　　初版），頁 280。
〔註57〕 岑丞丕著，《先秦兵陰陽家問題探論》（中國文化大學歷史研究所，碩士論文，
　　　　2005 年），頁 18。
〔註58〕 漢·班固著，《漢書·藝文志》，冊 3，卷 30，頁 1733。
〔註59〕 漢·司馬遷著，《史記·封禪書》，冊 2，卷 28，頁 1369。

萬言。……稱引天地剖判以來，五德轉移，治各有宜，而符應若茲。
〔註60〕

騶子重於齊。適梁，惠王郊迎，執賓主之禮。適趙，平原君側行撇
席。如燕，昭王擁彗先驅，請列弟子之座而受業，築碣石宮，身親
往師之。作主運。其游諸侯見尊禮如此。

《史記‧曆書》云：

是時獨有鄒衍，明於五德之傳，而散消息之分，以顯諸侯。〔註61〕

林金泉《周秦陰陽五行家思想研究》云：

鄒衍觀陰陽消息，作怪迂之變，以相生之義言主運，相勝之義言終
始，……陰陽五行理論至此大備矣！且既談陰陽，又言五行，始自
鄒衍。〔註62〕

由上述的事例可知，鄒衍「觀陰陽消息」，並「以陰陽主運顯於諸侯」，且「明
於五德之傳，而散消息之分」。然而，以上述資料檢視，鄒衍並無兵家之背
景。

總而言之，從「觀象授時」至《周易‧繫辭上》云：「天垂象，見吉凶，
聖人象之」〔註63〕、《周易‧繫辭下》云：「仰則觀象於天，俯則觀法於地」
〔註64〕、乃至於「察機祥候星氣」察驗兵事，凡此種種均與陰陽家有密切關
係，誠如《漢書‧藝文志》所云：「陰陽家者流，蓋出於羲和之官，敬順昊天，
歷象日月星辰，敬授民時，此其所長也」。〔註65〕

二、陰陽家之陰陽術數與戰爭關係

欲瞭解陰陽家作品與軍事思想有無關係？有無軍事家背景人物出現？是
否對軍事戰爭產生影響？首先必須由《漢書‧藝文志》著錄的陰陽家作品中
析探；由於上述作品，大都亡佚，無法詳盡瞭解作品內容，所以只能透過部
分著作者或作品之名稱，析探作品的概略要旨。如《漢書‧藝文志》陰陽家

〔註60〕漢‧司馬遷著，《史記‧孟子荀卿列傳》，冊4，卷74，頁2344～2345。
〔註61〕漢‧司馬遷著，《史記‧曆書》，冊2，卷26，頁1259。
〔註62〕林金泉著，《周秦陰陽五行家思想研究》（國立師範大學國文研究所碩士論文，
　　　　1982年11月），頁66。
〔註63〕樓宇烈校釋，《王弼集校釋‧周易注》，頁554。
〔註64〕樓宇烈校釋，《王弼集校釋‧周易注》，頁558。
〔註65〕漢‧班固著，《漢書‧藝文志》，冊3，卷30，頁1734～1735。

者流，錄有《宋司星子韋三篇‧景公之史》，〔註66〕而在《史記‧宋微子世家》
有一段記載宋司星子韋的事例如後：

> 三十七年，楚惠王滅陳。熒惑守心。心，宋之分野也。景公憂之。
> 司星子韋曰：「可移於相。」景公曰：「相，吾之股肱。」曰：「可移
> 於民。」景公曰：「君者待民。」曰：「可移於歲。」景公曰：「歲饑
> 民困，吾誰爲君！」子韋曰：「天高聽卑。君有君人之言三，熒惑宜
> 有動。」於是候之，果徙三度。〔註67〕

中國古代的星占家認爲，天上的某一區域與地上的某個地域會相互影響，這種
影響是固定和持久的。如果某部分天區內出現不尋常的天象，這將意味著與這
一天區對應的某一地域將有大事發生。這種爲了用星象變化來占卜每個地方人
世的吉凶，而將地上的州、國與天上的星空區域一一匹配的占法就叫分野。

　　春秋時代已興起一套分野之說，即以天上的二十八宿、〔註68〕十二次配

〔註66〕 漢‧班固著，《漢書‧藝文志》，冊3，卷30，頁1733。

〔註67〕 見漢‧司馬遷著，《史記‧宋微子世家》，卷38，頁1631。「熒惑星」，火星的
別名，主刀兵的凶星，行止不定，休止在某位置，就象徵某國家有災禍。「分
野」，古時天子按天上所列星宿的地位而分封諸侯。列宿所當的區域叫做分野。

〔註68〕 薄樹人著，《中國天文學史》（台北：文津出版社，1996年5月，初版1刷），
頁75。該書云：自古以來就有一種月躔說，即認爲二十八宿是月亮視運動的
標誌點。由於月亮在恆星間運動一周天需要二七點三二日，人們可能取其整
數，劃分周天爲二十八宿。東漢王充在其《論衡》云：「二十八宿爲日月舍，
猶地有郵亭，爲長吏廨矣。」日人新城新藏認爲，二十八宿的劃分是定朔日
用的，朔日日月正好在同位置。由於朔日月亮不見，只能以「朏」日（陰曆
初三）新月出現時，往前推算朔日，這樣也就能推算太陽的位置。
就「朔望月」而言，從地球上觀察到「月的相狀」，是有週期性的差異，這是
因爲月球一方面環繞地球運動，另一方面是月球反射太陽光所致。當月球處
於地球和太陽之間，月球被太陽射的一半背著地球，故在這時候，地球無法
看到「月光」，這樣的月相稱之爲「朔」。當地球位於月球與太陽之間時，月
的相狀剛好相反，月亮完整地掛在空中，此時就稱之爲「望」。月相從這一次
的朔到下一次的朔，或者從這一次的望到下一次的望，所經過的週期爲二九
點五三○六日。中國古代從觀察月相而安排一個月的週期，這只是用以計算一
個月的平均日數而已。而從月圓月缺的天文現象而界定一個月的辦法，稱之
爲「朔望月」，從四季寒暑變易的現象安排一年的時間，稱之爲「回歸年」。
鄺芷人著，《陰陽五行及其體系》（台北：文津出版社，2003年7月，2版2
刷），頁223。二十八宿與四靈相配，是中國傳統天文學的又一特點，東宮七
宿爲蒼龍，包括角、亢、氐、房、心、尾、箕，北宮七宿爲玄武，包括斗、
牛、女、虛、危、室、壁，西宮七宿爲白虎，包括奎、婁、胃、昴、畢、觜、
參，南宮七宿爲朱雀，包括井、鬼、柳、星、張、翼、軫，這種完整的形式
最早見於漢代著作。馮時著，《中國天文考古學》（北京：中國社會科學出版

地上的國家或地區。〔註69〕據《周禮‧春官‧保章氏》鄭注：

> 九州州中諸國之封城，於星亦有分焉；今存其可言者，十二次之分
> 也 。星紀，吳越，玄枵，齊也；娵訾，衛也；降婁，魯也；大梁，
> 趙也；實沈，晉也；鶉首，秦也；鶉火，周也；鶉尾，楚也；壽星，
> 鄭也；大火，宋也；析木，燕也。〔註70〕

司馬遷的著作中亦記載二十八宿分野體系的起源，《史記‧天官書》云：

> 二十八舍主十二州，斗秉兼之，所從來久矣。秦之疆也，候在太白，
> 占於狼、弧。吳、越之疆，候在熒惑，占於鳥衡。燕、齊之疆，候
> 在辰星，占于虛、危。宋、鄭之疆，候在歲星，占于房、心。晉之
> 疆，亦候在辰星，占於參、罰。〔註71〕

上述是以二十八舍與北斗兼合的分野法。然而司馬遷亦兼收另一種分野形
式，是按十三州的格局劃定的，《史記‧天官書》云：

> 角、亢、氐，兗州。房、心，豫州。尾、箕，幽州。斗，江、湖。
> 牽牛、婺女，楊州。虛、危，青州。營室至東壁，并州。奎、婁、
> 胃，徐州。昴、畢，冀州。觜觿、參，益州。東井、輿鬼，雍州。
> 柳、七星、張，三河。翼、軫，荊州。〔註72〕

社，2007年1月，初版），頁380。附錄五「二十四節氣星相盤」，顯示二十
八宿位置。

〔註69〕 我國古代還有另外一套天空區劃，這就是沿天球赤道，自北向西、向南、向
東依次為星紀、玄枵、娵訾、降婁、大梁、實沈、鶉首、鶉火、鶉尾、壽星、
大火、析木等十二次。《漢書‧律曆志》云：「五星之合於五行，水合於辰星、
火合於熒惑、金合於太白、木合於歲星、土合於填星。」見《漢書‧律曆志》，
冊2，卷21，頁985。現在所謂水星、火星、金星、木星及土星，在漢代以前
分別稱之為辰星、熒惑、太白、歲星及填星。歲星既然是指木歲，古人很早
就已經認識到木星約十二年環繞太陽運行一週，因此，如果把木星運行的軌
道分為十二部分，每一部分稱為一次。十二部分便為十二次，同時木星運行
一次，便是一年。因此，所謂歲星紀年法其實就是以木星為準則的十二年為
一循環的紀年法，十二次分別配上十二個不同的名稱，這就星紀、玄枵、娵
訾、降婁、大梁、實沈、鶉首、鶉火、鶉尾、壽星、大火、析木等十二次。
鄺芷人著，《陰陽五行及其體系》（台北：文津出版社，2003年7月，2版2
刷），頁228。附錄六「卦氣圓圖」，顯示十二次位置。

〔註70〕 清‧阮元校勘，《周禮‧春官‧保章氏》《十三經注疏》（台北：新文豐出版社，
1977年1月，初版），卷26，頁406。

〔註71〕 漢‧司馬遷著，《史記‧天官書》，卷27，頁1346。

〔註72〕 漢‧司馬遷著，《史記‧天官書》，卷27，頁1346。張守節《正義》《括地志》
云：漢武帝置十三州，改梁州為益州為益州廣漢。十三州即漢武帝刺史部，

《淮南子‧天文訓》的分野體系是採用了二十八宿與列國對應的形式，其云：

> 角、亢，鄭；氐、房、心，宋；尾、箕，燕，斗、牽牛，越；須女，
> 吳；虛、危，齊；營室、東壁，衛；奎、婁，魯；胃、昴、畢，魏，
> 觜巂、參，趙；東井、輿鬼，秦；柳、七星、張，周；翼、軫，楚。
> 〔註73〕

如此將其與武帝十三州分野對觀，不難發現二十八宿中氐、牛、胃三宿的分野存在差異。對此，馮時《出土古代天文學文獻研究》作出比較如後：

> 這種二十八宿列國分野與其後的武帝十三州分野一樣，較之司馬遷
> 同時注意到的二十八舍北斗分野法已大不相同，它表現出的是一種
> 十分混亂的組合，燕的分野已與過去同齊共分虛、危的情況不同，
> 而分有尾、箕，吳的分野也與過去同楚共分七星與張宿不同，而分
> 斗、牛、女，燕、越、吳三國分野比鄰，已講不出任何道理。魏、
> 趙各有分野而取代了晉，證明這個體系顯然是戰國時期韓、趙、魏
> 三家分晉後形成的。魏分野合十二的大梁，趙分野嗣晉而為實沈，
> 從分野發展的角度看還免強合理。〔註74〕

其他尚有東漢經學家鄭玄在《周禮‧春官‧保章氏注》中揭示另一種十二次分野，以及班固在《漢書‧地理志》中所列的分野體系等等。然而，為何必須有分野體系，其意義何在？《名義考》云：

> 古者封國，皆有分星，以觀妖祥，或繫之北斗，如魁主雍；或繫之
> 二十八宿，如星紀主吳、越；或繫之五星，如歲星主齊、吳之類。
> 有土南而星北，土東而星西，反相屬者，何耶？先儒以為受封之日，
> 歲星所在之辰，其國屬焉。吳、越同次者，以同日受封也。〔註75〕

其意為，分野主要是依據這個國受封之日，歲星在那一次而定。在此，我們以宋景公的事例說明如後：

その中十一部沿用《尚書‧禹貢》及《周禮‧職方氏》中的州名，又將梁州改為益州。因此，這種分野形式的建立時間是相對明確。

〔註73〕見漢‧劉安著，《淮南子‧天文訓》，卷3，頁15。

〔註74〕馮時著，《出土古代天文學文獻研究》，頁162。

〔註75〕但亦有三國，不是如此區分，其一為宋，「大火，宋也」。春秋時代的宋，就是被周滅的殷商後裔，其仍以大火為其分野，明為不忘先祖之意。其二為周，「鶉火，周也」，周人沿襲殷人後期觀測鶉火以定農時習尚，鶉火於是成了周的分野。其三為晉，「實沈，晉也」實沈是夏族始祖，夏為商滅後，周成王封弟唐叔虞於其舊址，後來即是晉國。見鄭文光著，《中國天文學源流》，頁107。

　　首先，我們必須認知，中國古代視「熒惑守心」為一個重要的天象，熒惑即五星中的火星，陰陽家常把它與賊亂、疾病、饑兵等惡兆相連。心是二十八宿之一的心宿，按照陰陽家之解釋，心宿三星的中間一星為天王，旁邊兩星為太子和庶子，它不僅代表天子祈福祀神的明堂所在，而且被視為「熒惑之廟」，與火星有密切關聯。因此，「熒惑守心」就是火星在心宿發生由順行並停留在心宿一段時間的現象，所以陰陽家認為，這是一個被視為對最高統治者極為不利的天象。

　　宋景公乃春秋時代諸侯，由於周敬王四十年，熒惑星入侵心星範圍，看守住心星。依當時星象學，心星正屬於宋國的分野，這是刀兵災禍的凶事；由於宋景公憂心「熒惑守心」，將有刀兵災禍的災難發生，朝中專管占星相的官子韋說：「我將禍患轉移宰相承受。」景公答說：「宰相是輔佐大臣，好比股肱，怎可使其遭受禍患？」子韋說：「那麼轉移至百姓承受。」景公答說：「仁君應該仁愛百姓，怎能使百姓承受災患？」子韋又說：「可轉移至年歲五穀收成上。」景公答說：「時令饑荒，人民困苦，如何稱得上為仁君？」子韋最後讚嘆：「至高謙卑的人君，至心發出為人君的三種仁愛，必然感應天心，熒惑星必會有所移動。」于是，再占候星象，果然移動了三度，離開了心星的範圍。宋國果然沒有刀兵災難。

　　依據《漢書·藝文志》除將宋司星子韋列為陰陽家外，〔註76〕且由上述的事例可知，宋子韋亦為朝中專管占星相的官吏，且可借由觀察、瞭解星相，進而能瞭解或避開軍事戰爭災難的發生。在漢代「陰陽家者流，敬順昊天，歷象日月星辰，敬授民時。」指的就是，藉由星占學以瞭解軍事戰爭的問題。

　　再者，《漢書·藝文志》陰陽家者流，錄有〈張蒼十六篇〉，〔註77〕均已亡佚。但可從《史記》或《漢書》中瞭解張蒼其人其事，以推知陰陽家與軍事戰爭之關係。依據《史記·張丞相列傳》描述：

> 張蒼為計相時，緒正律歷。……推五德之運，以為漢當水德之時，尚黑如故。吹律調樂，入之音聲，及以比定律令。若百工，天下作程品。至於為丞相，卒就之，故漢家言律歷者，本之張蒼。蒼本好書，無所不觀，無所不通，而尤善律歷。〔註78〕

〔註76〕漢·班固著，《漢書·藝文志》，冊3，卷30，頁1733。
〔註77〕漢·班固著，《漢書·藝文志》，冊3，卷30，頁1733。
〔註78〕漢·司馬遷著，《史記·張丞相列傳》，冊4，卷96，頁2681。

《漢書·張周趙任申屠傳》亦云：

> 蒼為丞相十餘年，魯人公孫臣上書，陳終始五德傳，言漢土德時，
> 其符黃龍見，當改正朔，易服色。事下蒼，蒼以為非是，罷之。其
> 後黃龍見成紀，於是文帝召公孫臣以為博士，草立土德時曆制度，
> 更元年。蒼由此自絀，謝病稱老。〔註79〕

由上所述，張蒼善律歷，且能推「五德之運」，亦能「吹律調樂，入之音聲」，
此皆為陰陽家所云：「陰陽家者流，蓋出於羲和之官，敬順昊天，歷象日月星
辰，敬授民時，此其所長也」。《漢書·藝文志》將其著錄於陰陽家，誠為適
切。然而亦有許多未列入《漢書·藝文志》之陰陽家者，如《史記·天官書》
云：

> 夫自漢之為天數者，星則唐都，氣則王朔，占歲則魏鮮。〔註80〕

事實上，不論是占星、占氣、占歲之所謂「為天數者」似均屬陰陽家作為之
範疇，以魏鮮《集臘明正月旦決八風》為例，《史記·天官書》云：

> 風從南方來，大旱；西南，小旱；西方，有兵；西北，戎菽為，小
> 雨，趣兵；北方，為中歲；東北，為上歲；東方，大水；東南，民
> 有疾疫，歲惡。故八風各與其衝對，課多者為勝。多勝少，久勝亟，
> 疾勝徐。〔註81〕

魏鮮是西漢初年的陰陽家，擅長占風，上段引言即是其占風之法。魏鮮將臘
明（年三十）及正月旦（大年初一）兩日合起來占候，看這兩日風從哪個方
向吹來，若從南方來，則今年大旱；若從西南方來，則今年小旱；若從西方
來，則今年有兵事；若從西北方來，今年豆類作物豐收，有小雨，兵事急促
興起；若從北方來，則今年收成為中等；若風從東北方來，則今年大豐收；
若從東方來，則今年有大水；若風從東南方來，則今年民眾有疾疫，收成不
好。且八風分別與其相對的方向相互影響，風勢強（課）者勝過風勢弱者；
風量多者勝風量少者，風持久者勝風短暫（亟）者，風速快者勝風速慢者。

再如東漢南陽西鄂人張衡，《後漢書·張衡列傳》云：

> 少善屬文，游於三輔，因入京師，觀太學，遂通五經，貫六藝。……
> 衡善機巧，尤致思於天文、陰陽、曆算。常耽好《玄經》，謂崔瑗曰：

〔註79〕漢·班固著，《漢書·張周趙任申屠傳》，冊4，卷42，頁2099。
〔註80〕漢·司馬遷著，《史記·天官書》，冊2，卷27，頁1349。
〔註81〕漢·司馬遷著，《史記·天官書》，冊2，卷27，頁1340。

「吾觀《太玄》，方知子雲妙極道數，乃與五經相擬，非徒傳記之屬，使人難論陰陽之事，漢家得天下二百歲之書也。復二百歲，殆將終乎？所以作者之數，必顯一世，常然之符也。漢四百歲，玄其興矣。」……遂乃研覈陰陽，妙盡璇機之正，作渾天儀，著《靈憲》、《筭罔論》，言甚詳明。〔註82〕

張衡家世可追溯至春秋時晉國之大夫張老，其祖父曾爲蜀郡太守，惟至其父時家道沒落，張衡十八歲遊歷洛陽太學研習，迨後，因研讀西漢楊雄所著《太玄經》，始對天文研究產生興趣。皇帝任命爲太史令，負責掌管天文、曆法、氣象與地震之觀測與紀錄，被《後漢書‧方術列傳》譽稱爲「陰陽之宗」者。〔註83〕

又如，東漢郎顗對圖讖及風角、占候等陰陽術數，享譽當代。《後漢書‧郎顗列傳》云：

郎顗字雅光，北海安丘人也。父宗，字仲綏，學京氏易，善風角、星筭、六日七分，能望氣占候吉凶，常賣卜自奉。……顗少傳父業，兼明經典，隱居海畔，延致學徒常數百人。晝研精義，夜占象度，勤心銳思，朝夕無倦。〔註84〕

由於東漢順帝時，災異屢見，郎顗且於陽嘉二年正月，上表奏曰：

臣聞天垂妖象，地見災符，所以譴告人主，責躬修德，使正機平衡，流化興政也。易內傳曰：「凡災異所生，各以其政。變之則除，消之亦除。」伏惟陛下躬日昃之聽，溫三省之勤，思過念咎，務消祇悔。……
〔註85〕

郎顗精通陰陽術數，上表陳說災異，事多靈驗，故《後漢書‧方術列傳》譽稱郎顗「咎徵最密」。〔註86〕且《後漢書‧方術列傳》之前二十三人，如任文公以占術馳名；高獲善天文，曉遁甲，能役使鬼神；謝夷吾少爲郡吏，學風角占候，且班固爲文薦夷吾曰：「少膺儒雅，韜含六籍，推考星度，綜校圖錄，探頤聖祕，

〔註82〕南朝宋‧范曄著，唐‧李賢等注，《後漢書‧張衡列傳第四十九》（北京：中華書局，1996年5月，初版8刷），冊7，卷59，頁1897。

〔註83〕南朝宋‧范曄著，唐‧李賢等注，《後漢書‧方術列傳》，冊10，頁2706。

〔註84〕南朝宋‧范曄著，唐‧李賢等注，《後漢書‧郎顗列傳第二十下》，冊4，卷30下，頁1053。

〔註85〕南朝宋‧范曄著，唐‧李賢等注，《後漢書‧郎顗列傳第二十下》，冊4，卷30下，頁1054。

〔註86〕南朝宋‧范曄著，唐‧李賢等注，《後漢書‧方術列傳第七十二上》，冊10，卷82上，頁2706。

觀變歷徵，占天知地，與神合契」。楊由少習易，并七政、元氣、風雲占候；李
郃通五經，善河、洛風星；廖扶習韓詩、歐陽尚書，專精經典，尤明天文、讖
緯，風角、推步之術；樊英習京氏易，兼明五經，又善風角、星筭，河洛七緯，
推步災異；唐檀習京氏易、韓詩、顏氏春秋，尤好災異星占；公沙穆長習韓詩、
公羊春秋，尤銳思河洛推步之術等等均屬精通陰陽術數之士（除王喬之術爲幻
術，郭玉、華佗之術爲醫術之外）。〔註87〕《後漢書‧方術列傳》云：「中世張
衡爲陰陽之宗，郎顗咎徵最密，餘亦班班名家焉」，〔註88〕所謂「餘亦班班名家
焉」，可見當時陰陽術數之盛行，而陰陽家更是所在多有。

　　惟上述之士如張蒼、魏鮮、張衡、郎顗以及《後漢書‧方術列傳》所載
之班班名家如任文公、郭憲、許楊、高獲、謝夷吾等陰陽術士，均非軍事家
亦無軍事家之背景。然而此類陰陽家或運用其推算曆法、觀察日月星辰天象
之專長，亦能發揮於軍事作戰之領域，惟兵家卻更能借用陰陽家之專長，領
兵作戰並發揮於軍事戰場，誠如岑丞丕《先秦兵陰陽家問題探論》云：

　　　兵陰陽家所善於利用的是外在事物，在行軍作戰之際，若能應用北
　　　斗給人們的神秘感與神聖性來妥善宣傳，將有助於己方士氣的提
　　　升，對敵方也是一種士氣的打擊。〔註89〕

誠然，兵家所善於利用的是外在事物，〔註90〕而此處所謂的外在事物，就是指
陰陽家所專長的如天象、曆算、音律、陰陽五行、望氣候星、龜策機祥等等。
〔註91〕凡此外在事物的運用，對古代軍事作戰而言，不論是正面或負面的功效，

〔註87〕　《後漢書‧方術列傳》之前二十三人均屬於精通陰陽術數之士（惟王喬之術
　　　　爲幻術，郭玉、華佗之術爲醫術之外）除上述之士尚有：郭憲精通推步災異；
　　　　許楊少好術數巫醫；；李南少篤學，明於風角；段翳習易經，明風角；許曼
　　　　由道士張巨君，授以方術，所著《易林》至今行於世；趙彥少有術學，能陳
　　　　孤虛之法，並能推遁甲，教以時進兵；樊志張博學多通；單颺善於天官、筭
　　　　術；韓說博通五經，尤善圖緯之學；董扶學圖讖；徐登善爲巫術等。南朝宋‧
　　　　范曄著，唐‧李賢等注，《後漢書‧方術列傳第七十二上》，冊10，卷82上，
　　　　頁2707～2742。
〔註88〕　南朝宋‧范曄著，唐‧李賢等注，《後漢書‧方術列傳第七十二上》，冊10，
　　　　卷82上，頁2706。
〔註89〕　岑丞丕著，《先秦兵陰陽家問題探論》，頁21。
〔註90〕　《漢書‧藝文志‧兵書略》是由步兵校尉任宏所校讎，其將兵家分爲四個派
　　　　別，即兵權謀家、兵形勢家、兵陰陽家、兵技巧家等，岑丞丕《先秦兵陰陽
　　　　家問題探論》所謂之兵陰陽家指的是兵家之陰陽家並非是陰陽家。
〔註91〕　依據邵鴻〈兵陰陽家與漢代軍事〉漢代重要的軍事術數形式概有：「卜筮」、「天
　　　　文雲氣占」、「式占」、「風角」、「象占」、「擇吉」、「道教」、「祭禳祝咒」、「慶

誠或發揮相當的影響力，即如在天文學知識方面（包括天象、曆算、候星等），春秋時期已逐漸發展成熟，並將此項知識運用於軍事領域，以《左傳・襄公十八年》楚侵晉，晉董叔以天象論曰：「天道多在西北。南師不時，必無功」，〔註92〕楊伯峻《春秋左傳注》解釋如後：

> 天道爲木星所行之道。此年木星在黃道帶經過娵訾，于十二支中爲亥，故云天道在西北，又云南師（即楚師）出征不合天時，而必無功。〔註93〕

由於天道在西北，所以晉董叔就天象而論，楚師出征必然無功而返。又如《左傳・昭公三十二年》吳伐越之例：

> 夏，吳伐越，始用師於越也。史墨曰：「不及四十年，越其有吳乎！越得歲而吳伐之，必受其凶。」〔註94〕

此年歲在星紀，星紀吳、越之分也。而顧炎武《日知錄》亦云：「吳伐越，歲在越，故卒受其凶」。〔註95〕由於歲星所在，其國有福，故「越得歲而吳伐之，必受其凶」。以上所舉事例，均是天象、曆算、候星推算吉凶。而在《史記・天官書》亦有這方面的記述：

> 木星與土合，爲內亂，饑，主勿用戰，敗；水則變謀而更事；火爲旱；金爲白衣會若水。金在南曰牝牡，年穀熟。金在北，歲偏無。水與火合爲焠，與金合爲鑠，爲喪，皆不可舉事，用兵大敗。土爲憂，主卿；大饑，戰敗，爲北軍，軍困，舉事大敗。土與水合，穰而擁閼，有覆軍其國不可舉事。出，亡地，入，得地。金爲疾，爲內兵，亡地。三星若合，其宿地國外內有兵與喪，改立公主。四星合，兵喪並起，君子憂，小人流。五星合，是爲易行，有德，受慶，改立大人，掩有四方，子孫蕃昌；無德，受殃若亡。五星皆大，其事亦大；皆小，事亦小。〔註96〕

上述引言，即是運用金、木、水、火、土等五星之天象、曆算、及陰陽五行知

勝」等，且從戰國開始的軍事術數的陰陽五行化過程，至漢代已完成。邵鴻著，〈兵陰陽家與漢代軍事〉，《南昌大學學報・哲學社會科學版》（2002年12月，第6期），頁81～90。
〔註92〕楊伯峻著，《春秋左傳注》，冊下，頁1043。
〔註93〕楊伯峻著，《春秋左傳注》，冊下，頁1043。
〔註94〕楊伯峻著，《春秋左傳注》，冊下，頁1516。
〔註95〕清・顧炎武著，楊家駱主編，《日知錄集釋》，冊下，卷30，頁699。
〔註96〕漢・司馬遷著，《史記・天官書》，卷27，頁1320～1321。

識推算吉凶，如「木星與土，……主勿用戰，敗」、「水與火合爲焠，與金合爲鑠，爲喪，皆不可舉事，用兵大敗」、「土爲憂，……戰敗，爲北軍，軍困，舉事大敗」、「土與水合，……有覆軍其國不可舉事」、「三星若合，其宿地國外內有兵與喪」、「四星合，兵喪並起」，此可爲兵家作戰時的一項參考。且如秦漢之時，視北斗七星爲「帝車」，居於指揮的地位，《史記‧天官書》云：

> 斗爲帝車，運于中央，臨制四鄉。分陰陽，建四時，均五行，移節度，定緒紀，皆繫於斗。〔註97〕

所以《淮南子‧天文訓》云：

> 太陰所居不可背而可鄉，北斗所擊，不可與敵。天地以設，分而爲陰陽，陽生於陰，陰生於陽，陰陽相錯，四維乃通。〔註98〕

所謂「北斗所擊，不可與敵」，說明天文運行，即以北斗七星作爲推論勝負之關鍵。又如《韓非子‧飾邪》云

> 初時者魏數年東鄉攻盡陶、衛，數年西鄉以失其國，此非豐隆、太一、王相、攝提、六神、五括、天河、殷搶、歲星非數年在西也，又非天缺、弧逆、刑星、熒惑、奎台非數年在東也。故曰：龜筴鬼神不足舉勝，左右背鄉不足以專戰。〔註99〕

上述之論，均以天文學知識推算勝負與成敗。

　　總而言之，陰陽家運用天象、曆算、音律、陰陽五行、望氣候星、龜策機祥等陰陽術數專長，或能發揮預測軍事作戰勝敗之功能，或能使師出有名，或能激勵軍隊士氣，或因過於迷信，而導致戰爭失敗。姑不論其功效是正面或是負面，惟從先秦以迄兩漢，勿庸置疑，陰陽術數對軍事作戰均發生極大的影響力。

第三節　陰陽術數思想之戰場功能

　　早在春秋末年，已有人運用陰陽思想發揮於軍事戰場上，如《國語‧越語下》記述范蠡觀察天象「陽至而陰，陰至而陽；日困而還，月盈而匡」，於此他領悟到事物的發展有此消彼長、循環交替的規律。軍事上的攻守情勢，也受這種規律支配，此或是將陰陽思想運用在軍事上之啓蒙階段。〔註100〕

〔註97〕漢‧司馬遷著，《史記‧天官書》，卷27，頁1291。
〔註98〕題漢‧劉安著，《淮南子‧天文訓》，卷3，頁16。
〔註99〕陳奇猷校注，《韓非子集釋‧飾邪》，卷5，頁307。
〔註100〕《國語‧越語下》記述范蠡輔助越王勾踐伐吳時有一番議論如後：夫人事必

因此，種種證據顯示，兵家已將陰陽辯證思維模式運用在兵學上，並由此發展出許多兵學中相對的觀念，例如：「先後、遠近、剛柔、攻守、勞逸」等，且以人事相參天地，並觀察天地虛盈、日困月盈現象，以瞭解軍事戰力上的此消彼長。

一、陰陽術數在戰爭方面之運用

依據李零《中國方術續考》研究，欲探究陰陽五行說，古代的術數之學是一個非常值得探析的重要方向。其云：

> 過去梁啓超討論陰陽五行說的起源，就曾注意到這一類。……《六藝》、《諸子》二略都有不少書是借陰陽五行講思想，但最集中還是《諸子略》的陰陽家；后三略的書是技術型的書，《兵書》、《數術》、《方技》三略也有不少書是借陰陽五行講技術，但最重要的則是《數術略》。……《漢書‧藝文志》的《數術略》分天文、曆譜、五行、著龜、雜占、形法六類。這六類全都和陰陽五行有關。我們甚至可以說，陰陽五行就是這類學問的「通用語言。」〔註101〕

誠然，陰陽與術數之學是不可分離的，且《漢書‧藝文志》的《數術略》分天文、曆譜、五行、著龜、雜占、形法六類。這六類全都和陰陽五行有關，而由先秦以迄兩漢，軍事陰陽術數的運用亦是非常的普遍。

有關戰爭的巫術與軍事術數，和戰爭的歷史一樣古老，中國先秦軍事術數已相當繁複發達。到戰國時期，傳統軍事術數發生了重大變化，在陰陽五行學說影響與改造下，兵陰陽家逐漸產生和發展，故本文有必要解析陰陽數術在戰爭方面之運用。

將與天地相參，然後乃可以成功。…天道皇皇，日月以爲常，明者以爲法，微者則是行。陽至而陰，陰至而陽；日困而還，月盈而匡（虧也）古之善用兵者，因天地之常，與之俱行。後則用陰，先則用陽；近則用柔，遠則用剛。後無陰蔽，先無陽察，用人無藝，往從其所。剛柔以禦，陽節不盡，不死其野。彼來從我，固守勿與。若將與之，必因天地之災。又觀其民之饑飽勞逸以參之，盡其陽節，盈吾陰節，而奪之利。宜爲人客，剛彊而力疾，陽節不盡，輕而不可取。宜爲人主要，安徐而重固，陰節不盡，柔而不可迫。易中天著，《國語讀本‧越語下‧越興師伐吳而弗與戰》（台北：三民書局，1995年11月，初版），頁883。

〔註101〕李零著，《中國方術續考》（北京：東方出版社，2000年10月，初版1刷），頁87。

論述陰陽術數在軍事上之運用，必可聯想到五行在軍事上之運用，如《孫子兵法・虛實》云：

> 故兵無常勢，水無常形；能因敵變化而取勝，謂之神。故五行無常勝，四時無常位，日有短長，月有死生。〔註102〕

魏汝霖《孫子兵法大全》引李贄語如後：

> 五行之相勝，四時之相推，短長之相軋，眾生之相憚，執一實以御百虛，孰能知其故乎？〔註103〕

所謂敵無常情，兵亦無常勢，但能因敵情之變化而勝者，始可謂臻於神化之境界。尤其，宇宙萬物與自然之現象均是變動不居，用兵亦然，故運用五行——金木水火土，相生相克理論，使戰法變化無窮，並以四時、日月之盈虛消長，以明虛實之情況。如此，敵情之變化雖不測，制勝之方法亦無窮，職是之故，兵家運用陰陽五行思想遂發展成為軍事辯證法與戰略哲學。

其次，從《左傳》觀察，春秋時星占學經常用於軍事上，如《左傳・昭公八年》（楚滅陳）晉侯問於史趙曰：

> 「陳其遂亡乎！」對曰：「未也。」公曰：「何故？」對曰：「陳，顓頊之族也，歲在鶉火，是以卒滅。陳將如之。今在析木之津，猶將復由。且陳氏得政於齊而後陳卒亡。……臣聞盛德必百世祀。虞之世數未也，繼守將在齊，其兆既存矣。」〔註104〕

次年，《左傳・昭公九年》夏四月，陳災。星占學大師裨灶又云：

> 「五年陳將復封，封五十二年而遂亡。」子產問其故。對曰：「陳，水屬也；火，水妃也。而楚所相也。今火出而火陳，逐楚而建陳也。妃以五成，故曰五年。歲五及鶉火，而後陳卒亡，楚克有之，天之道也，故曰五十二年。」〔註105〕

以上兩則，姑不論敘述是否正確有理，惟史趙與裨灶均是春秋時代大名鼎鼎之術士，更可由此顯示在春秋之時，星占學已被廣泛用於軍事占候之途。

再者，《左傳》記載春秋時陰陽家經常解釋「夢境」，以增強戰鬥意志與決心，此為陰陽軍事術數之「占夢」，如《左傳・僖公二十八年》城濮之戰前

〔註102〕魏汝霖著，《孫子兵法大全・虛實篇第六》（台北：黎明文化事業公司，1986年7月，4版），頁33。

〔註103〕魏汝霖著，《孫子兵法大全・虛實篇第六》，頁168。

〔註104〕楊伯峻著，《春秋左傳注》，冊下，頁1305。

〔註105〕楊伯峻著，《春秋左傳注》，冊下，頁1310。

夕，晉文公面對強大軍力的楚國，心生畏懼，夜夢與楚王搏鬥，子犯出來圓夢，其云：

> 晉侯夢與楚子搏，楚子伏己而盬其腦，是以懼。子犯曰：「吉，我得天，楚伏其罪，吾且柔之矣。」〔註106〕

夢境中晉文公被楚王擊倒，並趴在自己身上吸腦髓，晉文公驚懼不已，子犯曲爲之解，實爲堅定其必勝之信念，是役，晉文公果然勝楚。而在同年，《左傳》記載楚軍主帥子玉戰前之夢，其云：

> 初，楚子玉自爲瓊弁、玉纓，未之服也。先戰，夢河神謂己曰：「畀余！余賜女孟諸之麋。」弗致也。大心與子西使榮黃諫，弗聽。榮季曰：「死而利國，猶或爲之，況瓊玉乎？是糞土也。而可以濟師，將何愛焉？」弗聽。出，告二子曰：「非神敗令尹，令尹其不勤民，實自敗也。」〔註107〕

子玉志在滅宋，戰前夢見河神願意幫助，但希望子玉以「瓊弁、玉纓」祭之，而禱河雖屬天事，楚人深信鬼神，故榮黃諫其沈玉禱河，實爲心理戰略之運用，如此「可以濟師、利國、勤民」，且可繫民心，使三軍知有天助而激勵士氣，但子玉吝惜瓊玉，實自敗也。

至於其他陰陽術數用於軍事之途者亦甚多，例如李零《中國方術續考》云：

> 風角，是以風向定節氣，推吉凶福禍，起源很古老；五音，是以樂律時令，推吉凶福禍，常與「風角」並用。這類數術（與術數同）是古代陰陽五行說的基礎，古人也統稱爲「五行」。它不但是古陰陽看家本事，也風靡於先秦諸子的各個流派。特別是古代兵家有所謂「兵陰陽」，與此類數術也有不解之緣，如《太公兵書》、《尉繚子》等兵書就都提到刑德、風角、五音之術，《漢志》、《七志》有《師曠》，也是風角五音之書。〔註108〕

可見風角、五音之術早已運用於軍事之途，如《史記·律書》記載兵事與音律之關聯：

> 王者制事立法，物度軌則，壹稟於六律，六律爲萬事根本焉。其於

〔註106〕楊伯峻著，《春秋左傳注》，冊上，頁459。
〔註107〕楊伯峻著，《春秋左傳注》，冊上，頁467～468。
〔註108〕李零著，《中國方術續考》，頁100。

兵械尤重，故云「望敵知吉凶，聞聲效勝負」，百王不易之道也。武
王伐紂，吹律聽聲，推孟春以至於季冬，殺氣相并，而音尚宮。同
聲相從，物之自然，何足怪哉？〔註109〕

所謂「望敵知吉凶，聞聲效勝負」，可知音律對兵事亦有其重要性。而《左傳・
襄公十八年》即有一例如後：

晉人聞有楚師，師曠曰：「不害。吾驟歌北風，又歌南風，南風不競，
多死聲。楚必無功。」〔註110〕

楊伯峻《春秋左傳注》解釋如後：

古人迷信，多以樂律卜出兵之吉凶，《周禮・大師》所謂「大師執同
律以聽軍聲而詔吉凶」是也。〔註111〕

呂望《六韜・龍韜・五音第二十八》亦有音律指揮作戰的事例如後：

武王問太公曰：律音之聲，可以知三軍之消息，勝負之決乎？……
其法：以天清靜，無陰雲風雨，夜半，遣輕騎往至敵人之壘，去九
百步外，偏持律管，當耳大呼驚之。有聲應管，其來甚微。角聲應
管，當以白虎；徵聲應管，當以玄武；商聲應管，當以朱雀；羽聲
應管，當以勾陳；五管聲盡不應者，宮也，當以青龍。〔註112〕

因此，在古代軍事領域中，以音律指揮軍隊作戰或據以判吉凶，是相當普遍
之事。

再如，有所謂治氣、望氣之術。從古至今，兩軍作戰首先必須重視士氣
的提昇，及如何運用高昂的士氣。而在戰史中亦能找出與運用士氣，即所謂
治氣有關的例子，如《左傳・莊公十年》曹劌論戰對此有精彩描述：

公與之乘，戰于長勺。公將鼓之。劌曰：「未可。」齊人三鼓。劌曰：
「可矣！」齊師敗績。
既克，公問其故。對曰：「夫戰，勇氣也。一鼓作氣，再而衰，三而
竭。彼竭我盈，故克之。」〔註113〕

《孫子兵法・軍爭》云：

〔註109〕漢・司馬遷著，《史記・律書》，卷25，頁1239～1240。
〔註110〕楊伯峻著，《春秋左傳注》，冊下，頁1043。
〔註111〕楊伯峻著，《春秋左傳注》，冊下，頁1043。
〔註112〕呂望著，《六韜・龍韜・五音第二十八》，葛玉瑩注譯，《武經七書新譯》（濟
　　　　南：齊魯書社，1999年11月，初版1刷），頁249～250。
〔註113〕楊伯峻著，《春秋左傳注》，冊上，頁183。

故三軍可奪氣，將軍可奪心。是故朝氣銳，晝氣惰，暮氣歸。故善用兵者，避其銳氣，擊其惰歸，此治氣者也。〔註114〕

魏汝霖《孫子兵法大全》引何守法語如後：

大約新來氣銳，漸久則力疲而氣惰，隋則氣竭而思歸。故善用兵者，當其勇銳，則堅壁以避之，待其惰歸，則出奇以擊之，則敵銳而吾不與俱銳，敵衰而吾不與之俱衰，此所謂善于治己之氣以奪人之氣者。故曰：三軍可奪氣。蓋我之氣盛，則可以勝敵，彼之氣衰，必爲我勝耳。〔註115〕

兵家對於「氣」的運用是非常重視的，而「氣」亦是陰陽家所重視與研究的重點領域，所以陰陽家更有所謂的望氣之說，如《墨子‧迎敵祠》云：

凡望氣有大將氣，有小將氣；有往氣，有來氣，有敗氣，能得明此者，可知成敗吉凶。〔註116〕

此以望氣之說推算成敗與吉凶，有時如何決定出戰或不戰，以及戰勝或戰敗之徵兆，亦可從望氣中判斷得知，如《史記‧天官書》云：

凡望雲氣，……稍雲精白者，其將悍，其士怯。其大根而前絕遠者，當戰。青白，其前低者，戰勝；其前赤而仰者，戰不勝。〔註117〕

司馬遷《史記》甚至記載從望氣者推算人事的吉凶，如後：

李廣之從弟李蔡，所建立之功勞與名聲遠不如李廣，然而，李廣未得爵邑，封官亦不過九卿，李蔡卻爲列侯，位至三公。甚至，李廣之部屬，才能平平者，亦有數十人以軍功封侯，所以李廣曾與望氣者王朔私語，《史記‧李將軍列傳第四十五》有細膩描述：

廣嘗與望氣王朔燕語，曰：「自漢擊匈奴而廣未嘗不在其中，而諸部校尉以下，才能不及中人，然以擊胡軍功取侯者數十人，而廣不爲後人，然無尺寸之功以得封邑者，何也？豈吾相不當侯邪？且固命也？」朔曰：「將軍自念，豈嘗有所恨乎？」廣曰：「吾嘗爲隴西守，羌嘗反，吾誘而降，降者八百餘人，吾詐而同日殺之。至今大恨獨此耳。」朔曰：「禍莫大於殺已降，此乃將軍所以不得侯者也。」〔註118〕

〔註114〕魏汝霖著，《孫子兵法大全‧軍爭篇第七》，頁34。
〔註115〕魏汝霖著，《孫子兵法大全‧軍爭篇第七》，頁187。
〔註116〕清‧孫詒讓著，《墨子閒詁‧迎敵祠》，卷15，頁2。
〔註117〕漢‧司馬遷著，《史記‧天官書》，冊2，卷27，頁1337。
〔註118〕漢‧司馬遷著，《史記‧李將軍列傳第四十五》，冊5，頁2873～2874。

李廣為隴西守，卻誘降羌人八百餘人並詐而殺之，此種殺戮之過，使李廣本人無法釋懷，故太史公亦借望氣者之語云：「禍莫大於殺已降，此乃將軍所以不得侯者也」，從此可看出望氣之學在漢代亦十分為人重視與相信。

最後，龜策禨祥亦是陰陽家的專業領域，其卜問的方法主要有兩種：龜卜和占筮，並以此方式推算人事的吉凶或戰爭的勝敗，只是亦被兵家所截取運用。而早在先秦時期，向神卜問吉凶禍福，是人們生活中至關重要的事情，我國最早的古籍之一《尚書·洪範》云：「汝則有大疑，……謀及卜筮」及「七稽疑擇建立卜筮人」。〔註119〕可見商周時期已有了專職的神職人員——「卜筮人」。而從《左傳》所載之戰役，常可見到卜官對一場戰役「卜筮」，而卜筮出的吉凶常與戰爭結果有時不謀而合。〔註120〕如《左傳·僖公十五年》秦穆公發兵攻打晉國，秦國的卜人徒父占筮後得到《蠱》卦，〔註121〕 並從卦象判曰此次出兵必能大敗晉軍，且最後終能俘虜晉惠公。果然，秦軍一連三勝，並將晉軍逼至韓國。又如《左傳·哀公九年》宋國伐鄭，晉國欲救之。趙鞅以「卜」法測之，並請史趙、史墨、史龜三人解釋，三人都云不可救鄭，與宋國為敵不吉，反而可以藉此機會伐齊。除了「卜」，還以「筮」法測之，結果亦與「卜」同，於是晉國便停止救鄭的計劃。〔註122〕

〔註119〕清·阮元校勘，《尚書·洪範》，《十三經注疏》，頁174～175。

〔註120〕王智榮著，《周易軍事思想之研究》（國立中山大學中國文學研究所碩士論文，2005年6月），頁36。

〔註121〕《左傳·僖公十五年》的一個重要事例：
晉饑，秦輸之粟；秦饑，晉閉之糴，故秦伯伐晉。卜徒父筮之，吉：「涉河，侯車敗。」詰之。對曰：「乃大吉也，三敗，必獲晉君。其卦遇〈蠱〉，曰『千乘三去，三去之餘，獲其雄狐。』夫狐蠱，必其君也。蠱之貞，風也，其悔，山也。歲云秋矣，我落其實，而取其材，所以克也。實落、材亡，不敗，何待？」三敗及韓。見《春秋左傳注》，冊上，頁352～354。
而卜徒父所引卦辭，現今《周易》不見，杜預僅以「蓋卜筮書雜辭，以狐蠱為君，其義欲以喻晉惠公，其象未聞。」作注，實則艮為狐為陽，蠱為壞為敗，狐被獲而敗；而上艮為覆震，震君既覆，表示所獲必其君者，卦象已明。至於巽為風，艮為山，山下有風，故實落材亡。可參考尚秉和著，〈左傳、國語易象解〉，《周易尚氏學·附錄》（台北：老古文化事業公司，1981年7月，初版），頁339～354。

〔註122〕《左傳·哀公九年》中一個著名事例：晉趙鞅卜救鄭，遇水適火，占諸史趙、史墨、史龜。史龜曰：「『是謂沈陽，可以興兵，利以伐姜，不利子商。』伐齊則可，敵宋不吉。」史墨曰：「盈，水名也；子，水位也。名位敵，不可干也。炎帝為火師，姜姓其後也。水勝火，伐姜則可。」史趙曰：「是謂如川之滿，不可游也。鄭方有罪，不可救也。救鄭則不吉，不知其他。」陽虎以《周

　　因此，春秋時期「卜筮」的重要性自不待言，在戰場上常爲主將是否出兵作戰的一個依據，而卜官也成爲重要的咨詢對象，其對卜筮結果的解釋，或往往是戰事的預言，〔註123〕故有「卜以決疑，不疑何卜」之說。〔註124〕太史公司馬遷亦云：

> 自古聖王將建國受命，興動事業，何嘗不寶卜筮以助善！唐虞以上，不可記已。自三代之興，各據禎祥。塗山之兆從而夏啓世，飛燕之卜順故殷興，百穀之筮吉故周王。王者決定諸疑，參以卜筮，斷以蓍龜，不易之道也。

> 聞古五帝、三王發動舉事，必先決蓍龜。

> 王者發軍行將，必鑽龜廟堂之上，以決吉凶。〔註125〕

　　所謂「王者決定諸疑，參以卜筮，斷以蓍龜，不易之道也」、「發動舉事，必先決蓍龜」、「發軍行將，必鑽龜，以決吉凶」，在許多關鍵時刻尤其具有決定意義。〔註126〕例如漢武帝欲擊匈奴，《史記‧龜策列傳》中亦顯示占卜運用之記載，如後：

> 會上欲擊匈奴，西攘大宛，南收百越，卜筮至預見表象，先圖其利。

易》筮之，遇〈泰〉之〈需〉曰：「宋方吉，不可與也。微子啓，帝乙之元子也。宋、鄭，甥舅也。祉，祿也。若帝乙之元子歸妹而有吉祿，我安得吉焉？」乃止。見楊伯峻著，《春秋左傳注》，冊下，頁1652～1654。

〔註123〕《左傳》中出現多次的《周易》「占卜」，不能單純地以對未來的預言視之。一方面，這麼多的以卜決疑的事件，表現出當時「卜筮」的重要性；另一方面，作者也有意藉「卜筮」的結果融合時局，以引起對在上位者勸諫的效果。若以《左傳》所記載諸多有關卜筮的史實來證明卜筮有多準，或神話了卜筮，實在忽略了卜筮在春秋時代從原始的宗教儀式轉形成人文教化依據的變化。尤其是《左傳》中有多處指明行德政才是長治久安的「常道」，在在顯示《左傳》中隱含的儒家義理。《左傳‧成公十三年》載：「劉康公曰：吾聞之，民受天地之中以生，所謂命也。是以有動作禮義威儀之則，以定命也。」其實已清楚指出「動作禮義威儀之則」才是「定命」，而非飄渺未知的宿命論。請參考拙著，《周易軍事思想之研究》（國立中山大學中國文學研究所碩士論文，2005年6月），頁47。

〔註124〕楊伯峻著，《春秋左傳注》，冊上，頁131。

〔註125〕漢‧司馬遷著，《史記‧龜策列傳》，冊5，卷128，頁3223～3227。

〔註126〕劉玉健認爲占卜的結果只有參考價值，而沒有決定意義，以「科學客觀」論否定占卜的意義，實忽略了占卜在春秋時代的重要性。至於對卜筮結果的不同解釋及儒家對《易經》人文化的轉向，是卜筮的另一問題，甚至可以反證占卜在春秋時的重要性。參見劉玉健著，《中國古代龜卜文化》（廣西：廣西師範大學出版社，1992年4月，1版），頁381～383。

及猛將推鋒執節，獲勝於彼，而著龜時日亦有力於此。上尤加意，

賞賜至或數數千。〔註127〕

可見，卜筮是中國古代最古老、最重要又最爲人們熟悉的，其運用於軍事領域是極其普遍的，因而邵鴻〈兵陰陽家與漢代軍事〉云：

漢代一切軍事活動，都深受術數與兵陰陽學的影響和支配，戰爭不

僅表現爲激烈的武裝衝突，同時也是術數的詭譎對抗。〔註128〕

引文中所謂之「術數」，即指的是陰陽家所擁有的專業知識領域，如天象、曆算、音律、陰陽五行、望氣候星、龜策機祥等等。

二、陰陽軍事術數思想評價

中國古代除星占之外的各種雜占亦很豐富，它包括日占、月占、風角占、鳥情占等不同內容，此均屬於陰陽家的專長與範疇。出土於馬王堆漢墓的帛書中有一幅關於這種複雜占驗的書籍，成書年代大致在戰國晚期。〔註129〕這部書涉及到雲占、氣占、恆星占、月掩星占和彗星占等許多方面，其中以研究氣的占驗內容最爲詳備，包括蜃氣、暈、和虹等不同的占項，從以上種種種占驗的書籍以及有關占星術之類的方術對中國古代政治、與軍事影響甚鉅，例如有些陰陽家爲印證天命而附會或虛構某種實際並不曾發生的天象，例如《史記・天官書》云：

漢之興，五星聚于東井。〔註130〕

這裡所謂的是一種五星聚舍的罕見景象，也就是我們通常所說的五星連珠，它是由五顆行星在天空中一字排開而組成的美麗天象，星占學上則將其視爲明主出現、改朝換代的大吉之兆。司馬遷顯然是想爲劉邦代秦找星占學的依據，但他只說五星連珠見於「漢之興」，措詞謹慎，語意籠統。然而這個天象在漢初是否真的發生過？依據現代天文學的計算，漢高祖二年（公元前 205

〔註127〕漢・司馬遷著，《史記・龜策列傳》，冊 5，卷 128，頁 3224。

〔註128〕邵鴻著，〈兵陰陽家與漢代軍事〉《南昌大學學報（哲學社會科學版）》（2002 年 12 月，第 6 期），頁 81。

〔註129〕見馮時著，《出土古代天文學文獻研究》，頁 157。喻燕姣〈從馬王堆漢墓文物看兩千年前的天文星象〉，《天文館期刊》（第七期），頁 16～19。該文亦曾論及天文氣象雜占，其云：《天文氣象雜占》的撰寫者本意不過是利用星象和雲氣變化來占驗災異變故、戰爭勝敗，對星象、雲氣變化的這份虔誠，使他們對自己的觀測絲毫不敢大意。

〔註130〕漢・司馬遷著，《史記・天官書》，冊 2，卷 27，頁 1348。

年）的五月至七月，確實有過一次五星連珠的天象發生，當時金、木、水、火、土五大行星都在黎明時出現在東方天空，而且會聚在井宿，與司馬遷含糊的說法似是吻合，但這個天象畢竟出現在秦亡之時，人民生活於水火之中，苦不堪言，此與星占學所強調的大吉大利是不協調，所以到了班固作《漢書‧高帝紀》時，這條史料即便纂改爲：

（漢高祖）元年冬十月，五星聚於東井，沛公至霸上。〔註131〕

此與《史記‧高祖本紀》云：

漢元年十月，沛公兵遂先諸侯至霸上。秦王子嬰素車白馬，繫頸以組，封皇帝璽符節，降軹道旁。〔註132〕

如此景況，秦王子嬰素車白馬獻印而降的結局，似可彼此呼應。然而，以「五星連珠」即代表「漢之興」則過於牽強。

　　因而，星占學爲了適應政治或軍事上的需要，有時是不擇手段的，陰陽家（或官方的天文學家）爲了突顯星占預卜吉凶的能力，在纂改天象的同時，甚至僞造天象紀錄。他們或將沒有發生的天象誤作發生，或者將確實存在的天象略而不錄，用這種方法以求天象與時事相應。例如「熒惑守心」在星占學上，是被視爲對最高統治者極爲不利的天象。目前，有學者對中國古代的全部二十三次「熒惑守心」紀錄進行過研究，發現其中竟有十七次是虛構的，而在另一方面，自西漢以來實際發生過的近四十次這類天象卻多未見於記載。〔註133〕所以陰陽家（或官方的天文學家）爲適應政治或軍事上的需要，他們對天象的記載是極不忠實的。

　　其次，僅依據天象的星占學理論指導，而決定用兵方式，是否過於唐突與輕率，如漢宣帝神爵元年，趙充國奉命全權經略西羌軍事，因其持重緩進，引起宣帝不滿，以敕書責備他貽誤戎機，催其即刻進軍，《漢書‧趙充國傳》云：

（宣帝）以書敕讓充國曰：……已詔中郎將印將胡越佽飛射士步兵二校，益將軍兵。今五星出東方，中國大利，蠻夷大敗。太白出高，用兵深入敢戰者吉，弗敢戰者凶。將軍急裝，因天時，誅不義，萬下必全，勿復有疑。〔註134〕

〔註131〕漢‧班固著，《漢書‧高帝紀》，冊1，卷1上，頁22。
〔註132〕漢‧司馬遷著，《史記‧高祖本紀》，冊1，卷8，頁362。
〔註133〕馮時著，《出土古代天文學文獻研究》，頁156。
〔註134〕漢‧班固著，《漢書‧趙充國傳》，冊5，卷69，頁2980～2981。

此次用兵西羌，兵力達數萬人，而催促進軍的理由，並非出於對雙方情勢的分析，而是由於「五星出東方，中國大利，蠻夷大敗」與「太白出高，用兵深入敢戰者吉」這兩個天象決定。如此軍國大事，竟由星占學來指導，豈非荒謬。后因趙充國反覆陳辭，意見經激烈爭論，後爲漢廷採納，終以屯田緩進之策取得勝利。

　　再如，建武元年，鄧禹領軍攻河東，更始軍王匡、成丹、劉均等合軍十餘萬眾與之大戰，《後漢書‧鄧寇列傳》有精彩記述如後：

> 王匡、成丹、劉均等合軍十餘萬，復共擊禹，禹軍不利，樊崇戰死，
> 會日暮，戰罷，軍師韓歆及諸將見兵執已摧，皆勸禹夜去，禹不聽。
> 明日癸亥，匡等以六甲窮日不出，禹因得更理兵勒眾。明旦，匡悉
> 軍出攻禹，禹令軍中無得妄動；既至營下，因傳發諸將鼓而並進，
> 大破之。〔註135〕

東漢軍本已大敗，潰不成軍，再戰必敗無疑，惟王匡等因次日爲「癸亥」，係「六甲窮日」，〔註136〕不宜出兵而停戰，鄧禹乃能從容休整部隊，重新調整部署，反敗爲勝。

　　復如，武帝征和三年遣貳師將軍李廣利進攻匈奴，武帝后來敘述其定策過程云：

> 曩者，朕之不明，以軍候弘上書言「匈奴縛馬前後足，置城下，馳
> 言『秦人，我匄若馬』」，又漢使者久留不還，故興（師）遣貳師將
> 軍，欲以爲使者咸重也。古者卿大夫與謀，參以蓍龜，不吉不行。
> 乃者以縛馬書徧視丞相御史二千石諸大夫郎爲文學者，乃至郡國都

〔註135〕南朝宋‧范曄著，唐‧李賢等注，《後漢書‧鄧寇列傳》，頁601。
〔註136〕「六甲」指的是採用六十甲子紀年的干支紀年法之一種名稱。六十甲子的排
　　　　列是由天干及地支組合而成，並且是陰干組合陰支，陽干組合陽支，也就是
　　　　說，陽干組合陰支（如甲丑）以及陰干組合陽支（如乙寅）是不容許的。此
　　　　種天干十與地支十二的交錯，即成六十個組合的結果。
　　　　其次，日‧井上聰著，《先秦陰陽五行》云：古人將日期分爲剛日（陽日）柔
　　　　日（陰日），就十干而論，甲、丙、戊、庚、壬爲陽日（剛日），乙、丁、己、
　　　　辛、癸爲陰日（柔日）；就十二支而論，子、寅、辰、午、申、戌爲陽（剛日），
　　　　丑、卯、巳、未、酉、亥爲陰（柔日）；依《左傳》所載之19例於剛柔日之
　　　　戰爭中發現有15例選擇在剛日（陽日）進行戰爭活動，故古人或認爲在剛日
　　　　（陽日）進行戰爭活動較宜。而「癸亥」係爲陰日（柔日），不宜出兵作戰，
　　　　故可以「六甲窮日」稱之。日‧井上聰著，《先秦陰陽五行》（湖北：湖北教
　　　　育出版社，1997年7月，初版1刷），頁42～43。

尉成忠、趙破奴，皆以「虜自縛其馬，不祥甚哉！」或以爲「欲以見彊，夫不足視人有餘。」《易》之，卦得〈大過〉，爻在九五，匈奴困敗。公車方士、太史治星望氣，及太卜龜著，皆以爲吉，匈奴必破，時不可再得也。又曰「北伐行將，於鬴山必克。」卦諸將，貳師最吉。故朕親發貳師下鬴山，詔之必毋深入。今計謀卦兆皆反繆。……乃者貳師敗，軍士死略離散，悲痛常在朕心。〔註137〕

誠然，對匈奴作戰是武帝既定之國策，惟此次戰爭，漢武帝決定是否出兵時，先是大臣以象占匈奴不祥可擊，復經《易》筮、方士、太史治星望氣，及太卜龜著，皆以爲吉，匈奴必破。筮帥且以貳師將軍李廣利最吉，路線則以出鬴山必克，武帝乃決心出兵，卻遭受對匈奴戰爭中最慘重的失敗，此次，顯然是武帝受了陰陽家術數之影響，使之草率決定發動了本次戰爭。

上述事例，已充分顯示，陰陽術數在漢代運用在軍事上是過於唐突與輕率，其負面影響是遠大於正面的效用。

然而，陰陽術數運用在軍事上，亦或有正面的效果。如在春秋時期，一般大眾仍然信服於卜筮的力量，而軍隊之主將便可巧妙地利用卜筮來影響士兵的心理，並提振士氣。如《左傳‧成公十六年》晉楚大戰，晉苗賁皇請卜史占一卦爲「吉。其卦遇〈復〉」，〔註138〕而這個卦象在關鍵時刻，堅定了晉屬公求戰信心並穩定了晉國軍心，以致晉國最後打敗了楚國。

此外，《左傳‧僖公二十五年》，晉文公亦欲藉勤王維持晉國霸業，卜偃爲其占卜，得「遇黃帝戰于阪泉之兆」，〔註139〕。晉文公再提「筮之」，卜偃也又筮出一個「〈大有〉之〈睽〉」卦，明指晉文公能直通周天子，因公得饗，

〔註137〕漢‧班固著，《漢書‧西域傳第66下》，冊7，卷96，頁3913。

〔註138〕苗賁皇言於晉侯曰：「楚之良，在其中軍王族而已。請分良以擊其左右，而三軍萃於王卒，必大敗之。」公筮之。史曰：「吉。其卦遇《復》，曰：『南國（足戚），射其元王，中厥目。』國（足戚）、王傷，不敗何待！」公從之。見《春秋左傳注》，冊上，頁885。

〔註139〕《左傳‧僖公二十五年》記載：秦伯師于河上，將納王。狐偃言於晉侯曰：「求諸侯，莫如勤王。諸侯信之，且大義也。繼文之業，而信宣於諸侯，今爲可矣。」使卜偃卜之，曰：「吉。遇黃帝戰于阪泉之兆。」公曰：「吾不堪也。」對曰：「周禮未改，今之王，古之帝也。」公曰：「筮之！」遇《大有》之《睽》，曰：「吉。遇『公用享于天子』之卦。戰克而王饗，吉孰大焉。且是卦也，天爲澤以當日，天子降心以逆公，不亦可乎？《大有》去《睽》而復，亦其所也。」晉侯辭師而下。三月甲辰，次于陽樊，右師圍溫，左師逆王。見《春秋左傳注》，冊上，頁431～432。

晉文公便能順理成章地出兵勤王。

　　再如《左傳‧襄公十年》楚、鄭侵宋，衛國救援宋國，孫文子（即孫林父）爲衛國執政，爲追擊鄭軍之吉凶而占卜，繇辭曰：「兆如山陵，有夫出征，而喪其雄。」〔註140〕孫文子以爲「喪雄」不利衛國，但當時衛君獻公之母定姜卻認爲：「征者喪雄，禦寇之利也。大夫圖之！」〔註141〕此說即激勵了衛國士氣，並俘虜鄭軍將皇耳。以及前述《左傳‧僖公二十八年》，晉文公面對強大軍力的楚國，心生畏懼，夜夢與楚王搏鬥，子犯曲爲之解，實爲堅定其必勝之信念，是役，晉文公果然勝楚。此爲卜筮、「占夢」在當時具有非常特殊的作用，若爲統帥善用，便是戰場心理學實際執行的極佳範例。而邵鴻〈兵陰陽家與漢代軍事〉云：

> 漢代各種軍事行動從一開始，就很少有人不利用術數大做文章，宣揚己方上得天助，動搖敵方士氣民心。從高祖斬蛇和五星聚於東井的神話，到劉秀的讖謠赤伏之符，再到張角「蒼天已死，黃天當立，天下太平，歲在甲子」之號召，這一現象貫穿有漢一代的全部軍事史。戰爭中双方也總是利用術數聳動人心，無所不用其極。這種做法，不僅可以收效於芸芸士卒，如東漢耿恭被困疏勒，穿井十五丈不得水，恭拜禱於井，水忽湧現，將士皆呼萬歲，士氣大振，而匈奴「以爲神明，乃引去」。〔註142〕

又云：

> 術數戰是中國古代軍事史的通例，直至近代亦然。然春秋戰國時期，當軍術和兵陰陽家蓬勃發展之際，與之相對立的軍事唯物主義思想亦隨之而起，對其進行了尖銳批判。其佼佼者如尉繚、韓非，堅決反對天官時日之說和占候卜筮，認爲勝負純粹由戰爭雙方的政治、經濟和軍事狀況所決。〔註143〕

總而言之，陰陽家其專業的知識領域在天象、曆算、音律、陰陽五行、望氣候星、龜策禨祥等等方面。故《漢書‧藝文志》謂「陰陽家者流，蓋出於羲和之官，敬順昊天，歷象日月星辰，敬授民時，此其所長也」。由於陰陽家作品，計有宋司星子韋三篇等等共二十一家，三百六十九篇，惟大都亡佚，無

〔註140〕楊伯峻著，《春秋左傳注》，冊下，頁978。
〔註141〕楊伯峻著，《春秋左傳注》，冊下，頁978～979。
〔註142〕邵鴻著，〈兵陰陽家與漢代軍事〉，頁86。
〔註143〕邵鴻著，〈兵陰陽家與漢代軍事〉，頁87。

法詳盡瞭解作品內容，所以只能透過部分著作者或作品之名稱，析探作品的概略要旨。不過，經過上述的查驗，發現《漢書・藝文志》所列之陰陽家人物如「宋司星子韋」是宋景公朝中專管占星相的官吏，且可藉由觀察、瞭解星相，進而能瞭解或避開軍事戰爭災難的發生；鄒衍「觀陰陽消息」，並「以陰陽主運顯於諸侯」，且「明於五德之傳，而散消息之分」。「張蒼」為丞相十餘年，善律歷，且能推「五德之運」，亦能「吹律調樂，入之音聲」，其他如魏鮮、張衡、郎顗以及《後漢書・方術列傳》所載之班班名家如任文公、郭憲、許楊、高獲、謝夷吾等陰陽術士，均無兵家之背景，是否對軍事戰爭產生影響？答案應是肯定的，因為陰陽家雖不是兵家，然而其專業知識卻為兵家所運用，所以從這個角度觀察，陰陽家對軍事戰爭產生鉅大之影響。惟《後漢書・方術列傳》云：

> 漢自武帝頗好方術，天下懷協道藝之士，莫不負策抵掌，順風而屆焉。後王莽矯用符命，及光武尤信讖言，士之赴趣時宜者，皆騁馳穿鑿，爭談之也。故王梁、孫咸名應圖籙，越登槐鼎之任，鄭興、賈逵以附同稱顯，桓譚、尹敏以乖忤淪敗，自是習為內學，尚奇文，貴異數，不乏於時矣。是以通儒碩生，忿其姦妄不經，奏議慷慨，以為宜見藏擯。子長亦云：「觀陰陽之術，使人拘而多忌。」蓋為此也。〔註144〕

又云：

> 夫物之所偏，未能無蔽，雖云大道，其該或同。若乃詩之失愚，書之失誣，然則數術之失，至於詭俗乎？如令溫柔敦厚而不愚，斯深於詩者也；疏通知遠而不誣，斯深於書者也；極數知變而不詭俗，斯深於數術者也。故曰：「苟非其人，道不虛行。」意者多迷其統，取遣頗偏，甚有雖流宕過誕亦失也。〔註145〕

所以，若能「極數知變而不詭俗，斯深於數術者」，然則，術數之失，在於詭俗。誠然，西漢末年，符命當道，陰陽術數、讖緯之說〔註146〕盛行，且俗儒

〔註144〕南朝宋・范曄著，唐・李賢等注，《後漢書・方術列傳第七十二上》，冊10，卷82上，頁，2705。

〔註145〕南朝宋・范曄著，唐・李賢等注，《後漢書・方術列傳第七十二上》，冊10，卷82上，頁，2706。

〔註146〕讖緯，《四庫全書》謂：「讖者，詭為隱語，預決吉凶，緯者，經之支流，衍及旁義，非一類也。」《辭海》云：「謂讖錄圖緯，占驗術數之書也。」熊鈍

增益，舛譌日繁，因而司馬談於〈論六家要指旨〉云：「嘗竊觀陰陽之術，大祥而眾忌諱，使人拘而多所畏」，〔註147〕《漢書‧藝文志》謂陰陽家者流「拘者爲之，則牽於禁忌，泥於小數，舍人事而任鬼神」，造成不利於軍事作戰之因素與條件。

　　既然陰陽家之專業知識爲兵家所運用，故本文下一章必須對兵家如何運用陰陽家之專業知識，作一深入的析探，以瞭解陰陽家之專業知識如何透過兵家運用而對軍事戰爭產生重大的影響。

生發行，《辭海》（台北：台灣中華書局，1976 年 4 月臺 15 版），頁 2713。《緯史論微》云：「讖，纖微也。緯，圍繞也。對經而名。……緯之所記，天地之道，庶務之理，而以徵夫人事者也。其機甚微，其理甚昧，……緯之所包，有候有讖，有符有圖，又有所謂錄者。」清‧姜忠奎著，黃曙輝、印曉峯點校，《緯史論微》（上海：上海書店出版社，2005 年 6 月，初版），頁 1～9。
〔註147〕漢‧司馬遷著，《史記‧太史公自序》，冊 5，卷 130，頁 3289。

第伍章　兵家陰陽軍事思想析探

　　在我國五千多年的文明史上，發生了無數次大大小小的戰役，而在這無數次的戰役中卻產生一個較特殊的作用，那就是造就了我國古代輝煌的軍事思想文化。由於經過戰爭的陶鑄與淬鍊，迫使一批批傑出的軍事家脫穎而出，這就是所謂的「兵家」。

　　由於戰爭的勝敗必然牽涉到極複雜層面，兵家欲求勝戰，必須整合各種知識系統來解決戰爭問題，並全般性地掌握決定因素。呂思勉云：「吾國之兵家，固多涉及治國」，〔註1〕《商君書・戰法》云：「凡戰法必本於政勝」。〔註2〕也就是說，一切作戰取勝的原則，必定要以政治勝利爲基礎。且李訓詳《先秦的兵家》云：

> 古代兵學家認爲兵事是「總文武、兼剛柔」之事，很少用偏狹的軍事觀點來衡量戰爭。天時、地理、人事變化的原則與機勢，都是兵學中認眞討論的課題。〔註3〕

因而，李訓詳《先秦的兵家》提出兵家的二個特點如後：

> 一、古代的兵家，尤其是先秦的兵家，不只是政府軍事部門下的專業人才，他們在國家政治上的地位與影響力，實不限於軍事層

〔註1〕 呂思勉著，《經子解題》（台北：台灣商務印書館，1986年，台4版），頁35。本文所引典籍，於各章節首次出現時，詳細著明朝代，作者、書名、冊數、頁數、出版地、出版社、出版年月與版次，以便覆覈；再次引用時，僅註明書明、冊數、頁數、以省篇幅，爲統一體例，出版年月一律以西元紀年標記。

〔註2〕 貝遠辰注譯，《商君書》（台北：三民書局，1996年10月，初版），頁97。

〔註3〕 李訓詳著，《先秦的兵家》（台北：國立臺灣大學出版委員會，1991年6月，初版），頁3。

面而已。例如先秦的變法改革運動的擘畫與推展，往往與兵家人物有千絲萬縷的關係。從這裡，我們還可以看到戰國以前「將相不分」傳統的流風遺韻。

二、兵家不一定就是軍人。例如爲言兵者所宗，後來被立武廟，尊爲武聖的太公姜尚，在《史記》的記述中，一直是「文武師」的地位。諸葛亮耕躬隴畝，然而卻有擺設八陣的素養，也爲後人所津津樂道。文人戰略家的出現，在西方乃晚近之事，但是中國所指的兵家很早就包括文人戰略家與軍人兩種身份。〔註4〕

兵家早在春秋、戰國時期即已形成，因爲在那個思想解放，百家爭鳴的環境中，他們以兵學爲專長而綻露鋒芒，《漢書・刑法志》云：

春秋之後，滅弱吞小，並爲戰國，……雄桀之士因勢輔時，作爲權詐以相傾覆，吳有孫武，齊有孫臏，魏有吳起，秦有商鞅，皆禽敵力勝，垂著篇籍。〔註5〕

所謂「吳有孫武，齊有孫臏，魏有吳起」，這些均以兵學爲專長而綻露鋒芒的人物，只是當時尚未有兵家一辭出現。甚至司馬遷在《史記・太史公自序》裡，引述其父司馬談的意見，分先秦諸子的流派爲儒家、墨家、道家、法家、名家、陰陽家等六家，但還是沒有兵家一辭。不過，司馬遷對於軍事方面有所貢獻的人，都爲他們立傳，如〈司馬穰苴列傳第四〉、〈孫子吳起列傳第五〉、〈白起王翦列傳第十三〉、〈樂毅列傳第二十〉、〈田單列傳第二十二〉、〈蒙恬列傳第二十八〉、〈韓信列傳第三十三〉、〈李將軍列傳第四十九〉、〈衛將軍驃騎列傳第五十一〉，可見其對上列兵家的重視。直至班固《漢書・藝文志》將先秦學術分儒家、道家、陰陽家、法家、名家、墨家、縱橫家、雜家、農家以及小說家等十家，依然未將兵家列入，但班固卻於《漢書・藝文志・兵書略》提及兵家，其云：

兵家者，蓋出古司馬之職，王官之武備也。洪範八政，八曰師。……司馬法是其遺事也。自春秋至於戰國，出奇設伏，變詐之兵並作。

〔註6〕

〔註4〕李訓詳著，《先秦的兵家》，頁3。

〔註5〕漢・班固著，《漢書・刑法志》（台北：鼎文書局，1976年3月，初版），冊2，卷23，頁1085。

〔註6〕漢・班固著，《漢書・藝文志・兵書略》，冊3，卷30，頁1762。

《漢書・藝文志・兵書略》源於劉歆的《七略》，爲西漢當時的學術集成。〈兵書略〉是由步兵校尉任宏所校讎，其中將兵書分爲四個範疇，即是兵權謀家、兵形勢家、兵陰陽家及兵技巧家，一般學者或將認爲這是指兵家的四個派別。但是，《漢書・藝文志・兵書略》云：

> 漢興，張良、韓信序次兵法，凡百八十二家，刪取要用，定著三十五家。諸呂用事而盜取之。武帝時，軍政楊僕捃摭遺逸，紀奏兵錄，猶未能備。至於孝成，命任宏論次兵書爲四種。〔註7〕

因此，漢初的整理兵法，從百八十二家中只錄用三十五家，不及原數的五分之一，此處顯示出的意義在於，尚有許多的兵家並沒有被納入其中。其次，在《史記》列傳中曾提及的赫赫有名之兵家如白起、王翦、樂毅、田單、蒙恬等，因無兵法著作傳世，亦未列入〈兵書略〉中。再者如李訓詳《先秦的兵家》云：

> 許多奔走君主公主門下，無籍籍之名的兵家，不是碌碌終生，就是著作冠以集體創作的總名；如《魏公子兵法》、《呂氏春秋》論兵諸篇。所以他們的名姓，均無從見於〈漢志〉，……欲確定兵家的成員，必須從更廣闊的範圍去求，而不能僅囿於〈兵書略〉的名單。〔註8〕

所以《漢書・藝文志・兵書略》所列的兵家是有限的，不完整的，並沒有涵蓋整個的兵家。

由於班固從《漢書・藝文志・兵書略》列出有限的兵家之中，並分類爲兵權謀家、兵形勢家、兵陰陽家及兵技巧家等兵家的四個派別。本文即從此四類一一檢視與陰陽思想的關係。

第一節　兵權謀家之陰陽軍事思想

《漢書・藝文志・兵書略》云：

> 兵權謀十三家，二百五十九篇。
>
> 權謀者，以正守國，以奇用兵，先計而後戰，兼形勢，包陰陽，用技巧者也。〔註9〕

〔註7〕漢・班固著，《漢書・藝文志・兵書略》，冊3，卷30，頁1762～1763。

〔註8〕李訓詳著，《先秦的兵家》，頁24。

〔註9〕漢・班固著，《漢書・藝文志・兵書略》，冊3，卷30，頁1757～1758。兵權謀十三家爲《吳孫子兵法八十二篇》、《齊孫子八十九篇》、《公孫鞅二十七篇》、

因而，本文檢視兵權謀十三家中與陰陽軍事思想有關者，舉例說明如後：

一、《吳孫子兵法八十二篇》之陰陽軍事思想

《史記·孫子吳起列傳》云：

> 孫子武者，齊人也。以兵法見於吳王闔廬。……闔廬知孫子能用兵，卒以爲將。西破彊楚，入郢，北威齊晉，顯名諸侯，孫子與有力焉。

〔註10〕

其他古書提及孫子者如《荀子·議兵》云：

> 兵之所貴者埶利也，所行者變詐也，善用兵者感忽悠闇，莫知其所從出，孫吳用之無敵於天下，豈必待附民哉！〔註11〕

《韓非子·五蠹》云：

> 境內皆言兵，藏孫、吳之書者家有之。〔註12〕

《史記·衛將軍驃騎列傳》云：

> 驃騎將軍爲人少言不泄，有氣敢任。天子嘗欲教之孫吳兵法。〔註13〕

爲孫子作註之曹操云：

> 吾觀兵書戰策多矣。孫武所著深矣。審計重舉，明畫深圖，不可相誣。但世人未之深究訓說，況文繁富行於世者，失其旨要，故撰爲略解焉。〔註14〕

誠然，孫子篇什甚鉅，大都散失，而能遺留其精要至今，乃魏武之功。且《孫子兵法》一書，爲我國最偉大之軍事學著作之一，蓋集春秋戰國時代之經驗，合南北兵學之精英，而後成此書。由於其書蘊含極豐富之軍事戰略哲理，故本文僅就有關陰陽思想部分作一深入析探與檢視。

依《漢書·藝文志·兵書略》所述兵權謀家特徵之一是「包陰陽」，羅獨

《吳起四十八篇》、《范蠡二篇》、《大夫種二篇》、《李子十篇》、《娷一篇》、《兵春秋一篇》、《龐煖三篇》、《兒良一篇》、《廣武君一篇》、《韓信一篇》。

〔註10〕漢·司馬遷著，《史記·孫子吳起列傳》（台北：大申書局，1977年7月），冊4，卷65，頁2161～2162。

〔註11〕王忠林註譯，《荀子讀本·議兵》（台北：三民書局，1974年1月，修正版），頁226～227。

〔註12〕陳奇猷校注，《韓非子集釋·五蠹》，卷19，頁1066。

〔註13〕漢·司馬遷著，《史記·衛將軍驃騎列傳》，冊5，卷111，頁2939。

〔註14〕嘉慶庚申蘭陵孫氏顧千里手摹之宋本，《魏武帝註孫子》，《孫子集成》（山東：齊魯書社，1993年4月，初版），冊1，頁189。

修《先秦兵家思想探源——以孫武、孫臏、尉繚爲例》云：

> 實際上孫武卻以兵陽家思想爲其主要理論依據，建構其兵學思想。孫
> 武思想源自陰陽家部份至少佔其兵法三分之一以上之篇幅。〔註15〕

事實上，孫武的陰陽軍事思想有下列幾項：

（一）陰陽五行思想

戰國時期由於鄒衍之整合，陰陽五行思想已出現合流現象。因此在陰陽家思想內，陰陽思想經常與五行思想伴隨而行，此對於兵家之孫武影響亦鉅，如《孫子兵法·虛實》云：

> 故五行無常勝，四時無常位，日有短長，月有死生。〔註16〕

兵之情在避實擊虛，因敵而制勝，正如水因地勢之變化而制流者同。敵無常情，故兵亦無常勢，但能因敵情之變化而勝者，始可謂臻于神化之境地。孫子則以五行——金、木、水、火、土相剋相生之道，四時——春、夏、秋、冬循環無已及日、月盈虛消長，以窮虛實之變化。況且「兵者詭道也」，因而孫子論戰非常強調求變的功夫，而「五行無常勝，四時無常位，日有短長，月有死生」是一種求變的辯證邏輯，如《易緯·乾鑿度》亦云：

> 變易者，其氣也。天地不變、不能通氣。五行迭終，四時更廢，君
> 臣取象，變節相移，能消思者，不專則敗，此其變易者也。〔註17〕

此皆是以陰陽、五行、四時的盈虛消長變化，轉換成爲軍事上求變的辯證邏輯，惟亦有前輩學者認爲「五行無常勝，四時無常位，日有短長，月有死生」四句過於迷信，是一敗筆，如鈕先鍾《孫子三論——從古兵法到新戰略》云：

> 「故五行無常勝，四時無常位，日有短長，月有死生。」這四句話
> 加在這裡不僅是毫無必要，而且是畫蛇添足。……而孫子又是一位
> 破除迷信的人。〔註18〕

本文認爲陰陽五行思想在春秋戰國時期，本來就十分流行，而孫子生當期間，受其影響，這是再自然不過之事。再者，孫子以「五行無常勝，四時無常位，

〔註15〕羅獨修著，《先秦兵家思想探源——以孫武、孫臏、尉繚爲例》（台北：中國文化大學歷史研究所博士論文，1998 年），頁 83。

〔註16〕魏汝霖著，《孫子兵法大全·虛實篇第六》（台北：黎明文化事業公司，1986年 7 月，4 版），頁 33。

〔註17〕鄭玄著，《易緯·乾鑿度》（台北：藝文印書館，1966 年），頁 1 後。

〔註18〕鈕先鍾著，《孫子三論——從古兵法到新戰略》（台北：麥田出版社，1997 年4 月，初版 2 刷），頁 102。

日有短長，月有死生」四句，強調敵情之變化，兵勢之無常，蘊含軍事辯證哲理，然因此被視之爲迷信，或有再議之餘地。

（二）治氣與望氣

《孫子兵法・軍爭》云：

> 故三軍可奪氣，將軍可奪心。是故朝氣銳，晝氣惰，暮氣歸。故善用兵者，避其銳氣，擊其惰歸，此治氣者也。〔註19〕

此治氣是望氣的一種，在分類上實屬兵陰陽家（即兵家）之範疇，如《漢書・藝文志・兵書略》兵陰陽家有《別成子望軍氣六篇》。〔註20〕古代兵家非常重視軍中士氣的盛衰，因此發展出望氣之術數，〔註21〕如《左傳・莊公十年》曹劌論戰對此有精彩描述：

> 公與之乘，戰于長勺。公將鼓之。劌曰：「未可。」齊人三鼓。劌曰：「可矣！」齊師敗績。
>
> 既克，公問其故。對曰：「夫戰，勇氣也。一鼓作氣，再而衰，三而竭。彼竭我盈，故克之。」〔註22〕

《唐太宗李衛公問對・卷下》云：

> 太宗曰：孫子言三軍可奪氣之法，朝氣銳，晝氣惰，暮氣歸，善用兵者，避其銳氣，擊其惰歸如何？
>
> 靖曰：夫含生稟血，鼓作鬥爭，雖死不省者，氣使然也。故用兵之法，必先察吾士眾，激吾勝氣，乃可以擊敵焉。吳起四機，以氣機爲上，無他道也，能使人人自鬥，則其銳莫當，所謂朝氣銳者，非限時刻而言也，舉一日始末爲喻也。凡三鼓而敵不衰不竭，則安能必使之惰歸哉！蓋學者徒誦空文而爲敵所誘，苟悟奪之之理，則兵可任矣。〔註23〕

〔註19〕魏汝霖著，《孫子兵法大全・軍爭篇第七》，頁34。
〔註20〕漢・班固著，《漢書・藝文志・兵書略》，冊3，卷30，頁1760。
〔註21〕兵陰陽家既包含了以往各種軍事術數，諸如卜筮、占星、天文雲氣占、占夢、祭祀、詛咒、慶勝和形形色色的雜占、巫術等。兵陰陽家是陰陽五行化的軍事術數。而望氣亦是「天文雲氣占」其中一項。邵鴻著，〈兵陰陽家與漢代軍事〉《南昌大學學報（哲學社會科學版）》（2002年12月，第6期），頁81。
〔註22〕楊伯峻著，《春秋左傳注》（高雄：復文圖書出版社，1991年9月再版），冊上，頁183。
〔註23〕李世民、李靖著，《唐太宗李衛公問對》，黃樸民注譯，《武經七書新譯》（濟

又如《曾胡治兵語錄》云：

> 戰勇氣也，再而衰，三而竭。國藩於此數語，常常體念，大約用兵
> 無他巧妙，常存有餘不盡之氣而已。孫仲謀之攻合肥，受創於張遼，
> 諸葛武侯之攻陳倉，受創於郝昭，皆初氣過銳，漸就衰竭之故。惟
> 荀罃之破偪陽，氣已竭而後振，陸抗之拔西陵，預料城之不遽下，
> 而蓄養銳氣，先備外援，以待內之自斃，此善於用氣者也。〔註24〕

可見，從古至今領軍作戰之將領，必須知道如何培養士氣，激勵士氣，研判
敵我士氣，並適當運用士氣，才能將戰力發揮於極致。而此種望氣制勝之法，
至少可以遠溯至殷商時代。〔註25〕惟至此之後，望氣之術，發展的更爲複雜
而難懂，如《開元占經》云：

> 凡占軍氣，與敵相對，將當訪軍中善相氣者，厚寵之，留令清朝若
> 日中時，察彼軍及我軍上氣，皆紙筆錄記，上將軍，將軍察之；若
> 我軍上氣不善，但警備鎮守，勿接戰。敵在東、在南、在西、在北，
> 每庚子日及辰戌午未，登五丈高臺去一里占；百人以上便有氣。氣
> 如塵埃，前卑後高者；將士精銳，不可擊。氣如隄阪，前後摩地；
> 避之勿擊。見彼軍上氣如塵埃粉沸，其色黃白，如旗幡，暉暉然無
> 風而動；將士勇猛，不可擊；我軍如此，亦不用戰。凡對敵或有氣，
> 甚卑，不蔭覆人上，下掩搆蓋道者；大賊必至，食不及飽，嚴備之。
>
> 〔註26〕

又如《史記·天官書》云：

> 徒氣白。土功氣黃。車氣乍高乍下，往往而聚。騎氣卑而布。卒氣
> 搏。前卑而後高者，疾；前方而後高者，兌；後兌而卑者，卻。其
> 氣平者其行徐。前高而後卑者，不止而反。氣相遇者，卑勝高，兌
> 勝方。
>
> 稍雲精白者，其將悍，其士怯。其大根而前絕遠者，當戰。青白，
> 其前低者，戰勝；其前赤而仰者，戰不勝。陣雲如立垣。杼雲類杼。
> 軸雲搏兩端兌。杓雲如繩者，居前亘天，其半半天。其蜺者類闕旗

南：齊魯書社，1999 年 11 月，初版 1 刷），頁 406～407。
〔註24〕蔡松坡輯，《曾胡治兵語錄》（龍潭：陸軍總司令部，1989 年 3 月），頁 137。
〔註25〕見羅獨修著，《先秦兵家思想探源——以孫武、孫臏、尉繚爲例》，頁 83。
〔註26〕《開元占經·猛將軍陣勝負雲氣占》（北京：人民中國出版社，1992 年 12 月，
初版），卷 97，頁 937。

故。鉤雲句曲。諸此雲見，以五色合占。而澤搏密，其見動人，乃
有占；兵必起，合鬥其直。〔註27〕

凡此均是判斷軍氣之法，亦即是望氣之術，在漢代書籍中屢見不鮮，不可諱
言，有些內容亦多荒誕與附會。

二、《齊孫子兵法八十九篇》之陰陽軍事思想

東漢初班固作《漢書·藝文志》，其於兵權謀家，著錄《吳孫子兵法八十
二篇》和《齊孫子八十九篇》，所謂《齊孫子》，即是《孫臏兵法》。而《史記·
孫子吳起列傳》記述孫臏云：

孫武既死，後百餘歲有孫臏。臏生阿鄄之閒（間），臏亦孫武之後世
子孫也。孫臏嘗與龐涓俱學兵法。……孫臏以此名顯天下，世傳其
兵法。〔註28〕

《孫臏兵法》約於東漢末年至三國、魏晉的戰亂中亡佚，故《隋書·經籍志》
已無記載。延至宋代，便有人開始懷疑《孫臏兵法》的真實性，直至一九七
二年四月，在山東省臨沂市東南之銀雀山西漢一號墓和二號墓中發掘出土大
批漢代竹簡，其中包含失傳了一千七百多年的《孫臏兵法》，因而證明《孫臏
兵法》確實存在。

依據出土之《孫臏兵法》可分為上編與下編等二大部分，上編且可分為
三組：一組是前四篇如：〈禽龐涓〉、〈見威王〉、〈威王問〉、〈陳忌問壘〉；一
組是五至十五篇，篇首均有「孫子曰」，如〈篡卒〉、〈月戰〉、〈八陣〉、〈地葆〉、
〈勢備〉、〈兵情〉、〈行篡〉、〈殺士〉、〈延氣〉、〈官一〉、〈五教〉；一組是〈強
兵〉單獨一篇。下編十五篇，其中〈十陣〉、〈十問〉、〈略甲〉、〈客主人分〉、
〈善者〉等為一組；〈將敗〉、〈兵之恆失〉為一組。〔註29〕惟銀雀山漢墓整理
小組編《孫臏兵法》時，在〈凡例一〉的說明是：

本書分上、下兩編。上編前四篇記孫臏擒龐涓事跡以及孫臏與齊威
王、田忌的問答。其他各篇篇首都稱「孫子曰」，但內容與書體都與
銀雀山漢墓所出孫武兵法佚篇不相類，所以肯定是孫臏兵法。下編
各篇沒有提到孫子，今據內容、文例及書體定為孫臏兵法。由於竹

〔註27〕漢·司馬遷著，《史記·天官書》，冊2，卷27，頁1337。
〔註28〕漢·司馬遷著，《史記·孫子吳起列傳》，冊4，卷65，頁2162～2164。
〔註29〕見羅獨修著，《先秦兵家思想探源——以孫武、孫臏、尉繚為例》，頁111。

簡殘斷散亂，而孫臏兵法又早已亡佚，無從核對，整理工作肯定會
有錯誤。本書中可能有一些本來不屬於孫臏兵法的內容摻雜在內，
請讀者指證。〔註30〕

其次，一九八五年出版《銀雀山漢墓竹簡【壹】》時，銀雀山漢墓整理小組在
〈編輯說明〉對《孫臏兵法》各組之各篇有如下之說明：

> 本書所收《孫臏兵法》的前四篇記孫子與齊威王的問答，肯定是孫
> 臏書。第十六〈強兵〉篇也記孫臏與威王的問答，但可能不是孫臏
> 書本文，故暫附在書末。第五至十五各篇篇首都稱「孫子曰」。這些
> 篇極有可能是《孫臏兵法》。但是他們的文體風格與《孫子》十三篇
> 不相類，與我們已經發現的竹書《孫子》佚篇的問答體和注釋體也
> 不一樣，其中如〈勢備〉、〈兵情〉，整篇通過比喻立論，〈官一〉純
> 用排比句法，與《孫子》風格上的差異尤為明顯，我們認為這些篇
> 中所謂「孫子」以指孫臏的可能為較大，因此暫時把他們定為孫臏
> 書。但我們仍然不能完全排除這些篇是《孫子》佚篇的可能性。
>
> 墓中所出竹簡中有很多篇是不見流傳的佚兵書。其中肯定有我們所
> 不知道的佚書，但是也可能有一些是未被我們識別出來的《孫子》
> 佚篇和孫臏書。尤其是〈十陣〉、〈十問〉、〈略甲〉、〈客主人分〉、〈善
> 者〉等篇，篇題寫在簡背，與《孫子》、《孫臏》書相同，書法和文
> 體也分別跟《孫子》或孫臏書中的某些篇相似，但由於缺乏確切的
> 證據，我們沒有把這幾篇編入《孫子兵法》和《孫臏兵法》。
>
> 在編輯《孫臏兵法》通俗本時，我們曾把當時認為有可能是孫臏書
> 的若干篇簡文編為下篇，供讀者參考。其中有些篇如〈將敗〉、〈兵
> 之恆失〉在後來的整理過程中已發現有確切的證據證明不是孫臏
> 書，可見通俗本的編輯方法是不妥當的。現在我們把通俗本下編各
> 篇全部移入第二「佚書叢殘」中。不過話又要說回來了，這樣處理
> 也並不排斥其中有一些仍是孫臏書的可能性。〔註31〕

〔註30〕銀雀山漢墓竹簡整理小組，《銀雀山漢墓竹簡》（北京：文物出版社，1975年
　　　2月，初版），頁27。

〔註31〕銀雀山漢墓竹簡整理小組，《銀雀山漢墓竹簡（壹）‧編輯說明》，頁8。《孫臏
　　　兵法》一般通行本目錄亦分上、下兩編，上編包括：〈禽龐涓〉、〈見威王〉、〈威
　　　王問〉、〈陳忌問壘〉、〈篡卒〉、〈月戰〉、〈八陣〉、〈地葆〉、〈勢備〉、〈兵情〉、
　　　〈行篡〉、〈殺士〉、〈延氣〉、〈官一〉、〈強兵〉等十五篇。下篇包括：〈十陣〉、

《漢書·藝文志·兵書略》將兵書分為四個範疇，即是兵權謀家、兵形勢家、兵陰陽家及兵技巧家，《孫臏兵法》為兵權謀家。而楊善群在《孫臏》一書中認為，兵權謀家的思想是最全面的。〔註32〕且《孫臏兵法》更能於戰爭性質、將帥條件、治國方針、戰略戰術等方面，有深入的探究與闡釋。本文僅就《孫臏兵法》有關陰陽軍事思想部分作一深入檢視與析探。

（一）陰陽五行思想

《孫臏兵法》蘊含著一些陰陽五行思想，如《孫臏兵法·行篡》云：

> 用兵移民之道，權衡也。權衡，所以篡賢取良也。陰陽，所以聚眾合敵也。〔註33〕

孫臏認為動用民力去作戰的問題，必須仔細斟酌。斟酌的目的是為了真正選拔出有才德的人。其次，「陰陽，所以聚眾合敵也」。就是運用陰陽變化配合的規律，俾便聚集民眾的力量去抗敵。而「陰陽，所以聚眾合敵也」之句與《周易·師·象》所云：「師，君子以容民畜眾。」意義相似。如《韓非子·五蠹》云：

> 民之故計，皆就安利如辟危窮。今為之攻戰，進則死於敵，退則死於誅則危矣。棄私家之事而必汗馬之勞，家困而上弗論則窮矣。窮危之所在也，民安得勿避。〔註34〕

所謂平時不知容民畜眾，戰時用民之死力，即不可得。而孫臏即是運用陰陽變化配合的規律，做好「容民畜眾」工作，進而「聚眾合敵」，如此於戰爭危急之時，人民才能出萬死不顧一生，效命疆場。再者，《孫臏兵法·奇正》亦有陰陽軍事思想如後：

> 天地之理，至則反，盈則敗，□□是也。代興代廢，四時是也。有勝有不勝，五行是也。……故善戰者，見敵之所長，則知其所短；見敵之所不足，則知其所有餘。……形以應形，正也；無形而制形，奇也。奇正無窮，分也。分之以奇數，制之以五行，鬥之以□□。〔註35〕

〈十問〉、〈略甲〉、〈客主人分〉、〈善者〉、〈五名五恭〉、〈兵失〉、〈將義〉、〈將德〉、〈將敗〉、〈將失〉、〈雄牡城〉、〈五度九奪〉、〈積疏〉、〈奇正〉等十五篇。見普穎華編著，《孫臏兵法》（台北：旭昇圖書公司，1997年4月，初版2刷），頁1～3。

〔註32〕見楊善群著，《孫臏》（台北，知書房出版社，2000年2月，2版1刷），頁16。
〔註33〕普穎華編著，《孫臏兵法》，頁111。
〔註34〕陳奇猷校注，《韓非子集釋·五蠹》，卷19，頁1075。
〔註35〕普穎華編著，《孫臏兵法》，頁329。

天地間萬事萬物變化演進之理爲物極必反，盛極而衰。朝代興替，如同四季變化，一個國家或一支軍隊亦有勝有衰（敗），誠如金、木、水、火、土五行相生相剋之理。因此，善於用兵作戰之將領，了解敵軍之長處，必知敵軍之短處；知悉敵軍不足之處，亦必知敵軍優勝之處。使用常規戰法作戰稱爲「正」，使用非常規戰法作戰稱爲「奇」。「奇」、「正」變化無窮，須以出奇制勝之原理與方法，並運用五行相生相剋之規律制約敵軍。這些理論都是充滿陰陽軍事思想。

　　《孫臏兵法》對於論述戰爭勝敗與地形之間的關係，亦受陰陽五行思想的影響。如《孫臏兵法・地葆》云：

> 南陣之山，生山也；東陣之山，死山也。東注之水，生水也；北注之水，死水。不流，死水也。
>
> 五壤之勝：青勝黃，黃勝黑，黑勝赤，赤勝白，白勝青。
>
> 軍與陣皆毋政（正）前右，右周（旋）毋左周。〔註36〕

〈地葆〉是專門論述地形與軍陣的篇章，而地形與軍陣的運用，對於用兵作戰而論，其重要性可說人盡皆知，但《孫臏兵法・地葆》，或許過分強調地形與軍陣相生相剋的陰陽五行思想，導致楊善群認爲，《孫臏兵法・地葆》「稀奇古怪的陳述和戒律，只能是當時陰陽五行學說的迷信思想」。〔註37〕不過，《孫臏兵法》重視地形利用之精神是無可厚非的，因爲慎戰兵聖——孫子在其《孫子兵法》中，亦有〈地形〉、〈九地〉兩篇，如〈地形〉魏汝霖《孫子兵法大全》認爲是專門論述如何重視地形，並利用地形以有助於戰事的進行，故其將〈地形〉視爲「地形學」。〔註38〕事實上，從古至今亦沒有一領兵作戰的將領不重視地形的利用，魏汝霖《孫子兵法大全》引曹操語：

> 地形者，欲戰，先審地形以立勝也。以戰則利，寧致人，無致于人也。〔註39〕

魏汝霖《孫子兵法大全》引劉寅語：

> 地形者，山川險易之形也。用兵不知地形，則戰守失利，故地形爲兵之助。計險阨遠近，爲上將之道，學者不可不察也。〔註40〕

〔註36〕普穎華編著，《孫臏兵法》，頁79。
〔註37〕楊善群著，《孫臏》，頁210。
〔註38〕魏汝霖著，《孫子兵法大全・地形》，頁40～42。
〔註39〕魏汝霖著，《孫子兵法大全・地形》，頁233。
〔註40〕魏汝霖著，《孫子兵法大全・地形》，頁233。。

魏汝霖《孫子兵法大全》將〈九地〉視爲「地略學」，〔註41〕如其引何守法語：

> 九地者，用兵之地勢有九也。上篇言地形，乃地理自然之形，可以
> 安營布陣者，以寬狹險易言之。此篇言九地，因師之侵伐所至。而
> 勢有九等之別，以淺深輕重言之。上篇但舉其常，此篇特指其變。
> 〔註42〕

魏汝霖《孫子兵法大全》引王陽明語：

> 以地形論戰而及九地之變，九地中獨一死地則戰，戰豈易言乎哉。
> 故善用兵者，攜手若使一人，且如出一心，使人人常有投之無所往
> 之心，則戰未有不出死力者，有不戰，戰必勝矣。〔註43〕

誠然，《孫臏兵法・地葆》或許過分強調地形與軍陣相生相剋的陰陽五行思想，故羅獨修《先秦兵家思想探源——以孫武、孫臏、尉繚爲例》云：「陰陽家向未知域探索最深、最遠，故其思想既有科學合理成份，亦有神秘迷信之成份」，〔註44〕實屬客觀之論，然《孫臏兵法・地葆》重視利用地形與軍陣之精神應是值得肯定的。

（二）依天時而戰

孫臏論述戰爭勝敗與天時的關係，《孫臏兵法・月戰》云：

> 故撫時而戰，不復使其眾。無方而戰者小勝以付磨也。孫子曰：十
> 戰而六勝，以星也。十戰而七勝，以日者也。十戰而八勝，以月者
> 也。十戰而九勝，月有（下缺）。〔註45〕

《管子・禁藏第五十三》云：「舉事而不時，力雖盡，其功不成」，〔註46〕可見古人重視「因時制宜」的習性。且一般而論，戰爭最重視時間、空間與力量三個因素或條件的適當配合，才能將戰力發揮於極致。此處的時間，即兵陰陽家所強調的「順時而發」，因爲戰況是瞬息萬變的，而「順時」就是選擇最適當的時機處理最正確的事情，不可因爲時機的錯誤而造成事情處理的失當。孫臏受這種兵家陰陽思想影響，故說「撫（按）時而戰，不復使其眾」。

〔註41〕魏汝霖著，《孫子兵法大全・九地》，頁42～47。
〔註42〕魏汝霖著，《孫子兵法大全・九地》，頁253。
〔註43〕魏汝霖著，《孫子兵法大全・九地》，頁253。
〔註44〕羅獨修著，《先秦兵家思想探源——以孫武、孫臏、尉繚爲例》，頁180。
〔註45〕普穎華編著，《孫臏兵法》，頁55。
〔註46〕黎翔鳳著，《管子校注》（北京：中華書局，2004年6月，初版1刷），冊中，頁1008。

其次，兵陰陽家認爲，戰爭的勝敗與日月星辰有關，例如《史記·匈奴列傳》云：

> 舉事而候星月，月盛壯則攻戰，月虧則退兵。〔註47〕

《淮南子·兵略訓》云：

> 明於星辰日月之運，刑德奇賌之數，背鄉左右之便，此戰之助也。
>
> 〔註48〕

其認爲星辰日月之運行，有助於戰爭取得勝利，所以孫臏云：「十戰而六勝，以星也。十戰而七勝，以日者也。十戰而八勝，以月者也。十戰而九勝，月有（下缺）」。《銀雀山漢墓竹簡（壹）》一書指出：

> 以上言戰爭勝敗與日、月、星之關係，今摘錄古書中有關資料，以供參考。《管子·四時》：「東方曰星，……此謂星德。……南方曰日，……此謂日德。……中央曰土，……此謂歲德。……西方曰辰，……此謂辰德。……北方曰月，……斷刑致罰，無赦有罪，以符陰氣。大寒乃至，甲兵乃強，五穀乃熟，國家乃昌，四方乃備，此謂月德。……日掌陽，月掌陰，星掌和。陽爲德，陰爲刑，和爲事。」《左傳》成公十六年「陳不違晦」杜注「晦，月終，陰之盡，故兵家以爲忌。」孔疏：「日爲陽精，月爲陰精。兵尚殺害，陰之道也。行兵貴月盛之時，晦是月終，陰之盡也。故兵家以晦爲忌，不用晦日陳兵也。」〔註49〕

所謂「行兵貴月盛之時」、「不用晦日陳兵」，這即是順著陰陽思想，並依天時而戰。

三、《范蠡二篇》之陰陽軍事思想

東漢初班固作《漢書·藝文志》，其於兵權謀家，著錄《范蠡二篇》。〔註50〕，惟史冊對范蠡生平之登載甚爲有限，如《史記》張守節正義引《會稽典錄》以其爲佯狂倜儻負俗。〔註51〕《漢書·古今人表》列范蠡爲第三等上下

〔註47〕漢·司馬遷著，《史記·匈奴列傳》，冊5，卷50，頁2892。

〔註48〕漢·劉安著，《淮南子》（台北：台灣中華書局，1974年10月臺3版），卷15，頁5。

〔註49〕銀雀山漢墓竹簡整理小組，《銀雀山漢墓竹簡（壹）》，頁59，註3。

〔註50〕漢·班固著，《漢書·藝文志·兵書略》，冊3，卷30，頁1757。

〔註51〕漢·司馬遷著，《史記·越王句踐世家第十一》，冊3，卷41，頁1741。

智人，〔註52〕梁玉繩《漢書人表考》云：

> 范蠡，字少伯，南陽人。或云楚宛之三戶人。《列仙傳》以爲徐人，非是。亦曰范子，亦曰子范子，亦曰范公，亦曰范生，又自變姓名曰鴟夷子皮，曰陶朱公。〔註53〕

《史記‧越王勾踐世家第十一》記范蠡與文種仕越，與勾踐計謀二十餘年，滅吳，報會稽之恥，即辭勾踐至齊，自號鴟夷子，之陶，又號陶朱公，最終老死於陶。《國語‧越語下》亦記述越王勾踐即位三年而欲代吳，范蠡進諫曰：

> 夫國家之事，有持盈，有定傾，有節事。王曰：「爲三者，奈何？」對曰：「持盈者與天，定傾者與人，節事者與地。王不問，蠡不敢言。天道盈而不溢，盛而不驕，勞而不矜其功。夫聖人隨時以行，是謂守時。天時不作，弗爲人客；人事不起，弗爲之始。今君王未盈而溢，未盛而驕，不勞而矜其功，天時不作而先爲人客，人事不起而創爲之始，此逆於天而不和於人。王若行之，將妨於國家，靡王躬身。」〔註54〕

司馬遷《史記‧越王勾踐世家第十一》記載范蠡之事如後：

> 句踐聞吳王夫差日夜勒兵，且以報越，越欲先吳未發往伐之。范蠡諫曰：「不可。臣聞兵者凶器也，戰者逆德也，爭者事之末也，好用凶器，試身於所末，上帝禁之，行者不利。」〔註55〕

吳王夫差以精兵擊越，越王勾踐兵敗夫椒，保棲於會稽。及吳既赦越，越王勾踐反國，乃苦身焦思，坐臥即仰膽，且益重用范蠡爲上將軍。惟欲使范蠡治國政，范蠡則云：「兵甲之事，種不如蠡，填撫國家，親附百姓，蠡不如種」，〔註56〕故范蠡深通軍事，且能將西周末年以來的陰陽觀念運用於軍事。如范蠡在《國語‧越語下》記述他輔助越王勾踐伐吳時云：「陽至而陰，陰至而陽；日困而還，月盈而匡（虧也）古之善用兵者，因天地之常，與之俱行。後則用陰，先則用陽；近則用柔，遠則用剛」。〔註57〕而范蠡爲上將軍，可列爲兵

〔註52〕漢‧班固著，《漢書‧古今人表》，冊2，卷20，頁863。

〔註53〕梁玉繩著，《漢書人表考》（叢書集成初編）（北京：中華書局，1985年，新1版），冊2，卷3，頁139。

〔註54〕左丘明著，鮑思陶點校，《國語》（山東：齊魯書社，2005年7月，初版2刷），頁313。

〔註55〕漢‧司馬遷著，《史記‧越王句踐世家第十一》，冊3，卷41，頁1740。

〔註56〕漢‧司馬遷著，《史記‧越王句踐世家第十一》，冊3，卷41，頁1742。

〔註57〕范蠡曰：臣聞古之善用兵者，贏縮以爲常，四時以爲紀，無過天極，究數而

家之林，惟其能觀察天象「陽至而陰，陰至而陽；日困而還，月盈而匡」，領
悟到事物之發展，有此消彼長、循環交替之規律。軍事上之攻守情勢，亦受
此種規律支配。其認爲挑戰的一方，應用陽道，即是「先則用陽」；應戰一方，
則用陰道，即「後則用陰」；進攻之一方，有「剛彊力疾」之「陽節」；防守
之一方有「安徐而重固」之「陰節」。范蠡輔佐越王興師伐吳，駐軍五湖地區，
吳人挑戰，一日五次。范蠡觀察形勢，勸越王布陣固守，以「盡其陽節，盈
吾陰節」。結果越國戰略正確，「居軍三年，吳師自潰」，此爲兵權謀家將陰陽
思想運用於軍事上的成功典範。

　　總而言之，東漢班固從《漢書‧藝文志‧兵書略》列出兵權謀十三家，
二百五九篇，而本文僅列出兵權謀家與陰陽軍事思想有關者如《吳孫子兵法
八十二篇》、《齊孫子兵法八十九篇》及《范蠡二篇》等；其他如《公孫鞅二
十七篇》、《吳起四十八篇》、《大夫種二篇》、《李子十篇》、《娷一篇》、《兵春
秋一篇》、《龐煖三篇》、《兒良一篇》、《廣武君一篇》、《韓信三篇》等兵權謀
家或以兵權謀爲主，或因資料有限而無法窺視其陰陽思想在其軍事思想所產
生之影響。

第二節　兵形勢家之陰陽軍事思想

《漢書‧藝文志》云：

> 形勢者，靁動風舉，後發而先至，離合背鄉，變化無常，以輕疾制
> 敵者也。〔註58〕

本文檢視兵形勢家十一家中與陰陽軍事思想有關者，因資料有限，僅以《漢書‧

止。天道皇皇，日月以爲常，明者以爲法，微者則是行。陽至而陰，陰至而
陽；日困而還，月盈而匡（虧也）古之善用兵者，因天地之常，與之俱行。
後則用陰，先則用陽；近則用柔，遠則用剛。後無陰蔽，先無陽察，用人無
藝，往從其所。剛柔以禦，陽節不盡，不死其野。彼來從我，固守勿與。若
將與之，必因天地之災。又觀其民之饑飽勞逸以參之，盡其陽節，盈吾陰節，
而奪之利。宜爲人客，剛彊而力疾，陽節不盡，輕而不可取。宜爲人主要，
安徐而重固，陰節不盡，柔而不可迫。易中天著，《國語讀本‧越語下‧越興
師伐吳而弗與戰》（台北：三民書局，1995年11月，初版），頁883。

〔註58〕漢‧班固著，《漢書‧藝文志》，冊3，卷30，頁1758～1759。兵形勢十一家
爲：《楚兵法七篇》、《蚩尤二篇》、《孫軫五篇》、《繇敘二篇》、《王孫十六篇》、
《尉繚三十一篇》、《魏公子二十一篇》、《景子十三篇》、《李良三篇》、《丁子
一篇》、《項王一篇》。

藝文志》兵形勢家所列《尉繚三十一篇》之陰陽軍事思想，舉例說明如後：

　　《漢書・藝文志》兵形勢家有《尉繚三十一篇》，〔註59〕然而《漢書・藝文志》亦有《尉繚子二十九篇》，卻列入雜家，而《漢書・藝文志》對於雜家之描述如後：

　　　雜家者流，蓋出於議官。兼儒、墨，合名、法，知國體之有此，見王
　　　治之無不貫，此其所長也。及盪者爲之，則漫羨而無所歸心。〔註60〕

兵家者，蓋出古司馬之職，王官之武備也。而雜家者流，蓋出於議官。兼儒、墨，合名、法，知國體之有此，見王治之無不貫，此其所長也。故兵家與雜家於所長之處，或有不同。惟今《尉繚》爲兵家作品抑或是雜家作品，殊值探索研析。

一、《尉繚子》之學派歸屬

　　《尉繚子》之派別與歸屬，解文超《先秦兵書研究》依學術界意見大略可分爲四種觀點：其一，今本《尉繚》是兵家《尉繚》的傳本。其二，雜家《尉繚》與兵家《尉繚》是同一部著作。其三，今本《尉繚子》是雜家《尉繚》的傳本。其四，班固《漢書・藝文志》之雜家《尉繚》與兵家《尉繚》爲兩部書，而今本《尉繚子》爲兩部古代殘書的合編。〔註61〕而《漢書・藝文志》在分類上僅分爲九流（儒、道、陰陽、法、名、墨、縱橫、雜、農家）、十家（九流加上小說家），惟《尉繚子》是爲兵家抑或雜家之論，殊值探析，對此，羅獨修《先秦兵家思想探源——以孫武、孫臏、尉繚爲例》則云：

　　　《漢書・藝文志》云：「至成帝時，以書頗散亡，使謁者陳農求遺書
　　　於天下。詔光祿大夫劉向校經傳諸子詩賦，步兵校尉任宏校兵書，
　　　太史令尹咸校數術，侍醫李柱國校方技。每一書已，向輒條其篇目，
　　　攝其指意，錄而奏之。」兵家（如《孫子》、《吳子》、《尉繚》）其性
　　　質與諸子爲近，因校者不同，而與諸子遠離，形成九流十家並無兵
　　　家之荒謬現象。〔註62〕

因而，有些兵家作品，若劉向校讎無法歸入儒、道、陰陽、法、名、墨等範

〔註59〕漢・班固著，《漢書・藝文志》，冊3，卷30，頁1758
〔註60〕漢・班固著，《漢書・藝文志》，冊3，卷30，頁1742
〔註61〕解文超著，《先秦兵書研究》（上海：上海古籍出版社，2007年7月，初版），
　　　　頁129～133。
〔註62〕羅獨修著，《先秦兵家思想探源——以孫武、孫臏、尉繚爲例》，頁193。

疇內者，往往將之併入雜家，如子晚子多為兵家言，即誤入雜家。〔註63〕《漢書·藝文志》之《尉繚子二十九篇》列入雜家，而《漢書·藝文志》兵形勢家有《尉繚三十一篇》其與今本之《尉繚子》，則為兵家。惟解文超《先秦兵書研究》云：

> 從唐朝的《隋書》開始，將《尉繚子》列入雜家而沒有列入兵家。而《群書治要》輯錄《尉繚子》卻與銀雀山漢墓出土的竹簡殘本兵書《尉繚子》相應的內容大多雷同，也與今本兵書《尉繚子》相應的篇目基本一致。由此可知，雜家《尉繚》和兵家《尉繚》是一部書的可能性就更大了。至於分而為二的歸屬，也是由於編纂者著眼點不同，而將一部書各自歸類罷了。〔註64〕

解文超認為雜家《尉繚》和兵家《尉繚》是一部書可能性較大，徐文助《漢書藝文志諸子略與兵書略通考》則云：

> 《隋志》只雜家列有《尉繚子》，觀今傳《尉繚子》二十四篇內容，大都兵家言，沈欽韓以為《隋志》誤承《漢志》兩見，不知雜家先亡耳。故胡應麟《四部正言為》曰：「兵家之《尉繚》，即今所傳，而雜家之《尉繚》，並非此書，今雜家亡而兵家獨存。」四庫全書據之入今本《尉繚》於兵家，顧實《漢書藝文志講疏》亦以為雜家與兵書略之《尉繚子》本為二書，今傳《尉繚子》屬兵家，其說可從。
> 〔註65〕

其認為雜家與兵書略之《尉繚子》本為二書，兵書略之兵形勢家《尉繚三十一篇》與今傳《尉繚子》屬兵家。故明代焦竑認為「又以尉繚子入雜家為非，應改入於兵家」，〔註66〕清·沈欽韓亦云：「今案，其書目自天官至兵令二十四篇，並言兵形勢，不當入雜家。」〔註67〕而現今學者羅獨修《先秦兵家思想探源——以孫武、孫臏、尉繚為例》云：

> 《尉繚子》屬雜家之可能性甚低，其學亦與商君之學不甚相干，劉

〔註63〕見章學誠著，《校讎通義》，《章學誠遺書》，頁106。

〔註64〕解文超著，《先秦兵書研究》，頁135。

〔註65〕徐文助著，《漢書藝文志諸子略與兵書略通考》（台北：廣東出版社，1976年4月），頁171。

〔註66〕明·焦竑著《國史經籍志·附錄》，《百部叢書集成·粵雅堂叢書》（台北：藝文印書館，1966年），頁1。

〔註67〕見清·王先謙著，《漢書補注·藝文志》（台北：藝文印書館，1966年），頁904。

向所謂「繚爲商君學」只是一句泛論，經不起事實之驗證。其內容
實以兵形勢家之思想爲其核心，但以形爲主，勢爲輔。〔註68〕

又云：

就《尉繚子》之內容來看，《尉繚子》確是兵學著作，而非雜家之學。
在《漢書·藝文志》之分類上兵家、雜家混淆不清，實肇因於分人
校書之結果。《尉繚子》之內容多談形，少談勢，而《漢書·藝文志》
對兵形勢之形容專就勢立說，以致《尉繚子》全書內容不類《漢書·
藝文志》對兵形勢家所下之定義。《尉繚子》雖屬兵形勢家，但其內
容間一及兵技巧、兵陰陽之內容。〔註69〕

宋之晁公武將《尉繚子》歸類爲兵家，〔註70〕而鄭樵《通志·校讎略》云：

尉繚子兵書也，班固以爲諸子類，至於雜家，此之謂見名不見書，
隋唐因之，至崇文總目，始入兵書類。〔註71〕

故宋之《崇文總目》亦將《尉繚》編入兵書類。〔註72〕而北宋元豐三年（1080
年），宋神宗爲適應軍事教學、訓練之需求，詔命國子監司業朱服、武學博士
何去非等人「校訂《孫子》、《吳子》、《六韜》、《司馬法》、《三略》、《尉繚子》、
《李靖問對》等書，鏤版行之」，校訂後之七部兵書，起初並不是一部書　亦
不稱「武經」，直至南宋時才以《武經七書》稱之，且逐漸被視爲一部書，此
後歷元、明、清而長期不變。〔註73〕至此之後，一般人均將《尉繚子》視爲
兵書，而非雜家之學。因此宋之鄭樵云：「尉繚子兵書也」，〔註74〕王陽明《陽
明先生批武經七書》言「尉繚通篇論形式」，〔註75〕民國呂思勉《先秦學術概
論》云：「今《尉繚子》二十四篇，皆兵家言，蓋兵家之《尉繚》也」，〔註76〕

〔註68〕羅獨修著，《先秦兵家思想探源——以孫武、孫臏、尉繚爲例》，頁334。
〔註69〕羅獨修著，《先秦兵家思想探源——以孫武、孫臏、尉繚爲例》，頁345。
〔註70〕宋·晁公武著，《郡齋讀書志》（台北：商務印書館，1983年），卷3下，頁
20。
〔註71〕宋·鄭樵著，《通志·校讎略》（台北：世界書局，1984年10月，8版），頁
723。
〔註72〕宋·鄭樵著，《通志·校讎略》，頁723。
〔註73〕徐勇等注譯，《武經七書新譯》（濟南：齊魯書社，1999年11月，初版1刷），
頁115～182。
〔註74〕宋·鄭樵著，《通志·校讎略》，頁723。
〔註75〕王陽明著，《陽明先生批武經七書》（台北：陸軍指揮參謀大學，1966年5月），
頁415。
〔註76〕呂思勉著，《先秦學術概論》（上海：東方出版中心，1996年2月，2刷），頁

李零《簡帛古書與學術源流》云：

> 從古書引文看，當時的《尉繚子》和今本《尉繚子》是同一書。我
> 個人的看法是，漢以後，此書的隸屬容有混淆，隋唐史志在雜家，
> 可能是沿襲班固的體例。班固對《諸子略》與《兵書略》重合的篇
> 目，一般都是留諸子而刪兵書，此書是漏網之魚。《隋志》只有兵書
> 《尉繚》，但分類還是沿襲《漢志》，二者取一的原則，還是刪兵書
> 而留諸子，所以是在雜家。但今本《尉繚子》，從內容看，顯然是兵
> 書，《崇文總目》的分類，才是名從其主，還其歷史面貌。〔註77〕

總而言之，以上述諸家之探討，《尉繚子》似當列入兵家之林較爲適宜。

二、《尉繚子》之陰陽軍事思想

誠如上述，《尉繚子》雖屬兵形勢家，但其思想內容亦含有陰陽的思想，今本《尉繚子》二十四篇，前十二篇（〈天官第一〉、〈兵談第二〉、〈制談第三〉、〈戰威第四〉、〈攻權第五〉、〈守權第六〉、〈十二陵第七〉、〈武議第八〉、〈將理第九〉、〈原官第十〉、〈治本第十一〉、〈戰權第十二〉）與後十二篇（〈重刑令第十三〉重刑令第十三、〈伍制令第十四〉、〈分塞令第十五〉、〈束伍令第十六〉、〈經卒令第十七〉、〈勒卒令第十八〉、〈將令第十九〉、〈踵軍令第二十〉、〈兵教上第二十一〉、〈兵教下第二十二〉、〈兵令上第二十三〉、〈兵令下第二十四〉）之間，彼此存著互註與互補之特性。且其書中蘊含頗多各家觀點，以法家觀點而言，《尉繚子》引用最多的先賢則是吳起的言論。而吳起是一位受學儒家，卻以推行法家政治而政績卓著的政治家與軍事家，如其用吳起行誼有后四則：

> 吳起與秦戰，舍不平隴畝，朴樕蓋之，以蔽霜露。如此何也？不自
> 高人故也。（〈武議第八〉）〔註78〕

> 吳起與秦戰，未合，有一夫不勝其勇，前獲雙首而還。吳起立斬之。
> 軍吏進諫曰：「此材士也，不可斬。」起曰：「材士則是矣，非吾令
> 也，斬之。」（〈武議第八〉）〔註79〕

134。

〔註77〕李零著，《簡帛古書與學術源流》（北京：三聯書店，2004年4月，初版），頁
367。

〔註78〕尉繚著，徐勇注譯，《武經七書新譯‧尉繚子‧武議第八》，頁144。

〔註79〕尉繚著，徐勇注譯，《武經七書新譯‧尉繚子‧武議第八》，頁144。

吳起臨戰，左右進劍，起曰：「將專主旗鼓爾，夫提鼓揮枹，臨難決疑，揮兵指刃，此將事也；一劍之任，非將事也。」（〈武議第八〉）〔註80〕

有提七萬之眾而天下莫敢當者，誰？曰吳起也。（〈制談第三〉）〔註81〕在軍事思想之發展上，吳起不但為尉繚之前輩，又因共屬同一地緣，且羅獨修《先秦兵家思想探源──以孫武、孫臏、尉繚為例》曾綜計在梁惠王以前之所有軍事人物中，尉繚所提及之人事次數，桓公、孫武、黃帝各一事，太公、武王二事，只有吳起有四事，〔註82〕所以尉繚深受吳起影響是再自然不過的事。

《尉繚子》除有法家思想，亦有不少儒家見解，如〈戰威第四〉云：

舉賢用能，不時日而事利；明法審令，不卜筮而事吉；貴政養勞，

不禱祠而得福。故曰，天時不如地利，地利不如人和。〔註83〕

此處所謂「天時不如地利，地利不如人和」即是出於《孟子‧公孫丑下》，〔註84〕又《孟子‧梁惠王下》有一段著名的句子「殘賊之人，謂之一夫，聞誅一夫紂矣，未聞弒君也」。〔註85〕而《尉繚子》亦稱暴君為「一夫」，其於〈治本第十一〉云：

橫生於一夫，則民私飯有儲食，私用有儲財。民一犯禁，而拘以刑

治，烏有以為人上也。〔註86〕

甚至，《尉繚子》有些思想與儒家荀子言論有許多相似之處，《荀子‧王制》云：

故王者富民，霸者富士，僅存之國富大夫，亡國富筐篋，實府庫。

筐篋已富，府庫已實，而百姓貧；夫是之謂上溢而下漏。入不可以

守，出不可以戰，則傾覆滅亡可立而待也。〔註87〕

〔註80〕尉繚著，徐勇注譯，《武經七書新譯‧尉繚子‧武議第八》，頁144。

〔註81〕尉繚著，徐勇注譯，《武經七書新譯‧尉繚子‧武議第三》，頁126。

〔註82〕見羅獨修著，《先秦兵家思想探源──以孫武、孫臏、尉繚為例》，頁268。

〔註83〕尉繚著，徐勇注譯，《武經七書新譯‧尉繚子‧戰威第四》，頁130。

〔註84〕清‧阮元校勘，《孟子‧公孫丑下》《十三經注疏》（台北：新文豐出版社，1977年1月，初版），卷4上，頁72。

〔註85〕清‧阮元校勘，《孟子‧梁惠王下》《十三經注疏》（台北：新文豐出版社，1977年1月，初版），卷2下，頁42。

〔註86〕尉繚著，徐勇注譯，《武經七書新譯‧尉繚子‧治本第十一》，頁153。

〔註87〕王忠林注譯，《新譯荀子讀本》，頁141。

《尉繚子・戰威第四》則云：

> 古率民者，必先禮信而後爵祿，先廉恥而後刑罰，先親愛而後律其
> 身焉。〔註88〕

又云：

> 王國富民，霸者富士，僅存之國富大夫，亡國富倉府。是謂上溢而
> 下漏，故患無所救。〔註89〕

《尉繚子》結合儒家、法家思想以切世用，構成了顯著的特色。惟除此之外，
《尉繚子》尚蘊含陰陽軍事思想，殊值析探。

　　或謂《尉繚子》重人不重天，似乎反對陰陽軍事思想，如《尉繚子・天
官第一》云：

> 梁惠王問尉繚子曰：「吾聞黃帝有《刑德》，可以百戰百勝，其有之
> 乎？」
>
> 尉繚子對曰：「不然，黃帝所謂「刑德」者，以刑伐之，以德守之，
> 非世之所謂「刑德」也。世之所謂「刑德」者，天官、時日、陰陽、
> 向背者也。……然不能取者何？，城高池深，兵戰具備，謀而守之
> 也。若乃城下、池淺，守弱，可取也。由是觀之，天官、時日，不
> 若人事也。」〔註90〕

《尉繚子・武議第八》云：

> 今世將考孤虛，占咸池，合龜兆，視吉凶，觀星辰風雲之變，欲以
> 成勝立功，臣以爲難。〔註91〕

以此而言，《尉繚子》不應有陰陽軍事思想，但事實上並非如此，如《尉繚子・
經卒令第十七》云：

> 卒有五章，前一行蒼章，次二行赤章，次三行黃章，次四行白章，
> 次五行黑章。次以經卒，亡章者有誅。前一五行置章於首，次二五
> 行置章於項，次三五行置章於胸，次四五行置章於腹，次五五行置
> 章於腰。如此，卒無非其吏，吏無非其卒。見非而不詰，見亂而不
> 禁，其罪如之。鼓行交鬥，則前行進爲犯難，後行退爲辱眾，逾五

〔註88〕見尉繚著，徐勇注譯，《武經七書新譯・尉繚子・戰威第四》，頁131。
〔註89〕尉繚著，徐勇注譯，《武經七書新譯・尉繚子・戰威第四》，頁131。
〔註90〕尉繚著，徐勇注譯，《武經七書新譯・尉繚子・天官第一》，頁119。
〔註91〕尉繚著，徐勇注譯，《武經七書新譯・尉繚子・武議第八》，頁143。

行而前者有賞，逾五行而後者有誅。所以知進退先後，吏卒之功也。
〔註92〕

《尉繚子》教導士卒配戴色彩分明的五色首章、項章、胸章、腹章、腰章等五種顏色的徽章，以此管理、指揮部隊，如此士卒不會認錯自己的長官，長官也不會認錯自己的士卒，發現不屬於本五行的士卒而不進行質問，看見次序混亂的現象而不加以制止，這是有罪的。且與敵戰鬥時，越過本行往前進擊就是勇於戰鬥，落後於本行就是貪生怕死，有辱部隊；超過本五行而衝鋒在前的給予獎勵，退縮在後者給予懲罰。如此，勇者超前而戰，不懼功不彰顯，而儒者因懼踰五行而退被誅，故不敢獨退，故全軍形成只見其進、不見其退之戰鬥部隊，凡此攻則必克，戰則必取。因而，《尉繚子》以五色首章、項章、胸章、腰章等不同識別記號便於指揮部隊，不但色彩分明，且能收進退秩序井然，作戰功過分明之效。但此種以識別記號協助訓練或指揮部隊作戰之方法，並非《尉繚子》所獨創，而是長時間演進改良之結果，《殷虛契考釋》即有「曰五方帝」之語，故中國至少在商代已有五方觀念。〔註93〕且欒調甫《梁任公五行說之商榷》云：

> 夏啟征有扈，說他「威侮五行」。箕子述《洪範》說鯀「汩陳其五行。」
> 可知五行在夏商的世代是很重要的一種學說。〔註94〕

誠然，五行在夏商的世代是很重要的一種學說，不過，五行亦代表著各種的意義，鄺芷人《陰陽五行及其體系》將其歸類成六類，其云：

一、指五種行為原則，疑為荀子所作。

二、指五種物性，如尚書洪範及周子太極圖說所持。

三、指人類生活上的五種必須的物質條件，如左傳裡蔡墨所持。

四、為分類學上的五種分類原則，如呂氏春秋所持。

五、指藉著陰陽二氣之流動而存在的五種「存在形式」，如白虎通及黃帝內經赤問所持。

六、指木材（植物）、火炎、泥土、金屬及流水。它們的象徵意義分別為生機與興發，活動或變化，孕育或培植，禁制與伏藏。此

〔註92〕尉繚著，徐勇注譯，《武經七書新譯‧尉繚子‧經卒令第十七》，頁163～164。
〔註93〕羅振玉著，《殷虛契考釋卷下》（台北：藝文印書館，1981年3月），頁62。
〔註94〕樂調甫著，〈梁任公五行說之商榷〉，顧頡剛編，《古史辨》（台北：藍燈文化事業股份有限公司，1993年8月，2版），冊5，頁379。

　　　　　爲蕭吉所持。〔註95〕

但亦未說出五行所代表的五種顏色，而司馬遷《史記‧秦始皇本紀》云：

　　　　始皇推終始五德之傳，以爲周得火德，秦代周德，從所不勝。方今
　　　　水德之始，改年始，朝賀皆自十月朔；衣服旄旌節旗皆上黑。〔註96〕

此處可知，五行中之水德是屬北方爲黑色，在《論語集解義疏‧陽貨》引馬
融語云：

　　　　改火之木隨五行之色而變也。榆柳色青，春是木，故春用榆柳也。
　　　　棗杏色赤，夏是火，火色赤，故夏用棗杏也。桑柘色黃，季夏是土，
　　　　土色黃，故季夏用桑柘也。柞楢色白，秋是金，金色白，故秋用柞
　　　　楢也。槐檀色黑，冬是水，水色黑，故冬用槐檀也。〔註97〕

此處已將五行之色說明，如春爲木是青色、夏爲火是赤色、季夏是土爲黃色、
秋爲金是白色、冬爲水是黑色。

　　由上之敘述，可知五行之觀念，在夏商以降的世代，均是很重要的一種
學說，張其成《易學大辭典》云：

　　　　陰陽學說與五行說揉合起來，並與儒家的倫理思想相結合，形成「五
　　　　德終始」說，用來推演王朝興衰，預告吉祥符應。五行在不同時代
　　　　和不同思想體系中具有不同的內容，例如占星家釋五行爲金木水火
　　　　土五星運，兵家釋五行爲東西南北中五方行陣的排列。〔註98〕

陰陽五行觀念運用在軍事上之用途更是不勝枚舉，且在夏商以迄至兩漢之
間，陰陽五行思想對思想潮流、政治、軍事之影響，可說無所不在，惟劉雲
柏《中國兵家管理思想》云：

　　　　尉繚繼承了西周、春秋以來樸素唯物論「天人相分」的進步觀點，
　　　　以很多實際戰例爲依據，指出決定戰爭勝負的因素根本不是什麼「陰
　　　　陽向背」，而在於人的主觀因素。〔註99〕

如此而言，本文謂《尉繚子》具有陰陽軍事思想，似乎是詆毀、看輕了《尉

〔註95〕 鄺芷人著，《陰陽五行及其體系》（台北：文津出版社，2003年7月，2版2
　　　　刷），頁208。
〔註96〕 漢‧司馬遷著，《史記‧秦始皇本紀》，冊1，卷6，頁237。
〔註97〕 魏‧何晏集解，梁‧皇侃義疏，《論語集解義疏》，《叢書集成初編》（北京：
　　　　中華書局，1985年，新1版），冊4，卷9，頁252～253。
〔註98〕 張其成著，《易學大辭典》（台北：建宏出版社，1996年2月，初版1刷），頁
　　　　828。
〔註99〕 劉雲柏著，《中國兵家管理思想》（上海：人民出版社，1990年11月），頁89。

繚子》的軍事才能，但事實並非如此，《尉繚子》雖屬兵形勢家，思想中卻蘊含儒家、法家、陰陽家等各家觀點，故能成其大家風範，況且陰陽家思想也不盡是落伍的思想，誠如羅獨修《先秦兵家思想探源——以孫武、孫臏、尉繚為例》云：

> 兵陰陽家之思想，有其迷信糟粕，亦有其科學合理部份。兵陰陽家論兵主配合天時、地利、陰陽、死生、方位。……兵陰陽家以五色分配組合，條理分明。……平時如何做到兵將相識，。……戰時可以敵我分明。〔註100〕

而《尉繚子》身處陰陽五行思想的氛圍中，並運用五行中科學合理部份，以五色分配組合，作為識別記號，俾便識別、訓練、指揮部隊，因而《尉繚子》陰陽軍事思想，是有利於軍隊之管理。

第三節　兵陰陽家之陰陽軍事思想

　　檢視先秦古籍並無「兵陰陽家」一詞，惟司馬談在論六家要旨時，已有「陰陽家」一詞，並將陰陽家列為首位。而《漢書·藝文志》列九流十家，儒家居首，道家次之，陰陽家排第三位。但上述之「陰陽家」與「兵陰陽家」並不相同。由西漢步兵校尉任宏所校讎之《漢書·藝文志·兵書略》，將兵書分為兵權謀家、兵形勢家、兵陰陽家與兵技巧家等四個範疇，所以「兵陰陽家」應屬於兵家派別，而不歸類於陰陽家。

　　依據《漢書·藝文志·兵書略》列兵陰陽家十六家，二百四十九篇，圖十卷，〔註101〕其云：

> 陰陽者，順時而發，推刑德，隨斗擊，因五勝，假鬼神而為助者也。
> 〔註102〕

上述文句之解釋，實在很難瞭解兵陰陽家真正所具有或所代表的內涵為何？

〔註100〕羅獨修著，《先秦兵家思想探源——以孫武、孫臏、尉繚為例》，頁331。
〔註101〕兵陰陽家十六家，二百四十九篇，圖十卷如後：《太壹兵法》一篇、《天一兵法》一篇、《神農兵法》一篇、《黃帝》十六篇、《封胡》五篇、《風后》十三篇、《力牧》十五篇、《鵊冶子》一篇、《鬼容區》三篇、圖一卷、《地典》六篇、《孟子》一篇、《東父》三十一篇、《師曠》八篇、《萇弘》十五篇、《別成子望軍氣》六篇、《辟兵威勝方》七十篇。漢·班固著，《漢書·藝文志》，冊3，卷30，頁1760。
〔註102〕漢·班固著，《漢書·藝文志》，冊3，卷30，頁1760。

邵鴻〈兵陰陽家與漢代軍事〉則對兵陰陽家有進一步的描述與解釋，如此或較能體會兵陰陽家所代表或所象徵的種種意義，其云：

> 所謂兵陰陽家，《漢書・藝文志》有經典的描述：「陰陽者，順時而發，推刑德，隨斗擊，因五勝，假鬼神而爲助者也。」順時、刑德、斗擊、五勝云云，表明兵陰陽家實際上是在陰陽五行框架支配下的多種術數形式在軍事理論和實踐中的運用或延伸，而「假鬼神而爲助」，則意味著一切借助鬼神的方術巫法在軍事上的應用，也都可以歸入兵陰陽的範圍。〔註103〕

田旭東〈新公布的竹簡兵書《蓋盧》〉亦云：

> 兵陰陽家的一些基本概念及所要遵循的一些原則，諸如天、地、四時、五行、三辰、列星、斗擊、四象等。四時指春、夏、秋、冬；五行指金、木、水、火、土；三辰指日、月、星；列星蓋指二八星宿；斗擊蓋指斗柄所指；四象即東、南、西、北四個方向。以天爲父，以地爲母，以三辰爲綱，以列星爲紀，以斗爲擊，此謂順天之道。……這與《漢志・兵書略》「兵陰陽家」小序所云「陰陽者，順時而發，推刑德，隨斗擊，因五勝，假鬼神而爲助者也。」的原則是一致的。〔註104〕

由於《漢書・藝文志・兵書略》兵陰陽家中所記載之兵書，至隋唐之時，均已全部亡佚，所以，本文無法對兵法原典進行分析、研究，但本文可由史書或諸子論述中，檢視並檢取兵陰陽家之兵法原典相關資料，進行比對與分析，從中印證有那些兵法原典中蘊含著陰陽軍事思想。

　　其次，目前兵陰陽家領域之研究，雖屬起步階段，惟值得慶興的是，現在研究和重視這個領域的學者已不乏其人，且已累積可觀之成績，如此亦可輔正「兵陰陽家屬於兵家中的糟粕」之偏執觀念，目前有關兵陰陽家之研究與成果，分析如後。

一、現今兵陰陽家研究成果析探

　　目前研究軍事科學領域之學者所在多有，惟專門探討研究兵家思想之論

〔註103〕邵鴻著，〈兵陰陽家與漢代軍事〉，頁81～90。
〔註104〕田旭東著，〈新公布的竹簡兵書《蓋盧》〉，《中華文化論壇》（2003年第3期），頁66～69。

文則有李訓詳《先秦之兵家》，其文對先秦兵家之定義、起源、事業、思想都
有卓越之見解，尤其在兵家對兵陰陽學的應用及兵家對兵陰陽學的態度，亦
有深入之探討與解析。〔註105〕其次，羅獨修著《先秦兵家思想探源——以孫
武、孫臏、尉繚為例》，其文對孫武、孫臏、尉繚之兵陰陽家思想亦有所著墨、
探究。〔註106〕而岑丞丕《先秦兵陰陽家問題探論》，則是對《漢書・藝文志・
兵書略》中的兵陰陽家進行深入解析。〔註107〕

　　在單篇論文方面，史延庭《先秦戰爭中氣象學心理學知識的應用及特殊
戰法》認為古代氣象學、心理學的科學知識是輔助戰爭順利進行的技術前提。
書中並引用考古學家夏鼐所云：古代天文學和氣象學是時常與迷信的占卜相
聯繫的，科學知識常常被占卜家、五行家等摻雜以迷信。〔註108〕此文顯示兵
陰陽家已知運用天文學與氣象學並摻雜占卜家、五行家之迷信，運用於戰爭
方面。邵鴻〈兵陰陽家與漢代軍事〉、〔註109〕〈中國古代對軍事術數和兵陰陽
家的批判〉〔註110〕、〈春秋軍事術數考述——以《左傳》為中心〉、〔註111〕〈張
家山漢墓竹書《蓋盧》與《伍子胥兵法》〉、〔註112〕〈神權壟斷的悖論：中國
古代國家對術數活動的限制與兩難——側重兵陰陽學方面〉。〔註113〕上述邵鴻
所著五篇單篇論文均是探討、解析兵陰陽家如何運用陰陽軍事術數如卜筮、
占星、占雲氣、占夢、祭祀、詛咒、慶勝和形形色色的雜占、巫術等，甚至

〔註105〕李訓詳著，《先秦之兵家》（台北：國立台灣大學出版委員會，1991年6月，
　　　　初版）。

〔註106〕羅獨修著，《先秦兵家思想探源——以孫武、孫臏、尉繚為例》（中國文化大
　　　　學歷史研究所博士論文，1998年）。

〔註107〕岑丞丕著，《先秦兵陰陽家問題探論》（中國文化大學歷史研究所，碩士論文，
　　　　2005年）。

〔註108〕見史延庭著，〈先秦戰爭中氣象學心理學知識的用及特殊戰法〉，軍事科學院
　　　　戰略部、後勤學院學術部歷史室編著，《先秦軍事研究》（北京：金盾出版社，
　　　　1990年5月，初版1刷），頁315。

〔註109〕邵鴻著，〈兵陰陽家與漢代軍事〉，頁81～90。

〔註110〕邵鴻著，〈中國古代對軍事術數和兵陰陽家的批判〉，《史林》（2000年8月，
　　　　第3期），頁48～56。

〔註111〕邵鴻著，〈春秋軍事術數考述——以《左傳》為中心〉，《南昌大學學報（人社
　　　　版）》（1999年3月），頁45～51。

〔註112〕邵鴻著，〈張家山漢墓竹書《蓋盧》與《伍子胥兵法》〉，《南昌大學學報（人
　　　　社版）》（2002年4月），頁86～88。

〔註113〕邵鴻著，〈神權壟斷的悖論：中國古代國家對術數活動的限制與兩難——側重
　　　　兵陰陽學方面〉，《天津社會科學》（2002年第1期），頁132～138。

漢代兵陰陽家是陰陽五行化的軍事術數，它的出現標誌著中國軍事術數史進入了新階段。[註114] 至於田旭東〈張家山漢簡《蓋盧》中的兵陰陽家〉[註115] 及〈新公布的竹簡兵書《蓋盧》〉，[註116] 二文認為，1983 年湖北江陵張家山 247 號漢墓發現的竹簡《蓋盧》，其書實際反映的是伍子胥的軍事思想，是一部帶有濃厚兵陰陽家色彩的兵書。[註117]

本文研究兵家中之兵陰陽家這一範疇，主要是探討、瞭解陰陽思想對兵陰陽家之影響。上述所列論文均是析探有關兵陰陽家領域之寶貴資料，對現今的研究工作而言，確有極大之助益。惟就兵陰陽家整體領域而論，這些研究資料究屬斷斷續續的，尤其是研究史料的零散，是研究工作最大的侷限與極大的挑戰。所以，至今以兵陰陽家這一範疇之研究成就而言，亦只能視為起步階段，因而，對有興趣的探究者而言，尚有極大的精進空間。

二、《漢書・藝文志》兵陰陽家文獻析探

在戰國末期與秦漢之際，以黃帝傳說的著作，紛湧出現，依據班固《漢書・藝文志》記載，多達十二類、二十一種，四百四十九（一作七）篇（卷），其餘托名黃帝臣子的亦有一百二十九篇，[註118] 而黃帝其人之虛實，及其傳說之源起，或如太史公的看法，承認太古或有某帝王為黃帝之化生，至於黃帝各種事蹟流傳之真實程度，則似可說絕大部分是出於依托與附會，本論文將於第柒章《黃老陰陽軍事思想析探》詳細論述。

而《漢書・藝文志・兵書略》所列兵陰陽家十六家、二百四十九篇之兵書，其中有《黃帝》十六篇，由於黃帝各種事蹟流傳絕大部分是出於依托與附會，故均不可考；其次，在《漢書・藝文志》道家類列有《力牧》二十二篇，在兵陰陽家類亦列有《力牧》十五篇，道家與兵陰陽家均重陰陽，本來就關係密切，且力牧的事蹟在《馬王堆漢墓帛書・黃帝四經》如〈十大經・觀〉、〈十大經・正亂〉、〈十大經・姓爭〉、〈十大經・成法〉、〈十大經・順道〉等五篇，

〔註114〕見邵鴻著，〈兵陰陽家與漢代軍事〉，頁 81～90。

〔註115〕田旭東著，〈張家山漢簡《蓋盧》中的兵陰陽家〉，《歷史研究》（2002 年 12 月，第 6 期），頁 167～171。

〔註116〕田旭東著，〈新公布的竹簡兵書《蓋盧》〉，《中華文化論壇》（2003 年第 3 期），頁 66～69。

〔註117〕見田旭東著，〈張家山漢簡《蓋盧》中的兵陰陽家〉，頁 167。

〔註118〕漢・班固著，《漢書・藝文志》，冊 3，卷 30，頁 1729～1780。

多有記載，其如〈十大經‧觀〉是以黃帝臣力牧巡視各地、實地考察，不僅論述「因順自然法則」、「因順民情」與「布制建極」的關係，〔註119〕並討論天地、陰陽、四時、晦明萬物與「牝牡相求，會剛與柔」創生過程〔註120〕，且云：

> 天道已既，地物乃備。散流鄉成，聖人之事。聖人不朽，時反是守。優未愛民，與天同道。聖人正以待之，靜以須人。不達天刑，不襦不傳。當天時，與之皆斷；當斷不斷，反受其亂。〔註121〕

陳鼓應《黃帝四經今註今譯》對「守」與「斷」有很好的詮釋：

> 「守」是靜待持守，「斷」則是主動出擊，掌握機遇。「守」是本色，「斷」以「守」為根基。「守」是無為，「斷」是有為。「守」強調的是靜，「斷」則偏重於動。「守」是客觀，「斷」是能動。「守」是恆定，「斷」是變化。「守」為柔，「斷」為剛。「守」是文，「斷」是武。
> 「守」、「斷」的有機整合，便構成黃老思想的主體。〔註122〕

天時所持之「守」與「斷」，明確提醒人們應趨時取福，當機立斷，而「當斷不斷，反受其亂」不僅影響道家（含黃老）、陰陽家，更為兵家所重視。惟不論力牧屬於道家類抑是兵陰陽類，然均與兵陰陽家中之《封胡》、《風后》、《鬼容區》相同，全是依託之人物，〔註123〕故其資料亦無法查考。且有關《漢書‧藝文志‧兵書略》所列兵陰陽家十六家、二百四十九篇之兵書，至隋唐之時，均已全部亡佚。故本文將由史書或諸子論述中，摘要歸納與分析上述兵書中，留有記載並有代表性及可檢視之有關文獻，深入研析其與陰陽軍事思想之關係。

（一）《太壹兵法》、《天一兵法》

依據《漢書‧藝文志‧兵書略》所列，《太壹兵法》一篇、《天一兵法》三十五篇，不過由於此二部兵書至隋唐之時，均已亡佚，無能窺其兵書原典。本文僅就下列史書，從中析探《太壹兵法》與《天一兵法》內容，並探討此

〔註119〕陳鼓應註譯，《黃帝四經今註今譯》（台北：臺灣商務印書館，2004 年 8 月，初版 4 刷），頁 263。

〔註120〕陳鼓應註譯，《黃帝四經今註今譯》，頁 263。

〔註121〕陳鼓應註譯，《黃帝四經今註今譯》，頁 288。

〔註122〕陳鼓應註譯，《黃帝四經今註今譯》，頁 291。

〔註123〕兵陰陽家類：《封胡》五篇。（黃帝臣，依托也。）《力牧》十五篇。（黃帝臣，依托也。）《風后》十三篇。（黃帝臣，依托也。）《鬼容區》三篇、圖一卷。（黃帝臣，依托也。）漢‧班固著，《漢書‧藝文志》，冊 3，卷 30，頁 1760。

二部兵書與陰陽軍事思想是否有所關聯。

　　首先，太壹應可通假爲太一，〔註124〕而古人明確提到太一之辭，最早或見於戰國晚期的文獻，如《莊子‧天下篇》、〔註125〕《荀子‧禮論》、〔註126〕《呂氏春秋‧大業》〔註127〕等篇但僅是隻字片語，較難其全貌，記載較完整清楚者如《淮南子》之〈天文訓〉、〈精神訓〉、〈本經訓〉、〈主術訓〉、〈詮言訓〉及〈要略〉等篇。〔註128〕《史記》之〈武帝本紀〉、〈禮書〉、〈樂書〉、〈天官書〉與〈封禪書〉等篇。〔註129〕和《漢書》之〈禮樂志〉、〈郊祀志〉、〈天文志〉與〈藝文志〉等篇。〔註130〕如《史記‧天官書》有所記載：

> 中宮天極星，其一明者，太一常居也；旁三星三公，或曰子屬。後
> 句四星，末大星正妃，餘三星後宮之屬也。環之匡衛十二，藩臣。
> 皆曰紫宮。〔註131〕

所謂「其一明者」，指北極五星中最亮的一顆星，即稱做「帝」的那顆星，「太一常居也」，太一，是天帝的別號。這句話是說，「帝」星是天帝通常居住的地方。張守節《史記正義》即云：

> 太一一星，……主使十六神，知風雨、水旱、兵革、饑饉、疾疫。
> 〔註132〕

〔註124〕李零云：「太一」亦作「大一」、「泰一」、「泰壹」。「大」、「太」、「秦」同源。故由「泰壹」之辭，可推知「壹」應與「一」亦同源。李零著，《中國方術續考》（北京：東方出版社，2000年10月，初版1刷），頁207。

〔註125〕郭慶藩編，《莊子集釋‧天下篇》（台北：河洛出版社，1974年3月臺景印1版），卷10下，頁1065～1115。

〔註126〕王忠林註譯，《荀子讀本‧禮論》，頁284～294。

〔註127〕呂不韋著，《呂氏春秋》（北京：內蒙古文化出版社，2007年1月，初版1刷），頁66。

〔註128〕見《淮南子》之〈天文〉，卷3，頁1～19。〈精神訓〉，卷7，頁1～13。〈本經訓〉，卷8，頁1～12。〈主術訓〉，卷9，頁1～24。〈詮言訓〉，卷14，頁1～13。〈要略〉，卷21，頁1～8。漢‧劉安著，《淮南子》（台北：中華書局，1974年10月臺3版）。

〔註129〕見《史記》之〈武帝本紀〉，卷11，頁451～486。〈禮書〉，卷23，頁1157～1174。〈樂書〉，卷24，頁1175～1237。〈天官書〉，卷27，頁1289～1353。〈封禪書〉，卷28，頁1355～1404。

〔註130〕見《漢書》之〈禮樂志〉，卷22，頁1027～1078。〈郊祀志〉，卷25，頁1189～1272。〈天文志〉，卷26，頁1273～1314。〈藝文志〉，卷30，頁1701～1784。

〔註131〕漢‧司馬遷著，《史記‧天官書》，冊2，卷27，頁1289。

〔註132〕張守節著，《史記正義》，清‧紀昀、永瑢等編纂，《文淵閣四庫全書》（上海：上海古籍出版社，2003年5月，初版1刷），卷27，冊247，頁247～388。

此處之太一，可掌管兵革之事，且劉韶軍在《占星術註評・史記・天官書評議》，曾論及太一所居之天極星，其云：

〈天官書〉占星術反映最多的還有有關兵事戰爭的內容……。占星術所反映的軍事活動，首先表現在對帝王的保衛上。如天極星周圍匡衛的十二星，紫宮左右的天槍和天棓星座，爲天子先驅，御兵以備非常。〔註133〕

從上述資料檢視，顯示二層意義，其一，《史記》中之〈天官書〉所論述及關心的事務還是以兵事戰爭爲主，而太一是其中最重要之星座之一，並掌理軍事。其二，〈天官書〉占星術是屬於陰陽術數之類，而《漢書・藝文志・兵書略》所列《太壹兵法》一篇，亦屬於陰陽術數之類，故兩者之間關係，不言而喻。李零《中國方術續考》引錢寶琮《太一考》云：

漢代緯書《春秋合誠圖》、《河圖括地象》和《神農本草經》佚文還提到一位叫「太一」或「太一子」的神人。《漢書・藝文志》也著錄了不少與「泰一」有關的兵書和術數、方技之書。〔註134〕

岑丞丕《先秦兵陰陽家問題探論》對《太壹兵法》有所推測如後：

《太壹兵法》是屬兵陰陽家通論性質的導論式著作，因爲兵陰陽家的內容多涉及陰陽、五行、星占等層面，所以稱之太壹。〔註135〕

誠然，目前我們無法窺視《太壹兵法》全貌，但透過上述史料之分析、歸納，或可瞭解《太壹兵法》應是具有陰陽術數之軍事思想的兵法。

其次，對於《天一兵法》的析探，《史記・天官書》記載：

前列直斗口三星，隨北端兑，若見若不，曰陰德，或曰天一。〔註136〕

此即謂，在正對著北斗斗口之前排列著三顆星，要尋找它們，要順著北斗斗魁北端的天樞和天璇兩星的連線看過去，就可看到若隱若現的三顆，名叫陰德，或叫天一。因而，天一亦是星座之名。又如《開元占經・石氏中官・天一星占》云：

《石氏》曰：「天一星，在紫宮門外右星南，與紫宮門右星同度。」

韓楊曰：「天一星，名曰北斗，主其星明，則王者治；不明者，王道

〔註133〕劉韶軍著，《占星術注評・史記・天官書評議》（台北：雲龍出版社，1994 年 2 月，初版），頁 121。

〔註134〕李零著，《中國方術續考》，頁 217。

〔註135〕見岑丞丕著，《先秦兵陰陽家問題探論》，頁 46。

〔註136〕漢・司馬遷著，《史記・天官書》，冊 2，卷 27，頁 1290。

逆，則斗主不明，七政之星應而變色」。《黃帝占》曰：「天一星，地
道也；欲其小有光，則陰陽和、萬物成；天一星大而明盛，水旱不
調、五穀不成，天下大饑，人民流亡，去其鄉。」《黃帝占》曰：「天
一星，明澤光潤，則天子吉。」《石氏》曰：「天一星，欲明而有光，，
則陰陽和、萬物成。」又占曰：「天一星亡，則天下亂，大人去。」
《荊州占》曰：「天一之星盛，人君吉昌。」《石氏》讚曰：「天一太
一，主承神也。」〔註137〕

由上述可知，天一星亦稱北斗，是極為重要的星座，星明則王者治、天子或
人君吉、陰陽和、萬物成；若星不明則王道逆、天下大亂、水旱不調、五穀
不成，天下大饑，人民流亡，大人去。此處顯示，天一星之明暗，影響天子
與人君吉凶、天下治亂及陰陽調和，但並未直接提及軍事有關的事物。惟張
守節《史記正義》云：

　　天一一星，疆闔闓外，天帝之神，主戰鬥，知人吉凶。明而有光，
　　則陰陽和，萬物成，人主吉；不然，反是。〔註138〕

此處即謂，天一星是天帝之神，掌理軍事戰鬥之事物。又云：

　　太一一星次天一南，亦天帝之神，主使十六神，知風雨、水旱、兵
　　革、饑饉、疾疫。占以不明及移為災也。〔註139〕

《漢書・天文志》亦云：

　　天一、槍、棓、矛、盾動搖，角大，兵起。〔註140〕

可見，天一星或太一星均是天帝之神，亦均負責、管理軍事、戰鬥之事物，
且由上述引文認知，天一的地位或已凌駕太一之上，但不論如何，因《太壹
兵法》一篇、《天一兵法》三十五篇，均已亡佚，無能窺其兵書原典，惟本文
僅就上述史料，或可間接認知、瞭解、推論《太壹兵法》與《天一兵法》應
是具有陰陽術數之軍事思想的兵法。

（二）《地典》

　　依據《漢書・藝文志・兵書略》所列《地典》計六篇，惟史冊記載《地

〔註137〕北周・庾季才著，文淵閣《四庫全書・靈台秘苑・開元占經・石氏中官・天
　　　　一星占》（上海：古籍出版社，2003年），冊807，頁667～668。
〔註138〕張守節著，《史記正義》，頁247～388。
〔註139〕張守節著，《史記正義》，，頁247～388。
〔註140〕漢・班固著，《漢書・天文志》，冊3，卷26，頁1275。

典》有關文獻極爲有限，如《後漢書・張衡列傳第四十九》云：

> 方將師天老而友地典。〔註141〕

皇甫謐《帝王世紀》云：

> 黃帝以風后配上台，天老配中台，五聖配下台，謂之三公。其如知
> 天、規紀、地典、力牧、常先、封胡、孔甲等，或以爲師，爲以爲
> 將。〔註142〕

黃奭《黃氏逸書考》亦云：

> 黃帝命知命糾俗，天老錄教，力牧準斥，鵶冶法，五聖道級，闞紀
> 補闕，地典州絡，七輔得而天下治。〔註143〕

徐文助《漢書藝文志諸子略與兵書略通考》云：

> 地典，人名，黃帝七輔之一。〔註144〕

惟地典爲何列兵家之林，無法理解？且其書至隋唐時，亦已亡佚，無能窺其
兵書原典，直至 1972 年 4 月《銀雀山漢墓竹簡》的出土，而使銀雀山漢簡有
關兵書能公諸於世。雖然有關《地典》部份，由於毀損過於嚴重，使本文無
法做較全面之探析，故以李零《簡帛古書與學術源流・第十一講・簡帛古書
導論五：兵書類・附錄五》所考正之《銀雀山漢墓竹簡・地典》資料爲研究
所本，其資料記載如後：

銀雀山漢墓竹簡第 1986 號簡記載：

> ……陵而戰，敵君（軍）分（奔）走。

銀雀山漢墓竹簡第 2964 號簡記載：

> ……左丘而戰，得敵司。

銀雀山漢墓竹簡第 3725 號簡記載：

> ……馬。（背）陵而戰……

銀雀山漢墓竹簡第 0648 號簡記載：

> 戰，得其丞下。[人北]（背）丘而戰，將取尉旅。……

〔註141〕南朝宋・范曄著，唐・李賢等注，《後漢書・張衡列傳第四十九》，冊7，卷
　　　　59，頁 1897～1940。

〔註142〕皇甫謐著，《帝王世紀》（北京：中華書局，1985 年，北京新 1 版），頁 4。

〔註143〕清・黃奭著，《黃氏逸書考叢書集成三篇第三函》（台北：藝文出版社，1971
　　　　年），頁 3。

〔註144〕徐文助著，《漢書藝文志諸子略與兵書略通考》（台北：廣東出版社，1976 年
　　　　4 月，初版），頁 186。

銀雀山漢墓竹簡第 0545 號簡記載：

　　……[人北]（背）邑而戰，得其旅主。左邑火陳（陣），敵人奔走。

　　右水而戰，氏（是）胃（謂）順□，大將氏（是）取。……〔註 145〕

《銀雀山漢墓竹簡・地典》是以軍事之眼光與判斷，非常重視軍事地理，故上述文句中，有許多關於軍事地理運用之文句，且軍事家重視軍事地理，乃是古今中外之常態，如楊慶旺主編之《實用謀略學辭典》即有〈地形論〉、〈地勢論〉、〈地紀論〉、〈地戰論〉、〈九地論〉等五篇，即專門探討在軍事戰爭中軍事地理的重要性及如何重視或運用軍事地理的優勢，開創勝機。〔註 146〕如《吳子・論將》云：

　　吳子曰：「凡兵有四機：一曰氣機，二曰地機，三曰事機，四曰力
　　機。……路狹道險，名山大塞，十夫所守，千夫不過，是謂地機。
　　〔註 147〕」

春秋時期之大將吳起認為，地機乃是「路狹道險，名山大塞，十夫所守，千夫不過」，其重要性自然是不言而喻。諸葛武侯〈地勢〉云：

　　夫地勢者，兵之助也。不知戰地而求勝者，未之有也。山林土陵，
　　丘阜大川，此步兵之地。土高山狹，蔓衍相屬，此車騎之地。依山
　　附澗，高林深谷，此弓弩之地。草淺土平，可前可後，此長戟之地，
　　蘆葦相參，竹樹交映，此槍矛之地也。〔註 148〕

不同的地勢，作戰的形式亦不同，且地勢之優劣，關係著戰事之勝敗，所以從來沒有一位將帥，可以不知戰地形勢而能取得勝利的。何守法《投筆膚談・地紀第十二》云：

　　地紀者，地之大要，猶云綱紀也。……而知之能極其詳，然後用之
　　無不勝也。〔註 149〕

〔註 145〕李零著，《簡帛古書與學術源流・第十一講・簡帛古書導論五：兵書類・附錄
　　　　　五・地典》（北京：三聯書店，2004 年 4 月，第 1 版），頁 359～397。

〔註 146〕楊慶旺主編，《實用謀略學辭典》（北京：哈爾濱出版社，1992 年 8 月，1 版
　　　　　1 刷），頁 91～146。

〔註 147〕普穎華著，《吳子兵法・論將》（台北：昭文社出版，1997 年 2 月，初版），
　　　　　頁 224。

〔註 148〕普穎華著，《諸葛亮兵法・地勢》（台北：昭文社出版，1996 年 8 月，初版 3
　　　　　刷），頁 109。

〔註 149〕何守法著，《投筆膚談》，李浴日編，《中國兵學大系》（台北：世界兵學社，
　　　　　1957 年 1 月，初版），冊 7，卷下，頁 113。

瞭解地形之大要，即是有利於行軍作戰的有利條件與因素，這對領軍作戰之將領而言，是非常重要的。劉基《百戰奇略》云：

> 凡與敵戰，三軍必要得其地利，則可以寡敵眾，以弱勝強。所謂知敵之可擊，知吾卒之可以擊，而不知地利，勝之半也。此言既知彼，又知己，但不得地利之，則亦不能全勝。法曰：天時不如地利。〔註150〕

因而，若僅能知己知彼，但無法瞭解地形對己是否有利，致勝的機會只有一半。因而，占領有利地勢是戰勝敵人之有利契機。

重視軍事地理一事，乃是兵陰陽家所擅長，亦是其所專精之領域，如兵陰陽家謂能使戰爭取勝之地為生地，反之，則稱為死地，如許洞《虎鈐經》即對生地與死地做過描述如後。《虎鈐經·生地》云：

> 生地者，謂左右前後非死絕之地。通糧道，進退皆利也。生地雖曰兵家之利，可以用者六焉：若夫懸軍深入，一可用也；士馬精壯，陣勢習熟，二可用也；將明令嚴，三可用也；我強敵弱，四可用也；大將夙著恩信，吏士服從，五可用也；吏士樂戰，六可用也。其不可用者有三焉：士卒顧家者，一不可用也；前無利誘，士卒退心，二不可用也；進則害，退則利，三不可用也。茲生地之利害，可不審乎？〔註151〕

《虎鈐經·死地》云：

> 死地者，謂背山負水、糧道生路皆絕也，雖曰兵家之害，可以用戰者四焉：將之恩威未著，吏士未服，一也；我兵與敵等，我力戰則利，畏戰則害，欲令吏卒死戰者，二也；為敵所逼糧窮將竭，三也；前軍既破，後軍尚固，四也。其不可用者三：彼眾我寡，一也；利害未審，矯眾強為，二也；將新猶豫，三也。〔註152〕

兵陰陽家重視作戰時之軍事地理，將其分為生地與死地。而羅獨修《先秦兵家思想探源——以孫武、孫臏、尉繚為例》亦認為，兵陰陽家最重視軍事地理，俾便開創有利之機，其云：

> 兵陰陽家之主要思想為辨律聽音、天官時日、陰陽向背、生死刑德。

〔註150〕劉基著，《百戰奇略》（台北：微風草堂出版社，2000年10月，初版1刷），頁199。

〔註151〕許洞著，《虎鈐經卷五·料地》，《粵雅堂叢書》，收錄於《百部叢書》（台北：藝文印書館，1966年），頁34。

〔註152〕許洞著，《虎鈐經卷五·料地》，頁34。

孫武採納兵陰陽家之思想主要爲天文、地理。《孫武·始計》云：「天者，陰陽寒暑時制也；地者，遠近廣狹死生也。」孫武雖舉出天、地，但孫武重視地理，而不重視天象。在《孫子十三篇》中全無以天象立說之專篇，但以地理立論者即有四篇，即〈九變〉、〈九地〉、〈行軍〉、〈地形〉等四篇。〔註153〕

《孫子十三篇》雖不屬陰陽家範疇，但同樣採納兵陰陽家重視軍事地理之思想，故《孫子十三篇》中以地理立論者即有〈九變〉、〈九地〉、〈行軍〉、〈地形〉等四篇，且該書論及軍事地理的部分幾乎佔了全書之三分之一，故魏汝霖《孫子兵法大全》論述《孫子兵法·地形篇》引劉寅語，則可盡述軍事地理之重要性：

地形者，山川險易之形也。用兵不知地形，則戰守失利，故地形爲兵之助。計險阸遠近，爲上將之道，學者不可不察也。〔註154〕

總而言之，兵陰陽家蘊含著陰陽術數思想，如辨律聽音、天官時日、陰陽向背、生死刑德等，而重視軍事地理一事，乃是兵陰陽家之所擅長，亦是其陰陽思想專精領域之一，故《銀雀山漢墓竹簡·地典》重視軍事地理、陰陽向背、生死刑德，充滿著陰陽之軍事思想，因而被列入《漢書·藝文志·兵書略》中兵陰陽家之範疇。

（三）《別成子望軍氣》

依據《漢書·藝文志·兵書略》所列《別成子望軍氣》計六篇，惟其書至隋唐時，亦已亡佚，無能窺其兵書原典。本文僅就下列史料，從中析探《別成子望軍氣》內容，並探討此部兵書與陰陽軍事思想之關聯。

在春秋時期占望雲氣是一項非常普遍而又爲當時所重視的占候之術，而且檢視史料，可說比比皆是，首先論述望軍氣之「望」字。例如，《左傳·僖公五年》記載：

遂登觀臺以望，而書。〔註155〕

《左傳》所謂之觀臺，在太廟中，以其可以望氣，故謂之觀臺，亦謂之靈臺。〔註156〕而此處「觀臺以望」之「望」字，以今日術語言之，有觀察之意，惟

〔註153〕羅獨修著，《先秦兵家思想探源——以孫武、孫臏、尉繚爲例》，頁139。
〔註154〕魏汝霖著，《孫子兵法大全·地形篇第十》，頁233。
〔註155〕楊伯峻著，《春秋左傳注·僖公五年》，冊上，頁302。
〔註156〕楊伯峻著，《春秋左傳注·僖公五年》，冊上，頁302。

在春秋時期，望氣之「望」字，其意不僅如此，誠如白川靜《金文的世界》認為「望」是一種「自遠處觀望其地施加咒力的行為」。〔註157〕

再者，以望氣之「氣」字而言，在《左傳》已有六氣之說，如《左傳‧昭公二十五年》云：

> 則天之明，因地之性，生其六氣，用其五行。氣為五味，發為五色，
> 章為五聲。……民有好惡、喜怒、哀樂，生於六氣。〔註158〕

依據杜預所註解，「六氣」即為陰陽、風雨、晦明等。〔註159〕而在春秋時期，人處宇宙之間，並以氣為基礎的思想和行為模式，常為人們所探討、重視。而望氣即是一種藉由觀察、檢視宇宙之間氣之情狀，而尋求解釋人與宇宙間各種訊息之行為模式。如《左傳‧昭公十五年》梓慎望氣之說如後：

> 梓慎曰：「禘之日其有咎乎！吾見赤黑之祲，非祭祥也，喪氛也。其
> 在涖事乎！」〔註160〕

梓慎由望氣即知「喪氛」對主祭者不吉。《左傳‧昭公二十年》又記載：

> 梓慎望氛曰：「今茲宋有亂，國幾亡，三年而後弭。蔡有大喪。」
>
> 〔註161〕

梓慎由望氣即知宋國有動亂，幾至國家滅亡，三年後才會太平，蔡國亦有大喪。

《史記》亦記載與望氣有關之諸多史料，如《史記‧高祖本紀》記載：

> 秦始皇帝常曰「東南有天子氣」，……高祖怪問之。呂后曰：「季所
> 居上常有雲氣，故從往常得季。」高祖心喜。〔註162〕

依《史記‧高祖本紀》記載，呂后因望氣而能得知高祖處所，顯示劉邦當時具有天子之氣。《史記‧項羽本紀》亦記載：

> 范增說項羽曰：「沛公居山東時，貪於財貨，好美姬。今入關，財物

〔註157〕白川靜著，《金文的世界》（台北：聯經出版社，1989年8月，初版），頁26
～27。

〔註158〕楊伯峻著，《春秋左傳注‧昭公二十五年》，冊下，頁1457～1458。

〔註159〕見楊伯峻著，《春秋左傳注‧昭公二十五年》，冊下，頁1457。

〔註160〕楊伯峻著，《春秋左傳注‧昭公十五年》，冊下，頁1369。

〔註161〕楊伯峻著，《春秋左傳注‧昭公二十年》，冊下，頁1407。杜預注：「氛，氣
也。」梓慎，魯之日官，故登臺望氣。

〔註162〕漢‧司馬遷著，《史記‧高祖本紀》，冊1，卷8，頁348。《史記正義》引京
房易侯云：「何以知賢人隱？顏師古曰：『四方常有大雲，五色具而不雨，其
下有賢人隱矣。』」故呂后望雲氣而得之。

無所取，婦女無所幸，此其志不在小。吾令人望其氣，皆爲龍虎，
成五采，此天子氣也。急擊勿失。」〔註163〕

項羽勒兵四十萬，在新豐鴻門，沛公將兵十萬，還軍霸上。范增說項羽曰：「吾
令人望其氣，皆爲龍虎，成五采，此天子氣也。急擊勿失」，此處望氣者亦謂
漢高祖具有天子氣。

　　亦有許多史料描述望氣者之望氣能力，如《史記‧孝武本紀》記載：

其秋，有星茀於東井。後十餘日，有星茀於三能。望氣王朔言：「候
獨見其星出如瓠，食頃復入焉。」有司言曰：「陛下建漢家封禪，天
其報德星云。」〔註164〕

《史記索隱》云：此紀唯言德星，則德星，歲星也。歲星所在有福，故曰德
星。〔註165〕望氣者王朔如上所言，故有司云：「陛下建漢家封禪，天其報德星
云」。《史記‧封禪書》記載：

趙人新垣平以望氣見上，言「長安東北有神氣，成五采，若人冠絻
焉。或曰東北神明之舍，西方神明之墓也。天瑞下，宜立祠上帝，
以合符應。」〔註166〕

所謂「天瑞下，宜立祠上帝，以合符應」，此爲趙人新垣平以望氣之陰陽術數
見重於君上。如《史記‧李將軍列傳》曾述及：李廣之從弟李蔡，所建立之
功勞與名聲遠不如李廣，然而，李廣未得爵邑，封官亦不過九卿，惟李蔡卻
爲列侯，位至三公。甚至，李廣之部屬，才能平平者，亦有數十人以軍功封
侯，所以李廣曾與望氣者王朔私語如上，而太史公亦借望氣者王朔之語云：「禍
莫大於殺已降，此乃將軍所以不得侯者也」。〔註167〕

　　《漢書》亦記載與望氣有關之諸多史料，臚列如後，如《漢書‧外戚傳》

〔註163〕漢‧司馬遷著，《史記‧項羽本紀》，冊1，卷7，頁311。
〔註164〕漢‧司馬遷著，《史記‧孝武本紀》，冊1，卷12，頁477。
〔註165〕漢‧司馬遷著，《史記‧孝武本紀》，冊1，卷12，頁477。
〔註166〕漢‧司馬遷著，《史記‧封禪書》，冊2，卷28，頁1382。
〔註167〕廣嘗與望氣王朔燕語，曰：「自漢擊匈奴而廣未嘗不在其中，而諸部校尉以下，
才能不及中人，然以擊胡軍功取侯者數十，而廣不爲後人，然無尺寸之功
以得封邑者，何也？豈吾相不當侯邪？且固命也？」朔曰：「將軍自念，豈嘗
有所恨乎？」廣曰：「吾嘗爲隴西守，羌嘗反，吾誘而降，降者八百餘人，吾
詐而同日殺之。至今大恨獨此耳。」朔曰：「禍莫大於殺已降，此乃將軍所以
不得侯者也。」漢‧司馬遷著，《史記‧李將軍列傳第四十五》，冊5，頁2873
～2874。

云：

> 武帝巡狩過河間，望氣者言此有奇女，天子迺使使召之。〔註168〕

《後漢書》亦記載與望氣有關之諸多史料，如《後漢書·郎顗列傳》云：

> （郎顗）父……，學京氏易，善風角、星筭、六日七分，能望氣占
> 候吉凶，常賣卜自奉。〔註169〕

《後漢書·方術列傳》云：

> 楊由……，少習易，并七政、元氣、風雲占候。為郡文學掾。時有
> 大崔夜集於庫樓上，太守廉范以問由。由對曰：「此占郡內當有小兵，
> 然不為害。」後二十餘日，廣柔縣蠻夷反，殺傷長吏，郡發庫兵擊
> 之。〔註170〕

上述所列之望氣者如春秋之梓慎，漢代之王朔、新垣平、郎顗、楊由以及許
許多不知名之望氣者等，均藉由望氣之陰陽術數，而檢視、得知或提供某些
訊息，然無論望氣之陰陽術數是否應驗或正確，均可證明望氣之陰陽術數，
在春秋以迄兩漢期間，已是非常流行且受重視的。且亦有許多望氣者將陰陽
術數技能，運用於軍事領域中，此即是所謂的望軍氣。岑丞丕《先秦兵陰陽
家問題探論》對「軍氣」有如後看法：

> 廣義的軍氣包括了：風、雲、氣、虹、霧、霾、霜、雪、雹、露、
> 霰、雷等，其包含在。〔註171〕

望軍氣是軍事陰陽術數重要技能之一，其運用範疇亦離不開天文占星系統。
而古代軍事領導者，許多是依賴望軍氣之陰陽術數技能，期能增加戰爭之勝
算，故望軍氣在古代史料中經常出現，如《史記·律書》記載：

> 其於兵械尤所重，故云「望敵知吉凶，聞聲效勝負」，百王不易之道
> 也。〔註172〕

望軍氣能預知勝負疆弱，故云「望敵知吉凶，聞聲效勝負」，百王不易之道也。
《史記·天官書》記載：

> 凡望雲氣，仰而望之，三四百里；平望，在桑榆上，千餘（里）二

〔註168〕漢·班固著，《漢書·外戚傳》，冊7，卷97上，頁3956。
〔註169〕南朝宋·范曄著，唐·李賢等注，《後漢書·郎顗列傳》，頁1053。
〔註170〕南朝宋·范曄著，唐·李賢等注，《後漢書·方術列傳》，卷82上，頁2716。
〔註171〕岑丞丕著，《先秦兵陰陽家問題探論》，頁73。
〔註172〕漢·司馬遷著，《史記·律書》，冊2，卷25，頁1239。《史記正義》云：凡
　　　　兩軍相敵，上皆有雲氣及日暈。故望雲氣知

千里；登高而望之下屬地者三千里。雲氣有獸居上者，勝。〔註173〕

所謂「雲氣有獸居上者，勝」，其意爲雲氣有野獸的形狀且處於其他雲氣的上方，見到這種雲氣，在戰爭中會得到勝利。《史記‧天官書》記載：

> 察剛氣以處熒惑。曰南方火，主夏，日丙、丁。禮失，罰出熒惑，
> 熒惑失行是也。出則有兵，入則兵散。以其合命國。熒惑爲勃亂，
> 殘賊、疾、喪、饑、兵。〔註174〕

熒惑爲火星，是五大行星之一，欲觀察天地間剛氣之情況，就要觀察熒惑之星象變化。熒惑出現則有兵事發生，沉入西方則兵事消散，且望軍氣者可根據熒惑出入某宿的分野而確定兵事發生在哪個國家。故在占星術中，熒惑主勃亂之事，凡殘害、賊害、疾病、死喪、饑饉、戰爭等事都屬此類。《史記‧天官書》記載：

> 王朔所候，決於日旁。日旁雲氣，人主象。皆如其形以占。……大
> 水處，敗軍場，破國之虛，……皆有氣，不可不察。〔註175〕

西漢初年的星象家王朔，其占候雲氣，是根據日旁的雲氣來判決其吉凶，而「敗軍場」是指軍隊戰敗的戰場，因死傷太多，故上有雲氣鬱積。《越絕書‧越絕外傳記軍氣》對望軍氣描述，亦有一套理論如後：

> 夫聖人行兵，上與天合德，下與地合明，中與人合心。義合乃動，……
> 小人則不然，……故聖人獨知氣變之情，以明勝負之道。凡氣有五
> 色，……人氣變，軍上有氣，五色相連，與天相抵。此天應，不可
> 攻，攻之無後。其氣盛者，攻之不勝。〔註176〕

此謂，聖人行兵，義合乃動，而聖人獨知氣變之情，明勝負之道，並與天應，且其氣盛，其氣盛者，攻之不勝。此爲《越絕書‧越絕外傳記軍氣》之理論。

《靈臺秘苑》有關望軍氣之描述甚多，如《靈臺秘苑‧軍勝氣》云：

> 凡兩軍相當，營之上雲，如三足布帛，前廣後大，軍行氣也。……
> 凡雲氣似虎在敵上，若有此氣，將卒精悍，不可攻戰，若在我軍，
> 急擊大勝。〔註177〕

〔註173〕漢‧司馬遷著，《史記‧天官書》，冊2，卷27，頁1336。

〔註174〕漢‧司馬遷著，《史記‧天官書》，冊2，卷27，頁1316。

〔註175〕漢‧司馬遷著，《史記‧天官書》，冊2，卷27，頁1338。

〔註176〕劉國基注譯，《越絕書‧越絕外傳記軍氣》（台北：三民書局，1997年7月），頁269～272。

〔註177〕北周‧庚季才原著，宋‧王安禮等重修，《靈臺秘苑‧軍勝氣》，清‧紀昀、

《靈臺秘苑・軍敗氣》云：

> 凡氣，上黃下白名喜氣，所臨之軍，欲求和退；若氣在地，求退；
> 在北，其象死散；向東，則不可信，則爲害；向南將死。……〔註178〕

〈靈臺秘苑・軍中雲氣雜占〉對望軍氣亦有描述：

> 軍上雲氣高勝低、厚勝薄、澤勝枯、實勝虛、徐勝疾、長勝短。軍
> 上氣安則軍亦安，氣不安則軍亦不安，氣二則軍亦二、氣三則軍亦
> 三，他同。氣散則軍破。〔註179〕

這是軍事領導者依據望軍氣之陰陽術數技能，從雲氣之狀況，以判斷敵我雙
方戰力強弱與虛實。

望軍氣應爲古老的軍事占候之陰陽術數技能，〔註180〕而《別成子望軍氣》
即屬於此類之兵書，惟別成子一名，未見於其他典籍，徐文助《漢書藝文志
諸子略與兵書略通考》云：

> 王先謙疑「別」爲姓，《廣韻》十七薛「別」字注曰：「別又姓。」
> 《隋志》兵家又有〈別成子雜匈奴占〉一卷，則「別」是姓，「成」
> 爲名，殆無疑矣。〔註181〕

然姚振宗《漢書藝文志條理》對西漢王朔自號別成子有所懷疑，〔註182〕造成
本文研析之困難，因此，以現有史料之考證，無法確知別成子爲何許人也，
但無論如何，以上述望軍氣史料之檢視與考證，以推論《別成子望軍氣》應
是充滿軍事陰陽術數思想之兵書，當不爲過。

總而言之，《漢書・藝文志・兵書略》所列兵陰陽家十六家、二百四十九
篇之兵書，至隋唐之時，均已全部亡佚。本文由史書或諸子論述中，分析上

永瑢等編纂，《文淵閣四庫全書》，冊 807，頁 807～30。

〔註178〕北周・庾季才原著，宋・王安禮等重修，《靈臺秘苑・軍敗氣》，清・紀昀、
永瑢等編纂，《文淵閣四庫全書》，冊 807，頁 807～30。

〔註179〕北周・庾季才原著，宋・王安禮等重修，《靈臺秘苑・軍中雲氣雜占》，清・
紀昀、永瑢等編纂，《文淵閣四庫全書》，冊 807，頁 807～34。

〔註180〕依據邵鴻〈兵陰陽家與漢代軍事〉，漢代重要的軍事術數形式概有：「卜筮」、
「天文雲氣占」、「式占」、「風角」、「象占」、「擇吉」、「道教」、「祭禳祝咒」、
「慶勝」等，且從戰國開始的軍事術數的陰陽五行化過程，至漢代已完成。
邵鴻著，〈兵陰陽家與漢代軍事〉，頁 83。

〔註181〕徐文助著，《漢書藝文志諸子略與兵書略通考》（台北：廣東出版社，1976 年
4 月），頁 189。

〔註182〕《續修四庫全書》編委會編，《續修四庫全書・史部・傳記類・漢書藝文志條
理》（上海：上海古籍出版社，2002 年 3 月，初版），卷 4，頁 96。

述兵書中，留有記載並可檢視之有關資料如《太壹兵法》一篇、《天一兵法》三十五篇，《地典》六篇及《別成子望軍氣》六篇等，且深入研析其與陰陽軍事思想之關係與特性，誠如田旭東〈新公布的竹簡兵書《蓋盧》〉云：

> 古代數術之學中陰陽、日月星辰、四時、五行、八方等基本要素，都屬於傳統宇宙論的概念，古人將天、地、人串通一氣，構成一個整體。數術正是將天與地溝通的具體方法，當時的人們通過自身的聯想和體驗，創造出種種避凶趨吉的技術，因而數術之學中包含有大量與今日天文、曆法、地理、氣象等方面有關的科學知識。行師用兵乃軍國大事，必須經過吉凶的預測以選擇時日，從春秋、戰國直到西漢初年，這幾百年戰爭頻繁的時期，也正是數術之學普遍發展的時期，這一歷史條件使得兵家之中的陰陽學派速成長起，他們「順時而發，推刑德，隨斗擊，因五勝，假鬼神而為助者。」把陰陽數術的各種專業技巧用到了極致。〔註183〕

第四節　兵技巧家之陰陽軍事思想

《漢書・藝文志・兵書略》所列兵技巧家十三家、百九十九篇之兵書，其云：

> 技巧者，習手足，便器械，積機關，以立攻守之勝者也。〔註184〕

兵技巧家如何能於兵權謀家、兵形勢家、兵陰陽家所重視之戰略戰術之外，且能「立攻守之勝者」？而如其所云「技巧者，習手足，便器械，積機關」，亦只是籠統說明而已。事實上，由於時代的進步，戰爭的規模越來越大，戰爭的手段與情勢亦越來越激烈與險惡，所以戰爭所使用的兵器、戰具亦隨之不斷地改良與進步。而城鎮的普及，亦形成攻、守城池戰術之研究與進步，甚至如射擊、劍道、搏擊都為兵技巧家所重視。因而，《漢書・藝文志・兵書略》列兵技巧家十三家、百九十九篇之兵書。

〔註183〕田旭東著，〈新公布的竹簡兵書《蓋盧》〉，頁66～69。

〔註184〕漢・班固著，《漢書・藝文志》，冊3，卷30，頁1763。《漢書・藝文志・兵書略》所列兵技巧家十三家、百九十九篇之兵書如後：《鮑子兵法》十篇、《五（伍）子胥》十篇、《公勝子》五篇、《苗子》五篇、《逢門射法》二篇、《陰通成射法》三篇、《李將軍射法》三篇、《魏氏射法》六篇、《彊弩將軍王圍射法具》十五篇、《護軍射師王賀射書五篇》、《蒲苴子弋法》四篇、《劍道》三十八篇、《手搏》六篇、《雜家兵法》五十七篇、《蹵鞠》二十五篇等。

　　張家山漢墓竹簡出土文物有《蓋廬》一文，計有竹簡五十五枚，簡長三十至三十點五公分，書題《蓋廬》寫於末簡背面。全書共九章，各章皆以蓋廬的提問爲開頭，申胥（伍子胥）的回答爲主題，其所體現的是伍子胥的軍事思想。〔註185〕目前有些學者如田旭東〈新公布的竹簡兵書《蓋廬》〉、〔註186〕邵鴻〈張家山漢墓古竹書《蓋廬》與《伍子胥兵法》〉、〔註187〕岑丞丕《先秦兵陰陽家問題探論》等，〔註188〕視該書蘊涵濃厚的兵陰陽家思想，是一部屬於兵陰陽家性質的兵書惟《漢書·藝文志·兵書略》將伍子胥著錄分爲兩類，一類爲兵技巧家，〔註189〕另一類爲雜家，〔註190〕並未將其列入兵陰陽家範疇，殊值探討研析。

　　誠然，《蓋廬》一文確有兵技巧家內容，如《漢書·武帝紀》注引臣瓚曰：

　　　　伍子胥書有戈船，以載干戈。〔註191〕

《漢書·武帝紀》對上述引文，又引注張晏語云：

　　　　越人於水中負人船，又有蛟龍之害，故置戈於船下，因以爲名也。

　　　　〔註192〕

所謂「戈船，以載干戈」，即爲《伍子胥水戰法》中之一類，亦屬於兵技巧家範疇。《太平御覽·越絕書》亦記載伍子胥水戰法云：

　　　　大翼一艘，廣丈六尺，長十二丈，容戰士二十六人，擢五十人，舳
　　　　三人，操長鉤矛斧者四，吏、僕射長各一人，凡九十一人。當用長
　　　　鉤矛、長斧各四，弩各三十四，矢三千三百。甲、兜鍪各三十二。

　　　　〔註193〕

〔註185〕見張家山二四七號漢墓竹簡整理小組編著，《張家山漢墓竹簡（二四七號墓）》（北京：文物出版社，2006 年 5 月，初版 1 刷），159～168。

〔註186〕見田旭東著，〈新公布的竹簡兵書《蓋廬》〉，頁 66。

〔註187〕見邵鴻著，〈張家山漢墓古竹書《蓋廬》與《伍子胥兵法》〉，頁 86。

〔註188〕見岑丞丕著，《先秦兵陰陽家問題探論》（中國文化大學歷史研究所，碩士論文，2005 年）。

〔註189〕漢·班固著，《漢書·藝文志》，冊3，卷30，頁 1763。其著錄文字爲：五（伍）子胥十篇。圖一卷。

〔註190〕漢·班固著，《漢書·藝文志》，冊3，卷30，頁 1740。其著錄文字爲：伍子胥八篇。名員，春秋時爲吳將，忠直遇讒死。

〔註191〕漢·班固著，《漢書·武帝紀》，冊1，卷6，頁 187。

〔註192〕漢·班固著，《漢書·武帝紀》，冊1，卷6，頁 187。

〔註193〕宋·李昉著，《太平御覽·越絕書·兵部四十六·水戰·掩襲》（河北：教育出版社，1994 年初版），卷 315，頁 824。

《武經總要‧水戰》云：

> 春秋時，吳以舟師伐楚。又越軍、吳軍戰於江，伍子胥對闔廬以船
> 軍之教，北陸軍之法：大翼者，當陸軍之車，小翼者，當輕車；突
> 冒者，當行樓車；橋船者，當輕足驃騎。〔註194〕

《太白陰經‧水戰具篇第四十》云：

> 水戰之具，始自伍員以舟爲車，以楫爲馬。〔註195〕

由上述《伍子胥水戰法》之引文中，大致敘述了水師的戰船種類及作用、裝
備、士兵配備與戰術等問題，此或是相當典型的兵技巧家之範疇，故其列爲
《漢書‧藝文志‧兵書略》兵技巧家《五（伍）子胥》十篇之文字。

　　其次，所謂之雜家，顧名思義，其所內蘊的思想龐雜，如《漢書‧藝文
志‧兵書略》所云：

> 雜家者流，蓋出於議官。兼儒、墨，合名、法，知國體之有此，……
>
> 〔註196〕

《漢書‧藝文志‧兵書略》內雜家所著錄之思想，除上述之儒、墨、名、法
等家思想，亦包含兵家著作與思想如《子晚子》三十五篇、《尉繚子》二十九
篇，以及陰陽家之著作與思想如《呂氏春秋》二十六篇，《淮南內》二十一篇，
《淮南外》三十三篇等等；以及依邵鴻〈張家山漢墓古竹書《蓋廬》與《伍
子胥兵法》〉云：《呂氏春秋》內〈孟秋紀〉、〈仲秋紀〉及《淮南子‧兵略訓》
等三篇，亦被視爲兵家思想與論兵名作。〔註197〕而《蓋廬》全書共九章，各
章皆以蓋廬的提問爲開頭，其所體現的是伍子胥的軍事思想，惟《五（伍）
子胥》八篇，被列爲雜家者流，其原因或爲，其思想蘊涵兵家思想與陰陽家
思想，且能兩者兼容並蓄。

　　然而，《漢書‧藝文志‧兵書略》並未將伍子胥著作列入兵陰陽家範疇，
而《蓋廬》是體現伍子胥的軍事思想之書，全書亦蘊涵豐富兵陰陽家思想，
殊值析探。

　　伍子胥長於智謀兵略，如《國語‧吳語》云：

〔註194〕漢‧公孫宏解，文淵閣《四庫全書‧握奇經‧武經總要‧水戰》（上海：古籍
　　　　出版社，2003 年），冊 726，頁 381～382。

〔註195〕漢‧公孫宏解，文淵閣《四庫全書‧太白陰經‧水戰具篇第四十》，冊 726，
　　　　頁 194。

〔註196〕漢‧班固著，《漢書‧藝文志》，冊 3，卷 30，頁 1742。

〔註197〕見邵鴻著，〈張家山漢墓古竹書《蓋廬》與《伍子胥兵法》〉，頁 88。

夫申胥、華登簡服吳國之士於甲兵，而未嘗有所挫也。〔註198〕
可見，世人對伍子胥軍事思想有很高之評價，而從《蓋廬》中亦可發現伍子
胥之智謀兵略具有濃厚的陰陽思想色彩，例如《蓋廬》第一章云：

> 蓋廬問申胥曰：「凡有天下，何毀何舉，何上何下？……用兵之極何
> 服？」

> 申胥曰：「凡有天下，無道則毀，有道則舉，……凡用兵之謀，必得
> 天時，王可成名，……此謂順天之時。黃帝之征天下也，……其下
> 用兵革……。」〔註199〕

吳王請教伍子胥：「用兵之極何服？」即是問用兵最高之戰略指導準則與謀略
爲何？

摘要伍子胥回答：用兵最高之戰略指導準則與謀略，必須瞭解天時，不違逆
天時，此即謂順應天時。往昔，黃帝治理天下，逼不得已才用戰爭的手段處理。

《漢書・藝文志・兵書略》謂兵陰陽家云：

> 陰陽者，順時而發，推刑德，隨斗擊，因五勝，假鬼神而爲助者也。
> 〔註200〕

所謂「順時而發」即是上仰天道，順應天時，故伍子胥亦擁有如此陰陽
軍事思想，並認爲擁有天下的君主，亦須順應天道，體恤民心，才能得天時
之助，國家乃能昌盛。

在《蓋廬》第一章後段又云：

> 建埶（勢）四輔，及皮（彼）大（太）極，行皮（彼）四時，環皮
> （彼）五德。日爲地徽，月爲天則，以治下民，及破不服。其法曰：
> 天爲父，地爲母，參（三）辰爲剛，列星爲紀，維斗爲擊，轉橦（動）
> 更始。……東方爲左，西方爲右，南方爲表，北方爲裡，此胃（謂）
> 順天之道。〔註201〕

此處所謂天地與春、夏、秋、冬之四時，金、木、水、火、土之五行，日、

〔註198〕題左丘明著，《國國語・吳語》（山東：齊魯書社，2005 年 7 月，初版 2 刷），
　　　　頁 289。
〔註199〕張家山二四七號漢墓竹簡整理小組編著，《張家山漢墓竹簡（二四七號墓）》，
　　　　頁 161。
〔註200〕漢・班固著，《漢書・藝文志》，冊 3，卷 30，頁 1760。
〔註201〕張家山二四七號漢墓竹簡整理小組編著，《張家山漢墓竹簡（二四七號墓）》，
　　　　頁 161。

月、星之三辰，列星蓋指二十八星宿，斗擊蓋指斗柄所指，凡此均是順天之道，此亦與《漢書‧藝文志‧兵書略》兵陰陽家所云：「陰陽者，順時而發，推刑德，隨斗擊，因五勝，……」之原則與理論吻合一致，此均為伍子胥陰陽軍事思想。

其次，《蓋廬》第二章云：

> 蓋廬曰：「何胃（謂）天之時？」申胥曰：「九野為兵，九州為糧，四時五行，以更相攻。天地為方圓，水火為陰陽，日月為刑德，立為四時，分為五行，順者王，逆者亡，此天之時也。」〔註202〕

所謂「九野為兵」，田旭東〈新公布的竹簡兵書《蓋廬》〉解釋云：

> 《孫子兵法》有「九天」與「九地」，據李零先生考證，應和九宮格局相對應，《楚辭》中的〈天問〉、〈離騷〉，《鶡冠子‧世兵》……等書均有按九宮劃分天宇的記載，與九天相對應的即是九野，應當與式法有關。〔註203〕

此處之式法，即是古代陰陽術數思想之一類。而所謂「刑德」，在古書中，本指賞罰，如《韓非子‧二柄》云：

> 明主之所導制其臣者，二柄而已矣。二柄者，刑、德也。何謂刑德？曰：殺戮之謂刑，慶賞之謂德。為人臣者畏誅罰而利慶賞，故人主自用其刑德，則群臣畏其威而歸其利矣。〔註204〕

李零《中國方術考》對「刑德」亦有系統研究，其云：

> 刑德是與陰陽概念有關的一種擇日之術。如《漢志‧數術略》五行類有《刑德》七卷就是講這種數術，……而在數術之學中，「刑德」則指按曆日干支推定的陰陽禍福。〔註205〕

「刑德」本具陰陽概念，如《淮南子‧天文訓》云：

> 日冬至，則斗北中繩，陰氣極陽氣萌，故曰：冬至為德。日夏至，則斗南中繩，陽氣極陰氣萌，故曰：夏至為刑。……日為德，月為刑。〔註206〕

〔註202〕見張家山二四七號漢墓竹簡整理小組編著，《張家山漢墓竹簡【二四七號墓】》，頁162。

〔註203〕見田旭東著，〈新公布的竹簡兵書《蓋廬》〉，頁66。

〔註204〕陳奇猷校注，《韓非子集釋‧二柄》，卷2，頁111。

〔註205〕見李零著，《中國方術續考》，頁47。

〔註206〕「冬至為德」：德始生也。「夏至為刑」：刑始殺也。題漢‧劉安著，《淮南子》，

而這種陰陽術數亦運用於軍事，如《淮南子・兵略訓》云：

故善用兵者，……明於奇正，賓陰陽、刑德、五行、望氣、侯星、龜策、禨祥，此善爲天道者也。〔註207〕

岑丞丕《先秦兵陰陽家問題探論》亦云：

推行德的意思，就是在行軍作戰時，將刑德系統中所出現的不確定因素，全部加以排比推算，找出最有利己方進攻的方式，進而克敵制勝。〔註208〕

職是之故，《漢書・藝文志・兵書略》兵陰陽家所云：「陰陽者，順時而發，推刑德，隨斗擊，因五勝」中之「刑德」，已轉爲陰陽軍事術數之一種。

再者，《蓋廬》第四章大部分均是陰陽軍事思想的觀點，其云：

左太歲、右五行可以戰；前赤鳥、後倍（背）天鼓可以戰，左青龍、右白虎可以戰，招（招）搖（搖）在上，大陳其後可以戰，壹左壹右、壹逆再倍（背）可以戰，是胃（謂）順天之時。

大（太）白入月、營（熒）或（惑）入月可以戰，日月竝食可以戰，是胃（謂）從天四央（殃），以戰必慶。

丙午、丁未可以西鄉（嚮）戰，壬子，癸亥可以南鄉（嚮）戰，……是胃（謂）日有八勝。

皮（彼）興之以金，吾擊之以火；皮（彼）興以之火，吾擊之以水；皮（彼）興之以水，吾擊之以土；皮（彼）興之以土，吾擊之以木；皮（彼）興之以木，吾擊之以金。此用五行勝也。

春擊其右，夏擊其裡，秋擊其左，冬擊其表，此胃（謂）倍（背）生擊死，此四時勝也。〔註209〕

《蓋廬》第五章幾乎均是陰陽軍事思想的觀點，其云：

申胥曰：凡攻之道，德義是守，星辰日月，更勝爲右。四時五行，周而更始。

大白金星，秋金強，可以攻木；歲星木強，可以攻土；塡星土也，

卷3，頁5～9。

〔註207〕題漢・劉安著，《淮南子》，卷3，頁15。

〔註208〕岑丞丕著，《先秦兵陰陽家問題探論》，頁19。

〔註209〕張家山二四七號漢墓竹簡整理小組編著，《張家山漢墓竹簡（二四七號墓）》，頁163。

六月土強，可以攻水；相星水也，冬水強，可以攻火：營（熒）或
（惑）火也，四月火強，可以攻金。此用五行之道也。

秋生陽也，木死陰也，秋可以攻其左；春生陽也，金死陰也，春可
以攻其右：冬生陽也，火死陰也，冬可以攻其表；夏生陽也，水死
陰也，夏可以攻其裡。此用四時之道也。

地橦八日，日橦八日，日臽十二日，皆可以攻，此用日月之道也。
〔註210〕

從上述引言，檢視《蓋廬》一文，其內容包括第一章之「順天之時」、「順天之道」，第二章之「四時五行」、「水火爲陰陽，日月爲刑德」，第四章之「用天八時」、「從天四央（殃），以戰必慶」、「日有八勝」、「用五行勝」、「此四時勝」，第五章依然是運用「四時五行」、「此用日月之道」，均屬於術數類之陰陽軍事思想。因而有不少學者如邵鴻、田旭東、岑丞丕均視《蓋廬》一文，內容屬於兵陰陽家之思想。由此亦認定伍子胥爲兵陰陽家，惟《蓋廬》一文亦含有兵技巧家及雜家之內容，故無須將伍子胥認定僅爲兵陰陽家。惟將陰陽軍事思想視爲伍子胥之重要思想，應不爲過。

總而言之，由於戰爭的勝敗必然牽涉到極複雜層面，兵家欲求勝戰，必須整合各種知識系統來解決戰爭問題，並全般性地掌握決定因素。而《漢書·藝文志·兵書略》將兵書分爲兵權謀家、兵形勢家、兵陰陽家及兵技巧家四個範疇，惟兵家必須整合及靈活運用以上四家之專長，才可能克敵致勝。若僅僅使用一家之長，實無法克竟其功，然而，檢視上述兵權謀家、兵形勢家、兵陰陽家及兵技巧家等四家，卻均蘊含陰陽軍事思想，由此可見陰陽軍事思想爲兵家所運用，是很普遍的，亦是解決戰爭問題所運用的思想方式之一。如《孫子兵法·虛實》云：「五行無常勝，四時無常位，日有短長，月有死生」、〔註211〕《孫臏兵法·行篡》云：「用兵移民之道，……陰陽，所以聚眾合敵也。」〔註212〕范蠡《國語·越語下》云：「古之善用兵者，因天地之常，……後則用陰，先則用陽；近則用柔，遠則用剛」、〔註213〕等即便是在科學發達的今日，

〔註210〕張家山二四七號漢墓竹簡整理小組編著，《張家山漢墓竹簡（二四七號墓）》，頁164。

〔註211〕魏汝霖著，《孫子兵法大全·虛實篇第六》（台北：黎明文化事業公司，1986年7月，4版），頁33。

〔註212〕普穎華編著，《孫臏兵法》，頁111。

〔註213〕易中天著，《國語讀本·越語下·越興師伐吳而弗與戰》，頁883。

天候之好壞、地形及地貌之偵蒐與測量、四季變化之掌握、賞罰（即古之刑德）是否公允？軍隊士氣之培育，此亦是兵家所重視的「順天之時」、「順天之道」。惟陰陽術數之失，在於詭俗，若能「極數知變而不詭俗，斯深於術數者」，〔註214〕則能全般性地掌握戰爭的決定因素，以達致勝戰目的。

〔註214〕夫物之所偏，未能無蔽，雖云大道，其該或同。若乃詩之失愚，書之失誣，然則數術之失，至於詭俗乎？如令溫柔敦厚而不愚，斯深於詩者也；疏通知遠而不誣，斯深於書者也；極數知變而不詭俗，斯深於數術者也。故曰：「苟非其人，道不虛行。」意者多迷其統，取遣頗偏，甚有雖流宕過誕亦失也。見南朝宋・范曄著，唐・李賢等注，《後漢書・方術列傳第七十二上》，冊10，卷82上，頁，2706。

第陸章　雜家陰陽軍事思想析探

《漢書‧藝文志》有所謂雜家者流，其云：

> 雜家者流，蓋出於議官。兼儒、墨，合名、法，知國體之有此，見王
> 治之無不貫，此其所長也。及盪者爲之，則漫羨而無所歸心。〔註1〕

依據《漢書‧藝文志》列雜家二十家，四百三篇，〔註2〕其對雜家之說明爲「兼
儒、墨，合名、法」，可見其在思想上是博雜而豐富，故其長處在於對各家思
想無所不包，兼容並蓄，而其缺失，或如《漢書‧藝文志》所言之「漫羨而
無所歸心」。而在博雜、豐富的思想著作中，蘊涵有關軍事思想之著作如《五
子胥》八篇、《尉繚》二十九篇、《呂氏春秋》二十六篇、《淮南內》二十一篇、
《淮南外》三十三篇、《吳子》一篇等。其中部分著作，因分類的方式有所不
同，如伍子胥、尉繚子、吳子除被列入雜家，同時伍子胥被列入兵技巧家，

〔註1〕 漢‧班固著，《漢書‧藝文志》（台北：鼎文書局，1976年3月，初版），冊3，
卷30，頁1742。本文所引典籍，於各章節首次出現時，詳細註明朝代，作者、
書名、冊數、頁數、出版地、出版社、出版年月與版次，以便覆覈；再次引
用時，僅註明書名、冊數、頁數、以省篇幅，爲統一體例，出版年月一律以
西元紀年標記。

〔註2〕 《漢書‧藝文志》列雜家二十家，四百三篇，如《孔甲盤盂》二十六篇、《大
帝》三十七篇、《五子胥》八篇、《子晚子》三十五篇、《由余》三篇、《尉繚》
二十九篇、《尸子》二十篇、《呂氏春秋》二十六篇、《淮南內》二十一篇、《淮
南外》三十三篇、《東方朔》二十篇、《伯象先生》一篇、《荊軻論》五篇、《吳
子》一篇、《公孫尼》一篇、《博士臣賢對》一篇、《臣說》三篇、《解子簿書》
三十五篇、《推雜書》八十七篇、《雜家言》一篇。見漢‧班固著，《漢書‧藝
文志》，冊3，卷30，頁1741。

尉繚子被列入兵形勢家，吳子被列入兵權謀家，且三者均包含大量之陰陽軍事思想，本文已於兵家陰陽軍事思想篇章中論及，在此不再贅述。

　　陰陽思想在先秦時期經過鄒衍之糅合，似已成一家之言，《呂氏春秋》或可視爲先秦時期雜家思想之代表著作，而《呂氏春秋》與《淮南子》二書均蘊涵大量之陰陽軍事思想，故本章則首先論述《呂氏春秋》之陰陽軍事思想，且《淮南子》受先秦陰陽思想影響甚深，並「博採各家」思想亦爲後代雜家思想重要著作之代表，故本章亦應詳實研析《淮南子》之陰陽軍事思想。

第一節　《呂氏春秋》陰陽軍事思想析探

　　迨至周室衰微，諸侯相爭，五霸逞強，七雄並出；及至秦穆公，稱霸西戎，孝公之世，得商君之佐，國以富強，復經惠、武、昭、襄數世，蒙故業，因遺策，敗六國之師，及莊襄王立，因呂不韋之助，以無幸之質，得有秦國，故以其爲丞相，封文信侯。及至子政立年幼，尊呂不韋爲相國，號稱仲父，國事大權，擅於一身。不韋雖以商賈崛起政壇，然非泛泛唯利是圖之輩，且爲一有雄心壯志之士。對於其作《呂氏春秋》之企圖與用心，田台鳳《呂氏春秋探微》有所描述如後：

> 當其位尊勢隆之際，觀秦之統一天下，近在眉睫，而當日之情勢，學者多辯，言利辭給，務以相毀，期在必勝，爲未雨之綢繆，故集眾士爲書，思藉政治勢力，定學說治道之紊，以成一代興王典禮，作他日治國之準繩，此呂氏春秋之所作也。〔註3〕

《呂氏春秋》內容涉獵相當全面，舉凡政治、經濟、文化、軍事、天文、科技、衛生、歷史、農業、養生、哲學，乃至藝術，幾至包羅殆盡，眞是「備天地萬物古今之事」。史義軍、張榮慶合編之《呂不韋與呂氏春秋》云：

> 《呂氏春秋》吞吐百家而集大成。大體說來，〈當務〉、〈慎人〉、〈貴信〉、〈壹行〉等篇，多取孔子思想；〈孝行〉多取曾子思想；〈忠廉〉、〈介立〉、〈觀表〉多取孟子思想；〈音初〉、〈勸學〉、〈用民〉多取荀子思想；〈精通〉、〈具備〉多取《中庸》思想；〈應同〉、〈召類〉多取《易傳》與陰陽家思想；〈精喻〉、〈博志〉、〈執一〉多取

〔註3〕田台鳳著，《呂氏春秋探微》（台北：臺灣學生書局，1986年3月，初版），頁2。

老子思想；〈貴生〉、〈重己〉等篇，多取楊朱思想；〈任數〉、〈知度〉多取老莊思想；〈序意〉、〈圓道〉多取黃、老思想；〈察今〉多取商鞅思想；〈慎勢〉多取慎到思想；〈權勳〉多取韓非思想；〈節喪〉、〈安死〉多取墨子思想；〈振亂〉、〈蕩兵〉多取兵家思想；〈上農〉、〈任地〉等篇多取農家思想；〈察微〉、〈正名〉多取名家思想等等。〔註4〕

《呂氏春秋》自漢代以來，一直被稱爲雜家，田台鳳《呂氏春秋探微》云：

> 呂氏春秋成書於秦統一天下之前，目睹當時「人以爲是，反以相誹，天下之學者多辯，言利辭倒，不求其實，務以相毀，以勝爲故。」（察今篇）必統而一之，故呂書深知王政之道，非一家之可盡貫，非一學之可盡包，非若前述諸子，或欲一之於仁義，或欲一之於法條，或欲一之於無爲，或欲一之於兼愛，乃混諸說而調和之，思擇其菁華，融之於治道，此所以稱雜家之始祖也。〔註5〕

呂書綜合全面，涉獵廣泛，且兼蓄各家思想，但卻不是雜湊成篇，而是揚棄中而有取捨、有批判、有改造、有發展。

任繼愈《中國哲學發展史》對《呂氏春秋》的內容與章節作概括式描述如後：

> 《漢書·藝文志》記《呂氏春秋》二十六篇。今本《呂氏春秋》分紀、覽、論三大部分，紀十二篇，覽八篇，論六篇，總篇數與《漢書》同。每篇又有子篇若干。十二紀按四季、十二月份排列，每一紀有紀首一篇和論文四篇共五篇，十二紀共計六十子篇。八覽各覽有論文八篇，但〈有始覽〉缺一篇，共計六十三子篇。六論每論有六篇，共計三十六子篇。加上十二紀末的〈序意〉一篇，全書計有子篇一百六十。東漢高誘的《呂氏春秋注》，是此書最古的注本，著錄於《隋書·經籍志》。〔註6〕

《呂氏春秋》由八覽、六論、十二紀爲綱，每一綱下又分若干細目，每一目都是短論性質，內容涉及先秦各家的思想，尤其是蘊含豐富的陰陽家思想。

〔註4〕史義軍、張榮慶合編，《呂不韋與呂氏春秋》（台北：正展出版社，2001年9月），頁16。

〔註5〕田台鳳著，《呂氏春秋探微》，頁421～422。

〔註6〕任繼愈著，《中國哲學發展史·秦漢》（北京：人民出版社，1988年初版），頁1。

一、《呂氏春秋》以陰陽思想爲主幹

《漢書・藝文志》將《呂氏春秋》列於雜家，但其主導則爲陰陽家思想，如陳奇猷《呂氏春秋校釋》云：

> 《呂氏春秋》一書，係呂不韋使其客，人人著所聞集論而成（詳《史記・呂不韋列傳》），《漢書・藝文志》列於雜家（《呂氏春秋》雖是雜家，但其主導思想則是陰陽家，詳附錄〈《呂氏春秋》成書的年代與書名的確立〉）。因此，各家各派之作，各自爲篇，雜陳於呂氏書中。而各家各派有其獨特之思想，又各有其特殊之辭語，即同一辭語，恆殊其義。故注釋《呂氏春秋》，分別各篇所屬家派，實爲首要任務。否則，必致張冠李戴，混淆不清，更瞭解文章之眞意。〔註7〕

誠然，《呂氏春秋》雖是雜家，但其主導則是陰陽家思想，章政通《中國思想史》云：

> 陰陽家的思想是秦代的顯學，所以呂氏直接引用鄒衍的五德終始說（同應篇），作爲全書開宗明義之章。同時在殘存的自序中，特別解釋了十二紀的意義是在法天地，紀治亂存亡，知壽夭吉凶，定是非的標準。這說明《呂氏春秋》接受了陰陽家的世界觀。〔註8〕

任繼愈《中國哲學發展史》云：

> 陰陽五行學說對《呂氏春秋》思想體系的形成，起了很大的作用。……據《史記》的〈孟荀列傳〉、〈封禪書〉和李善的《文選・魏都賦注》所載，鄒衍的哲學思想有三：一是「深觀陰陽消息」，以陰陽消長說明四時的更替；二是「機祥度制」，即天瑞天譴說；三是「五德轉移」或稱「終始五德」，以五行相生相勝解釋朝代的興衰。〔註9〕

《呂氏春秋》涉及陰陽家思想者甚多，茲將其重要之處臚列於后：

> 在「天地陰陽與人事興衰」感應部份，《呂氏春秋・恃君覽・知分》云：
>
> > 凡人物者，陰陽之化也，陰陽者，造乎天而成者也。天固有衰嗛廢伏，

〔註7〕陳奇猷著，《呂氏春秋校釋・呂氏春秋編纂說明》（台北：學林出版社，1984年10月，初版3刷），頁2。

〔註8〕章政通著，《中國思想史》（台北：水牛圖書出版事業有限公司，2001年11月，13版1刷），頁421。

〔註9〕任繼愈著，《中國哲學發展史・秦漢》，頁18。

有盛盈蛩坌；人亦有困窮屈匱，有充實達遂。此皆天之容，物之理也，而不得不然之數也。古聖人不以感私傷神，俞然而以待耳。〔註10〕

《呂氏春秋・恃君覽・達鬱》又云：

三年，國人流王（厲王）于彘，此鬱之敗也。鬱者，不陽也；周鼎著鼠，令馬履之（譚戒甫：鼠屬陰，馬屬陽，周鼎著鼠，令馬履之，正欲以陽制陰。），爲其不陽也。不陽者，亡國之俗也。〔註11〕

在「察陰陽之宜，辨萬物之利」之處，《呂氏春秋・季春紀・盡數》云：

天生陰陽，寒暑燥溼，四時之化，萬物之變，莫不爲利，莫不爲害。聖人察陰陽之宜，辨萬物之利以便生，故精神安乎形，而年壽得長焉。〔註12〕

在「陰陽變化、是謂天常」之處，《呂氏春秋・仲夏紀・大樂》云：

太一出兩儀，兩儀出陰陽，陰陽變化，一上一下，合而成章，渾渾沌沌，離則復合，合則復離，是謂天常。天地車輪，終則復始，極則復反，莫不咸當。日月星辰，或疾或徐，日月不同，以盡其行，四時代興，或寒或暑，或短或長，或柔或剛。萬物所出，造於太一，化於陰陽。〔註13〕

在「月爲群陰之本」之處，《呂氏春秋・季秋紀・精通》云：

月也者，群陰之本也。月望則蚌蛤實，群陰盈；月晦則蚌蛤虛，群陰虧。夫月形乎天，而群陰化乎淵。〔註14〕

《呂氏春秋》內容蘊涵豐富的陰陽思想，對漢代經學產生巨大影響，任繼愈《中國哲學發展史》云：

《呂氏春秋》對於漢代經學，包括董仲舒的神學，有巨大影響，兩者有不解之緣。經學家以六經爲典範，以仲尼爲先師，從不承認《呂氏春秋》與他們有什麼師承關係。實際上他們很看重《呂氏春秋》書中的陰陽五行和天人感應學說。自十二紀紀首被入〈禮紀〉以後，以五行配四時，以政令配月令、天與人交相感應等思想，逐漸成爲

〔註10〕題呂不韋著，《呂氏春秋》（北京：內蒙古文化出版社，2007年1月，初版1刷），頁361～362。

〔註11〕呂不韋著，《呂氏春秋・恃君覽・達鬱》，頁367。

〔註12〕呂不韋著，《呂氏春秋・季春紀・盡數》，頁37。

〔註13〕呂不韋著，《呂氏春秋・仲夏紀・大樂》，頁66。

〔註14〕呂不韋著，《呂氏春秋・季秋紀・精通》，頁133。

漢代儒學不可分割的組成部分。〔註15〕

漢代很重視《呂氏春秋》中的陰陽五行和天人感應學說，其以五行配四時，以政令配月令、天與人交相感應等思想，逐漸成為漢代儒學不可分割的組成部分。又云：

> 兩漢統治者在施行賞刑、頒布詔令時，都要考慮如何調陰陽、順四時、合五德，此種風氣，愈晚愈盛。《漢書》設〈平行志〉，將歷年發生的自然災異與政治變故，次第列出，附以董仲舒、劉向、劉歆及其他經學家的說明，目的是為執政者提供歷史借鑒。當然，不能說漢代的五行說全來自《呂氏春秋》，但是經過了秦火，先秦鄒衍學派的資料大都散佚，由《呂氏春秋》保存下來的十二紀與〈應同〉、〈名類〉等篇，至少是漢代陰陽五行思想的重要來源，當無疑問。〔註16〕

總而言之，《呂氏春秋》承繼先秦鄒衍陰陽學術思想，爾後更與經學結合，成為漢代儒學不可分割的組成部分，其在政治、思想上實有不可忽視之影響力。

二、《呂氏春秋》蘊涵之軍事思想

周朝東遷以降，受世官、世祿制度所造就的巨室政治出現鉅大的改變，封建禮法開始崩解，上陵下替，強制弱，眾暴寡，征戰頻仍，依據《中國戰史大辭典——戰役之部》統計，春秋時期大型戰爭即有十九次之多，〔註17〕而《左傳》全書共紀錄了春秋時期四百九十二起戰爭，加上《春秋》經上有記而《左傳》無記的三十九起，經傳合記大小戰爭五百三十一起，〔註18〕且高銳《中國上古軍事史》云：在春秋時期近三百年間，大小戰役約八百餘次，平均一年就有兩到三次。〔註19〕兼併戰爭及大國的爭霸稱王，一方面打破了

〔註15〕 任繼愈著，《中國哲學發展史·秦漢》，頁74。

〔註16〕 任繼愈著，《中國哲學發展史·秦漢》，頁75。

〔註17〕 《中國戰史大辭典——戰役之部》（中華民國：國防部史政編譯局，1989年6月），頁1～2。春秋時期大型戰爭即有十九次之多，其如周鄭繻葛之戰、齊桓公伐楚之戰、宋楚泓水之戰、晉楚城濮之戰、晉秦殽函之戰、晉楚邲之戰、晉齊鞍之戰、吳楚江淮爭霸戰、晉楚鄢陵之戰、晉悼公續霸之戰、吳楚雞父之戰、吳陷楚郢都之戰、攜李之戰、夫椒之戰、會稽之戰、吳伐齊艾陵之戰、越襲吳都之戰、笠澤之戰、滅吳之戰等。

〔註18〕 張善文、馬重奇主編，《左傳漫談》（台北：頂淵出版社，1997年8月，初版），頁109～110。

〔註19〕 高銳著，《中國上古軍事史》（北京：軍事科學出版社，1995年），頁124。

原來的國野界限，一方面沖坍了原來森嚴的等級結構。西周「禮樂征伐自天子出」的局面，自此一變而為「自諸侯出」，再變而為「自大夫出」。各大國爭霸與兼併，形成了韓、趙、魏、齊、秦、楚「戰國七雄」，且魏、楚、秦三國先後推行變法，以求強國，以吞併他國，戰國即在兼併戰爭中由分裂終走向統一，最後，秦滅六國，統一天下。

　　呂不韋於秦國統一天下之際，為未雨之綢繆，故集眾士為書，思藉政治勢力，定學說治道之荼，以成一代興王典禮，作他日治國之準繩，故成《呂氏春秋》之作。而此書在兵戈不息、戰爭頻仍之氛圍下所作，除對各家思想無所不包，兼容並蓄，而其於軍事思想，亦有其思想之特色，如其書中有〈蕩兵〉、〈振亂〉、〈禁塞〉、〈懷寵〉、〈論威〉、〈簡選〉、〈決勝〉、〈愛士〉等篇，即是《呂氏春秋》所蘊含之軍事思想，其主要立論如後：

（一）主張義兵、反對偃兵

　　戰國之時，爭伐兼併，兵戈不息，所謂爭地以戰，殺人盈野，爭城以戰，殺人盈城，〔註20〕墨子目睹生靈塗炭，乃倡非攻之說，〈非攻上〉其云：

> 今至大為攻國，則弗知非，從而譽之，謂之義，此可謂知義與不義之別乎？……殺百人，百重不義，必有百死罪矣。此天下之君，皆知而非之，謂之不義，今至大為攻國，則弗知非，從而譽之，謂之義，情不知其不義也。〔註21〕

《孟子‧離婁上》亦云：

> 故善戰者服上刑，連諸侯者次之，辟草萊任土地者次之。〔註22〕

墨子與孟子的偃兵之說，在當時未有多大實質效果，故又有蘇秦之流，倡合縱說，合縱者，乃小國互助救守以禦大國之攻伐也。而對此不利秦國一統天下之偃兵之說，《呂氏春秋》起而反對，如《呂氏春秋‧孟秋紀‧蕩兵》云：

> 古聖王有義兵而無有偃兵，兵之所自來者上矣，與始有民俱，……兵所自來者久矣。……黃炎固用水火矣，共工氏固欲作難矣，五帝固相與爭矣，……爭鬥之所自來者久矣。不可禁，不可止，故古之

〔註20〕清‧阮元校勘，《孟子‧離婁上》，《十三經注疏》（台北：新文豐出版社，1977年1月，初版），卷7下，頁134。

〔註21〕清‧孫詒讓撰，《墨子閒詁‧非攻上》（台北：河洛圖書出版社，1974年3月臺景印1版），卷5，頁2。

〔註22〕清‧阮元校勘，《孟子‧離婁上》，《十三經注疏》，卷7下，頁134。

聖王，有義兵而無偃兵。〔註23〕

家無怒笞，則豎子、嬰兒之有過也立見。國無刑罰，則百姓之相侵也立見。天下無誅伐，則諸侯之相暴也立見。故怒笞不可偃於家，刑罰不可偃於國，誅伐不可偃於天下，有巧有拙而已矣。故古之聖王，有義兵而無偃兵，……欲偃天下之兵，悖。夫兵不可偃也。〔註24〕

今世之以偃兵疾說者，終身用兵而不自知悖，故說雖疆，文雖辨，學雖博，猶不見聽，故古之聖王，有義兵而無偃兵。〔註25〕

《呂氏春秋》認爲，從古至今，戰爭是不可避免的，所以不可禁亦不可止，而誅伐之事，是懲叛亂民，此謂之「義兵」，乃是必要之舉措，偃兵之說，猶如因饐廢食、因溺棄船，是違反歷史之演化規則，所以主張「義兵」，反對偃兵。《呂氏春秋・孟秋紀・蕩兵》云：

夫兵之不可偃也，譬之若水火然，能用之則爲福，不能用之則爲禍，若用藥者然，得良藥則活人，得惡藥則殺人，義兵之爲天下良藥亦大矣。〔註26〕

《呂氏春秋・孟秋紀・禁塞》云：

故取攻伐不可，非攻伐不可，取救守不可，非救守不可，惟義兵爲可，兵苟義，攻伐可，救守亦可，兵不義，攻伐不可，救守亦不可。〔註27〕

在戰國末期，秦國於其他六國而言，國勢、實力均佔優勢與上風，且秦國爲消滅六國，採取攻勢，主張攻伐，反對六國合縱以救守；而呂不韋亦主觀認爲，秦之攻伐完全是義兵，事實上，戰國時期之攻伐，義兵義舉實少，大都是不義而侵略之攻伐，所以《呂氏春秋》之義兵之說，或可說是替秦國之攻伐六國，尋一個正當的理由與藉口而已。因而，《呂氏春秋》認爲戰爭由來是相當久遠的。

（二）重視紀律、無堅不摧

《呂氏春秋》主張攻伐，《呂氏春秋・振亂》云：

〔註23〕題呂不韋著，《呂氏春秋・孟秋紀・蕩兵》，頁99。
〔註24〕題呂不韋著，《呂氏春秋・孟秋紀・蕩兵》，頁99。
〔註25〕題呂不韋著，《呂氏春秋・孟秋紀・蕩兵》，頁100。
〔註26〕題呂不韋著，《呂氏春秋・孟秋紀・蕩兵》，頁99。
〔註27〕題呂不韋著，《呂氏春秋・孟秋紀・禁塞》，頁103。

夫攻伐之事，未有不攻無道而伐不義也，攻無道而伐不義，則天下
福莫大焉，黔首利莫厚焉。〔註28〕

《呂氏春秋》認為秦國發動之戰爭即為義兵義舉，未免過於主觀，然不論所
發動之戰爭是否為義兵義舉，爭城用兵唯一之目的就在戰勝敵軍，此則須重
視軍隊實務之訓練，才能達到剋敵致勝之目的。《呂氏春秋》在重視紀律與軍
令之實務訓練方面，亦有許多描述，如《呂氏春秋・懷寵》對紀律之要求，
其云：

故兵之入於敵之境，則民知所庇矣，黔首知不死矣，至於國邑之郊，
不虐五穀，不掘墳墓，不伐樹木，不燒積聚，不焚室屋，不取六畜，
得民虜，奉而歸之，以彰好惡，信與民期，以奪敵資，若此而猶有
仇恨、冒疾、遂過、不聽者，雖行武焉，亦可矣。〔註29〕

有能以家聽者，祿之以家，……以國聽者，祿之以國，……故克其
國，不及其民，獨誅所誅而已矣。舉其秀士而封侯之，選其賢良而
尊顯之，求其孤寡而振恤之，……民之所不欲廢者，而復興之，曲
加其祀禮，是以賢者樂其民，而長老說其禮，民懷其德。〔註30〕

《呂氏春秋》深知爭城、用兵、作戰都須用兵之死力，而民是兵之來源，所
以得民則昌，這亦是最好的戰略經營。而失民者亡，且為戰必敗，此為千古
不變之理。故《呂氏春秋》要求「兵之入於敵之境，……不虐五穀，不掘墳
墓，不伐樹木，不燒積聚，不取六畜，得民虜，奉而歸之」，可謂擾民之事，
無不戒之。且「故克其國，不及其民，獨誅所誅」、「民之所不欲廢者，而復
興之，……民懷其德」，《呂氏春秋》認為，軍隊若有此紀律，以此出師，何
敵不摧？以此召民，何民不服？

（三）兵貴乎精、不貴乎多

古今治兵者，重在訓練有素，故「兵貴乎精、不貴乎多」，此為精銳之軍。
對此，《呂氏春秋・仲秋紀・簡選》有精采、詳細之論述：

世有言曰：「驅市人而戰之，可以勝人之厚祿教卒；老弱罷民，可以
勝人之精士練材；離散係累，可以勝人之行陣整齊；鉏櫌白梃，可
以勝人之長銚利兵。」此不通乎兵者之論。今有利劍於此，以刺則

〔註28〕題呂不韋著，《呂氏春秋・孟秋紀・振亂》，頁102。
〔註29〕題呂不韋著，《呂氏春秋・孟秋紀・懷寵》，頁106。
〔註30〕題呂不韋著，《呂氏春秋・孟秋紀・懷寵》，頁106。

不中，以擊則不及，……簡選精良，兵械銛利，令能將將之，古者
有以王者，有以霸者矣，湯武、齊桓、晉文、吳王闔廬是矣。〔註31〕

同篇再云：

殷湯良車七十乘，必死六千人，以戊子戰於郕，遂禽推移、大犧，……
遂有夏。武王虎賁三千人，簡車三百乘，以要甲子之事於牧野，而
紂爲禽，……齊桓公良車三百乘，教卒萬人，以爲兵首，橫行海內，
天下莫之能禁，……晉文公造五兩之士五乘，銳卒千人，先以接敵，
諸侯莫之能難，……吳闔廬選多力者五百人，利趾者三千人，以爲
前陣，與荊戰，五戰五勝，遂有郢。……故凡兵勢險阻，欲其便也；
兵甲器械，欲其利也；選練角材，欲其精也；統率士民，欲其教也。
此四者，義兵之助也。〔註32〕

所謂「兵貴精、不貴多」，故《吳子·治兵第三》云：

武侯問曰，兵何以爲勝？起對曰：以治爲勝。又問曰：不在眾寡？
對曰：若法令不明，賞罰不信，金之不止，鼓之不進，雖有百萬，
何益於用？所謂治者，居則有禮，動則有威，進不可當，退不可追，
前卻有節，……投之所往，天下莫當。〔註33〕

因此，練軍之卒，以一敵十，以十敵百，以百敵千；不練之卒，十不敵一，
百不敵十，千不敵百，雖眾無益。少康一旅中興，武王虎賁三千，克紂於牧
野，「兵貴精、不貴多」。

欲達致「兵貴精、不貴多」之境界，則須善於知兵，《呂氏春秋·孟秋紀·
蕩兵》云：

察兵之微：在心而未發，兵也；疾視，兵也；作色，兵也；傲言，
兵也；援推，兵也；連反，兵也；侈鬥，兵也；三軍攻戰，兵也。
此八者皆兵也。〔註34〕

考察戰爭細微之處：在內心相鬥而沒有表露出來，是戰爭；怒目而視，是戰
爭；使用傲慢的言辭，是戰爭；相互牽制，是戰爭；三軍相互攻戰，是戰爭；
相互摔跤，是戰爭；群眾相鬥，是戰爭；三軍相互攻戰，是戰爭。這八種都

〔註31〕題呂不韋著，《呂氏春秋·仲秋紀·簡選》，頁114。
〔註32〕題呂不韋著，《呂氏春秋·仲秋紀·簡選》，頁114～115。
〔註33〕周·吳起〈吳子·治兵第三〉，劉慶注譯，《武經七書新譯》（山東：齊魯書
　　　社，1999年11月，初版1刷），頁68。
〔註34〕題呂不韋著，《呂氏春秋·孟秋紀·蕩兵》，頁99。

是戰爭。善知兵者，非決鬥於疆場，始謂之兵戰，由內心之敵對仇視，……而擴至於三軍攻戰，皆兵戰之道，能善知兵者，而察其微，故能達致「兵貴精、不貴多」之境界。

（四）臨陣當先、不懼安危

波灣戰爭美軍統帥史瓦茲柯夫曾說一句名言：「下令要部下上戰場算不得英雄，身先士卒上戰場才是英雄好漢」，〔註35〕《呂氏春秋・貴直論第三》亦以趙簡子臨戰之時，能否臨陣當先、不懼安危，此為戰爭勝敗之關鍵，其精采描述如下：

> 趙簡子攻衛，附郭。自將兵，及戰，且遠立，又居於屏蔽犀櫓之下。鼓之而士不起。簡子投桴而嘆曰：嗚呼！士之速弊，一若此乎！行人燭過免冑橫戈而進曰：「亦有君不能耳，士何弊之有？」簡子艴然作色曰：「寡人之無使，而身自將是眾也，子親謂寡人之無能，有說則可，無說則死。」對曰：「昔吾先君獻公即位五年，兼國十九，用此士也。惠公即位二年，淫色暴慢，身好玉女，秦人襲我，遂去絳七十，用此士也。文公即位二年，底之以勇，故三年而士盡果敢，城濮之戰，五敗荊人，圍衛取曹，拔石社，定天子之位，成尊名於天下，用此士也。亦有君不能耳，士何弊之有。」簡子乃去屏蔽犀櫓，而立於矢石之所及。一鼓而士畢乘之。〔註36〕

戰場乃死生之地，在臨戰之時，主帥不能臨陣當先，戰士必然退卻。故欲戰士不顧生死、衝鋒陷陣，則主帥必須不避危險，身先士卒。因而，行人燭過謂趙簡子，主帥不能一馬當先，而欲戰士不顧生死，這是不可能的。趙簡子悟出其中道理，「乃去屏蔽犀櫓，而立於矢石之所及。一鼓而士畢乘之」。

《呂氏春秋》認為戰爭是自古有之，也是避免不了的，《呂氏春秋・恃君覽・召類》云：

> 兵所自來者久矣。堯戰於丹水之浦，以服南蠻；舜却苗民，更易其俗；禹攻曹、魏、屈驁、有扈，以行其教。三王以上，固皆用兵也。
> 〔註37〕

〔註35〕H. Norman Schwarzkopf, Peper Pepre 著，譚天譯，《身先士卒：史瓦茲柯夫將軍自傳》（台北：麥田出版社，1993年，初版），頁14。

〔註36〕題呂不韋著，《呂氏春秋・貴直論第三》，頁412。

〔註37〕題呂不韋著，《呂氏春秋・恃君覽・召類》，頁364。

既然認爲戰爭是避免不了的，故《呂氏春秋·孟秋紀·蕩兵》云：「義兵之爲天下良藥亦大矣」，正義的戰爭即是拯救天下的良藥。

誠然，《呂氏春秋》在戰火漫天的戰國時代提出正義戰爭的概念，主張不能因噎廢食而捨棄正義的戰爭。惟秦國是否以義戰之名，以行侵伐之實，《呂氏春秋》卻無論述，其用心亦明矣。

三、《呂氏春秋》之陰陽軍事思想

戰國之世，兵戈不息，各國國君，皆務拓疆闢土。而目睹生靈塗炭之有識之士，乃有非攻之倡，一時偃兵之說甚囂塵上。及至戰國晚期，秦勢日盛，六國懼秦之心日益，蘇秦之輩復倡合縱之約，相互救守，以擯強秦。而此時，呂不韋爲丞相，著《呂氏春秋》，乃倡義兵之號曰：「古之賢王有義兵而無偃兵」。〔註38〕呂氏之心，實招然若揭，而《呂氏春秋》對戰爭之論述，實爲多矣，惟在諸多戰爭之論述中，亦蘊涵許多陰陽軍事思想如後。

（一）順天應人、用兵以時

《呂氏春秋》之十二月紀是以陰陽五行學說爲指導，闡明四季十二月的天文、曆象、物候等自然現象。並紀人君行事，居處服色，禁忌事項，皆當配合時令，且象其日月星辰，以授民時；如依五行學說，春季屬木，陽氣漸盛，萬物萌生，是生養的季節。因而，人君發布政令，須以寬厚仁慈爲主，禁止殺伐，殘害生命，故《呂氏春秋·孟春紀》云：

> 是月也，不可以稱兵，稱兵必有天殃。兵戎不起，不可以從我始。
>
> 無變天之道，無絕地之理，無亂人之紀。〔註39〕

《呂氏春秋》十二紀是包括春、夏、秋、冬四季，各季又分孟、仲、季三月。孟春季即是春季第一個月，爲農曆正月，在這春生季節裡，人君應順應天時，各種的政治措施都須有利春生。所以在這個時候，不可以發動戰爭、大動干戈，這是違背自然規律，必受天譴。所以《呂氏春秋·季春紀》云：

> 季春行冬令，則寒氣時發，草木皆肅，國有大恐。行夏令，則民多疾疫，時雨不降，山陵不收；行秋令，則天多沈陰，淫雨早降，兵革並起。〔註40〕

〔註38〕題呂不韋著，《呂氏春秋·孟秋紀·蕩兵》，頁99。
〔註39〕題呂不韋著，《呂氏春秋·孟春紀》，頁4。
〔註40〕題呂不韋著，《呂氏春秋·季春紀》，頁35。

季春即農曆三月，在這個月份裡，人君須順應天時，要「布德行惠」、「賜貧窮」、「聘名士」、「禮賢者」、「命工師、令百工，審五庫之量」、「是月之末，擇吉日，大合樂，天子乃率三公、九卿、諸侯、大夫親往視之」等，〔註 41〕最重要的是，人君在各季節有各季節該作的事，不可紊亂，若季春行秋令，則將有戰爭發生。因此，《呂氏春秋・季春紀・盡數》云：

> 天生陰陽、寒暑、燥濕、四時之化、萬物之變，莫不爲利，莫不爲
>
> 害。聖人察陰陽之宜，辨萬物之利以便生。〔註42〕

人君要能「察陰陽之宜」、「辨萬物之利」，順天應時，才能便生、不擾民，有利施政。

其次，《呂氏春秋》於夏季亦有其適切之作法。依五行學說，盛德在火，〔註 43〕是萬物繼續生長繁榮的時期。〔註 44〕因而，人君須順應天時，要「勞農勸民，無或失時」、「命農勉作，無伏於都」，要「斷薄刑，決小罪，出輕繫」，要祭祀山川百神，爲民祈福。其在仲夏季節，《呂氏春秋・仲夏紀》云：

> 仲夏行冬令，則雹霰傷谷，道路不通，暴兵來至。〔註45〕

如果在仲夏時節，實行應在冬季實行的政令，就會引起不義之兵，暴害人民，釀成兵災。若是在季夏，《呂氏春秋・季夏紀》則云：

> 是月也，樹木方盛，乃命虞人入山行木，無或斬伐；不可以興土功，
>
> 不可以合諸侯，不可以起兵動眾，無舉大事，以搖蕩於氣。〔註46〕

在季夏，樹木正繁榮茂盛，不許砍伐，更不可以發動兼併諸侯的戰爭，以及不可興兵動眾，造成兵禍，有損士氣。

再者，《呂氏春秋》認爲秋季，是盛德在金，爲萬物成熟凋落的季節。所以依據五行學說，秋德肅殺。因而人君發布政令，其重點應是懲治罪惡與征伐不義。故《呂氏春秋・孟秋紀》云：

> 是月也，……盛德在金。……乃賞軍率武人於朝。天子乃命將帥，
>
> 選士厲兵，簡練傑俊，專任有功，以征不義，詰誅暴慢，以明好惡，

〔註41〕題呂不韋著，《呂氏春秋・季春紀》，頁 34～35。
〔註42〕題呂不韋著，《呂氏春秋・季春紀・盡數》，頁 37。
〔註43〕題呂不韋著，《呂氏春秋・孟夏紀》，頁 49。
〔註44〕見鄺芷人著，《陰陽五行及其體系》（台北：文津出版社，2003 年 7 月，2 版 2 刷），頁 162。春，主生，屬木；夏，主長，屬火；季夏，主養，屬土；秋，主收，屬金；冬，主藏，屬水。
〔註45〕題呂不韋著，《呂氏春秋・仲夏紀》，頁 50。
〔註46〕題呂不韋著，《呂氏春秋・季夏紀》，頁 78。

巡彼遠方。〔註47〕

是月也，……戮有罪，嚴斷刑。天地始肅，不可以贏。〔註48〕

因而在秋季中，人君最重要之工作是「命將帥」、「選士厲兵」，「專任有功，以征不義」、「詰誅暴慢，以明好惡」、「天地始肅，不可以贏」。所以在〈孟秋〉、〈仲秋〉、〈季秋〉等三紀，所包含的十五篇章，僅〈知士〉篇與作戰無關，其餘全都是有關戰爭或與戰爭有關的言論。〔註49〕事實上，在上段《呂氏春秋》蘊含豐富之軍事思想篇章中，對《呂氏春秋》之戰爭觀已有詳細探討，不再贅述。惟《呂氏春秋》是依據五行學說「秋德肅殺」陰陽軍事思想的概念，故在〈孟秋〉、〈仲秋〉、〈季秋〉等三紀這十四篇裡，充分地探討戰爭的問題。

最後，依五行學說，冬季是盛德在水，是萬物收斂閉藏的時期。人君發布政令，必須順應冬陰閉藏之氣。因而《呂氏春秋》認為冬季「天地不通，閉而成冬」，故「命百官謹蓋藏。」要「備邊境，完要塞」。而在冬季亦是「天子乃命將率（帥）講武，肄射御、角力」〔註50〕之季節，所以這個時節，是利用農民於收成作物之後訓練部隊的時期，亦是將帥藉此時機，講習武事，研討軍事謀略的最佳時機。但在冬季行秋令，「則雪霜不時，小兵時起，土地侵削」。〔註51〕

惟《呂氏春秋》配合時令、用兵以時，如春令盛德在木，象萬物萌芽，生機盎然，所以國君應以恤生養生為主，故禁殺生，戒稱兵。秋令盛德在金，象萬物肅殺，所以國君施政，以屬兵申刑為主，故禁封侯，戒留有罪等等，如此配合時令、用兵以時，而君主果能遵行而不相違悖？田鳳台《呂氏春秋探微》則云：

然此分令相拘不通之行事施政，……若春不稱兵，敵軍壓境，果將束手就縛乎？……秋時始刑，罪大惡極之徒，能收賞罰及時之效乎？

〔註47〕題呂不韋著，《呂氏春秋‧孟秋紀》，頁96。
〔註48〕題呂不韋著，《呂氏春秋‧孟秋紀》，頁96。
〔註49〕〈孟秋紀第七〉包含〈孟秋〉、〈蕩兵〉、〈振亂〉、〈禁塞〉、〈懷寵〉等五篇，〈仲秋紀第八〉包含〈仲秋〉、〈論威〉、〈簡選〉、〈決勝〉、〈愛士〉等五篇，〈季秋紀第九〉包含〈季秋〉、〈順民〉、〈知士〉、〈審己〉、〈精通〉等五篇。見題呂不韋著，《呂氏春秋‧孟秋紀》，頁96～135。
〔註50〕題呂不韋著，《呂氏春秋‧孟冬紀》，頁136。
〔註51〕見呂不韋著，《呂氏春秋‧孟冬紀》，頁137。

冬時戒邊講武，夏秋果可忽之乎？……但豈若呂書月令之拘時施

政，斤斤於順五行之德，懼違時之機祥而已乎？〔註52〕

君主是否能配合時令，不違五行之德並用兵以時？而「懼違時之機祥」之論

或是對《呂氏春秋》客觀之檢驗。

（二）陰陽辯證軍事思想

　　《呂氏春秋》是以陰陽五行學說為指導，並配合時令、用兵以時，如在

春生季節裡，主在生養，不可以發動戰爭。於夏季是萬物生長繁榮的時期，

不可興兵動眾，造成兵禍。在秋季季節中，依據五行學說「秋德肅殺」陰陽

軍事思想概念，是「命將帥」、「選士厲兵」，「專任有功，以征不義」之時。

而在冬季季節，是利用農民於收成作物之後訓練部隊的時期。且其在用兵之

戰略思想中亦蘊涵陰陽辯證軍事思想如後：

1、洞悉陰陽、決勝虛實

　　在軍事戰爭中，敵對雙方所致力的，不外乎「致人而不致於人」，其達成

之手段與方法，就是考量、研判敵軍「虛實」，乘敵之虛，奪取勝利，如《管

子・制分》云：

凡用兵者，攻堅則軔，乘瑕則神。攻堅則瑕者堅，乘瑕則堅者瑕，

故堅其堅者，瑕其瑕者，屠牛坦朝解九牛，而刀可以莫鐵，則刃游

閒也。〔註53〕

兵學之中永遠脫離不了戰力虛實之考量以及運用辯證方法如何將戰力「虛實

互變」。例如我軍所處的戰略情勢本是優勢的，惟有時被敵軍逼到被動的狀

態，是常有的事，因而須用「以實示虛」、「以虛示實」、「避實擊虛」或「實

而實之」、「虛而虛之」、「先虛後實」、「先實後虛」、「外虛內實」、「外實內虛」

等等之戰法使我軍由劣勢或被動地位，轉化為優勢與主動，並創造出有利條

件，造成戰力「虛實互變」的情勢。如《草廬經略・虛實》云：

虛實在我，貴我能誤敵，或虛而示之以實，或實而示之以虛。或虛而

虛之，使敵轉疑以我為實。或實而實之，使敵轉疑以我為虛。〔註54〕

虛實不定，相輔相成，相生相存，使敵軍不無法判斷我軍主力之所向，而這

〔註52〕田台鳳著，《呂氏春秋探微》，頁188。

〔註53〕黎翔鳳著，《管子校注》（北京：中華書局，2004年6月，初版），冊中，頁
540～541。

〔註54〕撰人未詳，《草廬經略》（台北：中華書局，1966年），冊2，卷6，頁91

種「虛實互變」的辯證思想或戰法，其實即是兵學上之陰陽辯證法，陰即代表「虛」，陽即代表「實」。《呂氏春秋》於用兵之時，亦強調洞悉戰力陰陽虛實、盛衰變化的能力，《呂氏春秋・決勝》云：

> 夫兵有本幹：必義，必智，必勇。義則敵孤獨，敵孤獨則上下虛，……智者知時化，知時化則知虛實盛衰之變，知先後遠近縱舍之數。〔註55〕

同篇又云：

> 夫民無常勇，亦無常怯。有氣則實，實則勇；無氣則虛，虛則怯。怯勇虛實，其由甚微，不可不知。勇則戰，怯則北。戰而勝者，戰其勇者也；戰而北者，戰其怯者也。怯勇無常，儵忽往來，而莫知其方，惟聖人獨見其所由然。〔註56〕

孫子謂：「知彼知己、百戰不殆；不知彼而知己，一勝一負；不知彼，不知己，每戰必殆」。〔註57〕又云：「知彼知己，勝乃不殆；知天知地，勝乃可全」。〔註58〕所謂「知彼知己」工夫，即是洞悉我軍與敵軍戰力之陰陽虛實，亦是《呂氏春秋》所重視與強調的。

2、莫見其形，隱於無形

善用兵者，勝於未戰，即非求勝於兵戰之發，而求勝於戰之未形，莫見其形實為無形的一種型態，在兵法上是以陰制陽，即是無形制有形的戰術運用。如《呂氏春秋・期賢》云：

> 嘗聞君子之用兵也，莫見其形，其功已成，其此之謂也。野人之用兵也，鼓聲則似雷，號呼則動地，塵氣充天，流失如雨，扶傷輿死，履腸涉血，無罪之民，其死者量於澤也，而國之存亡，主之死生，猶不可知也。〔註59〕

《孫子兵法・虛實》云：

> 故形人而我無形，則我專而敵分。〔註60〕

〔註55〕題呂不韋著，《呂氏春秋・決勝》，頁117。
〔註56〕題不韋著，《呂氏春秋・決勝》，頁117。
〔註57〕魏汝霖著，《孫子兵法大全・謀攻第三》（台北：黎明文化事業公司，1986年7月，4版），頁27。
〔註58〕魏汝霖著，《孫子兵法大全・謀攻第三》，頁27。
〔註59〕題呂不韋著，《呂氏春秋・期賢》，頁187。
〔註60〕魏汝霖著，《孫子兵法大全・虛實篇第六》，頁31。

> 故形兵之極，至于無形；無形，則深間不能窺，智者不能謀。因形
> 而措勝于眾，眾不能知，人皆知我所以勝之形，而莫知吾所以制勝
> 之形。〔註61〕

用兵無形，是以陰制陽，無形使我軍處於神祕而不可測之陰暗處，使敵軍無法預料我軍戰力之虛實，兵力如何部署？如何調動？而敵軍卻始終處於明處，無法隱藏其戰力虛實，以致處於被動的險境。故《呂氏春秋‧決勝》亦強調兵貴陰隱，隱則剋敵，其云：

> 凡兵之勝，敵之失也。勝失之兵，必隱必微。必積必搏，隱則勝闡
> 矣，微則勝顯矣，積制勝散矣。搏則勝離矣。諸搏攫抵噬之獸，其
> 用齒角爪牙也，必託於卑微隱蔽，此所以成勝。〔註62〕

我暗敵明，以陰制陽，是以隱而難知之我軍，採形搏而集中之勢，攻敵之要害，一舉而乘之，則勝負之數，已可掌握。

3、陽剛制勝、威懾敵軍

兵以勢勝，勢能顯威，而善用兵者，其兵未出，威聲懾敵，不待接戰，敵志瓦解，故《呂氏春秋》其亦重視以陽剛制勝、威懾敵軍之戰略思想如《呂氏春秋‧論威》云：

> 凡兵，天下之凶器也；勇，天下之凶德也。舉凶器，行凶德，猶不
> 得已也。舉凶器必殺，殺，所以生之也；行凶德必威，威，所以懾
> 之也。敵懾民生，此義兵之所以隆也。故古之至兵，士民未合，而
> 威已諭矣，敵已服矣，豈必用枹鼓干戈哉？故善諭威者，於其未發
> 也。〔註63〕

兵者，危事也，必置之死地而後生，故師之所出，將帥必無生歸之心，士卒乃有效死之念，方可決勝疆場，此亦為陽剛制勝，殲滅敵軍之戰略思想如《呂氏春秋‧論威》云：

> 舟叔誓必死於田侯，而齊國皆懼；豫讓必死於襄子，而趙氏皆恐；
> 成荊致死於韓主，而周人皆畏；又況乎萬乘之國而有所誠必乎？則
> 何敵之有矣？刃未接而欲已得矣。敵人之悼懼憚恐、單蕩精神，盡
> 矣，咸若狂魄，形性相離，行不知所之，走不知所往，雖有險阻要

〔註61〕魏汝霖著，《孫子兵法大全‧虛實篇第六》，頁32。
〔註62〕題呂不韋著，《呂氏春秋‧決勝》，頁117。
〔註63〕呂不韋著，《呂氏春秋‧論威》，頁111。

塞、銛兵利械，心無敢據，意無敢處，此夏桀之所以死於南巢也。

〔註64〕

可見《呂氏春秋》在陰陽辯證軍事思想上是陰柔與陽剛並重、互用，此與重陰柔、棄陽剛之老子軍事思想有所不同。

第二節　《淮南子》陰陽軍事思想析探

《淮南子》受先秦陰陽思想影響甚深，〈原道訓〉、〈俶眞訓〉、〈天文訓〉、〈時則訓〉、〈覽冥訓〉、〈精神訓〉、〈本經訓〉、〈主術訓〉、〈繆稱訓〉、〈齊俗訓〉、〈人間訓〉、〈泰族訓〉、〈要略〉等十三篇，均充滿了陰陽家的氣息，實爲承繼《呂氏春秋》之後雜家思想著作代表，故《淮南子》陰陽軍事思想亦有探析之必要。

《淮南子》爲淮南王劉安和門客合撰，劉安是位好學的封建貴族，有文才。《史記・淮南衡山列傳》形容：「爲人好讀書鼓琴，不喜弋獵狗馬馳騁」；〔註65〕《漢書・淮南衡山濟北王傳》云：「招致賓客方術之士數千人」。〔註66〕由於劉安廣攬天下人才，在江淮間形成了一個學術中心，這裡具備了組織大規模寫作所需要的人力、物力等條件。《淮南子》一書的廣博、深刻，與上述情況是有關係的。〔註67〕依據《漢書》本傳的記載，此著作原有內書二十一篇，外書甚眾，又有中篇八卷，言神仙黃白之術。〔註68〕內書即今存之《淮南子》，內容包羅各家，性質與《呂氏春秋》相同。清人譚獻云：「漢初黃老爲治，大義具於《淮南》」〔註69〕馮逸、僑華於點校劉文典《淮南鴻烈集解》時云：「《淮南子》一書是對西漢前期道家思想的系統而詳盡的總結，是研究與文、景相適應的統治思想即黃老思想的極其寶貴而豐富的資料。」〔註70〕確有部份學者將《淮南子》視爲道家或黃老之類，而《淮南子》「博採各家」

〔註64〕呂不韋著，《呂氏春秋・論威》，頁111～112。

〔註65〕漢・司馬遷著，《史記・淮南衡山列傳》，卷118，頁3082。

〔註66〕漢・班固著，《漢書・淮南衡山濟北王傳》，冊4，卷44，頁2145。

〔註67〕任繼愈著，《中國哲學發展史・秦漢》，頁246。

〔註68〕漢・班固著，《漢書・淮南衡山濟北王傳》，冊4，卷44，頁2145。

〔註69〕清・譚獻著，《復堂日記》，卷5，頁2304。收錄於《半廣叢書》，台北：華文書局影本，1970年5月初版。

〔註70〕馮逸、僑華點校，劉文典著，《淮南鴻烈集解・點校說明》（北京：中華書局，1989年5月，初版），頁2。

是其特色，戴黍《淮南子治道思想研究》對《淮南子》大規模徵引各家文献
有詳細解說如下：

> 《淮南子》自覺地「博採各家」，其書直接標明引用的前人論述有
> 《詩》、《周書》、《老子》、黃帝、孔子、《易》、《韓子》、《曾子》、《神
> 農之法》、《慎子》、《管子》、《春秋》、《國語》、《書》、《公孫龍》等
> 十六種，……《淮南子》間接引用的前人論述則更多，……粗略統
> 計就有《老子》、《莊子》、《文子》、《列子》、《呂氏春秋》、《論語》、
> 《孟子》、《荀子》、《商君書》、《尚書》、《詩經》、《左傳》、《公羊傳》、
> 《子思子》、《公孫龍子》、《尸子》、《禮記》、《楚辭》、《韓詩外傳》、
> 《鄭析子》、《晏氏春秋》、《管子》、《墨子》、《戰國策》、《新語》及
> 鄒衍大九州説等。〔註71〕

從上述引證，《淮南子》實爲「博採各家」並集其大成，又如韋政通《中國思
想史》介紹《淮南子》內容提要如後：

> 全書二十一篇的最後一篇是要略，歷述著書宗旨，及前二十篇篇旨，
> 其中原道、淑眞、精神各篇屬道家思想；天文、時則各篇屬陰陽家
> 思想；時則的內容，與《呂氏春秋》十二月紀、紀首，及《禮記》
> 的月令篇相同。〔註72〕

因此，從《淮南子》內容析探其思想之流派，有些學者視《淮南子》爲道家或
黃老之類，惟勞思光《中國哲學史》視《淮南子》爲「雜家化之道家」其云：

> 淮南子一向被列入「雜家」一類；……此書各部份所敍述之思想，
> 爲許多觀念之拼湊；全書不成一系統理論；……實未接觸老莊心靈
> 之眞象。……書中涉及技術及技術權謀之處甚多，大體屬於所謂「黃
> 老刑名之術」一支。……亦即「雜家化之道家」；決非先秦道家之本
> 來面目。〔註73〕

且《漢書・藝文志》列有道家三十七家，《淮南子》並未列入，而《淮南子》
博採各家思想，兼容並蓄，《漢書・藝文志》雜家者流亦列有《淮南內》二十

〔註71〕戴黍著，《淮南子治道思想研究》（廣州：中山大學出版社，2005年9月，初
　　　　版1刷），頁224。參見王云度著，《劉安評傳》（南京：南京大學出版社，1997
　　　　年），頁141。
〔註72〕韋政通著，《中國思想史・淮南子》，頁435。
〔註73〕勞思光著，《中國哲學史》（台北：三民書局，1999年2月，增訂九版），頁
　　　　108。

一篇、《淮南外》三十三篇，故將其列入雜家之林，亦有其道理。

其次，有些學者視《文子》為道家著作，而《淮南子》與《文子》亦有彼此抄襲問題的爭論，若《淮南子》與《文子》抄襲問題成立，則《淮南子》或可視為道家著作，故本文在此有必要作一釐清。

《文子》一書較早、較詳細的記載見於《漢書・藝文志》：

> 《文子》九篇。老子弟子，與孔子並時，而稱周平王問，似依託者也。」〔註74〕

唐代以後流傳的《文子》（即今本《文子》）與《漢書・藝文志》所記載已有較大出入，故而簡本《文子》出土以前，今本《文子》抄襲《淮南子》的說法，為大多數學者所認同。如柳宗元〈辨文子〉云：

> 其渾而類者少，竊取他書以合之者多。凡孟、管輩數家，皆見剽竊，嶢然而其類，其意緒文辭又牙相抵而不合。不知人之增益之歟？或者眾為聚斂以成其書歟？〔註75〕

其餘如錢祚《文子校勘記》、章太炎《菿漢微言》亦認同今本《文子》抄襲《淮南子》的說法。惟自一九七三年長沙馬王堆漢墓出土大量古帛書，唐蘭發現其中有些文句與《文子》相同或相近，從而認為《淮南子》許多地方抄襲《文子》，〔註76〕且於同年在河北省定州縣八角廊40號漢墓出土了《文子》殘簡，〔註77〕俟後，許多學者以此為據，論證《淮南子》抄襲了今本《文子》，現在這一看法漸成主流。〔註78〕然目前尚有少數學者，如台灣師範大學陳麗桂教授認為：

> 其（今本《文子》）所『竊取』之書主要應是《淮南子》及其所援引的先秦道家典籍。〔註79〕

此后，張豐乾、胡文輝、陳廣忠等人亦相繼發表文章，贊同此說。而據丁原植《淮南子與文子考辨》檢視今本《淮南子》全文約131324字，其中有30208

〔註74〕漢・班固著，《漢書・藝文志》，冊3，卷30，頁1729。

〔註75〕唐・柳宗元著，〈議辨・辨文子〉，《柳河東集》（上海：上海古籍出版社，2003年），頁

〔註76〕唐蘭著，〈馬王堆出土〈老子〉乙本卷前古佚書的研究——兼論其與漢初儒法鬥爭的關係〉，《考古學報》，1975年第1期。

〔註77〕駢宇騫、段書安編著，《本世紀以來出土簡帛概述》（台北：萬卷樓圖書公司，1999年4月，初版），頁29。

〔註78〕葛剛岩著，《文子成書及其思想》（四川：巴蜀書社，2005年12月，初版1刷），頁107。

〔註79〕陳麗桂著，〈從出土竹簡文子看古、今本文子與淮南子之間的先後關係及幾個思想問題〉，《哲學與文化》，1996年，第八期，第23卷。

字見於《文子》。《文子》全書約 39228 字，其中有 30671 字見於《淮南子》，佔全書的百分之七八，僅 8545 字不見於《淮南子》，可見二書的確關係密切。〔註80〕再據丁原植《文子資料探索》研究，其云：

> 《淮南子》曾以不同的文本流傳於世，其中混入《文子》的是一種《淮南子》的別本。這個文本以節要的方式，紀錄著通行的徐注或高注的《淮南子》。〔註81〕

又云：

> 定州《文子》出土與釋文的公佈，不但確證先秦有《文子》一書傳世，同時也啟發對今本《文子》重新思考的重要線索。今本非常駁雜，除原始《文子》古本外，包含大量後世混入的其他文字。這些混入的部份，有四分之三均見於《淮南子》。但經過仔細的探索與分析，一般所謂《文子》與《淮南子》間，誰抄襲誰的問題並不存在。這些《文子》與《淮南子》的互見部份，極可能是混入了與《淮南子》撰寫有關的一些資料。〔註82〕

因此，《文子》與《淮南子》間，誰抄襲誰的問題並不存在。而本文旨在研究《淮南子》之陰陽軍事思想，由於其思想龐雜，故採納《漢書‧藝文志》從雜家之角度或視野研究，或更能有所突破與收獲。

一、《淮南子》之陰陽思想

　　淮南王劉安編著《淮南子》的目的，在學術的方面是希望達到「總萬方之指，而歸之一本。」〔註83〕政治的目的，是希望「四海之內，一心同歸。」〔註84〕而《淮南子》一書充滿了清靜無為的道家思想與陰陽家思想，對此，韋政通《中國思想史》有深入的解析，其云：

> 劉氏（指淮南王劉安）那一套清靜無為的君道思想，與武帝的性格

〔註80〕丁原植著，《淮南子與文子考辨‧說明》（台北：萬卷樓圖書公司，1999 年 9 月，初版）。

〔註81〕丁原植著，《文子資料探索‧說明》（台北：萬卷樓圖書公司，1999 年 9 月，初版）。

〔註82〕丁原植著，《文子資料探索‧說明》（台北：萬卷樓圖書公司，1999 年 9 月，初版）。

〔註83〕題漢‧劉安著，《淮南子‧要略》（台北：臺灣中華書局，1974 年 10 月臺三版），卷 21，頁 4 上。

〔註84〕題漢‧劉安著，《淮南子‧要略》，卷 21，頁 4 下。

不合，同時道家這一套行之已久，此時的國力，已非立國之初可比，主、客觀的條件，都到了非改弦易轍不可的時候，結果武帝終於以「內法外儒」的方式，把儒術定於一尊。定於一尊的內容，雖與劉安所希望的不同，但最基本的一點是相同的，即他們都接受了陰陽家的世界觀。〔註85〕

孫紀文《淮南子研究》云：

《淮南子》亦可進一步說明這種情形。〈天文訓〉鼓吹：「水生木，木生火，火生土，……」〈地形訓〉則有：「木勝土，土勝水，水勝火，……」兩文將相生相勝的原理闡釋得一清二楚。而〈時則訓〉、〈覽冥訓〉也把五德終始、陰陽相感的理念貫穿其中。足見這四篇文本是秉承鄒子之學的衣缽而著的文字，所以，《淮南子》中的〈天文訓〉等四篇文章極有可能是鄒子傳人的著作。退一步說，即使不是鄒子傳人的著作，但稱這四篇文本為陰陽家學派所作還是有說服力的。〔註86〕

《淮南子》中陰陽家氣息比《呂氏春秋》還要重。〔註87〕如《淮南子‧天文訓》云：

人主之情，上通於天。故誅暴則多飄風，枉法令則多蟲螟，殺不辜則國赤地，令不收則多淫雨。四時者，天之吏也；日月者，天之使也；星辰者，天之期也；虹蜺彗星者，天之忌也。天有九野，九千九百九十九隅，去地五億萬里，五星八風二十八宿。〔註88〕

《淮南子‧覽冥訓》云：

故聖人在位懷道，而不言澤及萬民，君臣乖心，則背譎見於天，神氣相應徵矣。故山雲草莽水雲魚鱗，旱雲煙火涔雲波水，各象其形類，所以感人。〔註89〕

〔註85〕 韋政通著，《中國思想史‧淮南子》，頁436。

　　　 其次，董仲舒提出「罷黜百家，獨尊儒術」的建議被漢武帝採納後，儒家學說成為正統學說；惟劉節《古史辨》第五冊之序言中云：「兩漢學術界的大本營是札在儒家身上，然而兩漢的儒家決非春秋戰國時的儒家，他們原來是陰陽五行家同儒家的結合體。」

〔註86〕 孫紀文著，《淮南子研究》（北京：學苑出版社，2005年7月，初版1刷），頁212。

〔註87〕 韋政通著，《中國思想史‧淮南子》，頁436。

〔註88〕 題漢‧劉安著，《淮南子‧天文訓》，卷3，頁2。

〔註89〕 題漢‧劉安著，《淮南子‧覽冥訓》，卷6，頁2～3。

《淮南子・泰族訓》云：

> 天設日月列星辰，調陰陽張四時，日以暴之，夜以息之，風以乾之，雨露以濡之。其生物也，莫見其所養而物長；其殺物也，莫見其所喪而物亡，此之謂神明。聖人象之，故其起福也，不見其所由而福起；其除禍也，不見其所以禍而禍除。〔註90〕

> 故聖人者，懷天心，聲然能動化天下者也。故精誠感於內，形氣動於天，則景星見，黃龍下，祥鳳至，醴泉出，嘉穀生，河不滿溢，海不溶波。〔註91〕

> 天之與人，有以相通也。故國危亡而天文變，世惑亂而虹蜺見，萬物有以相連，精祲有以相蕩也。故神明之事，不可以智巧為也，不可以筋力致也，天地所包，陰陽所呕，雨露所濡，化生萬物。〔註92〕

凡此皆表現陰陽調和、天人感應的同一思想模式，且充滿著陰陽家的氣息。而且在《淮南子・要略》所論的各篇篇旨，大部分均屬陰陽家的觀點，例如：

> 原道者，盧牟六合，混沌萬物，象太一之容，測窈冥之深，以翔虛無之軫，託小以苞大，守約以治廣，使人知先後之禍福，動靜之利害，誠通其志，浩然可以大觀矣。欲一言而寤，則尊天而保真。〔註93〕

> 俶真者，窮逐終始之化，嬴坪有無之精，離別萬物之變，合同死生之形，使人遺物反己，審仁義之間，通同異之理，觀至德之統，知變化之紀，說符玄妙之中，通迴造化之母也。〔註94〕

> 天文者，所以知陰陽之氣，理日月之光，節開塞之時，列星辰之行，知逆順之變，避忌諱之殃，順時運之應，法五神之常，使人有以仰天承順，而不亂其常者也。〔註95〕

> 時則者，所以上因天時，下盡地力，據度行當，合諸人則，形十二節，以為法式，終而復始，轉於無極。〔註96〕

〔註90〕題漢・劉安著，《淮南子・泰族訓》，卷20，頁1。
〔註91〕題漢・劉安著，《淮南子・泰族訓》，卷20，頁1下。
〔註92〕題漢・劉安著，《淮南子・泰族訓》，卷20，頁1～2。
〔註93〕題漢・劉安著，《淮南子・要略》，卷21，頁1。
〔註94〕題漢・劉安著，《淮南子・要略》，卷21，頁1下。
〔註95〕題漢・劉安著，《淮南子・要略》，卷21，頁1～2。
〔註96〕題漢・劉安著，《淮南子・要略》，卷21，頁2。

覽冥者，所以言至精，之通九天也。至微之，淪無形也；純粹之，入至清也；昭昭之，通冥冥也；……乃以明物類之感，同氣之應，陰陽之合，形埒之朕，所以令人遠觀博見者也。〔註97〕

精神者，所以原本人之所由生，而曉寤其形骸九竅，取象與天。合同其血氣與雷霆風雨，比類其喜怒與晝宵寒暑並明，……而堅守虛無之宅者也。〔註98〕

本經者，所以明大聖之德，通維初之道，埒略衰世古今之變，以褒先世之隆盛，而貶末世之曲政也。〔註99〕

主術者，君人之事也，所以因作任督，責使群臣，各盡其能也。明攝權操柄以制群下，提名責實，考之參伍，所以使人主秉數持要，不妄喜怒也。〔註100〕

繆稱者，破碎道德之論，差次仁義之分，略雜人間之事，總同乎神明之德，假象取耦，以相譬喻，斷短為節，以應小具。所以曲說攻論，應感而不匱者也。〔註101〕

齊俗者，所以一群生之短脩，同九夷之風氣，通古今之論，貫萬物之理，財制禮義之宜，擘畫人事之終始者也。〔註102〕

人間者，所以觀禍福之變，察利害之反，鑽脈得失之跡，標舉終始之壇也。分別百事之微，敷陳存亡之機，使人知禍之為福，亡之為得，成之為敗，利之為害也。〔註103〕

泰族者，橫八極，致高崇，上明三光，下和水土，經古今之道，治倫理之序，總萬方之指，而歸之一本，……以與天和相嬰薄，所以覽五帝三王，懷天氣，抱天心，執中含和，德形於內，以若凝天地。發起陰陽，序四時，正流方，綏之斯寧，推之斯行，乃以陶冶萬物，遊化群生。〔註104〕

〔註97〕題漢・劉安著，《淮南子・要略》，卷21，頁2。
〔註98〕題漢・劉安著，《淮南子・要略》，卷21，頁2下。
〔註99〕題漢・劉安著，《淮南子・要略》，卷21，頁2下。
〔註100〕題漢・劉安著，《淮南子・要略》，卷21，頁2下。
〔註101〕題漢・劉安著，《淮南子・要略》，卷21，頁3。
〔註102〕題漢・劉安著，《淮南子・要略》，卷21，頁3。
〔註103〕題漢・劉安著，《淮南子・要略》，卷21，頁3。
〔註104〕題漢・劉安著，《淮南子・要略》，卷21，頁4。

《淮南子》從〈原道訓〉至〈要略〉計有二十一篇，[註105] 上述所論之篇旨計有〈原道訓〉、〈俶眞訓〉、〈天文訓〉、〈時則訓〉、〈覽冥訓〉、〈精神訓〉、〈本經訓〉、〈主術訓〉、〈繆稱訓〉、〈齊俗訓〉、〈人間訓〉、〈泰族訓〉、〈要略〉等十三篇，均充滿了陰陽家的氣息，韋政通《中國思想史》則云：

> 《淮南子》的基本思想，究竟受陰陽家的影響有多深，要略篇就是最好的答案：第一，要略篇總評先秦各家，獨不及陰陽家和道家，說明這兩家經長期的融會，已混爲一體，成爲他們綜貫百家的基本立場，因此是不能相提並論的，這與司馬談論六家要旨的態度，有很大的不同。第二，要略開頭的「上考之天，下揆之地，中通諸理」，並欲賴以「觀終始」；以及結尾的「觀天地之象，通古今之事」，都明白地表現編撰此書的基本立場。第三，要略所說各篇篇旨，大部分都屬於陰陽家的觀點。[註106]

韋政通《中國思想史》僅從《淮南子》之〈要略〉篇，就可斷定《淮南子》充滿了陰陽家的氣息，如果再將上述十二篇列入，故其云「《淮南子》中陰陽家氣息比《呂氏春秋》還要重」之語，是可以接受與理解的。

二、《淮南子》之陰陽軍事思想

《淮南子》一書的諸子思想，或以道、儒、陰陽三家爲主幹，[註107] 惟以上述之引言，彰顯《淮南子》一書之陰陽思想甚具特色，然亦不偏廢其他學派思想之存在，如〈兵略訓〉顯然是兵家之言，孫紀文《淮南子研究》云：

> 該文比較詳細地闡述了古代軍事思想的要旨，主要體現在：1、戰爭實爲不得已而爲之的手段；2、兵法策略；3、用兵之道；4 戰爭理念。其內容表現出漢人較高的軍事哲學思想，是研究古代軍事史必不可少的文獻資料。[註108]

誠然，《淮南子》一書內不僅有兵家的思想，更有完整的陰陽軍事思想之體系

〔註105〕《淮南子》計有〈原道訓〉、〈俶眞訓〉、〈天文訓〉、〈墜形訓〉、〈時則訓〉、〈覽冥訓〉、〈精神訓〉、〈本經訓〉、〈主術訓〉、〈繆稱訓〉、〈齊俗訓〉、〈道應訓〉、〈氾論訓〉、〈詮言訓〉、〈兵略訓〉、〈說山訓〉、〈說林訓〉、〈人間訓〉、〈脩務訓〉、〈泰族訓〉、〈要略〉等二十一篇。
〔註106〕韋政通著，《中國思想史‧淮南子》，頁 437。
〔註107〕孫紀文著，《淮南子研究》，頁 220。
〔註108〕孫紀文著，《淮南子研究》，頁 220。

且其陰陽軍事思想可以下列四點檢視觀察：

（一）用兵順應陰陽之道

漢初政權初立，百廢待舉，民無蓋藏。將相或乘牛車，天子不能鈞駟，〔註109〕而在外患方面，適冒頓單于國力正強，並於高祖七年圍高祖於平城，高祖僅得脫，故其認爲無法與匈奴對抗，遂用劉敬和親政策。且至高后時，冒頓更驕嫚遺書高后云：

> 孤僨之君，生於沮澤之中，長於平野牛馬之域。數至邊境，願遊中
> 國。陛下獨立，孤僨獨居，兩主不樂，無以自虞。願以所有，易其
> 所無。〔註110〕

漢廷以武力不足以對抗匈奴，只能好辭以對。至文帝時，匈奴驕蹇，亦時犯邊塞，俟景帝立，復與匈奴和親，通關市，給遺單于，遣翁主如故約。〔註111〕直至武帝時期，國力充足，乃由軟弱的和親政策轉變爲強硬的開關撻伐策略，並與匈奴決一死戰。

至於內憂與內亂方面：由於漢高帝滅楚即帝位，借重諸侯的力量極多，爲了酬勳，不得不分封七位異姓諸侯，即韓王信、趙王張耳、楚王信、淮南王英布、梁王彭越、燕王臧荼、長沙王吳芮。此七國擁有黃河下游及長江中下游的廣大地盤，勢力極爲雄厚。惟高帝平民崛起，無宗室力量以爲藩衛，且又時屆年老子幼，皇朝岌岌可危，於是勢必削除異姓諸王，漢朝乃得安定，因而從高帝五年至十二年（公元前 202 年至 195 年）之間，兵戎再起，此爲漢高帝削除異姓諸王之役，如高帝五年七月臧荼舉兵反漢，高帝親率周勃、樊噲、灌嬰等往討伐之，戰於易水，大破而擒之。高帝六年十月有人告韓信謀反，高帝乃用陳平之計，僞稱將遊雲夢，計擒韓信，幽禁長安。高祖八年（公元前 199 年），冬，擊韓王信餘部於東垣及高帝十年七月陳豨反，韓信謀爲內應，遂爲呂后所殺。當高帝自將討陳豨，在邯鄲徵梁兵時，彭越稱疾僅遣將率兵往，而其太僕卻告彭越謀舉兵反，高帝乃於十一年三月掩捕彭越洛陽囚之。英布因感淮陰侯韓信、彭越乃共造漢帝業同功之人，相繼被戮，心生恐懼，且又爲其臣密告謀反，彭越在騎虎難下之勢，即於高帝十一年七月（公元前 196 年）謂其臣云：「高帝已老，其諸將皆非我敵」，遂決心起兵反

〔註109〕錢穆著，《秦漢史》（台北：三民書局，1992 年 9 月，六版），頁 42。
〔註110〕漢・班固著，《漢書・匈奴傳六十四上》，冊 7，卷 94 上，頁 3755。
〔註111〕漢・班固著，《漢書・匈奴傳六十四上》，冊 7，卷 94 上，頁 3764。

漢，高帝親自帶病東征，大破布軍，而英布亦爲吳芮（前長沙王）之子誘殺身亡。

由於漢高帝深感異姓諸侯對漢帝國的威脅，於是分封宗室子弟爲王，以藩衛劉氏帝業於久遠。高帝六年封弟劉交爲楚王；封兄劉喜爲代王；封子劉肥爲齊王；封從弟劉賈爲荊王；劉賈爲英布所殺，乃改封兄子劉濞爲吳王；又封子劉長爲淮南王；又封子恢爲梁王等，如《漢書・諸侯王表第二》云：

> 漢興之初，海內新定，同姓寡少，懲戒亡秦孤立之敗，於是剖裂疆土，立二等爵。功臣侯者百有餘邑，尊王子弟，大啓九國。〔註112〕

惟漢初之與民休息，歷高帝孝惠高后及文景之治，社會經濟復甦，亦造成諸侯王之驕縱，《漢書・諸侯王表第二》云：

> 諸侯原本以大，末流濫以致溢，小者淫荒越法，大者睽孤橫逆，以身喪國。〔註113〕

又如錢穆《秦漢史》依據《史記・五宗世家》描述諸侯王之驕縱，其云：

> 如吳王濞招天下亡命鑄錢，淮南王長聚漢諸侯人及有罪亡者匿與居，爲治家世，賜與財物爵祿田宅。江都王非亦盛招四方豪傑。是其自身即不啻一任俠也。又如趙王彭祖，使即縣爲賈人榷會，入多於國經租稅。以故趙王家多金錢。〔註114〕

凡此足以上撼政局，而使漢帝國兀臲不安，於是乃有梁王太傅賈誼上書文帝「眾建諸王，而小其國」，使無反叛之心。至文帝十五年九月，太子家令晁錯又上書「宜削諸王」，未幾，景帝即位，拔擢晁錯爲御史大夫，積極展開「削藩政策」，遂發生「七國之亂」。〔註115〕景帝乃命周亞夫太尉，將三十六將軍討伐，並大破之，以上爲漢初平定同姓諸王之役。

《淮南子》劉安，深悉楚、漢相爭之慘烈，以及漢初北方匈奴之外患戰爭，與削除異姓諸王、平定同姓諸王戰役之頻仍，故其在《淮南子・兵略訓》首先提及戰爭之不可避免，其云：

〔註112〕漢・班固著，《漢書・諸侯王表第二》，冊1，卷14上，頁393。
〔註113〕漢・班固著，《漢書・諸侯王表第二》，冊1，卷14上，頁395。
〔註114〕錢穆著，《秦漢史》，頁59。
〔註115〕景帝三年春正月，吳王劉濞已聞削地之議，乃首先聯合膠西王劉卬，相約事成共分天下。然後遣使約齊王將閭、菑川王劉賢、膠東王劉雄渠、濟南王劉辟光、濟北王劉志、楚王劉戊、趙王劉遂發兵反漢。旋齊背盟，而濟北則爲其郎中令所劫，不得舉兵，故僅有七國反叛，史稱七國之亂。

兵之所由來者遠矣，黃帝嘗與炎帝戰矣，顓頊嘗與共工爭矣，故黃帝戰於涿鹿之野，堯戰於丹水之浦，舜伐有苗，啓攻有扈，自五帝而弗能偃也，又況衰世乎？〔註116〕

而《淮南子・兵略訓》亦認爲戰爭之目的爲禁暴討亂，其云：

夫兵者，所以禁暴討亂也，炎帝爲火災，故黃帝禽之，共工爲水害，故顓頊誅之，教之以道、導之以德而不聽，則臨之以威武，臨之以威武而不從，則制之以兵革。〔註117〕

《淮南子・本經訓》亦云：

大國出攻小國，……血流千里，暴骸滿野，以澹貪主之欲，非兵之所爲生也，故兵者所以討暴，非所以爲暴也。〔註118〕

《淮南子・兵略訓》亦有完整的戰爭觀與作戰構想，其認爲用兵「必待道而後行」，其云：

神莫貴於天，勢莫便於地，動莫急於時，用莫利於人。凡此四者，兵之干植也。然必待道而後行，可一用也。〔註119〕

用兵不僅須掌握天、地、時、人之重要因素，更須「待道而後行」，所謂「兵以道理制勝」，〔註120〕故云：

夫地利勝天時，巧舉勝地利，勢勝人。故任天者可迷也，任地者可束也，任時者可迫也，任人者可惑也。夫仁勇信廉，人之美才也，然勇者可誘也，仁者可奪也，信者易欺也，廉者易謀也。將眾者有一見焉，則爲人禽矣。由此觀之，則兵以道理制勝，而不以人才之賢，亦自明矣。〔註121〕

故上將之用兵也，上得天道，下得地利，中得人心，乃行以機，發之以勢，是以無破軍敗兵。〔註122〕

《淮南子・兵略訓》更認爲「失道而弱」、「得道而強」，其云：

兵失道而弱，得道而強。將失道而拙，得道而工。國得道而存，失

〔註116〕題漢・劉安著，《淮南子・兵略訓》，卷15，頁1下。
〔註117〕題漢・劉安著，《淮南子・兵略訓》，卷15，頁1下。
〔註118〕題漢・劉安著，《淮南子・本經訓》，卷8，頁12。
〔註119〕題漢・劉安著，《淮南子・兵略訓》，卷15，頁10下～11上。
〔註120〕題漢・劉安著，《淮南子・兵略訓》，卷15，頁11上。
〔註121〕題漢・劉安著，《淮南子・兵略訓》，卷15，頁11上。
〔註122〕題漢・劉安著，《淮南子・兵略訓》，卷15，頁10～11上。

道而亡。所謂道者，體圓而法方，背陰而抱陽。左柔而右剛，履幽
而戴明，變化無常，得一之原，以應無方，是謂神明。〔註123〕

「道」為戰略之最高指導原則，且須「法天道」、「法四時」，用兵須順應陰陽
之「道」，《淮南子・兵略訓》云：

所謂廟戰者，法天道也，神化者，法四時也。修政於境內，而遠方
慕其德，制勝於未戰。而諸侯服其威，內政治也。……古得道者，
靜而法天地，動而順日月，喜怒而合四時，叫呼而比雷霆，音氣不
戾，八風詘伸，〔註124〕不獲五度。〔註125〕

所謂「法天道」、「法天地」、「順日月」、「法四時」、「合四時」即是「順天之
道」、「順天之時」之意，以及「八風詘伸」、「不獲五度」等均為典型之陰陽
軍事（術數）思想。惟此以「道」為主的陰陽軍事（術數）思想須以道德為
標準，人君始能凝聚眾識，才能「制勝於未戰」、「而諸侯服其威」。

　　因此，《淮南子》陰陽用兵之「道」，非常重視國君是否能「順天之道」、
「順天之時」，此亦為有道與無道之君的分野。尤其，淮南子劉安的家世、背
景與其置境非常特殊。據《漢書・淮南衡山濟北王傳》稱，劉安的父親淮南
厲王劉長，是趙王張敖獻美人與高祖得幸所生，〔註126〕其為高祖最小的兒子，
封為淮南王。文帝即位時，劉長自以為與文帝最親，卻又驕恣任性，便引起
文帝的猜忌，在六年（前一七四年）誣以謀反，廢徙蜀，在道中絕食而死，
而劉安是其長子。景帝三年，《漢書》本傳云：「吳楚七國反，吳使者至淮南，
王欲發兵應之。」〔註127〕惟徐復觀《兩漢思想史》云：「這是後來武帝陷害他
的方法之一。」〔註128〕且云：

〔註123〕題漢・班固著，漢・劉安著，《淮南子・兵略訓》，卷15，頁3上。

〔註124〕依據吳九龍《銀雀山漢簡釋文》，所八風為：東北：凶風；東：生風；東南：
　　　　溼（柔）風；南：弱風；西南：周風；西：剛風；西北：暫風；北：大剛風。
　　　　吳九龍著，《銀雀山漢簡釋文》(北京：文物出版社，1985年12月，初版1
　　　　刷)，頁88。及見李零著，《中國方術續考》（北京：東方出版社，2000年10
　　　　月，初版1刷），頁56。《史記・天官書》亦有八風之語：風從南方來，大旱；
　　　　西南，小旱；西方，有兵；西北，戎菽為，小雨，趣兵；北方，為中歲；東
　　　　北，為上歲；東方，大水；東南，民有疾疫，歲惡。故八風各與其衝對，課
　　　　多者為勝。多勝少，久勝亟，疾勝徐。

〔註125〕題漢・劉安著，《淮南子・兵略訓》，卷15，頁3下。

〔註126〕漢・班固著，《漢書・淮南衡山濟北王傳》，冊4，卷44上，頁2135。

〔註127〕漢・班固著，《漢書・淮南衡山濟北王傳》，冊4，卷44上，頁2144。

〔註128〕徐復觀著，《兩漢思想史》（台北：臺灣學生書局，1989年9月，初版4刷），

劉邦以大封異姓諸侯王，而戰勝項羽，取得天下。在即帝的同一年，即開始剪除異姓諸侯王，……從文帝起，開始了對同姓諸侯王的防閑，……且不惜出以製造冤獄的手段。……劉安與景帝爲堂兄弟，且因劉安是兩世含冤，早爲朝廷所側目。……而劉安的惴惴疑懼，自亦爲情理之常。〔註129〕

或許有感其父之冤死，以及己身家世背景與其置境之特殊，因此，《淮南子·兵略訓》提出盲目服從、縱容無道之君是錯誤的，其云：

殺無罪之民，而養無義之君，害莫大焉；殫天下之財，而澹一人之欲，禍莫深焉。使夏桀、殷紂有害於民而立被其患，不至於爲炮烙；晉厲、宋康行一不義而身死國亡，不至於侵奪爲暴。此四君者，皆有小過而莫之討也，故至於壞天下，害百姓，肆一人之邪，而長海內之禍，此大倫之所不取也。〔註130〕

《淮南子·兵略訓》主張應對不義之君打擊，其云：

所爲立君者，以禁暴討亂也。今乘萬民之力，而反爲殘賊，是爲虎傅翼，曷爲弗除！夫畜池魚者必去猵獺，養禽獸者必去豺狼，又況乎！〔註131〕

《淮南子·兵略訓》強調「霸王之兵，以論慮之，以策圖之，以義扶之，非以亡存也，將以存亡也。」〔註132〕故強烈反對不義之兵，《淮南子·覽冥訓》云：

晚世之時，七國異族，諸侯制法，各殊習俗，縱橫間之，舉兵而相角，攻城濫殺，覆高危安，掘墳墓，揚人骸，大衝車，高重京，除戰道，便死路，犯嚴敵，殘不義，……人贏車弊，泥塗至膝，相攜於道，奮首於路，身枕格而死，所謂兼國有地者，伏屍數十萬，……故世至於枕人頭，食人肉，菹人肝，飲人血，甘之於芻豢。故自三代以後者，天下未嘗得安其情性，而樂其習俗，……所以然者何也？諸侯力征，天下合而爲一家。〔註133〕

頁178。

〔註129〕徐復觀著，《兩漢思想史》，頁181。

〔註130〕題漢·劉安著，《淮南子·兵略訓》，卷15，頁1下～2上。

〔註131〕題漢·劉安著，《淮南子·兵略訓》，卷15，頁2上。

〔註132〕題漢·劉安著，《淮南子·兵略訓》，卷15，頁2上。

〔註133〕題漢·劉安著，《淮南子·覽冥訓》，卷6，頁9。

晚世戰爭由於其目的只在於「兼國有地」、「攻城濫殺」，滿足極少數人之貪欲，卻給社會帶來極大的危害，給人民極大的痛苦，尤其，劉安深悉削除異姓諸王、平定同姓諸王戰役之殘酷不義及其兩世含冤，惴惴疑懼，爲情理之常，乃發出上述之論，則亦令人省思，故其認爲用兵「須順應陰陽之道」，故云：

> 明於星辰日月之運，刑德奇賷之數，背鄉左右之便，此戰之助也。
>
> 〔註134〕
>
> 明於奇正，賷陰陽、刑德、五行、望氣、候星、龜策、磯祥，此善
> 爲天道者也。〔註135〕

即應能「法天道」、「法天地」、「順日月」、「法四時」、「合四時」即是「順天之道」、「順天之時」之意。而「陰陽、刑德、五行、望氣、候星、龜策、磯祥」此均爲陰陽軍事術數。

　　最後，〈兵略訓〉亦有描述送別軍隊出戰之特殊儀式如後：

> 凡國君有難，君自宮召將，詔之曰：社稷之命在將軍，即今國有難，
> 願請子將而應之。將軍受命，乃令祝史、太卜齋宿三日，之太廟，
> 鑽靈龜，卜吉日，以受鼓旗。君入廟門，西面而立；將入廟門，趨
> 至堂下，北面而立。……辭而行乃爪鬋，設明衣也，鑿凶門而出。
>
> 〔註136〕

所謂，「將軍之出，以喪禮處之，以其必死。」孫紀文《淮南子研究》有如下解釋：

> 這一系列的行爲，不但表明將軍領軍出戰時所持的視死如歸的決
> 心，而且表明儀式中蘊涵著以「死」助「生」的力量，所以軍事喪
> 禮帶有相當明顯的巫術特徵。〔註137〕

所以，將軍領軍出戰時所持之視死如歸之決心，亦用一種陰陽術數之儀式表

〔註134〕高誘注，「奇賷之數」：奇賷陰陽奇秘之要。逯吉按《說文解字》云：該軍中約也；又《漢書》有五音奇胲。《史記·倉公傳》作奇咳，古字賷胲咳，皆應作該。五音奇胲，兵家書也，故許慎以爲軍中約。見漢·劉安著，《淮南子·兵略訓》，卷15，頁5上。

〔註135〕題漢·劉安著，《淮南子·兵略訓》，卷15，頁15上。

〔註136〕高誘注，「明衣」即喪衣。「凶門」，北出門也，將軍之出，以喪禮處之，以其必死。見漢·劉安著，《淮南子·兵略訓》，卷15，頁15上

〔註137〕孫紀文著，《淮南子研究》，頁221。

現出來，因而《淮南子》不僅蘊含豐富陰陽軍事（術數）思想，並以天道爲旨歸，故用兵須順應陰陽之道，才能發揮戰力於極致。

（二）無形（陰）制有形（陽）

《周易‧繫辭上》云：「制器者尚其象。」〔註138〕「有形」屬於「器」的領域，以陰陽而論，「有形」是陽，「無形」屬於「道」或「象」的範疇，以陰陽而論，「無形」是陰，中國兵略是研究戰場上的指揮藝術，重在以無形制有形，亦是以陰制陽，在哲學上這是「以象制器」屬於「道」的領域，在兵略上則屬於軍事戰略哲學的範疇。

例如兵聖孫子亦體認出，一切事物均是變動不居的，連一年四季亦有所變化，所謂「日有短長、月有死生」，用兵之道同流水一樣，沒有固定的形式，必須根據敵情的變化，採取因應的對策，如此才能因敵制勝，所以他說：「戰勝不復，而應形於無窮」，此即《易傳》認爲，事物的變化雖有其規律性，但並非按著一個模式而變化，這即是辯證的思維，如《繫辭下‧第七章》所云：

> 易之爲書也不可遠，爲道也屢遷，變動不居，周流六虛，上下無常，
> 剛柔相易，不可爲典要，唯變所適。〔註139〕

「不可爲典要」，即是無常定不變的格式，難以預料。孫子所重視的即是無形的形，是變化多端的形，是深間不能窺，智者不能謀的形，是變化無窮的形，更是《周易‧繫辭下》所云：「變動不居，周流六虛，上下無常，剛柔相易，不可爲典要，唯變所適」之意。故其於〈虛實篇第六〉云：

> 夫兵形象水，水之形，避高而趨下；兵之形，避實而擊虛；水因地
> 而制流，兵因敵而制勝。故兵無常勢，水無常形；能因敵變化而取
> 勝，謂之神。〔註140〕

又云：

> 故形人而我無形，則我專而敵分。〔註141〕

> 故形兵之極，至于無形；無形，則深間不能窺，智者不能謀。因形
> 而措勝于衆，衆不能知，人皆知我所以勝之形，而莫知吾所以制勝

〔註138〕樓宇烈校釋，《王弼集校釋‧周易注》（台北：華正書局，1992年12月，初版），頁550。

〔註139〕樓宇烈校釋，《王弼集校釋‧周易注》，頁569。

〔註140〕魏汝霖著，《孫子兵法大全‧虛實篇第六》（台北：黎明文化事業公司，1986年7月，4版），頁33。

〔註141〕魏汝霖著，《孫子兵法大全‧虛實篇第六》，頁31。

之形。〔註142〕

老子亦有同樣的觀念，其云：「天下柔弱莫如水，而攻堅強者，莫之能勝」，水沒有一定的形體（即是無形），但它卻可以適應任何的環境，水量少時，它只會依其性避高趨下，不過，在水集聚成一定的量時，它就會產生能量，例如，洪水即有無堅不摧的能力，所以老子認為「水以柔勝」，並發展出以柔克剛的用兵之略。

《淮南子・兵略訓》亦認為無形在軍事戰略上是非常重要的謀略，其云：

> 所貴道者，貴其無形也，無形則不可制迫也，不可度量也，不可巧
> 詐也，不可規慮也。〔註143〕

所謂「不可度量」、「不可巧詐」、「不可規慮」，即是說，無形可使敵軍不知我軍兵力虛實與如何部署，可有效迷惑敵軍，並可發揮我軍戰力的極限，故云：

> 諸有象者，莫不可勝也；諸有形者，莫不可應也。是以聖人藏形於
> 無，而遊心於虛。風雨可障蔽，而寒暑不可開閉，以其無形故也。
> 〔註144〕

有象有形必為無象無形所制縛，所以《淮南子・兵略訓》又進一步以世間事物及現象陳述無形制有形，即云：

> 是故為麋鹿者，則可以置罘設也；為魚鱉者，則可以網罟取也；為
> 鴻鵠者，則可以矰繳加也；惟無形者，無可奈也。是故聖人藏於無
> 原，故其情不可得而觀；運於無形，故其陳不可得而經。無法無儀，
> 來而為之宜；無名無狀，變而為之象。〔註145〕

且云：

> 無形而制有形，無為而應變，雖未能得勝於敵，敵不可得勝之道也。
> 敵先我動則是見其形也，彼躁我靜則是罷其力也，形見則勝可制也。
> 〔註146〕

此即以無形制有形之意。魏汝霖《孫子兵法大全》引張居正語，亦云：

> 形兵之極句，用兵而上形示人，到其極處，並無真形之可見，敵即
> 欲測吾之形而應無從矣，所謂不以形措形，而以神運形也。〔註147〕

〔註142〕魏汝霖著，《孫子兵法大全・虛實篇第六》，頁32。
〔註143〕題漢・劉安著，《淮南子・兵略訓》，卷15，頁7上。
〔註144〕題漢・劉安著，《淮南子・兵略訓》，卷15，頁10上。
〔註145〕題漢・劉安著，《淮南子・兵略訓》，卷15，頁11上。
〔註146〕題漢・劉安著，《淮南子・兵略訓》，卷15，頁9下。
〔註147〕魏汝霖著，《孫子兵法大全・兵法十三篇集注第四章》，頁166。

此處「不以形措形，而以神運形也」之意，亦是以無形制有形之謂也。《淮南子‧兵略訓》再云：

> 制刑而無刑（形），故功可成。物物而不物，故勝而不屈。刑兵之極也，至於無刑，可謂極之矣。〔註148〕

> 運於無形，出於不意，與飄飄往與忽忽來，莫知其所之與。〔註149〕

> 隱匿其形，出於不意，敵人之兵，無所適備，此謂知權。〔註150〕

> 兵貴謀之不測也，形之隱匿也，出於不意，不可以設備也，謀見則窮，形見則制，故善用兵者，上隱之天，下隱之地，中隱之人，隱之天者，無不制也。〔註151〕

所謂「兵貴謀之不測也，形之隱匿也」此即形人而我無形，使敵人墮我術中，惟其無形，不蹈陳跡，乃能出其不意，無所適備，以無形制有形也。

（三）虛（陰）實（陽）互用

自古用兵無不重視虛實，且兵之情在避實擊虛，因敵而制勝之，正如水因地勢之變化而制流者同。以兵法之陰陽而論，虛即是陰，實即是陽。《淮南子‧兵略訓》對於兵情之虛實，亦有兩種觀念，其一，認為虛實為用兵之謀略，其云：

> 先勝者，守不可攻，戰不可勝，攻不可守，虛實是也。〔註152〕

> 善用兵者，當擊其亂，不攻其治，是不襲堂堂之寇，不擊填填之旗，……敵人執數動，則就陰以虛應。〔註153〕

所謂兵無常形，未戰則以實待虛，亦無常勢，將戰則避實擊虛而已。故敵軍雖實，我能虛之，且待其虛，而衝其虛。因此，制勝之妙即在虛實之術。魏汝霖《孫子兵法大全》引李贄語云：

> 故形人而我無形，致人而至不能致我，則所以虛虛實實者，亦已極矣。故虛實之端，制勝之將，司敵之命也。〔註154〕

〔註148〕題漢‧劉安著，《淮南子‧兵略訓》，卷15，頁3上。
〔註149〕題漢‧劉安著，《淮南子‧兵略訓》，卷15，頁7下。
〔註150〕題漢‧劉安著，《淮南子‧兵略訓》，卷15，頁9上。
〔註151〕題漢‧劉安著，《淮南子‧兵略訓》，卷15，頁15上。
〔註152〕題漢‧劉安著，《淮南子‧兵略訓》，卷15，頁16上。
〔註153〕題漢‧劉安著，《淮南子‧兵略訓》，卷15，頁10上。
〔註154〕魏汝霖著，《孫子兵法大全‧兵法十三篇集注第四章》，頁168。

魏汝霖《孫子兵法大全》引何守法語云：

> 惟擊虛，則兵本無心，但因敵之虛實而制其勝。因敵制勝，則勝之
> 制也，在敵之虛實，而不在兵，……在為將者，能因敵之虛實，變
> 化我之奇正，而取勝于彼者，斯謂之神妙莫測也。〔註155〕

《淮南子‧兵略訓》認為虛實是用兵致勝的兵謀與兵略。孫子亦有同樣觀念，
其在重視奇正的同時，亦重視虛實，並認為用兵作戰，打擊敵人，「如以碫投
卵者，虛實是也」，〔註156〕所以「虛」為怯、弱、亂、饑、勞、寡、不備；「實」
為勇、強、治、飽、逸、眾、有備。有利的方面為「實」，不利的方面為「虛」。
其實，虛實是軍事的大學問，所謂：虛則實之、實則虛之、虛虛實實、實實
虛虛、以虛示實、以實示虛、以虛示虛、以實示實均是軍事謀略中最為常見、
又最變化無窮的藝術形式。不過，在軍事作戰中，利用虛實來引誘、欺騙敵
軍，其主要是要達成軍事上的「主動攻擊、避實擊虛、出其不意」等三大目
的，而這些即是戰勝敵軍的有利手段。

　　探究歷史，許多傑出軍事家都在「虛實」這一軍事謀略上費盡心思，使
之常見常新，難以窮盡。例如孫臏的「減灶欺敵」，〔註157〕將魏軍一舉殲滅。
此為「以實示虛」戰例，而虞詡「增灶破敵」計策，卻是「以虛示實」的不
同戰例。〔註158〕又如耿弇討張步，舍張藍西安之堅（實），而攻諸郡臨淄之弱
（虛）。魏元忠討徐敬業，棄敬業下阿之勁，而取敬猷淮陰之寡，是避實而擊

〔註155〕魏汝霖著，《孫子兵法大全‧兵法十三篇集注第四章》，頁168。
〔註156〕魏汝霖著，《孫子兵法大全‧兵勢篇第五》，頁29。
〔註157〕《史記‧孫子吳起列傳》記述：孫子謂田忌曰：「彼三晉之兵素悍勇而輕齊，
　　　　齊號為怯，善戰者因勢而利導之。……使齊軍入魏地為十萬灶，明日為五萬
　　　　灶，又明日為三萬灶。」龐涓行三日大喜，曰：「我固知齊軍怯，入吾地三日，
　　　　士卒亡者過半矣。」漢‧司馬遷著，《史記‧孫子吳起列傳》，冊4，卷65，
　　　　頁2164。
〔註158〕虞詡至武都任太守時，羌軍頭領率上萬人馬，於陳倉之崤谷，堵住虞詡去路；
　　　　虞詡假稱已上書朝廷，請求派兵增援作戰，羌軍竊此假情報，乃分兵攻擊他
　　　　縣城。虞詡見羌軍兵力分散，乃日夜兼程，日行二百里。並命令軍中士兵各
　　　　壘兩處灶，每日按倍增加，羌軍於是不敢逼近。有人詢問：「孫臏減灶，而你
　　　　增之。且兵法上云：日行不過三十里，而今日行二百里，為何如此？」虞詡
　　　　云：「敵眾我寡，慢行易被追擊，且速進，則令敵軍無法估算我軍人數，孫臏
　　　　減灶，是向敵軍示弱；我今增灶，是向敵軍示強，此為環境和條件不同之故！」
　　　　因而，羌軍恐懼虞詡兵力強大不敢主動攻擊。且虞詡設伏五佰人於水中，襲
　　　　擊羌軍，羌軍驚懼，因此虞詡大破羌軍。郤學熹著，《易學與兵法》（台北：
　　　　旭屋文化出版社，1999年1月，初版2刷），頁182～183。

虛也。〔註159〕如此以「虛實」去欺騙、引誘敵軍，就是以虛虛實實、實實虛虛的景況，使敵軍無法判斷我軍的動態，然而我軍對敵軍的動態，卻能瞭如指掌，如此即能成功的左右敵軍，常使敵軍陷於左右爲難的境地，直接或間接地聽從我軍的調遣，乃能達成孫子所謂：「故善戰者，致人而不致於人」的目的，而《淮南子・兵略訓》對虛實的第一種觀念，亦在於此。

其次，《淮南子・兵略訓》對虛實的第二種觀念認爲，將帥士卒、全軍上下是否同心協力，並團結一致亦是衡量戰力虛實的表徵。因而，在戰略層次方面，《淮南子・兵略訓》所強調的是全國實行總體戰，亦就是全國動員，並將君、臣、兵、民，皆包括進去，而其項目包括政治、經濟、軍事、心理、外交、文化、社會、法律、道德等，〔註160〕並以政治爲核心，爲其團結之法，其云：

> 兵之勝敗，本在於政，政勝，其民下附其上，則兵強矣。〔註161〕

以政治爲核心，進行整合，「政勝」則「兵強」，且以君主統籌帷幄運用，凝聚眾識與民心，其云：

> 所謂廟戰者，……。修政於境內，而遠方慕其德，制勝於未戰。而諸侯服其威，內政治也。〔註162〕

因此，「政勝」就能「制勝於未戰」、「而諸侯服其威」，但「政勝」之核心關鍵，在於能否凝聚眾識與民心，此乃虛實之表徵。

> 上下有隙，將吏不相得，所持不直，卒心積不服，所謂虛也。主明將良，上下同心，氣意俱起，所謂實也。〔註163〕

《淮南子・兵略訓》則以吳王夫差爲實例，說明民氣與團結之重要，其云：

> 吳王夫差地方二千里，帶甲七十萬，南與越戰棲之會稽，北與齊戰破之艾陵，西遇晉公禽之黃池，此用民氣之實也。其後，驕溢縱欲、

〔註159〕魏汝霖著，《孫子兵法大全・兵法十三篇集注第四章》，頁 168～169。

〔註160〕參考歐美先進國家迄第二次世界大戰後所研究的「戰略體系」，概以軍事戰略爲主體，區分爲四個層級：最高爲「大戰略」（當時指「聯盟戰略」），其下爲「國家戰略」，國家戰略之下區分政治、經濟、心理、軍事等四項戰略；「軍事戰略」之下區分「軍種戰略」與「野戰戰略」。而《兵略訓》所謂之戰略，應屬於「國家戰略」之範疇。岳天主編，《現代國防戰略》（台北：中華戰略學會出版，2001 年 12 月，初版 1 刷），頁 25。

〔註161〕題漢・劉安著，《淮南子・兵略訓》，卷 15，頁 5 下。

〔註162〕題漢・劉安著，《淮南子・兵略訓》，卷 15，頁 3 下。

〔註163〕題漢・劉安著，《淮南子・兵略訓》，卷 15，頁 16 上。

　　　　拒諫喜諛，憍悍遂過、不可正喻。大臣怨懟、百姓不附，越王選卒
　　　　三千，禽之干隧，因制其虛也。〔註164〕

越王前勝後敗之原因，乃在是否能夠運用民心，團結士氣，此為民氣之虛實，
誠乃兵之所貴者，故云：

　　　　夫氣之有虛實也，若明之必晦也，故勝兵者，非常之實也，敗兵者，
　　　　非常之虛也。善者能實其民氣，以待人之虛也，不能者，虛其民氣，
　　　　以待人之實也。故虛實之氣，兵之所貴者也。

所以，「善戰者不在少，善守者不在小，勝在得威，敗在失氣」〔註165〕得民氣
即實也，失民氣即虛也，《淮南子‧兵略訓》以民氣之得失、虛實判斷戰事之
勝負。

（四）奇正、柔弱、剛強、陰陽用兵之略

　　陰陽軍事術數或帶有明顯的神秘色彩，但在漢代軍隊運用此術，卻是極
為普遍的現象，如〈兵略訓〉亦記載有關「軍事占星術」，即是借助天象的吉
祥凶險以克敵致勝的一種陰陽術數，其云：

　　　　所謂天數者，左青龍，右白虎，前朱雀，後玄武。〔註166〕

此即借靠二十八星宿的天象以確定軍隊攻、防戰術、戰略之指導。高誘並註云：

　　　　角亢為青龍，參井為白虎，星張為朱雀，斗牛為玄武，用兵軍者，
　　　　右參井，左角亢，背斗牛，向星張，此順北斗之銓衡也。〔註167〕

其次，歷代兵家對奇、正均有不同的詮釋與意見，如孫子云：

　　　　三軍之眾，可使必受敵而無敗者，奇正是也。〔註168〕

　　　　凡戰者，以正合，以奇勝。故善出奇者，無窮如天地，不竭如江河。
　　　　〔註169〕

　　　　聲不過五，五聲之變，不可勝聽也；色不過五，五色之變，不可勝
　　　　觀也；味不過五，五味之變，不可勝嚐也；戰勢，不過奇正，奇正
　　　　之變，不可勝窮也。奇正相生，如循環之無端，孰能窮之哉。〔註170〕

〔註164〕題漢‧劉安著，《淮南子‧兵略訓》，卷15，頁16下。
〔註165〕題漢‧劉安著，《淮南子‧兵略訓》，卷15，頁16上。
〔註166〕題漢‧劉安著，《淮南子‧兵略訓》，卷15，頁12上。
〔註167〕題漢‧劉安著，《淮南子‧兵略訓》，卷15，頁12上～12下。
〔註168〕魏汝霖著，《孫子兵法大全‧兵勢篇第五》，頁29。
〔註169〕魏汝霖著，《孫子兵法大全‧兵勢篇第五》，頁29。
〔註170〕魏汝霖著，《孫子兵法大全‧兵勢篇第五》，頁29。

〈尉繚子‧勒卒令第十八〉云：

> 夫早決先定。若計不先定，慮不早決，則進退不定，疑生必敗。故
> 正兵貴先、奇兵貴後，或先或後，制敵者也。〔註171〕

尉繚子認為「正兵貴先、奇兵貴後」是有效的制敵方式。李靖《唐太宗李衛公問對》亦云：「凡兵以向前為正，後卻為奇。」〔註172〕梅堯臣釋為：「動為奇，靜為正」，事實上，「兵者，詭道也」，詭道就是：「兵體萬變，紛紜混沌，無不是正，無不是奇。若兵以義舉者，正也；臨敵令變者，奇也」，這是甚好的詮釋。故《淮南子‧兵略訓》亦重視用兵之奇正，而奇者陰也，正者陽也。其云：

> 故靜為躁奇，治為亂奇，飽為飢奇，佚為勞奇，奇正之相應，若水
> 火金木之代為雌雄也。善用兵者，持五殺以應，故能全其勝。〔註173〕

此處之「水火金木」，是指五行。且高誘注，「五殺」即五行。《淮南子‧兵略訓》將奇正用兵之謀與略，與陰陽數術之五行相結合。

惟《淮南子》在軍事戰略上亦重視柔弱、剛強之互為運用，且認為柔弱可以勝剛強，其云：

> 上際於天，下蟠於地，化育萬物而不可為象。俛仰之閒（間）而撫
> 四海之外，昭昭何足以明之，故老子曰：天下之至柔，馳騁天下之
> 至堅。〔註174〕

且云「道之可以弱可以強，可以柔可以剛，可以陰可以陽。」〔註175〕故柔弱代表是陰，剛強代表是陽。〈原道訓〉云：

> 貴者必以賤為號，而高者必以下為基。托小以包大，在中以制外，
> 外柔而剛，用弱而強，轉化推移，得一之道，而以小正多。〔註176〕

又云：

> 是故欲剛者必以柔守之，欲強者必以弱保之。積於柔則剛，積於弱則
> 強，觀其所積，以知禍福之鄉。強勝不若己者，至於若己者而同；柔

〔註171〕周‧尉繚著《尉繚子‧勒卒令第十八》，徐勇注譯，《武經七書新譯》（山東：齊魯書社，1999年11月，初版1刷），頁165。
〔註172〕徐勇注譯，《武經七書新譯‧唐太宗李衛公問對》，頁348。
〔註173〕高誘注，「五殺」即五行。見漢‧劉安著，《淮南子‧兵略訓》，卷15，頁15上。
〔註174〕題漢‧劉安著，《淮南子‧道應訓》，卷12，頁16上～16下。
〔註175〕題漢‧劉安著，《淮南子‧道應訓》，卷12，頁1上。
〔註176〕題漢‧劉安著，《淮南子‧原道訓》，卷1，頁8上～8下。

> 勝出於己者，其力不可量。故兵強則滅，木強則折，革固則裂，齒堅
> 於舌而先之敝。是故柔弱者，生之幹也；而堅強者，死之徒也。〔註177〕

所謂「天下之至柔，馳騁天下之至堅。」、「兵強則滅，木強則折。」、「柔弱者，生之幹也；而堅強者，死之徒也」此均為老子「柔弱勝剛強」之思想，此亦是以無形制有形，以奇制正，以虛制實，以柔克剛，以陰制陽的變化。

　　不過《淮南子》亦強調軍事戰爭必須柔弱、剛強互用，才不失之偏頗，〈兵略訓〉云：

> 故用兵之道，示之以柔而迎之以剛，示之以弱而乘之經強，為之以
> 歙而應之以張。〔註178〕

所以《淮南子》所承襲老子「以柔克剛」、「以陰制陽」思想，不僅不是被動消極的思維，且應視為化被動成為主動之積極作為。尤其在已確定了作戰方案之後，《淮南子》認為，必須「應敵必敏、發動必極」，此為以剛制柔、以陽制陰的作戰思想，其云：

> 故計定而發，分決而動，將無疑謀，卒無二心，動無墮容，口無虛
> 言，事無嘗試，應敵必敏、發動必極。〔註179〕

又云：

> 故善用兵者，見敵之虛，乘而勿假也，追而勿舍也，迫而勿去也。
> 擊其猶猶，陵其與與，疾雷不及塞耳，疾霆不暇掩目。善用兵，若
> 聲之與響，若鐘之與轚，眭不給撫，呼不給吸。當此之時，仰不見
> 天，俯不見地，手不麾戈，兵不盡拔，擊之若雷，薄之若風，炎之
> 若火，凌之若波。敵之靜不知其所守，動不知其所為。故鼓鳴旗麾，
> 當者莫不廢滯崩阤，天下孰敢屬威抗節，而當其前者！故凌人者勝，
> 待人者敗，為人杓者死。〔註180〕

總而言之，《淮南子》是將前代兵學思想予以融合貫通，並將儒、墨、道、法、陰陽等之哲學、政治思想，內蘊、轉化為其兵學思想，故《淮南子》為雜家思想著作品代表，且其思想中亦有大量之陰陽思想，故本文則以其陰陽之軍事思想作一深入析探。

〔註177〕題漢・劉安著，《淮南子・原道訓》，卷1，頁8下。
〔註178〕題漢・劉安著，《淮南子・兵略訓》，卷15，頁13上。
〔註179〕題漢・劉安著，《淮南子・兵略訓》，卷15，頁8上。
〔註180〕題漢・劉安著，《淮南子・兵略訓》，卷15，頁7下～8上。

第柒章　黃老陰陽軍事思想析探

「黃老學」過去或稱為「黃老之學」。自一九七三年長沙馬王堆漢墓出土了《經法》、《十大經》、《稱》、《道原》四種古佚書後，學術界開始重新審視和檢討「黃老學」。部分研究者根據四種古佚書之內容特色，將其稱為「黃學」或「黃帝學」。

其次，亦有人將老子一派道家的學說稱為「老學」。亦有研究者根據四種古佚書、《慎子》以及《管子》中某些篇章的道、法結合特點，並將這類學說統稱為「道法家」。〔註1〕

事實上，黃老學是由各家思想彙集而成，並對老子學說作出新的詮釋，以致成為一個新的派別，且因應時勢，主動由原始道家「蔽於天而不知人」及過時的反權威思想的缺失中，調整轉變，以致逐步演變為一種新興統治者樂於接受和運用的君人南面之術。

再者，黃老學處在戰國時期，面對新時代、新政權以及殘酷的戰爭環境中，適時、適切的調整，使其成為「作爭」的尊陽卑陰軍事思想，並對老子的陰柔「不爭」軍事思想有所修正，然而一般人僅瞭解《老子》，對黃老學卻極其陌生，亦甚遺憾，故筆者不憚孤陋，乃針對其陰陽軍事思想提出一己之淺見，並請方家不吝賜教。

〔註 1〕　見丁原明著，《黃老學論綱》（山東：山東大學出版社，2005 年 1 月，初版 4
　　　　刷），頁 1。

第一節　黃老學產生背景與特徵

在戰國秦漢之際，我國哲學史上出現了一種很特殊的思想，稱爲「黃老」。這種思想結合「黃帝」與「老子」爲象徵，其後因爲吸收各家學說精華，終於形成政治性的哲學思想，諸如戰國時代有名的道法人物申不害、田駢、愼到、環淵、接子、韓非等人。因而《史記‧老子韓非列傳》云：「申子之學本於黃老而主刑名」、〔註2〕《史記‧孟子荀卿列傳》云：「愼到，趙人。田駢、接子，齊人。環淵，楚人。皆學黃老道德之術」。〔註3〕西漢有名的文景治術稱「黃老」，以「清靜無爲」爲主，陳麗桂《戰國時期的黃老思想》亦有深入解說如後：

> 不多干預的帝王、宗室、公卿、名相，如文帝、景帝、竇后、張良、曹參、黃生諸人，太史公說他們「好黃老」，就是東漢君臣桓帝、楊厚、曹王英、矯愼諸人，或祠祭老子，或獨擅陰陽學，或禮佛齋戒，或隱遯穴居，范曄《後漢書》也同樣說他「事黃老」、「修黃老」、「學黃老」。〔註4〕

因而，上述將「黃」、「老」並稱或合稱而集合成一個名詞、名稱或概念，是出自於漢人之手。然而，從先秦將黃帝、老子單獨記述到漢初出現「黃」、「老」並稱或合稱，並非僅是名稱的改變，而是暗含著一個時代的學術思想的變遷，亦意味著一個新學派的成熟，且證明「黃老」已作爲對象性存在而活動著，並已經自成一家。

再者，上列有名的道法人物，如申不害的生卒年代約在公元前三八五年至前三三七年之間，愼到的生卒年代約在公元前三九五年至前三一五年之間。田駢、環淵、接子的生卒年代雖已無法詳考，但他們皆曾講學於齊國的稷下學宮，差不多是與齊宣王、齊湣王同時期的人，其學術活動期約在公元前三一九年至前二八四年之間，均是戰國中後期人士。這些學者都本於「黃老」或學習「黃老」，可以證「黃老」這個學術，至少在戰國中期已經產生，再經田駢、環淵、接子等人之中間環節的轉承、傳播，最後盛行於秦漢間。

〔註 2〕　漢‧司馬遷著，《史記‧老子韓非列傳》（台北：大申書局，1977 年 7 月，初版 1 刷），冊 4，頁 2146。

〔註 3〕　漢‧司馬遷著，《史記‧孟子荀卿列傳》，冊 4，頁 2346。

〔註 4〕　陳麗桂著，《戰國時期的黃老思想‧序》（台北：聯經出版社，1991 年 4 月，初版），頁 1。

不過，從先秦以迄兩漢，在前述道家、陰陽家、兵家等，及如此眾多的黃帝傳說與著作中，黃老學融合清靜無爲的老子（道家）思想與法家政論以及陰陽五行、兵家思想，最後且與歷代政治的治術相結合，發展出圓熟的政治哲學。

一、黃帝傳說與著作

「黃老」思想以結合「黃帝」與「老子」爲象徵，其後因爲吸收各家學說精華，終於形成政治性的哲學思想。然而，從現存的典籍上古資料研究，春秋以前的甲骨文、金文均不見有關黃帝的任何記載。有關黃帝傳說的記載，較早見於《左傳‧僖公二十五年》，其云：

> 使卜偃卜之，曰：「吉。遇黃帝戰於阪泉之兆。」〔註5〕

《左傳‧昭公十七年》，其云：

> 郯子曰：「吾祖也，我知之。昔者黃帝氏以雲紀，故爲雲師而雲名。」
> 〔註6〕

此外，摘要臚列如《周易‧繫辭》云：「神農氏沒，黃帝堯舜氏作，通其變，……黃帝堯舜垂衣裳而天下治」、〔註7〕《國語‧魯語上》云：「黃帝能成命百物，以明民共財」、〔註8〕《戰國策》云：「黃帝伐涿鹿而禽蚩尤」、〔註9〕《孫子兵法‧行軍》云：「凡此四軍之利，黃帝之所以勝四帝也」。〔註10〕乃至秦、漢諸子的著作中如《呂氏春秋‧蕩兵》云：「兵所自來者久矣。黃、炎故用水火矣」、〔註11〕《淮南子‧兵略訓》云：「黃帝嘗與炎帝戰矣，顓頊嘗與共工爭矣」，〔註12〕而《史記‧封禪書》更詳述黃帝成仙的傳說：

〔註5〕楊伯峻著，《春秋左傳注》（高雄：復文圖書出版社，1991年9月再版），頁431。

〔註6〕楊伯峻著，《春秋左傳注》，頁1386。

〔註7〕黃忠天著，《周易程傳註評》（高雄：復文圖書出版社，2004年9月，2版），頁586。

〔註8〕題左丘明著，鮑思陶點校，《國語‧魯語上》（山東：齊魯書社，2005年7月，初版2刷），頁79。

〔註9〕高誘注，《戰國策》（台北：大孚出版社，2001年10月，初版），頁24。

〔註10〕魏汝霖著，《孫子兵法大全‧行軍》（台北：黎明文化事業股份有限公司，1986年7月，4版），頁37。

〔註11〕題呂不韋著，《呂氏春秋》（北京：內蒙古文化出版社，2007年1月，初版1刷），頁99。

〔註12〕題漢‧劉安著，《淮南子‧兵略訓》（台北：臺灣中華書局，1974年10月臺三

黃帝采首山銅，鑄鼎於荊山下。鼎既成，有龍垂胡髯，下迎黃帝。
黃帝上騎，群臣後宮從上者七十餘人，龍乃上去。餘小臣不得上，
乃悉持龍髯，龍髯拔，墮，墮黃帝之弓。百姓仰望黃帝既上天，乃
抱其弓與胡髯號，故後世因名其處曰鼎湖，其弓曰烏號。〔註13〕

因此，對於黃帝其人之虛實及其傳說之源起，或如太史公的看法，承認太古
或有某帝王為黃帝之化生。至於黃帝各種事蹟流傳之真實程度，則似可說絕
大部分是出於依託與附會。

其次，在戰國末期與秦漢之際，以黃帝為名的著作，紛湧出現。依據《漢
書・藝文志》記載，多達十二類、二十一種，四百四十九（一作七）篇（卷），
其餘托名黃帝臣子的亦有一百二十九篇，臚列如後：

1、道家類：《黃帝四經》四篇。

《黃帝銘》六篇。

《黃帝君臣》十篇。（起六國時，與《老子》相似也。）

《雜黃帝》五十八篇。（六國時賢者所作）

2、陰陽家類：《黃帝泰素》二十篇。（六國時韓諸公子所作。）

3、小說家類：《黃帝說》四十篇。（迂誕依托。）

4、兵陰陽家類：《黃帝》十六篇、圖三卷。

5、天文類：《黃帝雜子氣》三十三篇。

6、曆算類：《黃帝五家曆》三十三卷。

7、五行類：《黃帝陰陽》二十五卷。

8、雜占類：《黃帝長柳占夢》十一卷。

9、醫經類：《黃帝內經》十八卷。

《外經》三十九（一作七）卷。

10、經方類：《泰始黃帝扁鵲俞拊方》二十三卷。

《神農黃帝食禁》七卷。

11、房中類：《黃帝三王養陽方》二十卷。

12、神仙類：《黃帝雜子步引》十二卷。

《黃帝岐伯按摩》十卷。

《黃帝雜子芝菌》十八卷。〔註14〕

版），卷 15，頁 1 下。

〔註13〕漢・司馬遷著，《史記・封禪書》，冊 2，頁 1394。

〔註14〕漢・班固著，《漢書・藝文志》（台北：鼎文書局，1976 年 3 月，初版），冊 3，

另托名黃帝之作，亦有一百二十九卷，臚列如後：

1、道家類：《力牧》二十二篇。（六國時所作，托之力牧，力牧，黃
　　　　　　帝相。）

2、陰陽家類：《容成子》十四篇。

3、兵陰陽家類：《封胡》五篇。（黃帝臣，依托也。）

　　　　　　　《力牧》十五篇。（黃帝臣，依托也。）

　　　　　　　《風后》十三篇。（黃帝臣，依托也。）

　　　　　　　《鬼容區》三篇、圖一卷。（黃帝臣，依托也。）

4、房中類：《容成陰道》二十六卷。〔註15〕

依據上述十二類的類目分析，《漢書·藝文志》將雜占、天文、曆譜、五行合
稱爲「數術」，醫經、經方、房中、神仙則合稱爲「方技」。而按照戰國以迄
兩漢之思想領域論之，「數術」與「方技」均歸類於陰陽家。而「兵陰陽家」
歸類於「兵家」，所以十二類其實可歸併爲道家、陰陽家、兵家與小說家四大
類，惟班固視小說家爲「街談巷語，道聽塗說者之所造也」，〔註16〕不甚重要，
故云：「諸子十家，其可觀者九家而已」。〔註17〕

二、產生之背景與特徵

　　戰國時期各諸侯國順應生產力發展的要求，繼春秋時期發生的封建變
法，更進一步實行社會改革。首先是魏文侯在即位的四十多年間，先後任用
李悝、翟璜、吳起、樂羊、西門豹、卜子夏、段干木等一批政治家、軍事家
與思想家，對舊的政經體制進行檢討與改革，使得魏國成爲戰國初年的頭等
強國。嗣後，韓、齊、楚、秦、燕、趙等國也相繼進行社會改革，都大大改
變了這些國家的政治經濟狀況，最後形成了戰國七雄的局面。

（一）思想環境

　　每一種思想都是歷史的產物，因爲每一種思想文化的產生，都是依據、順
應該社會的政治、經濟之狀況而發展。故於春秋、戰國時期進行嚴屬的社會改
革之時，當時的思想文化亦是首當其衝，必須面對挑戰。因此，思想與文化必

卷30，頁1729～1780。

〔註15〕漢·班固著，《漢書·藝文志》，冊3，卷30，頁1729～1780。

〔註16〕漢·班固著，《漢書·藝文志》，冊3，卷30，頁1745。

〔註17〕漢·班固著，《漢書·藝文志》，冊3，卷30，頁1746。

須是與新時代、新制度相輔相成，緊密配合，否則思想文化將流於虛空玄遠、不切實際，最後必然為時代所淘汰。例如春秋以來所產生的儒、墨、道、法、陰陽等各家思想流派，得經常按照時代精神去調整其理論體系，才能使該學派得以生存發展，不致與現實格格不入。且以老子所創立的道家為例，眾所皆知，道家是以無為的「道」作為宇宙原理和評判價值合理性的最高標準。而這個無為的「道」經過莊子的創造製作，對於洗滌心靈、拓展人的思維空間、培養人的超越意識，以及開闊人的胸襟、自適生活、安頓自己均有極佳的功能。不過，道家所著重的是天道問題，如《老子》第二十五章云：

> 故道大，天大，地大，人（原作王）亦大。域中有四大，而人（原作王）居其一焉。人法地，地法天，天法道，道法自然。〔註18〕

所謂人法天地之無不覆載，天地法道之無不生成，道即是根本。然而《荀子‧解蔽》云：「莊子蔽於天而不知人」，〔註19〕說出道家始終處於天道自然與人道有為二律反背的尷尬之中。且亦顯示道家著重天道問題但對於與天道相對應的人道卻有關照不足之嫌，這代表道家對於現實的人文精神問題，實有規避的傾向。因而，道家固有瀟灑脫俗、無拘無束的自然生活及虛靜、無為、無事、柔弱、不與人爭之超越現實觀念的人文精神，但其刻意拋棄或反對傳統的宗法秩序和新興王權之政治權威，這顯然與充滿變革氣息的戰國時代精神相違悖。因此，就老莊道家而言，要能適應戰國時代的大變革需求，就必須有所調整，才能創新自己的表現方式和存在價值。而黃老思想就是在這種環境中，從老莊道家分化出來的一個新思想與學派，以補強道家對人道關照不足的缺失。丁原明《黃老學論綱》云：

> 黃老學產生於戰國，它首先是那個偉大變革時代的產物。倘若沒有戰國偉大變革的時代精神的滋潤，老莊道家的分化將難以產生，因而也無所謂有黃老學的。〔註20〕

由上段論述得知，黃老學產生於戰國，確有其思想文化條件。且由於受社會變動和政治、經濟的改革影響，造成戰國時期的學術思想達致百家爭鳴的高潮，於是形成各種學說互滲互輔的思想格局。如《荀子‧解蔽》解說：

〔註18〕王淮著，《老子探義》（台北：臺灣商務印書館，2001年6月，初版12次印刷），頁106。
〔註19〕荀況著，張覺校注，《荀子校注》（湖南：岳麓書社，2006年4月，初版1刷），頁266。
〔註20〕丁原明著，《黃老學論綱》，頁16。

墨子蔽於用而不知文，宋子蔽於欲而不知得，愼子蔽於法而不知賢，
申子蔽於勢而不知知，惠子蔽於辭而不知實，莊子蔽於天而不知
人。……曲知之人，觀於道之一隅，而未之能識也。〔註21〕

誠然，不論儒、墨、道、法、陰陽各家，均爲道之一隅，各有所蔽與偏失。
以儒、道兩家而論，如果道家的缺失爲「蔽於天而不知人」，那麼儒家的短處
或是「蔽於人而不知天」，因而，戰國諸子百家中任何一家，只能是當時社會
意識形態的一隅。因此，戰國時期原始道家，在互滲互輔的文化格局中吸取
各家所長，調整自身以適應戰國多變的環境，如此乃蘊育出新學派。而黃老
學所以能產生於此時，或許即基於百家爭鳴的文化條件。

（二）文化內涵與特徵

有學者將上述之先秦一些記述黃帝言行的書、或托名於黃帝的道家著作
稱爲「黃帝學」，且將老子原始道家的學說稱爲「老學」，並將「黃帝學」與
「老學」結合起來，統稱爲「黃老學」。這種說法，實無益於對黃老之學的理
解。因爲黃老學從狹義而言，是指托名於黃帝而推行老子道家某些思想的一
派；從廣義而論，則是指以道爲核心而兼取百家之學的道家思想。陳麗桂《秦
漢時期的黃老思想》即云：

黃老思想是以道法思想爲主，而擷採各家的君術。戰國時期的法家，
如申不害、愼到、韓非諸人，都深帶黃老氣質。司馬談〈論六家要
旨〉與班固《漢書·藝文志》或稱之爲「道家」，……他所謂的「道
家」，正是指的黃老道家。照他的說法，「黃老」思想是以《老子》
的雌柔，反智哲學爲基礎，兼採陰陽、儒、墨、名、法各家，主虛
靜、講無爲，並將之轉化爲尚因循、重時變，又運用刑名以防姦欺
的君術。〔註22〕

而丁原明《黃老學論綱》對黃帝學之文化內涵亦有極佳之解說：

黃老學的基本內容應當是「老」而不是「黃」，應當是「道」及其對
百家思想的提取，而不是老學與黃帝學的結合。〔註23〕

陳麗桂認爲「黃老」思想是以《老子》的思想爲基礎，兼採陰陽、儒、墨、

〔註21〕荀況著，張覺校注，《荀子校注》，頁266。
〔註22〕陳麗桂著，《秦漢時期的黃老思想》（台北：文津出版社，1997年2月，初版
1刷），頁1～2。
〔註23〕丁原明著，《黃老學論綱》，頁22。

名、法各家思想彙集而成；丁原明亦認為「黃老」思想是「老」而不是「黃」，應當是「道」及其對百家思想的提取。這兩位學者都認為黃老思想均由各家思想彙集而成，在這一觀點上，可謂看法一致。惟黃老學的主要思想內涵殊值探析如後：

1、陰陽、道、法思想為主要思想

在一九七三年十二月至一九七四年初，湖南省博物館於長沙市馬王堆發掘二號與三號兩座漢墓，而在三號墓還出土了大批極為珍貴的《老子》帛書，依駢宇騫、段書安所編《本世紀以來出土簡帛概述》，將帛書的內容大致分為甲、乙兩大類如後：

（甲）

1、《老子》甲本，無篇題。

2、《老子》甲本卷後佚書之一，無篇題。

3、《老子》甲本，卷後佚書之二，無篇題。

4、《老子》甲本，卷後佚書之三，無篇題。

5、《老子》甲本，卷後佚書之四，無篇題。

（乙）

1、《老子》乙本卷前佚書之一，〈經法〉。

2、《老子》乙本卷前佚書之二，〈十大經〉。

3、《老子》乙本卷前佚書之三，〈稱〉。

4、《老子》乙本卷前佚書之一，〈道原〉。

5、《老子》乙本。〔註24〕

帛書《老子》甲本的字體在篆隸之間，乙本的字體為隸書。甲、乙兩本各附抄有四篇古佚書，《老子》甲本，卷後四篇古佚書均無篇題：第一篇約五千四百字，講慎獨、主性善，它紀錄了思孟的五行學說，龐朴認為可能是《孟子外書》中的某一篇，帛書整理小組稱之為〈五行〉（整理者原為《刑德》）。〔註25〕第二篇約一千五百字，是伊尹和湯對〈九主〉之相對問答，文中講到

〔註24〕駢宇騫、段書安編著，《本世紀以來出土簡帛概述》（台北：萬卷樓圖書公司，1999年4月，初版），頁34～35。

〔註25〕池田知久著，王啓發譯，《馬王堆漢墓帛書五行研究》（北京：中國社會科學出版社，2005年4月，初版），頁25。

九種君主，特別肯定「法君」，充滿了法家刑名色彩，整理小組稱之爲〈九主〉。第三篇約一千五百字，是有關兵家論述攻戰守禦的內容，整理小組稱之爲〈明君〉。第四篇約四百餘字，殘缺甚多，文義不明，綜述「五行」和德、聖、智的關係，整理小組稱之爲〈德聖〉。〔註26〕

　　帛書《老子》乙本前四篇古佚書皆有篇題，爲〈經法〉、〈十大經〉、〈稱〉、〈道原〉等約一萬一千一百六十餘字。部分學者認爲這四篇古佚書或即爲《漢書・藝文志》中列在道家的〈黃帝四經〉，而〈經法〉全篇充滿道、法及刑名理論。〈十大經〉記載黃帝初立，以及他的大臣如黑力（即力牧）、闔冉、果童、太山之稽（即大山稽）、高陽等人相互問答之詞，因此可能是《漢書・藝文志》中所列的〈黃帝君臣〉，或是列入兵陰陽類的〈力牧〉。〈稱〉全篇一千六百字，是道、法家色彩的格言集錦，帶有樸素的辯證法。〈道原〉全篇四百六十字，內容在推究道之體貌、性徵與功能，屬道家言。〔註27〕

　　黃老學就思想性質而言，可說是兼採各家，應是不爭的事實，至其主要思想性質，如《黃帝四經・十大經・觀》以「道」是萬物的本源其與道家之宇宙本體論思想無異，其云：

> 群群□□□□□爲一囷。無晦無明，未有陰陽。陰陽未定，吾未有以名。今始判爲兩，分爲陰陽，離爲四【時】，□□□□□□□【德虐之行】，因以爲常。其明者以爲法，而微道是行。行法循□□□牝牡。牝牡相求，會剛與柔。柔剛相成，牝牡若刑（形）。下會於地，上會於天。得天之微，時若□□□□□□□□□寺（恃）地氣之發也，乃夢（萌）者夢而茲（孳）者茲（孳），天因而成之。弗因則不成，【弗】養則不生。〔註28〕

又如〈九主〉裡的道家思想，摘要臚列如後：

> 天，日□□四時，復（覆）生萬物，……禮數四則，曰天綸，……四綸成則，古今四綸，道數不代（忒），聖王是法，法則明分。〔註29〕

〔註26〕趙超著，《簡牘帛書發現與研究》（福建：人民出版社，2005 年月，初版 1 刷），頁 181。

〔註27〕見駢宇騫、段書安編著，《本世紀以來出土簡帛概述》，頁 36～37。

〔註28〕陳鼓應註譯，《黃帝四經今註今譯》（台北：臺灣商務印書館，2004 年 8 月，初版 4 刷），頁 268。

〔註29〕國家文物局古文獻研究室編，《馬王堆漢墓帛書〔一〕》（北京：文物出版社，1980 年 3 月，初版 1 刷），頁 29。

且云：

> 天乏（範）無□，復（覆）生萬物，生物不物，莫不以名，不可爲
> 二名，此天乏（範）也。〔註30〕

此處之「天綸」、「天乏」就是天地分四時以覆生萬物，且生物而不私其物，此爲「天道」、「天地之則」，這是道家的基本概念。此與《老子》「道生一，一生二，二生三，三生萬物」〔註31〕及「萬物作焉而不辭，生而不有，爲而不恃，功成而不居」〔註32〕是相同的概念。

　　然而，黃老學亦將「道」詮釋爲一切的總規律，其云：

> 明以正者，天之道也。適者，天度也。信者，天之期也。極而【反】
> 者，天之生（性）也。必者，天之命也。〔註33〕
> 四時有度，天地之李（理）也。日月星晨（辰）有數，天地之紀也。
> 三時成功，一時刑殺，天地之道也。〔註34〕

這種「道」的規律與老子「道」中關於規律的內涵，亦無二致。

　　再其次，黃老學認爲「法」是從「道」的客觀性引伸出來的，《黃帝四經·經法·道法》云：

> 道生法。法者，引得失以繩，而明曲直者殹（也）。故執道者，生法
> 而弗敢犯殹（也），法立而弗敢廢〔也〕。〔故〕能自引以繩，然後見
> 知天下而不惑矣。〔註35〕

丁原明《黃老學論綱》亦云：

> 帛書不同於老子哲學的一個顯著特點，即它不再認爲「法」是社會
> 退化的產物，而是從「道」之本體論的高度對「法」產生的必然性、
> 合理性，予以充分肯定和接納。〔註36〕

法是道所派生，由道而來，如《黃帝四經·經法·論約》云：

> 執道者之觀於天下也，必審觀事之所始起，審其刑名，刑名已定，
> 逆順有立（位），死生有分，存亡興壞有處，然後參之天地之恆道，

〔註30〕國家文物局古文獻研究室編，《馬王堆漢墓帛書〔一〕》，頁29。
〔註31〕王淮著，《老子探義》，頁175。
〔註32〕王淮著，《老子探義》，頁12。
〔註33〕陳鼓應註譯，《黃帝四經今註今譯·經法·論》，頁184。
〔註34〕陳鼓應註譯，《黃帝四經今註今譯·經法·論約》，頁222。
〔註35〕陳鼓應註譯，《黃帝四經今註今譯·經法·道法》，頁48。
〔註36〕丁原明著，《黃老學論綱》，頁97。

乃定禍福死生存亡興壞之所在。是故，萬舉不失理，論天下而無遺
策，故能立天子、置三公，而天下化之，之胃（謂）有道。〔註37〕

這裡說明「法」生於「道」，而「法」源起於「刑名」，此亦是法家的思想。

　　因此，在黃老學裡，「法」與「道」是相輔相成的，陳麗桂《戰國時期的
黃老思想》云：

抽象的「道」如果要讓它在人事社會，尤其是政治層面運作上產生
功能，就每每必須下降落實而為刑名、法術。刑名法術正是「道」
在社會，尤其是政治層面上的體現。〔註38〕

或有部份學者將道法家思想稱為黃老思想，這種說法亦不十分精確，如裘錫
圭《中國出土古文獻十講》云：

討論乙本佚書和所謂漢初「儒法鬥爭」的文章，往往把道法家思想
稱為黃老思想，以區別於一般的道家思想。但是在漢代人的辭彙裡
「黃老」與「道家」是同義的。雖然當時道家的主流是道法家，「黃
老」卻並不專指道法家。……所以稱道法家為黃老思想是不妥當的。
〔註39〕

再者，黃老學之陰陽思想，如《黃帝四經·經法·正君》云：

天有死生之時，國有死生之正（政），因天之生也以養生，胃（謂）
之文，因天之殺也以伐死，胃（謂）之武，（文）武並行，則天下從
矣。〔註40〕

《黃帝四經·經法·四度》云：

君臣當立（位）胃（謂）之靜，賢不宵（肖）當立（位）胃（謂）之
正，動靜參於天地胃（謂）之「文」，誅□時當胃（謂）之武。靜則
安，正治，文則明，武則強。安得本，治則得人，明則得天，強則威
行。參於天地，闔（合）於民心，文武并立，命之曰上同。〔註41〕

作者顯然刻意將天地自然運作觀念與人世間的政治運作層層緊密結合，並讓
這些政治舉措顯得名正言順、堂皇正大。為了強化其結合之緊密程度，在《黃
帝四經·經法·論》有更詳細之解說，其云：

〔註37〕陳鼓應註譯，《黃帝四經今註今譯》，頁229。
〔註38〕陳麗桂著，《戰國時期的黃老思想》，頁65。
〔註39〕裘錫圭著，《中國出土古文獻十講》（上海：復旦大學出版社，2004年12月，
　　　　初版），頁338。
〔註40〕陳鼓應註譯，《黃帝四經今註今譯》，頁117。
〔註41〕陳鼓應註譯，《黃帝四經今註今譯》，頁156。

> 人主者，天地之□也，號令之所出也，□□之命也。不天天則失其
> 神，不重地則失其根。不順〔四時之度〕而民疾。不處外內之立（位），
> 不應動靜之化，則事窘（窘）於內而舉窘（窘）於〔外。八〕正皆
> 失，……八正不失，則與天地總矣。〔註42〕

人主立國施政要尊天、重地、順四時之度，以定外內之位、應動靜之化。如此，對內政事通達，對外征伐順利。而且人主若能遵守八正，則能與天地合而為一，此為陰陽家順天應人、天人感應的思想。再如《黃帝四經·經法·論約》云：

> 四時時而定，不爽不代（忒），常有法式，□□□，一立一廢，一生
> 一殺，四時代正，冬（終）而復始。〔人〕事之理也，逆順是守。功
> 泹（溢）于天，故有死刑。功不及天，退而無名。功合于天，名乃
> 大成。人事之理也。順則生，理則成，逆則死，失□□名。〔註43〕

春夏秋冬四時有度，是為天地之理；日月星辰三光有數，是為天地之綱紀。一立一廢，一生一殺，四時循環，周而復始。人事之理，就是依照四時的生長殺伐行事。因而，人事之理，順道則生，合理則成，逆道則死。總而言之，人事禍福、存亡興廢之理，與天地自然生殺循環之道緊密結合，此與陰陽家天人合一的思想觀念是相通的。因此，陳麗桂《戰國時期的黃老思想》云：

> 其對各家思想的採擷，有說基本上是法家作品，但又夾雜了不少道
> 家的思想色彩，因為基本上他們認為黃老學說就是法家性質的東西
> （如康立）。有說道法為主，因道全法，而兼採各家，……漢人所謂
> 黃老，等於道家，卻不等於道法家，而且戰國時代，道家法家思想
> 相滲透是普遍現象，因此，道法形成很可能是多元的，……亦有說
> 道、兵為主，大量吸收了孫吳、孫臏思想，再兼採儒與陰陽，形成
> 以道為主，綜合性的過渡色彩。〔註44〕

丁原明《黃老學論綱》云：

> 有人根據馬王堆出土的《黃老帛書》的內容，而斷定黃老學是道法
> 結合，甚至認為黃老學就是道法家。這種說法，實際上是以特定發
> 展階段的黃老學去規定整個黃老之學，是把黃老學的歷史性存在狀

〔註42〕陳鼓應註譯，《黃帝四經今註今譯》，頁177～178。
〔註43〕陳鼓應註譯，《黃帝四經今註今譯》，頁222～225。
〔註44〕陳麗桂著，《戰國時期的黃老思想》，頁48～49。

態當作黃老學的結構整體。……這是不合理的。〔註45〕

總而言之，由以上的論述可知，黃老思想是由各家思想彙集而成，並對老子學說作出新的詮釋，成為一個新的派別，而陰陽、道、法思想則為黃老學的主要思想。

2、適應社會變動的特性

誠如所知，老子是系統地建立天人整體的第一人，且予「道」以形上學的意義。以為天地萬物之生，必有其所以生之總原理，此總原理名之曰道，其云：

> 有物混成，先天地生。寂兮寥兮，獨立而不改，周行而不殆。可以
> 為天下母。吾不知其名、字之曰道。強為之名曰大。〔註46〕

所謂「道生一，一生二，二生三，三生萬物」，〔註47〕道即萬物所以生之總原理，而人生長於其中，則應「人法地，地法天，天法道，道法自然」。〔註48〕故老子認為，人與萬物在本質上是相同的，但人道必須以天道自然為最終依據。然而，《老子・七十七章》云：

> 天之道損有餘而補不足。人之道則不然，損不足以奉有餘。孰能有
> 餘以奉天下，唯有道者。〔註49〕

此言天道之廓然大公，反喻人道之偏失、有我之非道。然而，世俗肯定的東西恰為天道所否定，世俗否定的東西恰為天道所肯定，造成天道與人道的對立，人只有效法天道，做到無欲、柔弱、虛靜、處下、不爭，即所謂息欲無為、柔弱處下、靜以修身以與道合，回到自然的狀態，但如此，天道是否已有貶低人道的意味？

因而，《黃帝四經》提出不同的觀念予以調整，其將「天道」與「人道」分別看待，如《黃帝四經・經法・道法》云：

> 天地有恆常，萬民有恆事，貴賤有恆立（位），畜臣有恆道，使民有
> 恆度。〔註50〕

依據〈經法・道法〉解釋，所謂天地之「恆常」是「四時、晦明、生殺、輮剛」，萬民之「恆事」是「男農女工」，貴賤之「恆位」是賢不肖各守其職，畜臣之「恆

〔註45〕丁原明著，《黃老學論綱》，頁 25。
〔註46〕王淮著，《老子探義》，頁 103～105。
〔註47〕王淮著，《老子探義》，頁 174～175。
〔註48〕王淮著，《老子探義》，頁 107。
〔註49〕王淮著，《老子探義》，頁 286。
〔註50〕陳鼓應註譯，《黃帝四經今註今譯》，頁 73。

道」是「任能毋過其所長」，使民之「恆度」是要「去私而立公」。因而，《黃老帛書》視天道變化的規律是四時、晦明、剛柔、陰陽、盛衰、生死，人道則包括男農女工、貴賤有序、賢不肖有分等。所以從民事到政治均要取法自然之道，但自然之道是天道、人道分立，各居其位，各守其職。職是之故，《黃帝四經》將「天道」稱之為「天常」、「天當」、「天極」，且於《黃帝四經・經法・國次》云：「過極失〔當，天將降央（殃）〕」。〔註51〕其意即是，如果超過天道的極致，違反了天道的順逆趨勢，上天就會降下災禍。但在《黃帝四經・經法・國次》則云：「人強朕（勝）天」，〔註52〕《黃帝四經・稱》亦云：

> 天制寒暑，地制高下，人制取予。取予當，立為□王。〔註53〕

《黃帝四經》強調「人制取予」，而調整了原始道家對於人看待自然，只能完全順應的消極想法與態度，肯定人可以勝天的積極思想。因此，黃老學在自身結構體系中，為了適應社會變動，或將道家「蔽於天而不知人」之缺失，作了相當調整，而已向人道傾斜，且給予人道應有的地位與尊嚴，此亦是黃老學得以從原始道家分化出來的一個非常重要的原因與特性。

其次，原始道家所注重的是人的自然本質，所關心的亦是如何確保人的自然本質。然其確保自然本質，非僅聽其自然而已，抑且否定現實主會，力求返乎原始社會。易言之，老子厭憎社會凡俗，謳歌自然，常欲毀棄一切制度文明，而獨與自然相親，此即復歸於自然。故其認為一切文明之所謂善，非果真善；所謂惡，非果真惡。其云：

> 絕學無憂。唯之與阿，相去幾何？善之與惡，相去何若？〔註54〕

> 絕聖棄智，民利百倍；絕仁棄義，民復孝慈；絕巧棄利，盜賊無有。

> 此三者以為文而未足，故令有所屬；見素抱樸，少私寡欲。〔註55〕

老子認為，人為之文明，乃罪惡之淵泉，不啻致亂之源，故應取消此一致亂之源，見素抱樸，少私寡欲，回復本初。所以老子乃主張無為政治，反對有為政治，故其理想之政治乃莫之為而尚自然之上德政治；其次為半有為半無為之下德政治，其云：

> 上德無為而無以為、下德無為（原作「為之」）而有以為。上仁為之

〔註51〕陳鼓應註譯，《黃帝四經今註今譯》，頁84～85。
〔註52〕陳鼓應註譯，《黃帝四經今註今譯》，頁85。
〔註53〕陳鼓應註譯，《黃帝四經今註今譯》，頁429。
〔註54〕王淮著，《老子探義》，頁82。
〔註55〕王淮著，《老子探義》，頁78～80。

> 而無以爲；上義爲之而有以爲。上禮爲之而莫之應，則攘臂而扔之。
> 故失道而後德，失德而後仁、失仁而後義、失義而後禮。夫禮者忠
> 信之薄而亂之首。前識者，道之華，而愚之始。是以大丈夫處其厚，
> 不居其薄。〔註56〕

又云：

> 太上，不知有之；其次親之譽之；其次畏之，其次侮之。〔註57〕

老子將政治分爲無爲與有爲以及仁、義、禮諸等級，而無爲政治，則下不知
有之，此爲最理想政治。仁義政治，則民親之譽之；禮法政治，則民畏之。

　　誠然，老子對於儒家所讚揚的忠孝仁義是人類行爲的規範者，亦摒斥之，
其云：

> 大道廢，有仁義，……六親不和有孝慈，國家昏亂有忠臣。……絕
> 仁棄義，民復孝慈。〔註58〕

忠孝仁義等世俗之所引爲道德者，皆大道既廢之後，用以粉飾人類行爲矯其
性情之事，殊違自然之理。

　　然而，以老子爲代表的原始道家，堅持以天道、無爲作爲評判俗世的價
值。如此它不僅視現實的王權政治系統是與自然無爲的「道」相違背的，而
且亦認爲隨著新興王權政治所產生而出現的仁義禮法，同樣是對自然的破壞
且有違天道。相對而言，原始道家對新興王權政治系統的有爲政治以及變法
圖強的方式與趨向是無法接受的。因此，原始道家面對新時代、新政權以及
仁義禮法，誠難調整適應。

　　因而，黃老學是在戰國時期各國相繼變法圖強的環境中，由原始道家分
化出來的一個道家支派。它與原始道家並沒有完全割斷關係，其仍然守住人
的自然本質方面，但不是只重視天道，而忽略、輕視人道。如《黃帝四經・
十大經・觀》云：

> 夫民之生也，規規生食與繼。不會（交配）不繼，無與守地；不食
> 不人，無與守天。是□□羸陰布德，□□□□民功者，所以食之也。
>
> 〔註59〕

人民的生活，最基本的就是飲食與生育，故其認爲，人必須有自己的生存條

〔註56〕王淮著，《老子探義》，頁 149～155。
〔註57〕王淮著，《老子探義》，頁 72～73。
〔註58〕王淮著，《老子探義》，頁 75～79。
〔註59〕陳鼓應註譯，《黃帝四經今註今譯》，頁 268～276。

件，只有在滿足其衣食之需的情況，才能有生存與發展。又如〈經法・分〉云：「主惠臣忠」、〔註60〕〈十大經・順道〉云：「茲（慈）惠以愛人」、〔註61〕〈經法・正君〉云：「兼愛無私」、〔註62〕及「節賦斂，勿奪民食」、〔註63〕以及〈經法・論〉云：「伐死養生」。〔註64〕這種刑德思想，在在顯示黃老學已吸取法家、儒家、道家、陰陽家等各個學派的思想，亦顯示對於君主應「慈惠愛人」、「兼愛無私」、「節賦斂，勿奪民食」之有爲政治予以肯定與鼓勵。間接對於社會性規範、秩序、價值的合理性與合法性作了通盤的肯定，而且並對於新時代、新政權以及仁義禮法主動適應，而不一味的抗拒與排斥。誠如劉蔚華〈黃老所完成的歷史性過渡〉云：

> 當戰國中後期新興封建統治階級已成爲時代的新主人時，黃老學應運而生了。它保留了早期道家思想中「天道自然」、「無爲而治」、「因應時勢」與辯證法的內容，拋棄了對他們來說已經過時的反權威原則，而代之以一種新權威觀念。以致逐步演變爲一種新興統治者樂於接受和運用的君人南面之術。〔註65〕

總而言之，由於黃老學包括陰陽、道、法、儒等各家思想，故在戰國時代的大變動中，能更具彈性，因應時勢，主動由原始道家「蔽於天而不知人」及過時的反權威思想的缺失中，調整轉變，逐步演變爲一種新興統治者樂於接受和運用的君人南面之術，可見黃老學的時代適應性。

第二節　黃老陰陽軍事思想

在百家爭鳴最爲激烈的戰國時代，各家或各學派在軍事思想方面均有自己一套認知或說法，儒家思想代表者孔子云：「有文事者必有武備，有武事者必有文備。」〔註66〕強調德治與軍事並重。孟子則欲以王道與仁義統一天下，其云：「不嗜殺人者能一之。」〔註67〕且云：「國君好仁，天下無敵。」

〔註60〕陳鼓應註譯，《黃帝四經今註今譯》，頁136。
〔註61〕陳鼓應註譯，《黃帝四經今註今譯》，頁390。
〔註62〕陳鼓應註譯，《黃帝四經今註今譯》，頁125。
〔註63〕陳鼓應註譯，《黃帝四經今註今譯》，頁125。
〔註64〕陳鼓應註譯，《黃帝四經今註今譯》，頁192。
〔註65〕劉蔚華著，〈黃老所完成的歷史性過渡〉，收入丁原明著，《黃老學論綱》，頁3。
〔註66〕漢・司馬遷著，《史記・孔子世家第十七》，冊3，卷47，頁1915。
〔註67〕清・阮元校勘，《孟子・梁惠王章句上》，《十三經注疏》（台北：新文豐出版

〔註68〕故有「善戰者服上刑」〔註69〕之主張。荀子認爲要「一天下」，〔註70〕「四海之內若一家」，軍事與戰爭是免不了的，〔註71〕但他對戰爭看法爲：

> 彼兵者所以禁暴除害也，非爭奪也。故仁者之兵，所存者神，所過者化，若時雨之降，莫不說喜。是以堯伐驩兜，禹伐共工，湯伐有夏，文王伐崇，武王伐紂，此四帝皆以仁義之兵行於天下也。〔註72〕

不僅強調戰爭應「以仁義之兵行於天下」且主張義立而王，其云：

> 義立而王，……主之所極。然帥群臣而首鄉之者，則舉義志也。如是，則下仰上以義矣，是綦定也。綦定而國定，國定而天下定，……天下爲一，諸侯爲臣，通達之屬，莫不服從，無它故焉，以義濟矣，是所謂義立而王也。〔註73〕

墨子之學，倡言「非攻」，強調「易攻伐，以治我國」，「若繁爲攻伐，此時天下之巨害也。」〔註74〕且謂：

> 今天下之君子，忠實欲天下之富而惡其貧，欲天下之治而惡其亂，當兼相愛，交相利，此聖王之法，天下之治道也。〔註75〕

故欲以兼愛交利來消弭一切的戰爭，以寢戰爲理想。

法家主張富國強兵，提倡耕戰，積極使用武力統一全國，商鞅云：

> 民之欲利者，非耕不得；避害者，非戰不免。境內之民莫不先務耕戰，而後得其所樂，故地少粟多，民少兵強，能行二者於境內，則霸王之道畢矣。〔註76〕

韓非亦云：

社，1977年元月，初版），頁21。

〔註68〕清・阮元校勘，《孟子・盡心章句下》，《十三經注疏》，頁249。

〔註69〕清・阮元校勘，《孟子・離婁上》，《十三經注疏》，頁134。

〔註70〕安繼民注釋，《荀子・強國第十六》（河南：中州古籍出版社，2006年1月，初版），頁254。

〔註71〕安繼民注釋，《荀子・王制第九》，頁116。

〔註72〕安繼民注釋，《荀子・議兵第十五》，頁239。

〔註73〕安繼民注釋，《荀子・王霸第十一》，頁159～160。

〔註74〕清・孫詒讓著，《墨子閒詁・非攻下第十九》（台北：河洛圖書出版社，1974年3月臺景印1版），卷5，頁30。

〔註75〕清・孫詒讓著，《墨子閒詁・兼愛中》，卷4，頁16。

〔註76〕遠辰注譯，《商君書・慎法第二十五》（台北：三民書局，1996年10月，初版），頁202。

力多則人朝，力少則朝於人，故明君務力。〔註77〕

故以武力遂行統一是法家最直接的想法。

而道家思想代表者老子生長在連串戰爭的春秋戰國時代，目睹戰禍連連，戰爭的殘酷，使其對戰爭產生一種反戰的軍事思想，其云：

> 天下有道，卻走馬以糞。天下無道，戎馬生於郊。罪莫大於可欲；
> 禍莫大於不知足；咎莫大於欲得。故知足之足，常足矣。〔註78〕

蔣錫昌《老子校詁》云：

> 此言人主有道，則兵革不興，故卻還走馬於農夫，使服耕載之役；
> 人主無道，戎馬悉被征發入陣，故駒犢生於戰地之郊也。《鹽鐵論。
> 未通》篇：「聞往者未伐胡越之時，繇賦省而民富足；溫衣飽食，藏
> 新食陳；布帛充用，牛馬成群；農夫以馬耕載，而民莫不騎乘。當
> 此之時，卻走馬以糞。其後師旅數發，戎馬不足，牸牝入陣，故駒
> 犢生於戰地，六畜不育於家，五穀不殖於野，民不足於糟糠。」正
> 且為此文舉一實例也。〔註79〕

天下有道，則不違農時，不誤農事；天下無道，則戎馬郊生，以武害農，這是基於農業生產的立場而反對戰爭的態度。《老子》曾懇切的警告一般政治家和軍事家說：

> 以道佐人主者，不以兵強天下，其事好還。師之所處，荊棘生焉；「大
> 軍之後必有凶年」。善有果而已，不敢以取強。果而勿矜，果而勿伐，
> 果而勿驕，果而不得已，果而勿強。物壯則老，是謂不道，不道早
> 已。夫佳兵者不祥之器，物或惡之，故有道者不處。君子居則貴左，
> 用兵則貴右，兵者不祥之器，非君子之器，不得已而用之。恬淡為
> 上，勝而不美，而美之者是樂殺人，夫樂殺人者，則不可以得志於
> 天下矣。〔註80〕

「以道佐人主者，不以兵強天下」與「大軍之後，必有凶年」，這兩段話，即

〔註77〕陳奇猷校注，《韓非子集釋·顯學第五十》（台北：河洛圖書出版社，1974年3月，頁1097。

〔註78〕吳怡著，《老子解義·第四十六章》（台北：三民書局，2001年3月，初版4刷），頁302。

〔註79〕蔣錫昌著，《老子校詁·第四十六章》（台北：東昇出版社，1980年4月，初版），頁295。

〔註80〕吳怡著，《老子解義·老子第三十章·以道佐人者。第三十一章·夫佳兵者不祥之器》，頁208。

可瞭解《老子》是非常厭惡戰爭的。《老子》亦認為，兵為不祥之器，所以道家老子思想是反戰的。

　　然而，黃老學是在戰國時期各國相繼變法圖強的環境中，由原始道家分化出來的一個道家支派。其所處環境亦是戰禍連連、民不聊生的時代，目睹戰爭的殘酷，《黃老帛書》故亦有其陰陽軍事思想，以研究、解決戰爭本身（戰略與戰術）或與戰爭有關的哲學、民生的問題。其中如甲本《老子》卷後古佚書的第三部分〈明君〉，全篇即在研究、討論如何攻戰取勝以強國之兵道。〈十大經〉記載黃帝如何以軍事武力殲滅強敵，兼併天下，一統帝王。以及與他的大臣如黑力（即力牧）、闔冉、果童、太山之稽（即大山稽）等人，對於如何運用陰陽，進行武爭，以圖治國等進行問答。如《漢書・藝文志》中的《黃帝》十六篇與《力牧》十五篇即列入兵陰陽類，此或可佐證許多記載有關黃帝作戰之資料（傳說），如《黃老帛書・十大經》之〈五正〉、〈姓爭〉、〈兵容〉等篇，即運用陰陽軍事思想與觀念，以輔助、進行軍事作戰。本文即對黃老陰陽軍事思想作深入的析探研究。

一、尊陽卑陰的軍事思想

　　黃老學就思想性質而言，可說是兼採各家，而陰陽思想則為其主要思想之一，陳鼓應《黃帝四經今註今譯——馬王堆漢墓出土帛書》云：

　　　　這概念全出現在黃老思想色彩的作品中。「剛柔」是《象傳》中的另
　　　　一個重要概念，在《黃帝四經》出現十一次。「陰陽」概念，《四經》
　　　　出現四十七次之多。〔註81〕

《莊子・天下》評論儒家的《六藝》云：

　　　　《詩》以道志，《書》以道事，《禮》以道行，《樂》以道和，《易》
　　　　以道陰陽，《春秋》以道名分。〔註82〕

所以在道家看來，《周易》是講陰陽學說的。而《周易》包括經、傳兩大部分，〈象傳〉又是傳的一部分，且〈象傳〉所謂的「剛柔」，指的亦是陰陽，如〈說卦〉傳云：

　　　　立天之道曰陰與陽，立地之道曰柔與剛，立人之道曰仁與義。〔註83〕

〔註81〕陳鼓應註譯，《黃帝四經今註今譯》，頁 12。
〔註82〕郭慶藩著，《莊子集釋》（台北：河洛圖書出版社，1974 年 3 月臺景印 1 版），
　　　　頁 1067。
〔註83〕樓宇烈校釋，《王弼集校釋・周易注》（台北：華正書局，1992 年 12 月，初版），

因而，若將〈象傳〉所謂的「剛柔」視爲「陰陽」，那麼兩者相加，《黃帝四經》之「陰陽」概念總共出現五十八次之多，可見陰陽思想在黃老學中所佔的重要地位。

然而，黃老學由原始道家分化出來的一個道家支派，其仍然守住人的自然本質方面，但不是只重視天道，而忽略、輕視人道，且黃老學亦有尊陽卑陰的陰陽思想，如《黃帝四經·稱》云：

> 凡論必以陰陽□大義。天陽地陰，春陽秋陰，夏陽冬陰，晝陽夜陰。大國陽，小國陰；重國陽，輕國陰。有事陽而無事陰，信（伸）者陽而屈者陰。主陽臣陰，上陽下陰，男陽〔女陰，父〕陽〔子〕陰，兄陽弟陰，長陽少〔陰〕，貴〔陽〕賤陰，達陽窮陰。取〔娶〕婦姓（生）子陽，有喪陰。制人者陽，制於人者陰。客陽主人陰。師陽役陰。言陽黑（默）陰。予陽受陰。諸陽者法天，天貴正；過正曰詭，□□□□祭乃反。諸陰者法地，地〔之〕德安徐正靜，柔節先定，善予不爭，此地之度而雌之節也。〔註84〕

天地間一切相等的事物、現象，諸如四時、君臣、父子、男女、大小、輕重、制人者與制於人者等，都用陰陽歸納區分，且有尊陽卑陰現象。而這些基本理論反映於「作爭」軍事上思想上，其思想如後所述：

基本上，黃老學與代表原始道家的老子在軍事思想上最大的相異之處乃在於「作爭」與「不爭」之論點。以陰陽而論，「作爭」是陽，「不爭」是陰。而以老子爲代表的原始道家，堅持以天道、無爲作爲評判俗世的價值，且認爲隨著新興王權政治，所產生而出現的有爲政治以及變法圖強的方式，造成戰國時期強凌弱、眾暴寡殘酷的兼併戰爭，是對自然的破壞且有違天道，是無法接受的。例如老子「無爲」、「無事」、「不可執」、「柔弱」都是「不爭」的國家戰略思想，若以陰陽觀念研析，就是揚棄「陽剛」的作爲，而以「陰柔」的「不爭」替代，故戒強梁，主張柔弱勝剛強，不是以武力制人，而是以道德化人，故謂「慈故能勇」，〔註85〕以致「以戰則勝，以守則固，天將救之，以慈衛之」。〔註86〕因爲《老子》所肯定的戰爭，是不得已而戰鬥的，

頁 576。

〔註84〕 陳鼓應註譯，《黃帝四經今註今譯》，頁 464。

〔註85〕 吳怡著，《老子探義·第六十七章》，頁 259。

〔註86〕 吳怡著，《老子探義·第六十七章》，頁 260。

但對於敵人決無憎惡之心存在，且要把「慈」之心情不斷保持而遂行，尤其是臨戰時，「慈」心也必須堅守，不可揚棄。不過，《老子》看到戰爭的殘酷現實，總結戰爭的教訓，深刻地認識到戰爭的危害。因此，他極力反對侵略戰爭和無道用兵。他明確指出，戰爭嚴重破壞了社會生產，殺戮無辜，使田園荒蕪，民不聊生。且由於「爭地以戰，殺人盈野，爭城以戰，殺人盈城」，〔註87〕因此，戰爭會帶來巨大的災禍，故《老子》云：

> 夫佳兵者不祥之器，物或惡之，故有道者不處。君子居則貴左，用兵則貴右。兵者不祥之器，非君子之器，不得已而用之，恬淡爲上。……吉事尚左，凶事尚右。偏將軍尚左，上將軍居右。言以喪禮處之。殺人之眾，以悲哀泣之，戰勝以喪禮處之。〔註88〕

《老子》認爲，兵器是不祥的東西，在獲得勝利後不要逞強，不要濫殺無辜。相反，對於戰爭死去的人，還要眞心表示哀傷痛心，並且以喪禮妥善安置死者。體認出「兵爲陰事」，〔註89〕並瞭解戰爭所產生無比的災害與可怕，進而衍生出不爭軍事戰略思想。

黃老學強調刑德並用、王霸雜治，如先時秦時期具有黃老思想之《文子》著作，其云：

> 王道有幾？老子曰：一而已。文子曰：古有以道王者，有以兵王者，何其不一也？曰：以道王者德也，以兵王者亦德也。〔註90〕

《文子》認爲「以道王者德也，以兵王者亦德也。」故黃老學在軍事思想上是主張「作爭」。例如「黃老」思想是「老」而不是「黃」，黃帝思想在黃老學只是一種象徵性的代表，而黃帝時「天下有不順者，黃帝從而征之」，〔註91〕「凡五十二戰而天下大服」。〔註92〕尤其敘述黃帝作戰成功的記載，

〔註87〕 清・阮元校勘，《孟子・離婁上》，《十三經注疏》（台北：新文豐出版社，1977年元月，初版），頁134。

〔註88〕 余培林注譯，〈老子第三十章〉，《老子讀本》，頁66。

〔註89〕 曾國藩著，《曾國藩全集・雜著》（台北：漢苑出版社，民國71年3月），頁330～331。兵者，陰事也。哀戚之意，如臨親喪，肅敬之心，如承大祭，庶幾近之。……故軍中不宜有歡欣之象，有歡欣之象者，無論或爲和悅，或爲驕盈，終歸於敗而已矣。田單之在即墨，將軍有死之心，士卒無生之氣，此所以破燕也。及其攻狄也，黃金橫帶，而騁乎淄澠之間，有生之樂，無死之心，魯仲連策其必不勝，兵事之宜慘戚不宜歡欣，亦明矣。

〔註90〕 丁原植著，《文子資料探索》（台北：萬卷樓圖書有限公司，1999年9月，初版），頁243。

〔註91〕 漢・司馬遷著，《史記・五帝本紀》，冊1，頁3。

在先秦兩漢典籍中，比比皆是，如《逸周書‧嘗麥解第五十六》云：

> 蚩尤乃逐帝，爭於涿鹿之野，九隅無遺，赤帝大懾，乃說於黃帝，執蚩尤殺之於中冀。〔註93〕

《戰國策》云：

> 黃帝伐涿鹿而擒蚩尤。〔註94〕

又如黃帝戰炎帝，賈誼云：

> 皇（黃）帝者，炎帝之兄也。炎帝無道，黃帝伐之涿鹿之野，血流飄杵，誅炎帝而兼其地，天下乃治。〔註95〕

王充《論衡‧率性》云：

> 黃帝與炎帝爭爲天子，教熊、羆、貔、虎以戰于阪泉之野，三戰得志，炎帝敗績。〔註96〕

司馬遷《史記‧五帝本紀》云：

> 蚩尤作亂，不用帝命。於是黃帝乃徵師諸侯，與蚩尤戰於涿鹿之野，遂禽殺蚩尤。而諸侯咸尊軒轅爲天子，代神農氏，是爲黃帝。天下有不順者，黃帝從而征之。〔註97〕

因此，清人馬驌《繹史‧黃帝紀》云：

> 蓋自太古以來，以武功定天下，黃帝其首稱也。〔註98〕

上述所論，乃認爲黃帝爲上古帝王用武力統一天下的第一人，黃帝雖只是象徵性人物，但其代表黃老學在軍事思想上是不反戰的意義，且具有「作爭」思想的。其次，再論黃老學刑德之法：

> 《黃帝四經‧十大經‧正亂》記載黃帝伐蚩尤的戰爭，且以先德後刑的方式，分三階段處理，如第一階，蚩尤亂逆之形未顯，其云：

> 天地立名，□□自生，以隋（隨）天刑。天刑不償，逆順有類。勿

〔註92〕皇甫謐《帝王本紀》，引自清‧馬驌《繹史‧黃帝紀》（台北：新興書局影清光緒金匱潘氏重修本，1983年10月），卷五，頁2。

〔註93〕黃懷信、張懋鎔、田旭東著，《逸周書彙校集注》（上海：古籍出版社，1995年12月），頁782～783。

〔註94〕高誘注，《戰國策‧秦策》，卷上，頁24。

〔註95〕《新書校注‧益壤》，卷1，頁57。

〔註96〕吳承仕著，《論衡校釋‧率性第八》（北京：北京師範大學出版社，1986年，初版），卷二，頁78。

〔註97〕漢‧司馬遷著，《史記‧五帝本紀》，冊1，頁3。

〔註98〕清‧馬驌著，《繹史‧黃帝紀》，卷五，頁32。

驚〔勿〕戒，其逆事乃始。吾將遂是〔事〕之遂刑（形）而（和）

焉。〔註99〕

黃帝之臣力黑云：蚩尤驕倨淫溢反先得其勢，是上天助佑吧。黃帝之臣太山
稽回答：我將勉勵蚩尤多行逆事，並促使其惡貫滿盈。天道是永恆不敗的，
我將企使其惡貫滿盈而後殺掉他。

在第二階段，時機成熟，單盈才與太山稽云：是戰勝蚩尤的時候了，黃
帝於是：

出其鏘鉞，奮其戎兵。黃帝身禺（遇）之（蚩）尤，因而（擒）之。

〔註100〕

第三階段，黃帝擒住蚩尤之後，處置之方式如後：

（剝）其□革以爲干侯，使人射之，多中者賞。劗其髮而建之天，

名之曰（蚩）尤之（旌）。充其胃以爲鞠（鞠），使人執之，多中者

賞。腐其骨肉，投之苦醢（醢），使天下□之。〔註101〕

《黃帝四經・十大經・正亂》記載黃帝伐蚩尤的戰爭，從一至三階段，可說
即是先德後刑的處置方式。尤其後面的「酷刑」實有法家刻薄寡恩的味道。

在論其王霸觀念，《黃帝四經・法經・六分》云：

王天下者有玄德，……（霸）主積甲士而征不備（服），誅禁當罪而

不私其利，故令行天下而莫敢不聽。〔註102〕

又云：

爲人主，南面而立。臣肅敬，不敢蔽（蔽）其主。下比順，不敢蔽

（蔽）其上。萬民和輯而樂爲其主上用，地廣人眾兵強，天下無適

（敵）。〔註103〕

《黃帝四經・法經・六分》認爲，王天下需玄德，亦需要「（霸）主積甲士而
征不備（服）」、「誅禁當罪而不私其利」之霸術，才能「令行天下而莫敢不聽」。
所以一個令「臣肅敬」、「下比順」以及「地廣人眾兵強，天下無適（敵）」的
人君，應即爲「霸王」。

綜合黃老學刑德與王霸之觀念，乃能成其尊陽卑陰「作爭」之陰陽軍事

〔註99〕陳鼓應註譯，《黃帝四經今註今譯》，頁312。
〔註100〕陳鼓應註譯，《黃帝四經今註今譯》，頁318。
〔註101〕陳鼓應註譯，《黃帝四經今註今譯》，頁318。
〔註102〕陳鼓應註譯，《黃帝四經今註今譯》，頁148。
〔註103〕陳鼓應註譯，《黃帝四經今註今譯》，頁140。

思想重要誘因。因為刑德與王霸之觀念，基本上是偏重法家之觀念，故若運用在軍事上，即贊成「作爭」。

再者，我們從《黃帝四經・十大經・本伐》檢視：

> 世兵道三，有為利者，有為義者，有行忿者。所胃（謂）為利者，見〔生民有〕饑，國家不叚（暇），上下不當，舉兵而栽之，唯（雖）無大利，亦無大害焉。所胃（謂）為義者，伐亂禁暴，起賢廢不宵（肖），所胃（謂）義也。……所胃（謂）行忿者，心唯（雖）忿，不能徒怒，怒必有為也。成功而無以求也，即兼始逆矣，非道也。〔註104〕

從基本上探究，黃老學在軍事思想上，還是沿襲與尊重傳統的用兵原則。將「行忿」這一類層次，視為最低的用兵層級。但在戰國時期，處於那種不可迴避的兼併與殘酷的戰爭環境中，故在《黃帝四經・十大經・五正》云：

> 今天下大爭，時至矣，后能慎勿爭乎？〔註105〕

又云：

> 夫作爭者凶，不爭〔者〕亦無成功。何不可矣？〔註106〕

《黃帝四經・十大經・兵容》云：

> 因天時，與之皆斷；當斷不斷，反受其亂。〔註107〕

此段通過黃帝與大臣閹冉的對話，明確提出「天下大爭，時至矣」、「作爭者凶，不爭者亦無成功」。而且該爭之時就要爭，才是順應天道，該爭而不爭，反是逆天道。這一觀點，即是黃老學處在戰國時期，面對新時代、新政權以及殘酷的戰爭環境中，適時、適切的調整，使其成為「作爭」的尊陽卑陰軍事思想，並對老子的陰柔「不爭」軍事思想有所修正。

以漢代軍事戰爭為例，漢初政權初立，冒頓單于國力正強，高祖認為無法與匈奴對抗，逐用劉敬和親政策，《漢書・酈陸朱劉叔孫傳第十三》對和親政策的用意有明確說明：

> 天下初定，士卒罷於兵革，未可以武服也。冒頓殺父代立，妻群母，以力為威，未可以仁義說也。

> 陛下誠能以適長公主妻單于，厚奉遺之，彼知漢女送厚，蠻夷必慕，以為閼氏，生子必為太子，代單于。何者？貪漢重幣。陛下以歲時

〔註104〕陳鼓應註譯，《黃帝四經今註今譯》，頁365～370。
〔註105〕陳鼓應註譯，《黃帝四經今註今譯》，頁294。
〔註106〕陳鼓應註譯，《黃帝四經今註今譯》，頁295。
〔註107〕陳鼓應註譯，《黃帝四經今註今譯》，頁341。

漢所餘彼所鮮數問遺，使辯士風諭以禮節。冒頓在，固爲子婿；死，
外孫爲單于。又曾聞孫敢與大父亢禮哉？可毋戰以漸臣也。〔註108〕

《漢書·匈奴傳上》云：

冒頓常往來侵盜代地。於是高祖患之，乃使劉敬奉宗氏女翁主爲單
于閼氏，歲奉匈奴絮繒酒食物各有數，約爲兄弟以和親，乃冒頓乃
少止。〔註109〕

錢穆《國大史綱》對和親政策亦有如下看法：

匈奴之對中國，一時尚無政治上統治之野心，其舉眾入塞，所重在
經濟財物之掠奪。和親政策之後面，即爲賄賂與通商。藉胡、漢通
婚之名義，匈奴上層貴族，每年既得漢廷之贈遺，其下層民眾，亦
得定期叩塞貿易。其物質上之需要既滿足，亦可暫時解消其武力侵
略之慾望。〔註110〕

漢初之和親政策，匈奴不過幾年，即數背約束，但和親可以帶來數歲的安定，
即可減除戰爭的龐大耗費，免除百姓繇役之苦，亦可藉機整頓內政，將力量
轉於翦除異姓諸侯王上如鄭國瑞著《兩漢黃老思想研究》即有說解：

高祖八年（公元前199年），冬，擊韓王信餘部於東垣；十年（公元
前197年），陳豨反，高祖往邯鄲擊之，至十一月（公元前196年）
挫敗之；十一年秋七月，淮南王英布反，高祖率兵擊布，至十二年
（公元前195年）十月，方擊敗之；十二年春二月，高祖派樊噲、
周勃擊燕王盧綰逼走匈奴。此皆在和親政策下得以遂行。〔註111〕

漢初黃老陰陽軍事思想，在力量不如敵人之時，只能用陰柔、堅忍讓。又如
《史記·律書》記載將軍陳武等唱言用兵，其云：

南越、朝鮮自全秦時內屬爲臣子，後且擁兵阻阨，選蠕觀望。高祖
時天下新定，人民小安，未可復興兵。今陛下仁惠撫百姓，恩澤加
海內，宜及士民樂用，征討逆黨，以一封疆。〔註112〕

〔註108〕漢·班固著，《漢書·酈陸朱劉叔孫傳第十三》，冊4，卷43，頁2122。

〔註109〕漢·班固著，《漢書·酈陸朱劉叔孫傳第十三》，冊7，卷94，頁3754。

〔註110〕錢穆著，《國史大綱》（台北：臺灣商務印書館，1994年1月修訂二版），冊1，
　　　　頁201。

〔註111〕鄭國瑞著：《兩漢黃老思想研究》。（國立政治大學中國文學研究所，博士論文，
　　　　2003年）頁301。

〔註112〕漢·司馬遷著，《史記·律書》，冊2，卷25，頁1242。

文帝深知國力尚弱，須與民休息，不宜用兵，即持反對意見，其云：

> 且兵凶器，雖克所願，動亦耗病，謂百姓遠方何？又先帝知勞民不
> 可煩，故不以為意，朕豈自謂能？今匈奴內侵，軍吏無功，邊民父
> 子荷兵日久，朕常為動心傷痛，無日忘之。今未能銷鉅，願且堅邊
> 設侯，結和通使，休寧北陲，為功多矣。且無議軍。〔註113〕

此誠如《黃帝四經‧十大經‧順道》云：

> 立於不敢，行於不能。單（戰）視（示）不敢，明埶不能。守弱節
> 而堅之，胥雄節之窮而因之。〔註114〕

因而，持守弱節必須堅決而有耐性，直等到逞強恃勇之敵窮困時再去乘勢攻
擊。且須：

> 慎案其眾，以隋（隨）天地之從，不擅作事，以寺（待）逆節所窮。
>
> 〔註115〕

誠然，約結和親，賂遺單于，冀以救安邊境，惟和親政策只是權宜之計，因
為一味忍讓，必使匈奴變本加厲，所謂「小入則小利，大入則大利。〔註116〕」
如文帝時晁錯上言兵事，其云：

> 臣聞漢興以來，胡虜數入邊地，小入則小利，大入則大利，……竊
> 聞戰勝之威，民氣百倍；敗兵之卒，沒世不復。……故兵法曰：「有
> 必勝之將，無必勝之民。」繇此觀之，安邊境，立功名，在於良將，
> 不可不擇。〔註117〕

文帝深刻體會「有必勝之將，無必勝之民。」之意，及至中年之時，更確信
「和親無益」，乃「赫然發憤」、「講習戰陳」，《漢書‧匈奴傳第六十四下》記
載如後：

> 是以文帝中年，赫然發憤，遂躬戎服，親御鞍馬，從六郡良家材之
> 士，講習戰陳，聚天下精兵，軍於廣武。顧問馮唐，與論將帥，謂
> 然歎息，思古名臣，此則和親無益，已然之明效也。〔註118〕

文帝十四年冬，匈奴寇邊，殺北地都尉卬。文帝即親遣三將軍，車千乘，騎
卒十萬人，鎮守隴西、北地、上郡，且欲親征匈奴《漢書‧文帝紀第四》云：

〔註113〕漢‧司馬遷著，《史記‧律書》，冊2，卷25，頁1242。
〔註114〕陳鼓應註譯，《黃帝四經今註今譯》，頁393。
〔註115〕陳鼓應註譯，《黃帝四經今註今譯》，頁396。
〔註116〕漢‧班固著，《漢書‧爰盎晁錯傳第十九》，冊4，卷19，頁2278。
〔註117〕漢‧班固著，《漢書‧爰盎晁錯傳第十九》，冊4，卷19，頁2278。
〔註118〕漢‧班固著，《漢書‧匈奴傳第六十四下》，冊7，卷94下，頁3831。

上親勞軍，勒兵，申教令，賜吏卒，自欲征匈奴，群臣諫，不聽。
皇太后固要上，乃止。於是以東陽侯張相如爲大將軍，建成侯董赫、
内史欒布皆爲將軍，擊匈奴。〔註119〕

文帝崩，景帝立，景帝復與匈奴和親，通關市，給遺單于，遣翁主如故，不
過此時匈奴已「時時小入盜邊，無大寇。〔註120〕」由上述觀之，漢初之和親
政策，歷經高帝、惠帝、文帝、景帝，其作用乃在遲滯匈奴軍事力量，緩和
軍事衝突，此非根本解決之道，惟需「以寺（待）逆節所窮」，誠如，錢穆《國
大史綱》亦認爲和親政策終不可久，其云：

中文帝時，宦人中行說降匈奴，教之曰：「匈奴人眾，不能當漢一大郡，
然所以強者，以衣食異，無仰於漢也。今單于變俗，好漢物，漢物
不過什二，則匈奴盡歸於漢矣。……」然衣食美惡，人情所同，中
行說欲強返芻豢於茹毛飲血，其事不可能。匈奴既知通商之失利，
茍漢邊防稍疏，仍必出於掠奪。而漢國力充盈，自亦不甘出此屈辱
而不徹底的和親政策也。〔註121〕

然且，漢、匈奴一旦破裂，則漢之形勢實利攻而不利守，錢穆《國大史綱》
又云：

漢與匈奴邊界遼闊，匈奴飄忽無定居，乘我秋冬農稼畢收，彼亦馬
肥弓勁，入塞侵掠，中國疲於奔命。就匈奴全國壯丁言，不出三十
萬，其社會組織並不如中國之強韌，則可以尋其主力一擊而破。此
所謂一勞永逸，較之消極的防禦，爲利多矣。大抵中國史上對外問
題，莫不然也。〔註122〕

故漢初各君主亦無不確實體認「夫作爭者凶，不爭〔者〕亦無成功。何不可
矣？」之黃老「作爭」思想，因而，黃老思想並不反戰；及至漢武帝之初，
國家富裕，《漢書·食貨志》記載如後：

都鄙廩庾盡滿，而府庫餘財。京師之錢累百鉅萬，貫朽而不可校。
太倉之粟陳陳相因，充溢露積於外，腐敗不可食。〔註123〕

國家富裕，軍事武力亦隨之提昇，俟後即有漢武帝「外事四夷」〔註124〕之舉措。

〔註119〕漢·班固著，《漢書·文帝紀第四》，冊1，卷4，頁125～126。
〔註120〕漢·班固著，《漢書·匈奴傳第六十四上》，冊7，卷94上，頁3765。
〔註121〕錢穆著，《國史大綱》，冊1，頁201。
〔註122〕錢穆著，《國史大綱》，冊1，頁202。
〔註123〕漢·班固著，《漢書·食貨志第四上》，冊2，卷24上，頁1135。
〔註124〕漢·班固著，《漢書·食貨志第四上》，冊2，卷24上，頁1137。

二、陽中有陰的軍事思想

黃老學是尊陽卑陰的軍事思想，故主張「作爭」亦不反戰，此與老子「不爭」、「反戰」的軍事思想截然不同。〔註 125〕但黃老學究竟是由原始道家分化出來的一個道家支派，它與原始道家並沒有完全割斷關係。其仍然守住人的自然本質方面，亦重視天道，且與天地自然生殺循環之道緊密結合。此與陰陽家的天人合一的思想觀念是相通的，所以「作爭」或可謂「不反戰」，但與違反天道，極力宣揚戰爭、主張戰爭尚有一段很大的距離與差別，因此，所謂黃老學「作爭」的軍事思想，是一旦形勢迫來，戰爭成爲不可避免的狀況時，只有無畏的迎上前去，接受挑戰。這種順應天道兼顧情勢的作法，是面對戰與不戰，經過權衡利弊得失之後的抉擇。故「作爭」亦可謂是陽中有陰的軍事思想，而不是如極力宣揚戰爭、主張戰爭的純陽軍事思想，或完全不爭、反戰如老子陰柔的軍事思想。例如《黃帝四經・十大經・兵容》云：

> 兵不刑天，兵不可動；不法地，兵不可昔（措）；刑法不人，兵不可
> 成。參□□□□□□□□□□之，天地刑之，聖人因而成之。〔註 126〕

黃老學派的作者認爲，動員戰爭、指揮戰爭、贏得戰爭必須考察並順應天時、洞曉地利、衡量敵我雙方力量的對比，否則會自取其禍。《黃帝四經・十大經・兵容》又云：

> 三遂絕從，兵無成功。三遂絕從，兵有成〔功〕。□不鄉（饗）其功，
> 環（還）受其殃。……此天之道也。〔註 127〕

所謂三遂，即是順應天時、地利、人心就會有兵功，反之，就會受其禍殃，而天道決定了這一切。其次，《黃帝四經・經法・君正》在軍隊訓練上更有剛柔相濟、陽中有陰之七年教民戰守的完整計劃，其云：

> 一年從其俗，二年用其德，三年民有德。四年而發號令，〔五年而以
> 刑正德，六年而〕民畏敬，七年而可以正（征）。一年從其俗，則民
> 知則。二年用其〔德〕，民則力。三年無賦斂，則民有得。四年而發

〔註 125〕王智榮著，《周易軍事思想研究》，頁 105。老子認爲戰爭爲凶事，不是吉事，對於這種凶事，就要以悲痛的心情參加，勝利了也要以凶喪之禮處理這種殺死眾多生靈的勝利，切不可以喜事來慶祝戰爭的勝利。因此由「天下無道，戎馬生於郊」、「大軍之後，必有凶年」、「殺人之眾，悲哀泣之」等觀察，實可顯示《老子》是以反戰爲其戰略思想。
〔註 126〕陳鼓應註譯，《黃帝四經今註今譯》，頁 341。
〔註 127〕陳鼓應註譯，《黃帝四經今註今譯》，頁 344。

號令，則民畏敬。五年以刑正，則民不幸。六年「民畏敬，則知刑
罰。」七年而可以正（征），則朕（勝）強適（敵）。〔註128〕

所謂依據民俗施以教化，且以七年爲教戰週期，逐漸地將人民導入、瞭解刑
法號令並接受正規的作戰訓練，到第七年則可率民出征敵國，且能戰勝強大
的敵軍。這是先德後刑，恩威並用的軍事訓練，亦是陽中有陰的軍事訓練。

最後，「柔弱勝剛強」一直爲老子陰柔軍事思想的特徵，但老子似乎忽略
柔弱與剛強相互轉化的爭鬥性與條件性，故似帶有消極退守的特徵。《黃帝四
經》論述攻伐的觀點時，則對「柔弱勝剛強」陰柔軍事思想作了修正，如《黃
帝四經・稱》云：「天地之道，有左有右，有牝有牡」，〔註129〕及《黃帝四經・
十大經・三禁》云：「人道剛柔，剛不足以，柔不足寺（恃）」。〔註130〕主張在
處理剛、柔等對立面轉化問題時，須持適度的原則，亦就是不能太陰柔而完
全不爭，但也不能太陽剛以致於毫無顧忌的爭鬥，而是陽剛中有陰柔的「作
爭」，如《黃帝四經・經法・國次》云：

奪而無予，國不遂亡。不盡天極，衰者復昌。誅禁不當，反受其央
（殃）。禁伐當罪當，必盧（墟）其國，兼之而勿擅，是胃（謂）天
功。天地無私，四時不息。天地立（位），聖人故載。過極失〔當〕，
天將降央（殃）。〔註131〕

對於「當罪當亡」之國，作者是主張攻伐的，而且必盧其國。但必須堅守一
定的分寸，要「兼之而勿擅」，超過了尺度，即稱之爲「過極失當」、「天將降
央（殃）」。《黃帝四經・經法・國次》又云：

兼人之國，修其國郭，處其郎（廊）廟，聽其鐘鼓，利其（資）財，
妻其子女。是胃（謂）〔重〕逆以芒（荒），國危破亡。

故唯聖人能盡天極，能用天當。天地之道，不過三功。功成而不止，
身危又有殃。〔註132〕

而陳鼓應對此有關攻伐問題有精闢解說如後：

在攻伐戰爭中，存在著三種情況，其一，不極不當。其二，過極過當。
其三，合極合當。不盡天極天當（未達到天道所規定的準度）或超過

〔註128〕陳鼓應註譯，《黃帝四經今註今譯》，頁104。
〔註129〕陳鼓應註譯，《黃帝四經今註今譯》，頁434。
〔註130〕陳鼓應註譯，《黃帝四經今註今譯》，頁360。
〔註131〕陳鼓應註譯，《黃帝四經今註今譯》，頁84～85。
〔註132〕陳鼓應註譯，《黃帝四經今註今譯》，頁90～93。

這個準度，都會受到自釀禍患的懲罰。祇有合極合當（「盡天極，用天當」，即恰恰合於天道所限定的準度），方是兵戎之道。〔註133〕

攻伐與兵戎之道，在黃老學派的作者的認知中，必須「盡天極，用天當」，否則會受到自釀禍患的懲罰。因而黃老學主張「作爭」，即是「盡天極，用天當」，其攻伐與兵戎之道，實是陽中有陰的軍事思想，此與老子「不爭」、「反戰」的陰柔軍事思想確有不同。

總而言之，黃老思想產生於戰國時期，而黃老之治盛行於漢初，《史記》已多處論及，而漢代直到武帝，董仲舒在賢良對策中提出「罷黜百家，獨尊儒術」的建議被採納後，儒家學說才登上正統學說的寶座；惟如劉節在《古史辨》第五冊之序言中云：「兩漢的儒家決非春秋戰國時的儒家，他們原來是陰陽五行家同儒家的結合體。」職是之故，董仲舒《春秋繁露》的儒家思想雖影響漢代思想甚深，惟已不是純粹的儒家而是陰陽五行家同儒家的結合體。而陰陽思想從先秦以迄兩漢一直扮演極重要的角色，甚至運用於軍事領域上，並造成嚴重的軍事決策錯誤，例如在武帝征和三年，武帝受了陰陽家數術思想之影響，草率決定派遣貳師將軍李廣利進攻匈奴，卻遭受對匈奴戰爭中最慘重的失敗。〔註134〕尤其東漢之後，陰陽讖緯之學更是蓬勃發展，故《後漢書·方術列傳》云：

漢自武帝頗好方術，天下懷協道蓺之士，莫不負策抵掌，順風而屆焉。後王莽矯用符命，及光武尤信讖言，士之赴趣時宜者，皆騁馳穿鑿，爭談之也。〔註135〕

〔註133〕見陳鼓應註譯，《黃帝四經今註今譯》，頁84。

〔註134〕《漢書·西域傳第66下》，冊7，卷96，頁3913。武帝征和三年遣貳師將軍李廣利進攻匈奴，武帝后來敘述其定策過程云：

囊者，朕之不明，以軍候弘上書言「匈奴縛馬前後足，置城下，馳言『秦人，我匄若馬』」，又漢使者久留不還，故興（師）遣貳師將軍，欲以爲使者威重也。古者卿大夫與謀，參以蓍龜，不吉不行。乃者以縛馬書徧視丞相御史二千石諸大夫郎爲文學者，乃至郡國都尉成忠、趙破奴，皆以「虜自縛其馬，不祥甚哉！」或以爲「欲以見彊，夫不足視人有餘。」《易》之，卦得《大過》，爻在九五，匈奴困敗。公車方士、太史治星望氣，及太卜龜著，皆以爲吉，匈奴必破，時不可再得也。又曰「北伐行將，於鬴山必克。」卦諸將，貳師最吉。故朕親發貳師下鬴山，詔之必毋深入。今計謀卦兆皆反繆。……乃者貳師敗，軍士死略離散，悲痛常在朕心。

〔註135〕宋·范曄著，唐·李賢等注，《後漢書·方術列傳第七十二上》，冊10，卷82上，頁2705。

因而，在如此之氛圍，陰陽思想成爲黃老學的重要思想，應爲正常現象。

　　其次，所謂「法」源起於「刑名」，黃老學即蘊含豐富之「刑名」思想，此爲法家的思想，而「法」生於「道」，黃老學亦是原始道家所派生之一支，而從戰國以迄兩漢之陰陽、法、道思想相互滲透是普遍現象，因此，許多學者根據馬王堆出土的《黃老帛書》的內容，而斷定黃老學是陰陽、法、道思想之結合。

　　總而言之，黃老學是陰陽、法、道思想之結合。但在軍事思想上黃老學主張「作爭」的思想，即是「盡天極，用天當」，有如《淮南子‧氾論訓》云：

　　　　故聖人之道，寬而栗，嚴而溫，柔而直，猛而仁。太剛則折，太柔
　　　　則卷，聖人正在剛柔之間，乃得道之本〔註136〕。

聖人採取不太柔亦不太剛手段，此亦爲黃老學在其攻伐與兵戎之道，即是陽中有陰的軍事思想。

〔註136〕漢‧劉安著，《淮南子‧氾論訓》（台北：臺灣中華書局，1974 年 10 月臺三版），卷 13，頁 6 下。

第捌章　《史記》陰陽軍事思想析探

　　西漢司馬遷寫出千古絕唱的《史記》，無論在史學、文學、政治、經濟、文化等各面向均有巨大的價值與深遠的影響，誠如劉大杰《中國文學發展史》所云：

> 史記是一部偉大的歷史著作，是一部承上啟下富有獨創性的史書，它不是單純的史事記載，並且反映出三千年的政治、經濟、文化各方面的發展過程，描繪出歷史上各種事件的真實面貌，同時也表現著作者的歷史學和政治思想。這是一部中國古代政治史文化史的總結，是一部波瀾壯闊、包羅萬象、雄偉無比的史詩。〔註1〕

誠然，《史記》不是單純的史事記載，其反映出三千年的政治、經濟、文化各方面的發展過程。而且，《史記》一百三十篇中，關涉戰爭內容者，即多達二十八篇，字數十餘萬字言，佔了全書的四分之一篇幅。〔註2〕其描述戰爭的景況，刻劃兵家的韜略與思想者，有〈司馬穰苴列傳第四〉、〈孫子吳起列傳第五〉、〈白起王翦列傳第十三〉、〈樂毅列傳第二十〉、〈田單列傳第二十二〉、〈蒙恬列傳第二十八〉，〈韓信列傳第三十三〉、〈李將軍列傳第四十九〉、〈衛將軍驃騎列傳第五十一〉等等。其次，《史記》有《管晏列傳》，其《管子》書中有〈兵法〉、〈參患〉之篇；有《孟子荀卿列傳》，而《荀子》書中有〈議兵〉

〔註1〕劉大杰著，《中國文學發展史》（台北：華正書局，2000年8月），頁167。本文所引典籍，於各章節首次出現時，詳細註明朝代，作者、書名、冊數、頁數、出版地、出版社、出版年月與版次，以便覆覈；再次引用時，僅註明書名、冊數、頁數、以省篇幅，為統一體例，出版年月一律以西元紀年標記。

〔註2〕張大可著，〈司馬遷的戰爭觀〉，《《史記》文獻研究》（北京：民族出版社，1999年12月），頁292。

之篇；有〈淮南衡山列傳〉，而《淮南子》中有〈兵略〉之篇，司馬遷爲此諸公作傳，豈能不讀其全書？再者，《史記》寫戰爭，對於軍事情勢、軍事行動方案及其用兵之法之曲折變化，生動異常，凡此種種，茲可證明《史記》蘊含了豐富的軍事思想。而且，司馬遷應是通識兵書，深知韜略之人，程金造《司馬遷的兵學》云：

> 我認爲史官不知兵，若是指《漢書》以下諸著史之官則可，至於太史公司馬遷則殊不然。司馬遷是通識兵書，深知兵略之人。〔註3〕

司馬遷實爲通識兵書，深知韜略之人，惟其《史記》對戰爭的描述，亦受易、老陰陽思想影響甚深，且於《史記》自然反映出陰陽軍事思想，殊值觀察與研析。

第一節　《史記》與易、老之關係

《史記‧太史公自序》云：「太史公學天官於唐都，受易於楊何，習道論於黃子」，〔註4〕司馬遷或因家學淵源，易學與道家之陰陽思想對其影響甚深。然而，目前研究《史記》兵學的論文，早已有之，但以「易、老陰陽思想影響《史記》軍事思想之析探」爲研究方向，目前尚無其人，所以筆者不揣淺陋，以此爲文，作深入之研究：

一、《史記》與《周易》

《史記》，史也；《周易》，經也；經史本爲一體，可分而不可分。語其名可分，覈其實則爲一體。如李鏡池《周易探源》云：

> 《周易》原是一部占筮書，爲供占筮參考而作，但它由許多占筮辭，經編著者的選擇、分析、改寫和組織，它就不單純是占筮書，而是寓有作者思想的占筮書；其中又保存了相當大量的周民族早期的歷史資料，所以也可以作爲史書讀。〔註5〕

因此，《周易》亦可視爲史書研閱，清儒章學誠言之尤爲明確，其云：

〔註3〕程金造著，〈司馬遷的兵學〉，張高評主編，《史記研究粹編‧第二集》（高雄：復文圖書出版社，2001年11月，初版），頁463。

〔註4〕漢‧司馬遷著，《史記‧太史公自序第七十》（台北：金川出版社，1977年7月），卷130，頁3288。

〔註5〕李鏡池著，《周易探源》（北京：中華書局，1978年3月，初版1刷），頁6。

六經皆史也。古人不著書，古人未嘗離事而言理，六經，皆先王之
政典也。或曰：《詩》、《書》、《禮》、《樂》、《春秋》，則既聞命矣。
易以道陰陽，願聞所以爲政典而與史同科之義焉？曰：聞諸夫子之
言矣，夫開物成務，冒天下之道，知來藏往，吉凶與民同患，其道
蓋包政教典制之所不及矣。象天法地，是興神物，以前民用。其教
蓋出政教典章之先矣。夫懸象設教與治憲明時，天道也；禮樂詩書
與刑政、教令，人事也。天與人參，王者治世之大權也。韓宣子之
聘魯也，觀書於太史氏，得見《易象》、《春秋》，以爲《周禮》在魯。
夫《春秋》乃周公之舊典，謂《周禮》在魯可也，易象亦稱《周禮》，
其爲政教典章切於民用，而非一己空言，自垂昭代，而非相沿舊制，
則又明矣。若夫六經皆先王得位行道，經緯世宙之跡，而非託於空
言也。〔註6〕

胡自逢〈史記易學觀〉對上述經、史同義有甚深解析，其云：

所謂「古人未嘗離事而言理」，史敘事而經言理，經、史之本爲一至
明。又以經「包政教典制之所不及，又出政教典章之先」是經、史
之不可分。更就天道、人事之相參，爲王者治世之大權，則經史之
爲用，又復合爲一，而《易象》、《春秋》，俱稱《周禮》，其爲政教
而切於民，尤能明經史之爲一體也。〔註7〕

中國史學在遠古時期即與易學結下不解之緣，如先秦時期史官精通《周易》，
在以史解易中，已顯現出其深邃的歷史眼光，並促使史學思想的進步，吳懷
棋《易學與史學》云：

在中國史學史上，歷代大史學家大多對《周易》有精深的瞭解。司
馬遷的家學中有易學的傳統，他自己在漢初的易學史上有重要地
位。易學對司馬遷史學的影響非常明顯。〔註8〕

而以易解經之大儒所在多有，如司馬光《溫公易學》體現其歷史觀之特點，
宋儒楊萬里《誠齋易傳》是以史證易的代表作。《四庫全書總目提要》且云：

聖人作易，本以吉凶悔吝，示人事之所從，如箕子之貞，鬼方之伐，

〔註6〕 清・章學誠著，《文史通義・內篇・易教上》，《粵雅堂叢書》（台北：藝文印
書館，1966年，3月），冊1，頁1～2。

〔註7〕 胡自逢著，〈史記易學觀〉，《易學識小》（台北：文史哲出版社，2000年3月，
初版1刷），頁203。

〔註8〕 吳懷棋著，《易學與史學》（北京：新華書店，2004年3月，初版1刷），頁2。

帝乙之歸妹，周公明著其人，則三百八十四爻，可以例舉矣。舍人
事而談天道，正後儒說易之病，未可以引史證經病萬里也。〔註9〕

其次，王船山的易學思維特徵對其史論著作《讀通鑑論》、《宋論》亦產生重
大影響。近人郭沫若《中國古代社會研究》以社會史角度詮釋《周易》，是則
以《史》論《周易》，並謂《周易》具有豐富的戰爭意涵，〔註10〕或有許多值
得探究之處。而胡樸安《周易古史觀》亦視《周易》為古史，呂紹綱於其導
讀中云：

《周易古史觀》於六十四卦之卦辭、爻辭、〈象傳〉、〈象傳〉，一概
視為記事之史。一字一句都落到史上。整個《周易》六十四卦三百
八十四爻成為一部古代史書。〔註11〕

再者，司馬遷亦於《史記・田敬仲完世家》中云：

蓋孔子晚而喜易，易之為術，幽明遠矣，非通人達才孰能注意焉！
故周太史之卦田敬仲完，占至十世之後；及完奔齊，懿仲卜之亦云。
田乞及常所以比犯二君，專齊國之政，非必事勢之漸然也，蓋若遵
厭兆祥云。〔註12〕

太史公意謂田氏代齊有國，非必事勢之積漸使然，《易》止之占已兆其端，史
之與《易》關係至深，由此可見。且司馬遷於《史記》中所提《易》之制作
如後：

西伯蓋即位五十年，其囚羑里，蓋益易之八卦為六十四卦。（〈周本
紀第四〉）〔註13〕

孔子晚而喜易，序〈象〉、〈繫〉、〈象〉、〈說卦〉、〈文言〉。讀易，韋

〔註9〕 清・紀昀著，《欽定四庫全書總目》（台北：藝文印書館，1997年9月，初版
7刷），頁92。

〔註10〕郭沫若著，〈中國古代社會研究〉，《郭沫若全集》（北京：人民出版社，1982
年9月，初版1刷），頁52。郭沫若亦云：「此外還有不少的單獨的征字（十
四處），以及意義雖然很鮮明而不敢妄定的無數的孚字（經文中的孚字凡三十
三處，古人均一律訓信，有些地方實在講不通）。『匪寇婚媾』四字連文的寇
字四處」。所以郭沫若亦覺得這些單獨的字或有戰爭意含。

〔註11〕胡樸安著，《周易古史觀・呂紹綱導讀：論胡樸安的周易古史觀》（上海：古
籍出版社，2005年8月，初版），頁2。

〔註12〕漢・司馬遷著，《史記・田敬仲完世家第十六》（台北：大申書局，1977年7
月，初版1刷），冊3，頁1903。

〔註13〕漢・司馬遷著，《史記・周本紀第四》，冊1，頁119。

編三絕曰：「假我數年，若，我於易則彬彬矣」。（〈孔子世家第十七〉）
〔註14〕

今夫卜者必法天地，象四時，然後言天地之利害，事之成。自伏羲
作八卦，周文王演三百八十四爻而天下治。（〈日者列傳第六十七〉）
〔註15〕

余聞之先人曰：伏羲至純厚，作《易八卦》，……西伯拘羑里，演《周
易》。（〈太史公自序第七十〉）〔註16〕

《周易》思想對司馬遷影響是非常巨大而深遠，在《史記》中頻頻彰顯。例如
《史記》的一些篇章記載《易》占事件，〈陳杞世家〉、〈田敬仲完世家〉三次記
載周太史和齊懿仲卜陳完，卦兆表明田氏八世之后將取代齊侯；〈魏世家〉、〈晉
世家〉兩次記載華萬卜仕晉國之事，卦象顯示華萬之后必大，又如在〈十二諸
侯年表〉和〈齊太公世家〉等篇章中亦有一些占卜記載，〈日者列傳〉與〈龜策
列傳〉則為占卜者所作的傳記。這些易占材料，亦彰顯其對《周易》的重視，
惟司馬遷願將〈日者列傳〉與〈龜策列傳〉列入，以今日科技眼光，或稍顯司
馬遷的時代局限。不過，《史記》中受《周易》思想影響的尚有「日中則昃、月
盈則食」、「原始察終」、「尚德」、「謙抑」、「通變」及其人生觀亦受《易傳》極
大影響，〔註17〕這些均透過《史記》，而豐富了中華文化，這亦是一項巨大貢獻。

二、《史記》與《老子》

　　《史記》是一部偉大的歷史著作，是一部承上啓下富有獨創性的史書。
鄭樵《通志・總序》云：

〔註14〕漢・司馬遷著，《史記・孔子世家第十七》，冊3，頁1937。
〔註15〕漢・司馬遷著，《史記・日者列傳第六十七》，冊5，頁3218。
〔註16〕漢・司馬遷著，《史記・太史公自序第七十》，冊5，頁3299～3300。
〔註17〕葉文舉著，〈略論《史記》通變觀與《易》道的關係〉，《安徽師大學報・哲學
　　　社會科學版》，第4期第25卷，1997年，頁520～525。其認為司馬遷的「究
　　　天人之際，通古今之變」思想的形成，《易》學應是最重要的來源之一。陳桐
　　　生著，〈《史記》與《周易》六論〉，《周易研究》，第2期，2003年。其文論述
　　　《史記》論《周易》幽明之述、《易傳》與《史記》的人生觀、《易傳》與《史
　　　記》的學術觀、《易傳》與《史記》的重時觀念、《易傳》與《史記》的宙微
　　　思想、《易傳》與《史記》之名小旨大計六論，亦在在彰顯《周易》對司馬遷
　　　《史記》的影響。其在《中國史官文化與史記》（台北：文津出版社，1993
　　　年11月，初版）亦有同樣論述。

司馬氏世司典籍，工於制作……本紀紀年，世家傳，表以正歷，書以類事，傳以著人。使百代而下，史官不能易其法，學者不能易其書。六經之後，惟有此作。〔註18〕

《史記》在四部中屬史，居《二十四史》之首，趙翼《廿二史箚記》云：

自此例一定，歷代作史者，遂不能出其範圍，信史家之極則也。〔註19〕

劉大杰《中國文學發展史》亦云：

這是一部中國古代政治史文化史的總結，是一部波瀾壯闊、包羅萬象、雄偉無比的史詩。〔註20〕

然而，《史記》，史學也，史學以「實錄」、「良史」為基本原則，劉知幾《史通·惑經》云：

蓋君子以博聞多識為工，良史以實錄直書為貴。〔註21〕

劉知幾又於《史通·敘事》云：

夫國史之美者以敘事為工，而敘事之工者以簡要為主，簡之時義大矣哉。〔註22〕

班固《漢書·司馬遷傳第三十二》贊云：

然自劉向、揚雄博極群書，皆稱遷有良史之材，服其善序事理，辨而不華，質而不俚，其文直，其事核，不虛美，不隱惡，故謂之實錄。〔註23〕

而太史書云：「趙盾弒其君，以示以於朝，孔子稱：董狐，古之良史也，書法不隱」。劉大杰《中國文學發展史》云：

他對於歷史事件的分析和歷史人物的褒貶，都能堅持準則，掌握分寸，不流於主觀的好惡和無原則的虛誇。因為如此，司馬遷才能成為「良史之材」，史記才能達到稱為「實錄」的巨大成就。〔註24〕

〔註18〕 宋·鄭樵著，《通志·總序》（台北：新興書局，1959年7月，初版），頁1。
〔註19〕 清·趙翼著，《廿二史箚記及補編》（台北：鼎文書局，1975年3月，初版），頁3。
〔註20〕 劉大杰著，《中國文學發展史》，頁167。
〔註21〕 劉知幾著，《史通·惑經》（台北：錦鏽出版社，1972年4月，初版），頁207。
〔註22〕 劉知幾著，《史通·敘事》，頁88。
〔註23〕 漢·班固著《漢書·司馬遷傳第三十二》（台北：鼎文書局，1974年10月，初版），頁2738。
〔註24〕 劉大杰著，《中國文學發展史》，頁171。

因而史學以「實錄」、「良史」，爲基本原則。然而，司馬遷兼有史家與子家的二重身份，所謂子學，章學誠《文史通義・釋通》云：「《太史》百三十篇，自名一子」，〔註25〕即是說太史公亦謂是司馬子。且劉勰《文心雕龍・諸子》曾謂子學的含義：「諸子者，入道見志之書」。〔註26〕因而子學的基本理念則在於「入道見志」，所以司馬遷是以史家的內容體現子家的性質。事實上，一官所守，一技之專，皆可以入道言志，皆可以爲子學，況且同馬遷所著《史記》又能稱爲子書。誠然，先賢錢基博亦云：

> 昔太史公宏識孤懷，意有所鬱結不得通，錄秦漢，略跡三代，上紀軒轅，曰以成一家之言，而人當作史記讀。心知其意而無其人，故曰藏之名山，寄意是書，略人之所詳，揚人之所抑，以自明一家之學，而人或作方志讀。心知其意之期來者，亦只俟之其人。……通子之意於傳記。

所謂太史公原始察終，以史之體爲諸子立傳，確爲《史記》之特色，例如，司馬遷敘述人物，並不限於王侯將相，而遍及於社會各階層；也不限於政治，而涉及於社會各部分，凡與政治、軍事、經濟、文化、科學及其他方面有所貢獻的人，都爲他們立傳。而《史記》七十列傳中，有隱士如〈伯夷列傳第一〉；有哲學家、思想家如〈管晏列傳第二〉、〈老子韓非列傳第三〉、〈仲尼弟子列傳第七〉；有文學家如〈屈原賈生列傳第二十四〉、〈司馬相如列傳第五十七〉、〈儒林列傳第六十一〉；有政治家如〈商君列傳第八〉、〈呂不韋列傳第二十五〉、〈李斯列傳第二十七〉；有軍事家如〈司馬穰苴列傳第四〉、〈孫子吳起列傳第五〉、〈白起王翦列傳第十三〉、〈樂毅列傳第二十〉、〈田單列傳第二十二〉、〈蒙恬列傳第二十八〉、〈韓信列傳第三十三〉、〈李將軍列傳第四十九〉、〈衛將軍驃騎列傳第五十一〉；有縱橫家如〈蘇秦列傳第九〉、〈張儀列傳第十〉；有刺客如〈刺客列傳第二十六〉；有俠士如〈游俠列傳第六十四〉；有醫卜、星相如〈扁鵲倉公列傳第四十五〉、〈龜策列傳第六十八〉、〈日者列傳第六十七〉等等不一而足。因而劉大杰《中國文學發展史》云：

> 在史記裡，我們可以看到活躍在歷史舞台上的各種各樣的人物。有帝王、將相、貴族、官吏；有教育家、哲學家、文學家；有農民、

〔註25〕章學誠著，《文史通義・內篇四・釋通》，《百部叢書集成・粵雅堂叢書》（台北：藝文印書館，1966 年），冊 4，頁 17。

〔註26〕劉勰著，《文心雕龍・諸子》（台北：宏業書局，1982 年 9 月再版），頁 307。

商人、隱士、婦女、倡優、刺客、俠士以及醫卜、星相等等。對人間豪傑，特別重視，對下層人物也不放過。〔註27〕

司馬遷對於諸子列傳的做法，或使後世之人認定其有子家與史家雙重身份。然而本文亦冀望由其子家性格中探討《史記》列傳中《老子》的思想及其行事摘要。並由此再深一層探究其軍事思想。首先，《史記‧太史公自序第七十》云：

道家使人精神專一，……儒者則則不然，……主倡而臣和，主先而臣隨。如此則主勞而臣逸。〔註28〕

又云：

道家無為，又曰無不為，其實易行，其辭難知。其術以虛無為本，以因循為用。無成勢，無常形，故能究萬物之情。不為物先，不為物後，故能為萬物主。有法無法，因時為業；有度無度，因物與合。故曰「聖人不朽，時變是守。虛者道之常也，因者君之綱」也。群臣並至，使各自明也。其實中其聲者謂之端，實不中其聲者謂之窾。窾言不聽，姦乃不生，賢不肖自分，白黑乃形。在所欲用耳，何事不成。乃合大道，混混冥冥。光燿天下，復反無名。凡人所生者神也，所託者形也。神大用則竭，形大勞則敝，形神離則死。死者不可復生，離者不可復反，故聖人重之。由是觀之，神者生之本也，形者生之具也。不先定其神（形），而曰「我有以治天下」，何由哉？〔註29〕

蓋道家向宗老子，老子是道家的代表，太史公學天官於唐都，受易於楊何，習道論於黃子，且從「論六家之要指」中可以察覺，其對道家的欣賞與重視或不在儒家之下。而《莊子‧天下篇》亦云老子「澹然獨與神明居」、「建之以常無有」、「人皆取先、己獨取後」、「人皆取實，己獨取虛」、「人皆求福，己獨曲全」、「堅則毀、銳則挫」等等，最後則稱其為「古之博大眞人哉！」。〔註30〕可見其對老子之肯定與推崇。韋政通《中國思想史》云：

〔註27〕劉大杰著，《中國文學發展史》，頁170。

〔註28〕道家使人精神專一，動合無形，瞻足萬物。其為術也，因陰陽之大順，采儒墨之善，撮名法之要，與時遷移，應物變化，立俗施事，無所不宜，指約而易操，事少而功多。儒者則則不然……主倡而臣和，主先而臣隨。如此則主勞而臣逸見漢‧司馬遷著，《史記‧太史公自序第七十》，冊5，頁3289。

〔註29〕漢‧司馬遷著，《史記‧太史公自序第七十》，冊5，頁3292。

〔註30〕郭慶藩編，《莊子集釋‧天下篇第三十三》（台北：河洛圖書出版社，1974年3月），頁1093～1098。

老子既是一個隱者，……他竟為世人遺留下一部人間奇書，……它
影響不在《論語》之下，《論語》為我們的生活，提供了一些確定的
準則，老子所說的卻在這些準則之外。……他的思想代表一種反叛，
是一種「創造的反叛」，……身為隱士，卻有一團火熱的心腸，心與
跡之間的矛盾，強化了他的悲劇性格。他痛惡當時知識份子的趨炎
附勢，但他代表的不是無畏的道德力量，而是在利慾滾滾的濁世裡，
一股清澈的智慧。〔註31〕

老子既是隱士亦是智者，實為司馬遷心儀之士，故於《史記・孔子世家第十
七》記述老子云：

魯南宮敬叔言魯君曰：「請與孔子適周。」魯君與之一乘車，兩馬，
一豎子俱，適周問禮，蓋見老子云。辭去，而老子送之曰：「吾聞富
貴者送人以財，仁人者送人以言。吾不能富貴，竊仁人之號，送子
以言，曰：『聰明深察而近於死者，好議人者也。博辯廣大危其身者，
發人之惡者也。為人子者毋以有己，為人臣者毋以有己。』」孔子自
周反于魯，弟子稍益進焉。〔註32〕

《史記》七十列傳中有〈老子韓非列傳〉摘要如下

孔子適周，將問禮於老子。老子曰：「子所言者，其人與骨皆已朽矣，
獨其言在耳。且君子得其時則駕，不得其時則蓬累而行。吾聞之，
良賈深藏若虛，君子盛德容貌若愚。去子之驕氣與多欲，態色與淫
志，是皆無益於子之身。吾所以告子，若是而已。」孔子去，謂弟
子曰：「鳥，吾知其能飛；魚，吾知其能游；獸，吾知其能走。走者
可以為罔，游者可以為綸，飛者可以為矰。至於龍，吾不能知其乘
風雲而上天。吾今日見老子，其猶龍邪！」

老子修道德，其學以自隱無名為務。居周久之，見周之衰，迺遂去。
至關，關令尹喜曰：「子將隱矣，彊為我著書。」於是老子迺著書上
下篇，言道德之意五千餘言而去，莫知其所終。

世之學老子則絀儒學，儒學亦絀老子。「道不同不相為謀」，豈謂是
邪？李耳無為自化，清靜自正。

〔註31〕韋政通著，《中國思想史》（台北：水牛圖書出版社，2001年11月，初版），
頁137～138。
〔註32〕漢・司馬遷著，《史記・孔子世家第十七》，冊3，頁1909。

太史公曰：老子所貴道，虛無，因應變化於無爲，故著書辭稱微妙難識。莊子散道德，放論，要亦歸之自然。申子卑卑，施之於名實。韓子引繩墨，切事情，明是非，其極慘礉少恩。皆原於道德之意，而老子深遠矣。〔註33〕

《史記・儒林列傳》亦有提老子者如後：

太皇竇太后好老子言，不說儒術。

竇太后好老子書，召轅固生問老子書。〔註34〕

《史記・貨殖列傳》有提老子之言者如後：

老子曰：「至治之極，鄰國相望，雞狗之聲相聞，民各甘其食，美其服，安其俗，樂其業，至老死不相往來。」必用此爲務，輓近世塗民耳目，則幾無行。〔註35〕

而司馬遷於《史記・老子韓非列傳第三》老子其人其書之說法，歸納現今學者對老子其人其書即有三類不同意見，〔註36〕惟由《史記》陳列資料，可證司馬遷對老子的瞭解與重視是毋庸置疑的，如劉甫琴《司馬遷之人格與風格》云：

司馬遷之根本思想爲道家。……司馬遷書中的道家成分，就歷史的意義説，應稱爲「老學」；就時代的意義説，應該稱爲「黃老」；但就學術的體系意義，應該稱爲「道家」。這種思想的中心是在《老子》一書。〔註37〕

〔註33〕漢・司馬遷著，《史記・老子韓非列傳第三》，冊4，頁2139～2156。

〔註34〕漢・司馬遷著，《史記・儒林列傳第六十一》，冊5，頁3122～3123。

〔註35〕漢・司馬遷著，《史記・貨殖列傳第六十九》，冊5，頁3253。

〔註36〕現今學者對老子其人其書亦有三類不同意見：第一類：勞思光《中國哲學史》認爲「老子問題之所以發生，實由於史記傳文之誕妄」，勞思光著，《中國哲學史》（台北：三民書局，1999年8月，10版），頁205。第二類：韋政通《中國思想史》、馮友蘭《中國哲學史》均認爲老子名爲「老聃」，五千言爲其所著。韋政通著，《中國思想史》（台北：水牛圖書出版社，2001年11月，初版），頁137。及馮友蘭著，《中國哲學史》（九龍官塘：1970年2月再版。），頁210。第三類：晁福林《論老子思想的歷史發展》認爲「關於老子其人，《史記・老子列傳》的相關記載是比較可信的」；「《老子》一書大體經過了老聃、老萊子、太史儋這三個時期才最終寫定而流傳於世。」晁福林著，《論老子思想的歷史發展》（孔子研究，2002年第一期），頁21。

〔註37〕劉甫琴著，《司馬遷之人格與風格》（台北：臺灣開明書店，1976年3月臺9版），頁218。

第二節 《史記》反映易、老陰陽軍事思想析探

目前研究易、老軍事思想著作，已如第三章〈道家陰陽軍事思想〉所述，勿須贅言，而研究《史記》軍事思想著作者則有施丁〈史記寫戰爭〉、〔註38〕程金造〈司馬遷的兵學〉、〔註39〕陽平南《史記》兵謀初探－以所載兵家和徵引兵法為範圍〉、〔註40〕張大可〈司馬遷的戰爭觀〉、〔註41〕蔡信發〈從《史記》論將帥之道〉〔註42〕等，均對司馬遷《史記》的兵學或用兵思想以及對戰爭的形勢、戰略態勢、戰爭計謀、戰爭勝負得失，已作了詳細的研究與析探。然而，研究《史記》易、老軍事思想，或是一個值得探索、開發的新領域。誠如上述，司馬遷是通識兵書，深知兵略之人，故顧炎武《日知錄‧史記通鑑兵事》亦謂司馬遷《史記》寫戰爭，對於軍事情勢、軍事行動方案及其用兵之法之曲折變化，均瞭若指掌，其云：

> 秦楚之際，兵所出入之途，曲折變化，唯太史公序之如指掌，以山川郡國不易明，故曰東、曰西、曰南、曰北，一言之下而形勢了然，以關塞江河為一方界限，故於項羽則曰「梁乃以八千人渡江而西」，曰「羽乃悉引兵渡河」，曰「羽將諸侯兵三十餘萬行略地至河南」，曰「羽渡淮」，曰「羽遂引東欲渡烏江」。於高帝則曰「出成皋玉門北渡河」，曰「引兵渡河復取成皋」。蓋自古史書兵事地形之詳，未有過此者，太史公胸中固有一天下大勢，非後代書生之所能幾也。
> 〔註43〕

司馬遷並非軍事家且無實戰經驗，但胸懷韜略亦善於描寫戰爭的景況，似至「述事適如其事」的境界，是毋庸置疑的。由於司馬遷胸懷韜略，善於描寫戰爭，且處處反映易、老陰陽軍事思想，以此而論，《史記》陰陽軍事思想更

〔註38〕施丁著，〈史記寫戰爭〉，張高評主編，《史記研究粹編‧第二集》（高雄：復文圖書出版社，2001年11月，初版），頁481～497。

〔註39〕程金造著，〈司馬遷的兵學〉，張高評主編，《史記研究粹編‧第二集》（高雄：復文圖書出版社，2001年11月，初版），頁463～480。

〔註40〕陽平南著，《史記》兵謀初探──以所載兵家和徵引兵法為範圍〉（岡山：空軍軍官學校，戰史與戰爭文學學術研討會，2001年3月），頁1～31。

〔註41〕張大可著〈司馬遷的戰爭觀〉，劉乃和主編，《司馬遷和史記論集》（北京：北京出版社，1987年5月）。

〔註42〕蔡信發著，〈從《史記》論將帥之道〉，《話說史記》（台北：萬卷樓圖書公司，1995年10月）。

〔註43〕見〈史記寫戰爭〉，張高評主編，《史記研究粹編‧第二集》，頁481。

有探究的價值。本文僅從下列幾個方向析論：

一、《史記》反映易、老之剛（陽）柔（陰）用兵思想

司馬遷胸懷韜略亦善於描寫戰爭的景況，而我們由其描述戰爭的過程中，從剛柔的觀念探析司馬遷於《史記》中所反映易、老陰陽軍事思想。因此我們亦須瞭解易、老陰陽軍事思想中的剛柔觀念及運用的模式並探究彼此的差別。

（一）剛、柔並重與並用之易學軍事思想

就兵學而言，易學是剛柔並重與剛柔並用的。如春秋末年，越國的范蠡觀察天象「陽至而陰，陰至而陽；日困而還，月盈而匡」，〔註44〕於此他領悟到事物的發展有此消彼長、循環交替的規律。軍事上的攻守情勢，也受這種規律支配。惟種種證據顯示，兵家已將剛柔辯證思維模式運用在兵學上，並由此發展出許多兵學中相對的觀念，例如：「先後、遠近、攻守、勞逸」等。且以人事相參天地，並觀察天地虛盈、日困月盈現象，以瞭解軍事戰力上的此消彼長。由此瞭解，易學是剛柔並重，如果運用在戰略或戰法之中亦是剛柔互用，誠如《周易・乾・文言》傳文云：「亢之爲言也，知進而不知退，知存而不知亡，知得而不知喪」。〔註45〕因此，就《易傳》的觀點，反對「亢」，只知前進（此爲剛）而不知後退（此爲柔），只知獲得（剛）而不知喪失（柔），就如同兵學上所言，只知攻擊而不會防禦是一樣會導致失敗，這不是易學剛柔觀念與兵學辯證思維的結合嗎？

（二）以柔克剛之老子軍事思想

但是，老子從自然現象和社會現象中覺察到對立統一規律，並有系統地揭示，事物的存在是相互依存，而不是彼此孤立的。其廣泛論及各種對立關

〔註44〕范蠡曰：臣聞古之善用兵者。…天道皇皇，日月以爲常，明者以爲法，微者則是行。陽至而陰，陰至而陽；日困而還，月盈而匡（虧也）。古之善用兵者，因天地之常，與之俱行。後則用陰，先則用陽；近則用柔，遠則用剛。後無陰蔽，先無陽察，用人無藝，往從其所。剛柔以禦，陽節不盡，不死其野。彼來從我，固守勿與。若將與之，必因天地之災。又觀其民之饑飽勞逸以參之，盡其陽節，盈吾陰節而奪之。宜爲人客，剛彊而力疾，陽節不盡，輕而不可取。宜爲人主，安徐而重固，陰節不盡，柔而不可迫。易中天著，《國語讀本・越語下・越興師伐吳而弗與戰》（台北：三民書局，1995年11月，初版），頁883。

〔註45〕樓宇烈校釋，《王弼集校釋・周易注》（台北：華正書局，1992年12月，初版），頁217。

係，如陰陽、剛柔、強弱、虛實、難易、厚薄、壯老、重輕、巧拙、長短、高下、前後、正反、始終、主客、禍福、利害、損益、治亂、興廢、生死、去取、得失、有無、開闔、歙張等，且從對立觀念中特別崇尚「柔弱」。柔弱勝過剛強，則是老子學說的基本觀點之一。老子認為，「柔弱」是生機和活力的象徵，是發展、壯大的起點，而「剛強」或「堅強」則顯示事物的發展已經趨於極限，再往下便是走向死亡。其又謂：「兵強則不勝」、「柔弱處上」，所以老子把「守柔處弱」作為戰爭的指導原則之一。此外，老子「人法地，地法天，天法道，道法自然」，理所當然也要效法自然的「柔弱」，作戰用兵，都不能例外，其云：

> 守柔曰強。〔註46〕
>
> 天下之至柔，馳騁天下之至堅。〔註47〕
>
> 故堅強者死之徒，柔弱者生之徒，是以兵強則滅，木強則折。〔註48〕
>
> 天下莫柔弱於水，而攻堅強者莫之能勝。〔註49〕

所以老子軍事思想是以柔克剛之另類思考模式。

（三）《史記》反映之剛、柔用兵思想例證

《史記》中描述了許多的戰爭，但描述的手法各有不同，有的從山川形勢角度描述，有的從奇正變化角度描述，有的從戰略謀計角度描述，有的從勝負得失角度描述。然而，本文希望先從剛柔的觀念探析司馬遷於《史記》中所反映易、老陰陽軍事思想。

1、先柔、後剛之用兵思想例證

《史記·孫子吳起列傳第五》敘齊兵伐魏救趙的戰役，其引文如後：

> 孫子謂田忌曰：「彼三晉之兵素悍勇而輕齊，齊號為怯，善戰者因其勢而利導之。兵法，百里而趣利者蹶上將，五十里而趣利者軍半至。使齊軍入魏地十萬灶，明日為五萬灶，又明日為三萬灶。」龐涓行三日，大喜，曰：「我固知齊軍怯，入吾地三日，士卒亡者過半矣。」乃棄其步軍，與其輕銳倍日並行逐之。孫子度其行，暮當至馬陵。

〔註46〕王淮注釋，《老子探義·第五十二章》（台北：臺灣商務印書館，2001年6月，初版12刷），頁209。

〔註47〕王淮注釋，《老子探義·第四十三章》，頁179。

〔註48〕王淮注釋，《老子探義·第七十六章》，頁282。

〔註49〕王淮注釋，《老子探義·第七十八章》，頁288。

> 馬陵道陜（狹），而旁多阻隘，可伏兵，……於是令齊軍善射者萬弩，
> 夾道而伏，……齊軍萬弩俱發，魏軍大亂相失。龐涓自知智窮兵敗，
> 乃自剄。〔註50〕

孫子因勢利導，三次減灶，使龐涓遇伏，大敗魏師。即是一種先柔（三次減灶）後剛（龐涓遇伏，大敗魏師）的用兵思想表現，亦是司馬遷反映易、老陰陽軍事思想的例證之一。

其次，《史記·高祖本紀第八》垓下戰役，韓信領兵三十萬，而以退卻欺騙項王，則亦是先柔後剛的用兵思想表現。其引文如後：

> 五年，高祖與諸侯兵共擊楚軍，與項羽決勝垓下。淮陰侯將三十萬
> 自當之，孔將軍居左，費將軍居右，皇帝在後，絳侯、柴將軍在皇
> 帝後。項羽之卒可十萬。淮陰先合，不利，卻。孔將軍、費將軍縱，
> 楚兵不利，淮陰侯復乘之，大敗垓下。〔註51〕

垓下戰役勝敗關鍵，祁駿佳《遯翁隨筆》描述最深刻清楚，其云：

> 遷《史記》垓下之戰云：「淮陰侯初交，不利，卻。孔將軍、費將軍
> 縱，淮陰侯復乘之，項羽大敗。只此數語，而兵法所謂佯卻以亂其
> 整，所謂左古奇兵如鳥兩翼者，已盡於此矣。兵法諸書，累千百言
> 而未悉者，遷以數語盡之，乃知遷常究心於兵法，不淺也。」〔註52〕

垓下戰役勝敗關鍵，在於韓信統領三十萬大軍，卻示弱退卻，以欺騙項王，此即祁駿佳《遯翁隨筆》所云：「兵法所謂佯卻以亂其整」，而佯卻舉措，即是先柔（韓信統領三十萬大軍，卻示弱退卻）後剛（孔將軍、費將軍縱，楚兵不利，淮陰侯復乘之，大敗垓下）的用兵思想表現，亦是司馬遷反映易、老陰陽軍事思想的例證之二。

再則，《史記·商君列傳第八》商鞅爲秦伐魏戰役如後：

> 使衛鞅將而伐魏。魏使公子卬將而擊之。軍既相距，衛鞅遺魏將公子
> 卬書曰：「吾始與公子驩，今俱爲兩國將，不忍相攻，可與公子面相
> 見，盟，樂飲而罷兵，以安秦魏。」魏公子卬以爲然。會盟已，飲，
> 而衛鞅伏甲士而襲虜魏公子卬，因攻其軍，盡破之以歸秦。〔註53〕

〔註50〕 漢·司馬遷著，《史記·孫子吳起列傳第五》，冊4，頁2164。
〔註51〕 漢·司馬遷著，《史記·高祖本紀第八》，冊1，頁378～379。
〔註52〕 祁駿佳著，《遯翁隨筆》，《百部叢書集成·仰視鶴齋叢書》（台北：藝文印書
　　　　館，1965年），冊2，頁41～42。
〔註53〕 漢·司馬遷著，《史記·商君列傳第八》，冊4，頁2164。

商鞅爲秦伐魏，與公子卬相拒，遺書誆以願「樂飲而罷兵」，公子卬從其意，導致襲虜魏公子卬而破魏，是先柔（樂飲而罷兵）後剛（襲虜魏公子卬而破魏）的例證之三。

2、「用剛、棄柔」失敗之用兵思想例證

《史記·高祖項羽第七》在在顯示，項羽僅知憑藉其有形的戰力與己有的勇氣，而欲得天下，殊不知僅有剛勇，而無柔智，絕無法成其大業。太史公於〈項羽本紀〉中描述最爲確切，其云：

> 太史公曰：項羽……自矜功伐，奮其私智而不師古，謂霸王之業，欲以力征經營天下，五年卒亡其國，身死東城，尚不覺寤而不自責，過矣。乃引「天亡我，非用兵之罪也」，豈不謬哉。〔註54〕

《周易·乾·文言》傳文云：「亢之爲言也，知進而不知退，知存而不知亡，知得而不知喪」。〔註55〕因此，就《易傳》的觀點，反對「亢」，「亢」即是過剛，項羽即是過剛，而不知以柔智取勝。老子軍事思想亦是以柔克剛，例如：

> 守柔曰強。

> 天下之至柔，馳騁天下之至堅。

> 天下莫柔弱於水，而攻堅強者莫之能勝。

「力拔山兮氣蓋世」的項羽，剛愎愚昧，自恃勇武，是奮其私智；不向前人學習，不記取前輩成敗經驗，即是不師古，所以克敵致勝，主要不在兵將剛勇，而在能柔且有智術，過亢或過剛，「欲以力征經營天下」，即是「用剛棄柔」失敗的用兵思想例證。

3、以柔克剛之用兵思想例證

項羽兵敗，被困垓下，極謀脫困，並作困獸之鬥，惟仍猛不可當。此時漢軍卻以極柔和的鄉音「楚歌」，擊垮項羽與楚軍的戰鬥意志，如《史記·高祖項羽第七》一段描述：

> 項王軍壁垓下，兵少食盡，漢軍及諸侯兵圍之數重，夜聞漢軍四面皆楚歌，項王乃大驚曰：「漢皆已得楚乎？是何楚人之多也！」……項王乃悲歌亢慨，自爲詩曰：「力拔山兮氣蓋世，時不利兮騅不逝，

〔註54〕漢·司馬遷著，《史記·項羽本紀第七》，冊1，頁338～339。
〔註55〕樓宇烈校釋，《王弼集校釋·周易注》，頁217。

　　騅不逝兮可奈何，虞兮虞兮奈若何！」歌數闋，美人和之，項王泣

　　數行，左右皆泣，莫能仰視。〔註56〕

一位「力拔山兮氣蓋世」的不世英雄，只因「夜聞漢軍四面皆楚歌」，而其剛
鐵般戰鬥意志，即被徹底擊垮，甚至「項王泣數行，左右皆泣，莫能仰視」。
這是多麼悲壯悽涼的景況，漢軍以「楚歌」擊潰楚軍的心防，此即是以柔克
剛的用兵典範。

二、《史記》反映易、老之奇（陰）正（陽）用兵思想

　　《周易‧說卦》所云：「立天之道曰陰與陽，立地之道曰柔與剛」。《易》
之變易，植根於陰陽剛柔，無陰陽剛柔即無變易。《繫辭上‧第五章》云：「陰
陽不測之謂神」，就是說陰陽的變化，神妙莫測。如《繫辭下‧第八章》所云：

　　易之為書也不可遠，為道也屢遷，變動不居，周流六虛，上下無常，

　　剛柔相易，不可為典要，唯變所適。〔註57〕

「不可為典要」，即是無常定不變的格式，難以預料。所謂：「形而上者謂之
道，形而下者謂之器」，形而上者即是無形，謂之道；形而下者即是有形，謂
之器；兵聖──孫子所重視的即是無形的形，是變化多端的形，是深間不能
窺，智者不能謀的形，是變化無窮的形，更是《繫辭下傳》所云：「變動不居，
周流六虛，上下無常，剛柔相易，不可為典要，唯變所適」之意。

　　至於老子則有「以正治國，『以奇用兵』」的思想，〔註58〕並且由於觀察
水的變化，而發展出一套辯證理則，其云：「天下柔弱莫如水，而攻堅強者莫
之能勝」。水沒有一定的形體，但它卻可以適應任何的環境，水量少時，它只
會依其性避高趨下。不過，在水集聚成一定的量時，它就會產生能量，例如，
洪水即有無堅不摧的能力，所以老子認為「水以柔勝」，且發展出以柔克剛的
用兵之略。一代兵聖孫子亦有此體會，他觀察宇宙萬物的變化，以及戰爭中
敵我態勢的變化，更深入探究用兵之道，實與老子「水以柔勝」的以柔克剛
用兵之略，有異曲同工之妙。孫子且進一層發揮他的用兵之略，其於〈虛實
篇第六〉云：

　　夫兵形象水，水之形，避高而趨下；兵之形，避實而擊虛；水因地

〔註56〕漢‧司馬遷著，《史記‧項羽本紀第七》，冊1，頁333。

〔註57〕樓宇烈校釋，《王弼集校釋‧周易注》，頁569。

〔註58〕王淮注釋，《老子探義‧第五十七章》，頁227。

而制流，兵因敵而制勝。故兵無常勢，水無常形；能因敵變化而取
勝，謂之神。〔註59〕

又云：

故形人而我無形，則我專而敵分。〔註60〕

故形兵之極，至于無形；無形，則深間不能窺，智者不能謀。因形
而措勝于眾，眾不能知，人皆知我所以勝之形，而莫知吾所以制勝
之形。〔註61〕

因而，孫子亦體認出，一切事物均是變動不居的，連一年四季亦有所變化，
所謂「日有短長、月有死生」，用兵之道同流水一樣，沒有固定的形式，必須
根據敵情的變化，採取因應的對策，如此才能因敵制勝，所以他說：「戰勝不
復，而應形於無窮」。

　　然而，就兵學而言，《周易》陰陽、「剛柔」的變易思想與老子「柔弱莫
如水」、「以柔克剛」辯證思維是相同、相通的。而且，柔即是「奇」，剛即是
「正」，因此可轉換為兵法上「奇正」、虛實、攻守、進退，以使兵法變化無
窮。孫子對此亦有深刻體會，其認為，用兵之道，重在「奇正」二字，「奇正」
相互運用，變化無窮，所以奇與正是《孫子兵法》中非常重要的相對觀念。
其次，老子認為「兵強則不勝」、「強大處下，柔弱處上」、「天下柔弱莫如水，
而攻堅強者，莫之能勝」、「弱之勝強，柔之勝剛」，所以十分重視「以柔克剛」
的用兵思想，因此老子「剛柔」的「柔」在兵學中，其意義即是「奇正」的
「奇」字。嚴靈峰〈老子思想對於孫子兵法的影響〉亦云：

如何才是「以奇用兵」呢？依老子的思想，用「奇」就是要「守柔」
和「持後」；即以柔克剛，以彊為弱，反客為主，以退為進。……老
子說：「正復為奇，善復為妖。」「孰知其極？」這不是為孫子兵法
「用奇」之所本嗎？〔註62〕

以此之故，《老子》一書蘊含豐富的「以奇用兵」之軍事思想；不過，歷代兵
家對奇、正均有不同的詮釋與意見，《尉繚子・勒卒令第十八》云：

〔註59〕魏汝霖著，《孫子兵法大全・虛實篇第六》（台北：黎明文化事業公司，1986
　　　　年7月，4版），頁33。

〔註60〕魏汝霖著，《孫子兵法大全・虛實篇第六》，頁31。

〔註61〕魏汝霖著，《孫子兵法大全・虛實篇第六》，頁32。

〔註62〕嚴靈峰著，〈老子思想對於孫子兵法的影響〉，《老子研讀須知》（台北：正中
　　　　書局，1992年4月，初版），頁267～269。

夫早決先定。若計不先定，慮不早決，則進退不定，疑生必敗。故
正兵貴先、奇兵貴後，或先或後，制敵者也。〔註63〕

尉繚子認爲「正兵貴先、奇兵貴後」是有效的制敵方式，曹操說：「正者當敵，
奇兵從旁，擊不備也」；李靖《唐太宗李衛公問對》亦云：「凡兵以向前爲正，
後卻爲奇」。〔註64〕梅堯臣釋爲：「動爲奇，靜爲正」，事實上，「兵者，詭道
也」，詭道就是：「兵體萬變，紛紜混沌，無不是正，無不是奇。若兵以義舉
者，正也；臨敵令變者，奇也」，這是甚好的詮釋，然而，孫子則又有一番說
詞與論點，其於〈兵勢篇第五〉云：

三軍之眾，可使必受敵而無敗者，奇正是也。〔註65〕

凡戰者，以正合，以奇勝。故善出奇者，無窮如天地，不竭如江河。

〔註66〕

聲不過五，五聲之變，不可勝聽也；色不過五，五色之變，不可勝
觀也；味不過五，五味之變，不可勝嘗也；戰勢，不過奇正，奇正
之變，不可勝窮也。奇正相生，如循環之無端，孰能窮之哉。〔註67〕

一般而言，先出爲正，後出爲奇；常法爲正，變法爲奇；正面爲正，側翼爲
奇；守備爲正，突襲爲奇；奇與正，互生互輔，變化無窮。帶兵作戰，就必
須「以正合，以奇勝」，因爲兩軍相手，無不正，無不奇，所以要以奇制勝，
歷史上以奇兵制勝的戰例非常多，例如，韓信背水一戰使戰士「陷之死地而
後生，置之亡地而後存」，人人奮勇殺敵，《史記‧淮陰侯列傳第三十二》描
述：

選輕騎二千人，人持一赤幟，從間道萆山而望趙軍，誡曰：「趙見
我走，必空壁逐我，若疾入趙壁，拔趙幟，立漢赤幟。」令其禪將
傳殮曰：「今日破趙會食！」〔註68〕

韓信果然「破趙會食」，此即是以奇制勝的戰例。

〔註63〕周‧尉繚著，《尉繚子》，徐勇注譯，《武經七書新譯》（山東：齊魯書社，1999
年11月，初版1刷），頁165。
〔註64〕周‧尉繚著，《尉繚子》，徐勇注譯，《武經七書新譯‧唐太宗李衛公問對》，
頁348。
〔註65〕魏汝霖著，《孫子兵法大全‧兵勢篇第五》，頁29。
〔註66〕魏汝霖著，《孫子兵法大全‧兵勢篇第五》，頁29。
〔註67〕魏汝霖著，《孫子兵法大全‧兵勢篇第五》，頁29。
〔註68〕漢‧司馬遷著，《史記‧淮陰侯列傳第三十二》，冊4，卷92，頁2614。

　　再者，《史記·田單列傳第二十二》描述，田單用反間計，使惠王與樂毅有隙，致令無能之騎劫替代有能之樂毅爲大將，開創勝利之契機；且誘使燕軍盡劓齊諸降者及挖掘即墨人墳墓，激起齊軍反抗燕軍之堅強意志；然後又使老弱女子乘城，並遣使約降於燕軍，鬆懈燕軍戰鬥意志，最後田單運用火牛陣，大敗燕軍，收復齊國七十餘城。太史公馬遷贊云：

> 兵以正合，以奇勝。善之者，出奇無窮。奇正還相生，如環之無端。夫始如處女，適人開戶；後如脫兔，適不及距：其田單之謂邪！〔註69〕

其次，不知奇正變化而導致失敗案例如《史記·宋微子世家第八》，敘宋襄公與楚成王泓之戰云：

> 襄公與楚成王戰於泓。楚人未濟，目夷曰：「彼眾我寡，及其未濟擊之。」公不聽。已濟未陳，又曰：「可擊。」公曰：「待其已陳。」陳成，宋人擊之。宋師大敗，襄公傷股。國人皆怨公。公曰：「君子不困人於阨，不鼓不成列。」〔註70〕

宋襄公所云：「君子不困人於阨，不鼓不成列」是戰爭中之愚見，故司馬遷借子魚之言而云：「兵以勝爲功，何常言與？必如公言，即奴事之耳，又何戰爲！」〔註71〕說明戰爭是要奇正變化的，決無一定之常勢，因爲戰爭的目的是徹底摧毀敵方的力量，是用盡一切方法以致勝的，這是何等明智之見。

　　再如，《史記·淮陰侯列傳第三十二》描述韓信命伐趙時，趙以陳餘爲帥，廣武君李左車說成安君（陳餘）云：

> 聞漢將韓信涉西河、虜魏王，禽夏說，新喋血閼與，今乃輔以張耳，議欲下趙，此乘勝而去國遠鬥，其鋒不可當。臣聞千里餽糧，士有飢色；樵蘇後爨，師不宿飽。今井陘之道，車不得方軌，騎不得成列，行數百里，其勢糧食必在其後，願足下假臣奇兵三萬人，從間道絕其輜重；足下深溝高壘，堅營勿與戰。彼前不得鬥，退不得還，吾奇兵絕其後，使野無所掠，不至十日，而兩將之頭可致於戲下。〔註72〕

廣武君李左車願以三萬人自將，絕韓信輜重，使陳餘堅壁勿戰以困韓，但陳

〔註69〕漢·司馬遷著，《史記·田單列傳第二十二》，冊4，頁2456。
〔註70〕漢·司馬遷著，《史記·宋微子世家第八》，冊3，頁1626。
〔註71〕漢·司馬遷著，《史記·宋微子世家第八》，冊3，頁1626。
〔註72〕漢·司馬遷著，《史記·淮陰侯列傳第三十二》，冊4，頁2615。

餘如司馬遷所云：「成安君，儒者也，常稱義兵不用詐謀奇計，……廣武君策不用」，﹝註73﹞陳餘不知奇正之略，不從廣武君李左車之策，故終爲漢軍所敗。

總而言之，奇與正爲用兵之道，與易、老之陰陽、剛柔的辯證思維實有異曲同工之妙，所以《唐太宗李衛公問對》唐太宗云：

> 吾之正，使敵視之以奇，吾之奇，使敵視以爲正，斯所謂「形人者」歟？

> 以奇爲正，以正爲奇；變化莫測，斯所謂「形人者」歟？﹝註74﹞

況且，孫子的「奇正相生、以奇制勝」，是由陰陽變理所推演而成的用兵之道，其與易、老奇正用兵思想可說是互相發明。

三、《史記》反映易、老之陰陽反戰軍事思想

《史記》這部歷史名著，不僅描寫人物適如其人，且描述戰爭的景況也細膩非凡，適如其事。由於司馬遷通曉兵書，嫻於兵略，故在許多戰爭的描述中，自然地表達了對戰爭的看法。再者，司馬遷深受易、老思想影響極深，而從《史記》在戰爭的表達中，亦可反映、發明或推闡出司馬遷豐富的易、老陰陽軍事思想。

（一）反戰之陰柔軍事思想

《周易》除了〈師〉卦是專門講戰爭的，尚有〈坤〉、〈屯〉、〈蒙〉、〈需〉、〈訟〉、〈比〉、〈小畜〉、〈泰〉、〈同人〉、〈謙〉、〈豫〉、〈復〉、〈頤〉、〈坎〉、〈離〉、〈大壯〉、〈晉〉、〈解〉、〈損〉、〈夬〉、〈萃〉、〈升〉、〈困〉、〈革〉、〈震〉、〈漸〉、〈歸妹〉、〈中孚〉、〈既濟〉、〈未濟〉等三十個卦及七十五個〈彖〉、〈象〉、〈卦〉、〈爻〉辭，提及戰爭字眼，然而，《周易》這部經書，雖然將近有一半的卦是講到征戰的事，但是《周易》已深刻體認，戰爭實爲「國之大事」，關係到國家、民族的生死存亡，惟戰爭亦爲「凶事」，即使戰爭取得了勝利，也是以犧牲許多人的生命，消耗大量的物力財力爲代價的；例如，李鏡池《周易通義》亦有中肯的評斷：

> 《周易》作者對邦交問題，主張和平相處、反對侵略。《比》卦、《觀》卦都談到這個問題。而本卦（指兌卦）談得更全面。首先提出和平

﹝註73﹞ 漢·司馬遷著，《史記·淮陰侯列傳第三十二》，冊4，頁2615。
﹝註74﹞ 周·尉繚著，《尉繚子》，徐勇注譯，《武經七書新譯·唐太宗李衛公問對》，頁352。

共悅的宗旨；中間指出侵略者、威懾者、和談的破壞者總是沒有好

下場的；最後說明要用引導方法實現和平共悅。〔註75〕

因此《周易》不主張以戰爭去征服別國，更反對窮兵黷武，而主張國與國之間要友好相處，和平共悅。實質而言，《周易》所論述的非但不是好戰思想，反而是愛好和平的反戰思想，〔註76〕我們可以從許多的經文中去證實這一個論點是正確無誤的。

其次，《老子》目睹春秋、戰國時期「捐禮義而貴戰爭，棄仁義而用詐譎」，因而激發其強烈的反戰戰略思想；其認為，即使是打了勝仗，也不要誇耀戰功，炫耀武力，更不能窮兵黷武，塗炭生靈，而其反戰之陰柔軍事思想，內容豐富，意義深刻，其云：

天下有道，卻走馬以糞。天下無道，戎馬生於郊。罪莫大於可欲；禍莫大於不知足；咎莫大於欲得。故知足之足，常足矣。〔註77〕

以道佐人主者，不以兵強天下，其事好還。師之所處，荊棘生焉；「大軍之後必有凶年」。善有果而已，不敢以取強。果而勿矜，果而勿伐，果而勿驕，果而不得已，果而勿強。物壯則老，是謂不道，不道早已。夫佳兵者不祥之器，物或惡之，故有道者不處。君子居則貴左，用兵則貴右，兵者不祥之器，非君子之器，不得已而用之。恬淡為上，勝而不美，而美之者是樂殺人，夫樂殺人者，則不可以得志於天下矣。〔註78〕

吉事尚左，凶事尚右。偏將軍居左，上將軍居右。言以喪禮居之。

殺人之眾，以悲哀泣之，戰勝以喪禮處之。〔註79〕

由上述「天下無道，戎馬生於郊」、「大軍之後，必有凶年」、「殺人之眾，悲哀泣之」等觀察，〔註80〕實可顯示《老子》是以反戰為其陰柔戰略思想。

誠然，楚漢相爭八年，漢初上接嬴秦之虐，天子無法具鈞駟，宰相或乘牛

〔註75〕李鏡池著，《周易通義》（北京：中華書局，1988年9月，初版4刷），頁116。

〔註76〕王智榮著，《周易軍事思想之研究》（國立中山大學中國文學研究所碩士論文，2005年6月），頁75～80。

〔註77〕吳怡著，《老子解義‧老子第四十六章》（台北：三民書局，2001年3月，初版4刷），頁302。

〔註78〕吳怡著，《老子解義‧老子第三十章、第三十一章》，頁208。

〔註79〕吳怡著，《老子解義‧老子第三十一章》，頁208～209。

〔註80〕見〈老子反戰軍事思想〉，王智榮著，《周易軍事思想之研究》，頁103～105。

軍，國家勢需休養生息，以故黃老思想興起。〔註81〕而《周易》思想與黃老思想有許多相似之處，易、老思想均是反對戰爭的。再者，上述資料已可充份證釋，司馬遷承受太史談之易、老思想甚深。雖然，司馬遷通曉兵書，嫻於兵略卻絕非好戰之人，所以《史記》篇中，常借史事以明戰爭殺伐之害。且從《史記》的許多戰爭中，亦可例證《史記》蘊含易、老反戰陰柔軍事思想如後。

1、武安君死、死非其罪

《史記・白起王翦列傳第十三》趙使趙括代廉頗將以擊秦，秦陰使武安君白起爲上將軍。之後，武安君敗趙括軍於長平，降卒四十萬人，詐而盡阬殺之。其後，秦王竟賜劍令武安君自剄。司馬遷有精彩細膩之描述：

> 武安君既行，出咸陽西門十里，至杜郵。秦昭王與應侯群臣議曰：「白起之遷，其意尚怏怏不服，有餘言。」秦乃使使者賜之劍，自裁。武安君引劍將自剄，曰：「我何罪于天而至此哉？」良久，曰：「我固當死，長平之戰，趙卒降者數十萬人，我詐而盡阬之，是足以死。」遂自殺。武安君之死也，……死而非其罪。〔註82〕

《周易・繫辭下》云：「天地之大德曰生」，逆天殺戮，自受其不祥。《老子》亦云：「兵者不祥之器，非君子之器，不得已而用之。恬淡爲上，勝而不美，而美之者是樂殺人，夫樂殺人者，則不可以得志於天下矣」、「殺人之眾，以悲哀泣之，戰勝以喪禮處之」。從此角度檢視武安君白起上將軍所云：「我固當死，長平之戰，趙卒降者數十萬人，我詐而盡阬之，是足以死」之語，所以，司馬遷云：「武安君之死也，……死而非其罪」，是何原因？實因武安君殺戮過多，從此事例，即可例證司馬遷深受易、老思想影響，且在其論述中反映出反戰陰柔軍事思想。

2、輔秦唯德，而非殺伐

王翦、王賁、王離三世爲大將。王翦嘗將大軍六十萬人，大破荊軍，殺其將軍項燕，虜平荊地爲郡縣。而王翦子王賁與李信破定燕、齊地。始皇二十六年，盡并天下，秦二世時，王翦及其子王賁皆已死，陳勝反秦，秦使王翦之孫王離擊趙。若以純軍事眼光而言，王離是秦之名將，且率領強盛之秦

〔註81〕蕭公權著，《中國政治思想史》（台北：聯經出版社，1983 年 5 月，2 刷），頁 355。漢初黃老之徒，欲用清靜無爲之治術，以救六國贏秦之煩苛，其宗旨已非保全小我而在安定天下。然漢代黃老，淵源於先秦之黃老。

〔註82〕漢・司馬遷著，《史記・白起王翦列傳第十三》，冊 4，頁 2337。

兵，攻打剛聚合的趙軍，必然是手到擒來。不過，司馬遷卻借「客曰」而發議論，其云：

> 不然。夫爲將三世者必敗，必敗者何也？必其所殺伐多矣，其後受其不祥。今王離已三世。〔註83〕

其後，王離果爲項羽所虜。在本傳最後司馬遷更云：

> 王翦爲秦將，夷六國，當是時，翦爲宿將，始皇師之，然不能輔秦建德，固其根本，偷合取容，以至圽身。及孫王離爲項羽所虜，不亦宜乎！〔註84〕

誠然，太史公借戰史而發議論，其主要目的，即是表達輔秦應以道德，而非殺伐。而其旨意即在，殺戮過多，必將滅亡。又如李廣爲隴西守，卻誘降羌人八百餘人並詐而殺之，此種殺戮之過，使李廣本人亦無法釋懷，故太史公亦借望氣者之語云：「禍莫大於殺已降，此乃將軍所以不得侯者也。」則《史記》論旨與易、老反戰之陰陽軍事思想可謂不謀而合。

3、兵者凶器、好戰必亡

《史記·越世家第十一》敘句踐欲伐吳國而范蠡諫止如後：

> 句踐聞吳王夫差日夜勒兵，且以報越，越欲先吳未發往伐之。范蠡諫曰：「不可。臣聞兵者凶器也，戰者逆德也，爭者事之末也。陰謀逆德，好用凶器，試身於所末，上帝禁之，行者不利。」〔註85〕

《史記·平津侯主父列傳第五十二》主父偃者，齊臨菑人也。學長短縱橫之術，晚乃學易、春秋、百家言，其諫伐匈奴一事如後：

> 司馬法曰：「國雖大，好戰必亡；天下雖平，忘戰必危。」天下既平，天子大凱，春蒐秋獮，諸侯春振旅，秋治兵，所以不忘戰也。且夫怒者逆德也，兵者凶器也，爭者末節也。古之人君一怒必伏尸流血，故聖王重行之。夫務戰勝窮武事者，未有不悔者也。〔註86〕

如上所述，范蠡諫止句踐伐吳，並云：「兵者凶器也，戰者逆德也」、「好用凶器，行者不利」。而主父偃者，其人學易而諫伐匈奴，其云：「國雖大，好戰必亡」、「兵者凶器也」、「夫務戰勝窮武事者，未有不悔者」等，凡此均

〔註83〕漢·司馬遷著，《史記·白起王翦列傳第十三》，冊4，頁2341。

〔註84〕漢·司馬遷著，《史記·白起王翦列傳第十三》，冊4，頁2342。

〔註85〕漢·司馬遷著，《史記·越世家第十一》，冊3，頁1740。

〔註86〕漢·司馬遷著，《史記·平津侯主父列傳第五十二》，冊5，頁2954。

反映易、老反戰軍事思想。

（二）「尚謙」之陰柔軍事思想

《周易》在〈謙〉卦中亦有一些「尚謙」軍事思想，例如：

> 《周易・謙六五》不富以其鄰，利用侵伐，無不利。

> 《周易・謙六五・象傳》利用侵伐，征不服也。〔註87〕

馬振彪《周易學說》引劉沅語：

> 侵伐爭事，惟謙德之君宜之。以見六五之謙非姑容，乃盛德也。
> 〔註88〕

馬振彪《周易學說》引李士鉁語：

> 自二至上互師，故利用侵伐以征不服。無鐘鼓曰侵，有鐘鼓曰伐。
> 本謙德以用兵，體大順以征不順，故無不利。謙受益，滿招損，書
> 於征有苗時發之。以退為進，以柔克剛，此兵家之要道也。〔註89〕

又如：

> 《周易・謙上六》鳴謙，利用行師，征邑國。

> 《周易・謙上六・象傳》鳴謙，志未得也，可用行師，征邑國也。
> 〔註90〕

馬振彪《周易學說》引李綱語：

> 謙之極，非利用行師不足以濟功，師之成，非戒用小人不足以保治。
> 〔註91〕

馬振彪《周易學說》引語類云：

> 老子言大國以下小國，則取小國；小國以下大國，則取大國。又言
> 抗兵相加，則哀兵者勝矣。大抵謙自是用兵之道，止退處一步耳。
> 〔註92〕

誠然，《周易・謙》之軍事思想，其論旨強調君子以德服人，然有時亦不得不用
兵。所謂侵阮徂共，一怒安民；周公東征，四國是皇，非力征也，征不服也。

〔註87〕樓宇烈校釋，《王弼集校釋・周易注》，頁296。
〔註88〕馬振彪著，《周易學說》（廣東：花城出版社，2002年1月，初版1刷），頁
166。
〔註89〕馬振彪著，《周易學說》，頁166。
〔註90〕黃忠天著，《周易程傳註評》，頁144～145。
〔註91〕馬振彪著，《周易學說》，頁166。
〔註92〕馬振彪著，《周易學說》，頁166。

惟本謙德以用兵，則無不利也。

其次，老子亦有「重積德」謙沖之軍事思想，例如：

> 治人事天莫若嗇，夫唯嗇是謂早服，早服謂之重積德，重積德則無不克，無不克則莫知其極。莫知其極、可以有國。有國之母，可以長久。是謂深根固柢，長生久視之道。〔註93〕

《韓非子·解老》云：

> 故曰：「早服是謂重積德。」積德而後神靜，……能御萬物則戰易勝敵，戰易勝敵而論必蓋世，故曰「無不克」。無不克本於重積德，故曰「重積德則無不克」。〔註94〕

《韓非子·解老》認為，無不克本於重積德，故曰「重積德則無不克」。然「重積德」則是「尚謙」的思想，所以韓非子視老子之「重積德」為「尚謙」之軍事思想。

其次，《老子·第六十一章》云：

> 故大國以下小國，則取小國；小國以下大國，則取大國。故或下以取，或下而取。大國不過欲兼畜人，小國不過欲入事人，夫兩者各得所欲，大者宜為下。〔註95〕

所以大國對小國謙下，即可取得小國的人事；小國對大國謙下，就可取得大國的兼畜。自處謙下，則各得其所欲。然而，大國小國均應謙下，因小國謙下，即可保全自身；而大國謙下，則令天下歸往。《老子·第六十九章》云：

> 用兵有言，……禍莫大於輕敵，輕敵幾喪吾寶。故抗兵相加，則哀兵者勝矣。〔註96〕

《老子·第六十八章》云：

> 善為士者不武，善戰者不怒，善勝敵者不與，善用人者為之下。是謂不爭之德。〔註97〕

所謂「抗兵相加，則哀兵者勝矣」、「不爭之德」，實為老子「尚謙」軍事思想。而此，亦或是退處一步的處理思維。大抵「尚謙」自是用兵之道，所以老子

〔註93〕王淮注釋，《老子探義》，頁235～237。

〔註94〕陳奇猷校注，《韓非子集釋》（台北：河洛圖書出版社，1974年3月臺景印1版），卷6，頁351。

〔註95〕王淮注釋，〈老子·第六十一章〉，《老子探義》，頁242～243。

〔註96〕王淮注釋，〈老子·第六十九章〉，《老子探義》，頁263～266。

〔註97〕王淮注釋，〈老子·第六十八章〉，《老子探義》，頁261～263。

「尚謙」的軍事思想，與《周易》軍事思想事可謂不謀而合。

誠然，司馬遷受易、老的思想極深，故在描述《史記》戰爭中，極其自然的反映其「尚謙」陰柔軍事思想，茲列舉例證如後。

1、持盈守威、收歛驕溢

《史記・春申君列傳第十八》黃歇上書說秦昭王云：

> 今王使盛橋守事於韓，盛橋以其地入秦，是王不用甲，不信威，而得百里之地。王可謂能矣。王又舉甲而攻魏，杜大梁之門，舉河內，拔燕、酸棗、虛、桃，入邢，魏之兵雲翔而不敢捄。王之功亦多矣。王休甲息眾，二年而後復之，又并蒲、衍、首、垣，以臨仁、平丘，黃、濟陽嬰城而魏氏服；王又割濮磨之北，注齊秦之要，絕楚趙之脊，天下五合六聚而不敢救，王之威亦單矣。王若能持功守威，紃攻取之心而肥仁義之地，使無後患，三王不足四，五伯不足六也。王若負人徒之眾，仗兵革之疆，乘毀魏之威，而欲以力臣天下之主，臣恐其有後患也。〔註98〕

此為春申君勸秦昭王應當持盈守威，不可驕逸，故再警之曰：「王可謂能矣」，「功亦多矣」，「威亦單矣」。若秦昭王尚知收歛自守之道，則無後患，否則貽禍無窮。此為「尚謙」之道，與易、老「尚謙」陰柔軍事思想相同。

2、輕易用兵，不知體恤

《史記・廉頗藺相如列傳第二十一》對於趙括言兵一事有細膩描述如後：

> 趙括自少時學兵法，言兵事，以天下莫能當。嘗與其父奢言兵事，奢不能難，然不謂善。括母問奢其故，奢曰：「兵，死地也，而括易言之。使趙不將括即已，若必將，破趙軍者必括也。」及括將行，其母上書言於王曰：「括不可使將。」王曰：「何以？」對曰：「始妾事其父，時為將，身所奉飯飲而進食者以十數，所友者以百數，大王及宗室所賞賜者盡以予軍吏士大夫，受命之日，不問家事。今括一旦為將，東向而朝，軍吏無敢仰視之者，王所賜金帛，盡藏於家，而日視便利田宅可買者買之。王以為何如其父？父子異心，願王勿遣。」〔註99〕

依司馬遷記述，趙括言兵自誇：「天下莫能當」，此即違反易、老「尚謙」軍

〔註98〕漢・司馬遷著，《史記・春申君列傳第十八》，冊4，頁2388～2389。
〔註99〕見《史記・廉頗藺相如列傳第二十一》，冊4，頁2447。

事思想。且其父趙奢謂括：「兵，死地也，而括易言之」，即是趙括「輕易論兵」，此亦違反易、老「尚謙」軍事思想。再者，括母述括父爲將之時，「身所奉飯飲而進食者以十數，所友者以百數」，故奢能尊賢，友益，優禮將士如此；而括爲將，擅作威福，軍吏不敢仰視，其不能親愛士卒如其父，實亦違反易、老「尚謙」事思想。總而言之，趙括其人，誇大輕浮，喜談兵事卻輕易論兵，且不知優禮將士，嚴重違反易、老「尚謙」陰柔軍事思想，最後敗軍亡身，或是有跡可循。

　　總而言之，司馬遷身遭李陵之禍，精神非常痛苦，但想起古代許多先輩都在苦難的境遇中，從事不朽的著作。如《史記・太史公自序第七十》云：

> 昔西伯拘姜，演周易；孔子戹陳蔡，作春秋；屈原放逐，著離騷；
> 左丘失明，厥有國語；孫子臏腳，而論兵法；不韋遷蜀，世傳呂覽；
> 韓非囚秦，說難、孤憤；詩三百篇，大抵賢聖發憤之所爲作也。此
> 人皆意有所鬱結，不得通其道也，故述往事，思來者。〔註100〕

因而，司馬遷從此處得到發憤撰著《史記》的鼓勵與決心。再者，其父司馬談是一位非常有學問的人，精通天文、《易》理，又長於黃老之學，司馬遷深受其影響；而司馬遷既非軍事家，且無實戰經驗，無法列入兵家之林，然亦是通識兵書，深知韜略之達人。故在許多戰爭的描述中，自然表達了對戰爭的看法。其次，司馬遷因受易、老思想影響極深，且易、老又蘊含豐富的軍事思想，從而在《史記》許多戰爭的例證中，亦可反映、發明或推闡出司馬遷豐富的易、老之陰陽軍事思想如：「剛柔用兵思想」、「奇正用兵思想」、「反戰軍事思想」、「尚謙軍事思想」等。總而言之，司馬遷生當漢武帝積極用兵以致帶來嚴重後果之時，厭戰情緒似乎是可預想的，尤其，司馬遷受易、老思想影響極深、極鉅，如老子云：「以道佐人主者，不以兵強天下，……師之所處，荊棘生焉。大軍之後，必有凶年」、「夫佳兵者不祥之器，……殺人之眾，以悲哀泣之，戰勝以喪禮處之」，而《周易》所蘊涵的二個重要的觀點則是「生生之德」與「太極和諧」，所以司馬遷深深瞭解兵凶戰危的可怕，最終其軍事思想是「愼重兵事」反對戰爭。

〔註100〕見《史記・太史公自序第七十》，冊5，頁3300。

第玖章　結　論

　　每一種思想都是歷史的產物，因為每一種思想文化的產生，都是依據、順應該社會的政治、經濟之狀況而發展，而每一種思想文化，亦可能蘊育出一種特殊的軍事思想，本文即是依據此種邏輯與脈絡，析探、研究先秦以迄兩漢陰陽軍事思想，而在結論部分先就各章研究發現作一摘要敘述：

　　誠如周朝的創建是殷、周之際，「小邦周」經過了無數次的戰役，其如季歷對山西地區的武力征服、文王揮軍中原與武王伐紂等，此三人運用軍事上的謀略與智慧，才戰勝「大國殷」，而這許許多多的大小戰役，或是《周易》軍事思想產生最佳的素材或背景。而《周易》是植根於陰陽，無陰陽即無《周易》可言，因此，《周易》之變易軍事辯證思維與剛柔軍事辯證思維可轉換為戰略上之奇正、虛實陰陽軍事思想。

　　道家《老子》八十一章全文中即有二十七章與戰略思想有密切關聯，佔了將近三分之一的篇幅，雖然，談論陰陽的觀念，或僅有「萬物負陰而抱陽，沖氣以為和」此一條例，但如第三章所論述其特有的陰柔軍事思想如「不以兵強天下」、「兵者，陰事也」、「以奇用兵」、「不爭」、「虛靜」、「慈」戰論等等，形成其「重陰輕陽」、「以柔克剛」、「以弱勝強」與「謹慎用兵」戰略特質。

　　陰陽家運用天象、曆算、音律、陰陽五行、望氣候星、龜策機祥等陰陽術數專長，或能發揮預測軍事作戰勝敗之功能，或能使師出有名，或能激勵軍隊士氣，或因過於迷信，而導致戰爭失敗。姑不論其功效是正面或是負面，然從先秦以迄兩漢，勿庸置疑，陰陽術數對軍事作戰均發生極大的影響力。

　　至於兵家，班固《漢書‧藝文志‧兵書略》將兵家分類為兵權謀家、兵形勢家、兵陰陽家及兵技巧家等四個派別。而各派別均蘊含陰陽軍事思想，

如《孫臏兵法‧行篡》云：「用兵移民之道，……陰陽，所以聚眾合敵也。」
〔註1〕范蠡《國語‧越語下》云：「古之善用兵者，因天地之常，……後則用
陰，先則用陽；近則用柔，遠則用剛」、〔註2〕等，惟陰陽術數之失，在於詭
俗，若能「極數知變而不詭俗，斯深於術數者」，〔註3〕則能全般性地掌握戰
爭的決定因素，以達致勝戰目的。

　　雜家《呂氏春秋》、《淮南子》受先秦陰陽思想影響甚深，並「博採各家」
思想實爲後代雜家思想重要著作之代表。且其二書中皆蘊涵大量之陰陽思
想，亦有完整之陰陽軍事思想體系，其將前代兵學思想予以融合貫通，並將
儒、墨、道、法、陰陽等之哲學、政治思想，內蘊、轉化爲其兵學思想。誠
然，陰陽軍事術數或帶有明顯的神秘色彩，但在秦、漢之際軍隊運用此術，
卻是極爲普遍的現象，如《淮南子‧兵略訓》亦記載有關「軍事占星術」，即
是借助天象的吉祥凶險以克敵致勝的一種陰陽術數。

　　黃老思想產生於戰國時期，因其吸收道、法、陰陽等各家學說精華，以
致形成兼具軍事、政治與哲學性質的黃老學，此一思想並盛行於西漢成爲黃
老之治。黃老學面對新時代、新政權以及殘酷的戰爭環境，以「作爭」的尊
陽卑陰軍事思想圓融替代老子的陰柔「不爭」軍事思想。誠如《淮南子‧氾
論訓》云：「太剛則折，太柔則卷，聖人正在剛柔之間，乃得道之本。」黃老
學軍事思想思想，即是採取不太柔亦不太剛且陽中有陰的軍事思想爲其特徵。

　　司馬遷其與易學、道家思想有深厚淵源與興趣，且易學、道家陰陽思想
影響《史記》軍事思想之處，比比皆是。而《史記》描述戰爭，有從山川形
勢角度描述，有從奇正變化角度描述，有從戰略謀計角度描述，有從勝負得
失角度描述，雖然司馬遷並非軍事家且無實戰經驗，惟其通識兵書，胸懷韜
略亦善於描寫戰爭景況，實至「述事適如其事」的境界。從研究所得知悉司
馬遷受易、老陰陽思想影響極深，亦瞭解兵凶戰危的可怕，其最終之軍事思
想是「愼重兵事」反對戰爭。

〔註1〕普穎華編著，《孫臏兵法》，頁111。
〔註2〕易中天著，《國語讀本‧越語下‧越興師伐吳而弗與戰》，頁883。
〔註3〕夫物之所偏，未能無蔽，雖云大道，其該或同。若乃詩之失愚，書之失誣，
　　　然則數術之失，至於詭俗乎？如令溫柔敦厚而不愚，斯深於詩者也；疏通知
　　　遠而不誣，斯深於書者也；極數知變而不詭俗，斯深於數術者也。故曰：「苟
　　　非其人，道不虛行。」意者多迷其統，取遣頗偏，甚有雖流宕過誕亦失也。
　　　見南朝宋‧范曄著，唐‧李賢等注，《後漢書‧方術列傳第七十二上》，冊10，
　　　卷82上，頁，2706。

　　其次，本文研究先秦兩漢陰陽軍事思想，時值今日，是否有其實用之價值，亦應檢視一番，否則書生論劍，紙上談兵，隔靴搔癢，可惜復可嘆。

　　首先解析的是，作戰不僅需要體力，更需要智慧，不是哲學家才懂哲學，古代許多軍事家亦懂得哲學，例如，以中國古代的經典如《周易》、《老子》而論，它們不是專門研究作戰的兵法，但因為書中蘊涵高度的哲學理則，故許多古今知名人士將其視為兵法，其如《易》以道陰陽，無陰陽即無《周易》可言，且《周易》軍事思想亦因陰陽之變易，乃能成其軍事辯證法；《老子》亦是以陰陽觀念觀察事事物物，所謂「萬物負陰而抱陽」，向來重視以柔克剛、以弱勝強，亦就是重陰輕陽的軍事思想。而軍事家將陰陽思想視為一種哲理並從《周易》、《老子》中吸取知識與能量，且將此種哲理運用在軍事戰場上，如春秋末年的范蠡與中胥均是有名的陰陽軍事家，其能使戰力由弱變強、以柔克剛，造成軍事戰爭驚奇效果，並使後代的戰爭思想產生莫大的啟發性，故研究陰陽軍事思想實有其必要性。

　　然而，有人認為專門講求作戰的軍人是不須懂得哲學，哲學是花拳繡腿，是文人的專屬品，不能實用。因為，戰爭是最殘酷無情的，輸的一方，很可能的結果是亡國滅種，而戰爭所追求的勝利是沒有任代價可以取代的，所以追求戰爭的勝利，只有不斷的訓練部隊，其與軍事哲學根本無關。但是這種說法似乎將哲學理論與實用，混成一堆，弄不清楚。例如，本文所研究如《周易》、《老子》、「黃老」、「陰陽家」、「兵家」、「雜家之《呂氏春秋》、《淮南子》」等等陰陽軍事思想均蘊涵豐富的哲理，以及《孫子兵法》、《戰爭論》都算是中外有名的軍事寶典，亦有很高的軍事哲學內涵，但任何的軍事哲學均無法從形而上的軍事理論，立即躍至形而下具體的實戰，此間必須經過許多層次的轉換，以軍事術語而言，軍事哲學屬於戰略階層的謀略，因而，戰略階層的謀略，不可能直接指導戰士的戰鬥與戰技，必須由「大戰略」（或稱為聯盟戰略）指導「國家戰略」，「國家戰略」指導「軍事戰略」，「軍事戰略」指導「軍種戰略」或「野戰戰略」。其次再由「軍種戰略」或「野戰戰略」指導「戰術」，「戰術」再指導「戰鬥」與「戰技」，如此「戰略」、「戰術」、「戰鬥」與「戰技」一層一層轉換與一層一層指導下來，〔註4〕而《周易》、《老子》、「黃

〔註4〕「戰略體系」區分為四個層級：最高為「大戰略」（或稱為聯盟戰略），其下為「國家戰略」，國家戰略之下區分政治、經濟、心理、軍事等四項戰略；「國家戰略」之下為「軍事戰略」，「軍事戰略」之下區分為「軍種戰略」與「野

老」、「陰陽家」、「兵家」、《呂氏春秋》、《淮南子》以及《孫子兵法》、《戰爭論》屬於「大戰略」階層之軍事哲學與謀略的兵書,用其直接指導戰士的「戰鬥」與「戰技」,豈非大才小用?當然無法有效發揮其軍事哲學與謀略效能。故本文即在研究與解析此中轉換之要領,俾便現代優秀軍官能夠徹底與快速理解蘊含高度哲學意涵的兵略。

再者,《周易‧繫辭上》所謂形而上謂之「道」,形而下謂之「器」,〔註5〕張載《張載集‧橫渠易說‧繫辭上》云:

> 一陰一陽不可以形器拘,故謂之道。乾坤成列而下,皆易之器。……運于無形之謂道,形而下者不足以言之。形而上者是無形體者,故形而上者謂之道也。形而下者是有形體者,故形而下者謂之器。無形跡者即道也,如大德敦化是也;有形跡者即器也,見於事實即禮義是也。〔註6〕

張載認為一陰一陽,散見於一切卦畫之中,不拘限於某些卦,故稱其為道。道是沒有形體的,便稱為形而上;六十四卦,卦有卦畫,為有形之器物,即稱為形而下。且認為形而上的道,雖無形,但卻有象,《張載集‧正蒙‧神化篇》云:

> 形而上者,得辭斯得象矣。神為不測,故緩辭不足以盡神。〔註7〕

此是說形而上的道,既然可以用言辭來表達,表明它是有象的,所以得其辭便得其象。以上這些觀點說明,凡未成形或無形的事物,張載皆歸之為象。形可以包括象,如雞之形,有飛之象;地之形,有生物之象。但象卻不包括形,如晝夜寒暑之象,吉凶進退之象。故所謂的象,是一種比形體更為廣泛的關于事物存在的概念。不過,道亦可用「象」來替代或形容。職是之故,張載將形與象之關係分為下列三種:「無形而有象」、「有象不一定有形」、「有形必定有象」。而《周易‧繫辭上》則云:「以制器者尚其象」,〔註8〕所以「有

戰戰略」。「戰略」、「戰術」、「戰鬥」與「戰技」須一層一層轉換與一層一層指導;而「戰技」、「戰鬥」、「戰術」、「戰略」亦須層層支持,否則「戰略」精良,「戰鬥」與「戰技」訓練不精,亦無法執行或完成任務。岳天主編,《現代國防戰略——國防之鑰》(台北:中華戰略學會,2001年初版),頁25。

〔註5〕 樓宇烈校釋,《王弼集校釋‧周易注》(台北:華正書局,1992年12月,初版),頁555。

〔註6〕 張載著,《張載集‧橫渠易說‧繫辭上》(台北:里仁書局,1979年12月),頁206～207。

〔註7〕 張載著,《張載集‧正蒙‧神化篇》,頁16。

〔註8〕 樓宇烈校釋,《王弼集校釋‧周易注》,頁550。

形」應屬「器」的範圍，「無形」應屬「道」或「象」的範圍，而中國兵法、
兵略研究在戰場上如何用兵，用兵是一種有形的與具體的行為，兵法、兵略
就是研究關於這種行為的規律，因此，軍備的籌劃與購建，武器的運用，以
及實戰中之軍事行動皆屬於「器」的範圍，兵法、兵略則切近於「道」或「象」
的範疇，劉長林《中國象科學觀》云：

> 中國意象思維主張「制器尚象」，中國兵學走的正是尚象之路。從象
> 和體的關係上看，戰爭過程主要表現為象，故兵法的研究最適宜採
> 用意象思維，而「制器尚象」的原則在一切戰爭的指導行為中，也
> 得到最充分的體現。〔註9〕

劉長林認為「中國兵學走的正是尚象之路」，主張「制器尚象」，故云：

> 戰爭本身主要以「象」的形式存在，戰爭之「體」則融合於「象」
> 中。而且在世間各種各樣的「象」中，戰爭之「象」最具時間性、
> 變易性和複雜性的特點，可謂「象」中之「極」。所以要了解戰爭，
> 掌握戰事如何進展，為奪取勝利作出應對，除了必須知曉敵我双方
> 的兵力、裝備及相關實力以外，更重要的是要及時知曉双方的兵力
> 部署、動向和氣勢。前者屬「體」的方面，後者屬「象」的方面。
>
> 〔註10〕

這是非常精闢的觀點。比如說，科技變化的新型態，導致軍事戰略所建立的
前題條件隨時處於變動，在科技革命中，全方位的進步影響社會的每一個面
向。科技的進步或許非基於要改良既有的軍事手段，但軍事手段獲得改良卻
是每一科技革命的必然效果。以戰爭型態的發展而論，在七十年代或八十年
代初，美國開始研究第三次浪潮戰爭。與此同時，另一超級大國蘇聯的軍事
理論家認為，軍事領域內革命的形成是由於軍事技術與武器裝備的進步、軍
事理論的推動、世界情勢的發展等因素相互作用的結果。前蘇軍總參謀長奧
加爾科夫元帥就指出，廿世紀八十年代，以電腦為核心的資訊技術進入軍事
領域，精確導引武器、新物理原理武器正處於從根本上改變了軍事武器裝備，
改變傳統的作戰方法，從而引起軍事上的新變革。俄羅斯軍事理論家斯利普
琴科將軍，以軍事技術的發展，特別是戰爭中所使用的武器裝備來進行軍事

〔註 9〕劉長林著，《中國象科學觀——易道與兵醫上下冊》（北京：社會科學文獻出
　　　　版社，2007 年 3 月，初版 1 刷），頁 500。
〔註10〕見劉長林著，《中國象科學觀——易道與兵醫上下冊》，頁 501。

技術和戰爭型態的劃分，認爲從古至今至少經歷了六個過程如次：

※表一：戰爭型態的歷史演變表

戰爭基本型態劃分	1 冷兵器戰爭	2 火器戰爭	3 近代火器戰爭	4 機械化戰爭	5 核戰爭	6 資訊化戰爭
起始年代	13 世紀以前	17 世紀	19 世紀	20 世紀	20 世紀中	20 世紀末
武器系統	刀、矛、劍、弓弩拋石機	滑膛槍、鐵絲網	機槍、火炮炸彈	戰車、飛機、無線電	導彈、核試驗	C4I 系統、精確導引武器磁電化
主要能源	體能	物理能	化學能	熱能	核能	輻射能
戰術	方陣密集、城牆、盔甲重騎兵	線式隊形、堡壘防禦	散兵隊形、戰壕野戰工事	閃電戰、總體戰	核威懾靈活反應	空地一體、精確打擊
特點	主要依靠大規模集中人力	大規模人力與火力的集中	依靠火力的陣地攻堅	機動火力防護一體	大規模毀滅	控制資訊

資料來源：王凱著，《數字化部隊》，（北京：解放軍出版社，1999 年）頁 4。

　　即第一代冷兵器戰爭時代、第二代火藥火器戰爭時代、第三代火槍火砲戰爭時代、第四代機械化戰爭時代，第五代核威脅戰爭時代（尚未實戰），第六代戰爭尚不是「資訊戰」。資訊戰雖露端倪，僅成爲第六代戰爭中的一種作戰式樣，但進化爲戰爭型態還有待時日。第六代戰爭的初期是籠罩在核、生、化巨大威懾的環境中，以精確導引武器爲主戰兵器，以高效率資訊處理爲基本的高技術戰爭。也就是：「精確導引武器（爲主體）加上『超級數據處理能力』＝『核威懾下高技術常規戰爭（型態）』」。

　　不過，武器再怎樣進步與突破，運用、掌握尖端武器的還是人，所以再尖端、再有威脅性的武器，還是屬於「器」的範疇，而因應武器的進步，以研究用兵的戰略和策略以及如何運用武器，如何部署兵力，全軍破敵，則屬於「道」或「象」的範圍，此即爲「制器尚象」、「以道制器」，而「象」即是軍事哲學的範疇。因此，軍事哲學思想則有指導軍事思想功能，梁必駸主編《軍事哲學思想史》云：

> 軍事哲學思想之所以能成爲軍事思想中帶根本性的思想，就在於它
> 是在一定哲學思想的影響與指導下，從總體上對軍事實踐與認識活

　　動作了高度抽象的理論概括，具有關於軍事領域根本觀點、根本方
　　法的價值和意義。……軍事哲學思想乃是對軍事問題進行哲學反思
　　與高度抽象的一種最基本的軍事思想。〔註11〕

因而，所有的思想家，無分古今中外，不論其所研究的是何種學問（包括軍
事研究），但其最後和最高的階段必然是由哲學整合。

　　又如鈕先鍾《戰略研究入門》云：「戰略研究須通過歷史、科學、藝術、
哲學等四種境界。」〔註12〕誠然，軍事研究最高與最難的研究途徑即是哲學
研究途徑；然而，此一研究方式甚難用一般言語來形容或分析，或只宜使用
譬喻或間接的方式來描述其意境；在此即以《莊子‧養生主》篇中的一段妙文
描述之：

　　庖丁爲文惠君解牛，手之所觸，肩之所倚，足之所履，膝之所踦，
　　砉然嚮然，奏刀騞然，莫不中音，合於桑林之舞，乃中經首之會。
　　文惠君曰：「譆，善哉！技蓋至此乎？」庖丁釋刀對曰：「臣之所好
　　者道也，進乎技矣。始臣之解牛也，所見無非牛者，三年之後，未
　　嘗見全牛也。方今之時，臣以神遇而不以目視，官知止而神欲行。
　　依乎天理、批大郤，導大窾，因其固然。技經肯綮之未嘗，而況大
　　軱乎？良庖歲更刀，割也；族庖月更刀，折也。今臣之刀十九年矣，
　　所解數千牛矣，而刀刃若新發於硎。彼節者有間，而刀刃者無厚；
　　以無厚入有間，恢恢乎其遊刃必有餘地矣。是以十九年而刀刃若新
　　發於硎。雖然，每至於族，吾見難爲，怵然爲戒，視爲止，行爲遲。
　　動刀甚微，謋然已解，如土委地。提刀而立，爲之四顧，爲之躊躇
　　滿志，善刀而藏之。」文惠君曰：「善哉，吾聞庖丁之言，得養生焉。」
　　〔註13〕

軍事雖爲一整體，但在研究程序上則或可分爲四大歷程：由歷史（經驗）到
科學（知識），再到藝術（智慧），而最後才到哲學（靈感）。或彼此分開研究，
最後再由哲學研究作最後之整合，而軍事研究的最高、最難之途徑即爲哲學

〔註11〕梁必駸主編，《軍事哲學思想史》（北京：軍事科學出版社，1998年3月，初
　　　　版1刷），頁3～4。
〔註12〕鈕先鍾著，《戰略研究入門》（台北：麥田出版社，1998年9月，初版1刷），
　　　　頁287～288。
〔註13〕郭慶藩編輯，《莊子集釋》（台北：河洛圖書出版社，1974年3月臺景印1版），
　　　　頁117～124。

研究途徑；我們也應像庖丁一樣，所好者「道」（哲學）也，進乎「技」（藝術）矣。此亦說明「道」或「象」的重要性。

曾領導中華民族對日八年堅苦抗戰勝利的蔣中正先生亦云：

> 哲學是原理的，科學是定律的，而藝術屬於精神領域，軍隊如果背離哲學原理，則其精神要素，必無由育成，故哲學為科學與藝術的致用之本。[註14]

可見哲學對軍事確有指導功能，而目前在台之軍事教育亦有此項認知，如在國防大學入學測驗即列《王陽明傳習錄》與《曾胡治兵語錄》等二書為測驗科目，其屬於軍事哲學範圍，惟在深入與重視的程度方面，似尚有努力之空間。因此，依筆者服務軍旅三十餘載之經驗與體會，現代軍官的養成教育，在「野戰戰略」以下，應強調由陰陽觀念轉換而成奇、正、虛、實之攻、防、遭、追、轉戰術運用。於此部分，在各層級的演習與操演（如連、營測驗，旅、師對抗、海陸空三軍聯合作戰）均十分重視。「軍事戰略」以上則應重視「制器尚象」、「以道制器」觀念教育，此部分則尤須加強。

因而，在連級指揮官階段，應熟悉儒家的思想哲學，因為代表儒家思想的孔子是以「仁」為其中心思想，故梁啟超云：「儒家言道言政，皆植本於仁。」而其教化之方法是以「以身作則」、「以道誨人」，孔子尤其重視前者，如季康子問政於孔子，孔子對曰：「政者正也。子率以正，孰敢不正？」孔子又嘗云：「苟正其身矣，於從政乎何有？不能正其身，如正人何？」故有「仁」心，則能愛民，以身作則，則能御眾，此為低階軍官所需具備之條件與人文素養。

至於營級指揮官階段，則應熟悉法家的思想哲學。在春秋戰國之際，貴族政治漸趨崩潰，封建宗法瀕於解體，禮教不足以一民，法之必要，漸入於人心，多數學者乃以管子為開法治思想風氣之先者，而以法治國，為法家的標幟並為其治術主幹，管子對法的認知如後：

> 所謂仁義禮樂，皆出於法，此先聖之所以一民者也。[註15]

> 尺寸也，繩墨也，規矩也，衡石也，角量也，謂之法。[註16]

〔註14〕萬德群主編，《左傳戰爭哲學之研究・序》（台北：三軍大學政治研究所，1985年11月，初版），頁3。

〔註15〕黎翔鳳著，《管子校注・任法》（北京：中華書局，2004年6月，初版1刷），冊中，卷15，頁902。

〔註16〕黎翔鳳著，《管子校注・七法》，冊上，卷2，頁106。

夫不法，法則治。法者，天下之儀也，所以決疑而明是非也，百姓所懸命也。〔註17〕

以法治國，則舉措而已，是故有法度之制者，不可巧以詐偽。〔註18〕

法令者，君臣之所共立也。〔註19〕

法不法，則令不行。令而不行，則令不法也；法而不行，則修令者不審也。……法之侵也，生於不正。〔註20〕

法不一，則有國者不祥。〔註21〕

管子認爲一國之法令規章，既經明備，舉凡政教刑賞，悉皆斷之於法，而全國上下又已養成守法習慣，於是一切政治活動，悉依法令規章而從事，故法治若立，則其效大行，君主不必操其智慮，身佚而天下治，終入於「無爲而治」之最高境界。顯示管子二千多年前的法治思想與今日之法治思想並無失色之處。而韓非更進一步要求領導者應以法爲名，以事爲形，任何事件必求與其法相合，以「循名責實」、「綜竅名實」，〔註22〕且需「處虛執要」，明無爲之術，其云：

事在四方，要在中央。聖人執要，四方來效，虛而待之，彼自以之。

〔註23〕

夫惟執要，乃能不躬小事，以挈其綱。夫惟處虛，故宜靜退以爲寶，不自操事，不自計慮，此處韓非之法家思想已運用道家的權術運用的概念。〔註24〕

〔註17〕 黎翔鳳著，《管子校注・禁藏》，冊中，卷17，頁1008。

〔註18〕 黎翔鳳著，《管子校注・明法》，冊中，卷15，頁916。

〔註19〕 黎翔鳳著，《管子校注・七臣七主》，冊中，卷17，頁998。

〔註20〕 黎翔鳳著，《管子校注・法法》，冊上，卷6，頁293。

〔註21〕 黎翔鳳著，《管子校注・任法》，冊中，卷15，頁902。

〔註22〕 汪大華、萬世章合著，《中國政治思想史》（台北：政治作戰學校，1968年1月，初版），頁405。

〔註23〕 陳奇猷校注，《韓非子集釋・揚權》（台北：河洛出版社，1974年3月臺景印一版），卷2，頁121。

〔註24〕 老子曾謂：致虛極，守靜篤，萬物並作，吾以觀復。夫物云云，各復歸其根。歸根曰靜，是謂復命。復命曰常。知常曰明，不知常，妄作凶。此乃老子對其所肯定之自我境界之描述；自覺心駐於無爲，遂無所執，無所求，故能「虛」，能「靜」：在虛靜中，自覺心乃朗照萬象，故能「觀復」。且「虛」與「靜」皆足謂爲「無爲」之註腳。由於駐於無爲，觀照道之超萬物，亦觀照萬物之依於道，老子則由近乎「捨離」之「虛靜」成爲「靜歛」，並從反射經驗界中，而生出一支配經驗界之力量；更由「無爲」生出其實用之主張，乃至成爲後

瞭解法家思想或有助於軍事幹部之領導統御藝術。

其於高階（旅級）指揮官階段，則應熟悉易學及道、陰陽、兵、雜各家與黃老的思想哲學。本文已論述上述之思想均蘊含豐富之陰陽軍事思想，而陰陽思想在中國無論在政治、軍事、哲學、歷史、樂律、氣象、醫藥、術數抑或是一般民眾在生活方面及信仰方面等，所產生的影響，是沒有其他思想體系所能匹敵，誠如朱伯崑《易學哲學史》云：

> 就〈繫辭傳〉解釋筮法時所舉事例看：天為陽，地為陰；日為陽，月為陰；暑為陽，寒為陰；晝為陽，夜為陰。剛為陽，柔為陰；健為陽，順為陰；明為陽，幽為陰；進為陽，退為陰；闢為陽，闔為陰；伸為陽，屈為陰。貴為陽，賤為陰；男為陽，女為陰；君為陽，民為陰；君子為陽，小人為陰。……其歷史意義是，將西周末年以來的陰陽說，從對具體事物的論述，如兵法中的顯露和隱蔽……，等等，抽象為表述事物對立性質的範疇，並且把對立面的依存和轉化，概括為「一陰一陽」，看成是事物的本性及其變化的規律。〔註25〕

朱伯崑認為，此是以陰陽觀念顯現從自然界到人類社會的一切對立現象。而其歷史意義是，將西周末年以迄兩漢的陰陽說，成功的轉變為兵學辯證思維。然而，幾千年前之陰陽軍事思想，有其精華亦有其缺失，實所難免，本文即是依循陰陽之歷史、文化、軍事、哲學思想途徑，析探先秦以迄兩漢陰陽軍事思想內涵，及其對後代軍事戰爭所產生的影響。

當前台灣對於「軍事事務革命」（Revolution in Military Affairs）的研究可說是學術界中盛極一時之課題，而相關的概念探究，亦如雨後春筍般，出現於軍事學術研究之中，然而「軍事事務革命」是以現代高科技的發展改變戰爭型態，同時促使戰略思維、軍事組織與軍事倫理作切要調整，並且進行軍事領域之必要變革。因此，軍事事務革命所引起的變革不僅是量變，而是質的飛躍，而「人與武器相結合的因素」可能成為「軍事事務革命」成功與否的重要關鍵。職是之故，高階（旅級）指揮官階段，不僅應熟悉本文所述各家學派之思想哲學，以此養成「制器尚象」、「以道制器」 觀念，如此才能建

世陰謀者如韓非者流所用。智榮著，《周易軍事思想之研究・法家軍事思想》（高雄：國立中山大學中國文學研究所碩士論文，2004 年 6 月），頁 94。

〔註25〕朱伯崑著，《易學哲學史》（台北：藍燈文化事業股份有限公司，1991 年 9 月，初版），卷 1，頁 90。

立「人與武器結合」的境界，切不可只重視有形的武器，以及戰術上之攻、防、遭、追、轉的戰術運用與演練，養成「重器輕道」習性，此對高階之軍事教育應有所助益。

最後，《淮南子·道應訓》云：

> 魏武候問於李克曰：「吳之所亡者何也？」李克對曰：「數戰數勝。」武候曰：「數戰數勝，國之福，其獨以亡，何故也？」對曰：「數戰則民罷（疲），數勝則主驕，以驕主使罷民，而國不亡者，天下鮮矣。驕則恣，恣則極，物罷則怨，怨則極慮，上下具極，吳之亡猶晚矣。」

〔註 26〕

因此，最高的戰略指導應是「不戰而屈人之兵」及「少殺伐」。固然戰爭的手段是殘忍的，其本質應是仁慈的，研究兵略的目的應是以保護自己的生存空間為主，絕非以戰勝與殺戮為唯一的選擇與目的，此亦為撰寫本書的目的。

〔註 26〕漢·劉安著，《淮南子·道應訓》（台北：臺灣中華書局，1974 年 10 月臺 3 版），卷 12，頁 5。

參考書目

古籍（依四部分類次序排列）

一、經部

1. 〔漢〕鄭玄著：《易緯‧乾鑿度》，台北：藝文印書館，1966 年。

2. 〔魏〕何晏集解，〔梁〕皇侃義疏：《論語集解義疏》，《叢書集成初編》，北京：中華書局，1985 年。

3. 〔唐〕李鼎祚著：《周易集解》，台北：臺灣商務印書館，1996 年 12 月臺 1 版 2 刷。

4. 〔宋〕朱熹著：《周易本義》，台北：世界書局，1996 年 2 月初版 13 刷。

5. 〔宋〕朱震著：《漢上易傳》，台北：廣文書局，1974 年 9 月初版。

6. 〔宋〕程頤著：《伊川易傳》，《景印文淵閣四庫全書》，台灣商務印書館，1983 年 9 月。

7. 〔明〕楊萬里著：《誠齋易傳》，台北：三才書局，1992 年 5 月初版。

8. 〔明〕焦竑著：《國史經籍志》，《百部叢書集成‧粵雅堂叢書》，台北：藝文印書館，1966 年。

9. 〔明〕來知德著：《周易集註》，台北：夏學社出版事業有限公司，1986 年。

10. 〔清〕李光地御纂：《周易折中》，台北：真善美出版社，1981 年月再版。

11. 〔清〕阮元校勘：《十三經注疏》，台北：新文豐出版社，1977 年 1 月初版。

12. 〔清〕陳夢雷著：《周義淺述》，台北：臺灣商務印書館，1996 年 12 月臺 1 版 2 刷。

二、史部

1. 〔漢〕司馬遷著：《史記》，台北：金川出版社，1977 年 7 月。

2. 〔漢〕班固著：《漢書》，台北：鼎文書局，1976 年 3 月初版。

3. 〔劉宋〕范曄著，唐·李賢等注：《後漢書》（北京：中華書局，1996 年 5 月初版 8 刷。

4. 〔唐〕魏徵著：《隋書》，台北：中華書局，1971 年 9 月臺二版。

5. 〔唐〕張守節著，《史記正義》，〔清〕紀昀、永瑢等編纂：《文淵閣四庫全書》，上海：上海古籍出版社，2003 年 5 月初版 1 刷。

6. 〔唐〕劉知幾著：《史通》，台北：錦鏽出版社，1972 年 4 月初版。

7. 〔宋〕鄭樵著：《通志略》，台北：中華書局，1970 年 6 月臺二版。

8. 〔宋〕晁公武著：《郡齋讀書志》，台北：商務印書館，1983 年。

9. 〔宋〕李昉著：《太平御覽》，台北：商務印書館，1997 年 7 月。

10. 〔清〕王夫之著：《讀通鑑論》，台北：里仁書局，1985 年 2 月初版。

11. 〔清〕王先謙著：《漢書補注》，台北：藝文印書館，1966 年。

12. 〔清〕姜忠奎著，黃曙輝、印曉峯點校：《緯史論微》，上海：上海書店出版社，2005 年 6 月初版。

13. 〔清〕章學誠著：《文史通義》，《粵雅堂叢書》，台北：藝文印書館，1966 年 3 月。

14. 〔清〕馬驌著：《繹史》，台北：新興書局影清光緒金匱潘氏重修本，1983 年 10 月。

三、子部

1. 〔秦〕呂不韋著：《呂氏春秋》，北京：內蒙古文化出版社，2007 年 1 月初版 1 刷。

2. 〔漢〕劉安著：《淮南子》，台北：中華書局，1974 年 10 月臺 3 版。

3. 〔唐〕瞿曇悉達著：《開元占經》，北京：人民中國出版社，1992 年 12 月初版。

4. 〔唐〕王眞著：《道德經論兵要義述》，台北：臺灣商務印書館，1981 年 10 月初版。

5. 〔宋〕蘇轍著：《老子解》，北京：中華書局，1985 年，新 1 版。

6. 〔宋〕許洞著：《虎鈐經》，《粵雅堂叢書》，收錄於《百部叢書》，台北：藝文印書館，1966 年。

7. 〔宋〕范應元著：《老子道德經古本集注》，無求備齋老子集成初編，台北：藝文印文館，1965 年。

8. 〔明〕薛蕙著：《老子集解》，無求備齋老子集成初編，台北：藝文印文館，1967 年。

9. 〔明〕尹賓商著，季德源注：《兵雷淺說》，北京：解放軍出版社，1989年 19 月初版。

10. 〔明〕茅元儀著：《武備志》，台北：華世出版社社，1984 年。

11. 〔明〕王陽明著：《陽明先生批武經七書》，台北：陸軍指揮參謀大學，1966年 5 月。

12. 〔明〕撰人未詳：《草廬經略》，台北：中華書局，1966 年。

13. 〔清〕譚獻著：《復堂日記》，《半廣叢書》，台北：華文書局影本，1970年 5 月初版。

14. 〔清〕孫詒讓著：《墨子閒詁》，台北：河洛圖書出版社，1974 年 3 月臺景印 1 版。

15. 〔清〕章太炎著：〈老子政治思想概論序〉，《章太炎全集》，上海：人民出版社，1985 年 2 月 1 版 1 刷。

四、小學

1. 〔漢〕許慎著：《說文解字》，北京：中華書局，2004 年 2 月，22 刷。

2. 〔清〕段玉裁注釋：《段氏說文解字注》，台北：1973 年，10 月初版 1 刷。

二、專書（依著者姓氏筆劃排列）

二畫：丁

1. 丁原明著：《黃老學論綱》，山東：山東大學出版社，2005 年 1 月初版 4 刷。

2. 丁原植著：《文子資料探索》，台北：萬卷樓圖書有限公司，1999 年 9 月初版。

3. 丁原植著：《淮南子與文子考辨》，台北：萬卷樓圖書公司，1999 年 9 月。

四畫：王、井、中

1. 王葆玹著：〈「黃老易」和「莊老易」——道家經典的系統性及其流變〉，《道家文化研究》，第 12 輯，北京：三聯書店，1998 年。

2. 王淮注釋：《老子探義》，台北：臺灣商務印書館，2001 年 6 月初版 12 刷。

3. 王忠林著：《新譯荀子讀本》，台北：三民書局，1974 年 1 月，修正版。

4. 王云度著：《劉安評傳》，南京：南京大學出版社，1997 年。

5. 王曉衛著：《兵家史話》，台北：國家出版社，2004 年 3 月初版 1 刷。

6. 日‧井上聰著：《先秦陰陽五行》，湖北：教育出版社，1997 年 7 月初版 1 刷。

7. 中國人民革命軍軍事博物館編著 ：《中國戰爭發展史》，北京：人民出版

社，2001 年 12 月初版 1 刷。

五畫：田、白、史、卡

1. 田台鳳著：《呂氏春秋探微》，台北：臺灣學生書局，1986 年 3 月初版。
2. 田震亞著：《中國近代軍事思想》，台北：台灣商務印書館，1992 年 2 月初版 1 刷。
3. 白川靜著：《金文的世界》，台北：聯經出版社，1989 年 8 月初版。
4. 史義軍、張榮慶合編：《呂不韋與呂氏春秋》，台北：正展出版社，2001 年 9 月。
5. 德國・卡爾・克勞塞維茨（Care Von Clausewitz）著，中國人民解放軍軍事科學院譯：《戰爭論》，北京：商務印書館，2003 年 6 月初版 8 刷。

六畫：朱、安、成、竹、池、江、任

1. 朱伯崑著：《周易漫步》，台北：臺灣學生書局，1996 年 11 月初版。
2. 朱伯崑主編：《周易知識通覽》，山東：齊魯書社，1996 年 8 月初版 2 刷。
3. 朱伯崑著：《易學哲學史》，台北：藍燈文化公司，1991 年 9 月初版。
4. 朱謙之著：《老子校釋》，台北：漢京文化事業有限公司，1885 年 10 月初版。
5. 安繼民注釋：《荀子》，河南：中州古籍出版社，2006 年 1 月初版。
6. 安矜群著：〈易與兵略〉，《易學應用之研究・第 1 輯》，台北：臺灣中華書局，1981 年 9 月，4 版。
7. 成玄英著：《老子義疏》，台北：廣文書局，1974 年七月。
8. 日・竹添光鴻著：《左傳會箋》，台北：鳳凰出版社，1977 年 9 月，景印 3 版。
9. 日・池田知久著，王啓發譯：《馬王堆漢墓帛書五行研究》，北京：中國社會科學出版社，2005 年 4 月初版。
10. 江曉原著：《歷史上的星占學》，上海：上海科技教育出版社，1995 年 1 月初版。
11. 繼愈著：《中國哲學發展史・秦漢》，北京：人民出版社，1988 年初版。

七畫：呂、李、吳、余、貝、何、汪、沈、阮

1. 呂紹綱著：《周易辭典》，台北：漢藝色研文化事業有限公司，2001 年 9 月初版。
2. 呂思勉著：〈辯梁任公陰陽五行說之來歷〉，顧頡剛編，《古史辨》，台北：藍燈文化事業股份有限公司，1993 年 8 月，2 版。
3. 呂思勉著：《先秦學術概論》，上海：東方出版中心，1996 年 2 月 2 刷。

4. 呂思勉著：《經子解題》，台北：台灣商務印書館，1986 年台 4 版。

5. 李鏡池著：《周易通義》，北京：中華書局，1988 年 9 月初版 4 刷。

6. 李鏡池著：《周易探源》，北京：中華書局，1978 年 11 月初版。

7. 李鏡池著：〈左傳、國語中易筮之研究〉，《周易研究論文集·第二集》，1989 年 8 月初版 1 刷。

8. 李煥明著：《易經的生命哲學》，台北：文津出版社，1997 年 5 月初版 2 刷。

9. 李學勤主編：《十三經注疏·周易正義》，北京：北京大學出版社，1999 年 12 月初版 1 刷。

10. 李零著：《中國方術考》，北京：東方出版社，2001 年 8 月 2 版 2 刷。

11. 李零著：《中國方術續考》，北京：東方出版社，2000 年 10 月初版 1 刷。

12. 李零著：《簡帛古書與學術源流》，北京：三聯書店，2004 年 4 月，第 1 版。

13. 李零著：《兵以詐立──我讀孫子》，北京：中華書局，2006 年 11 月初版 3 刷。

14. 李零著：《孫子十三篇綜合研究》，北京：中華書局，2006 年 4 月初版 1 刷。

15. 李興斌、楊玲注譯：《銀雀山漢墓竹簡校本·孫子兵法》，山東：齊魯書社，2007 年 10 月初版 4 刷。

16. 李興斌、邵斌注譯：《銀雀山漢墓竹簡校本·孫臏兵法》，山東：齊魯書社，2007 年 10 月初版 3 刷。

17. 李震著：《中外形上學比較研究》，台北：中央文物供應社，1996 年。

18. 李訓詳著：《先秦的兵家》，台北：國立臺灣大學出版委員會，1991 年 6 月初版。

19. 吳康著：《周易大綱》，台北：臺灣商務印書館，1991 年 11 月臺 1 版 7 刷。

20. 吳懷棋著：《易學與史學》，北京：新華書店，2004 年 3 月初版 1 刷。

21. 吳怡著：《老子解義》，台北：三民書局，2001 年 3 月初版 4 刷。

22. 吳浩坤、潘悠著：《中國甲骨學史》，台北：貫雅文化事業有限公司，1990 年 9 月。

23. 吳承仕著：《論衡校釋》，北京：北京師範大學出版社，1986 年初版。

24. 吳九龍著：《銀雀山漢簡釋文》，北京：文物出版社，1985 年 12 月初版 1 刷。

25. 余培林著：《新譯老子讀本》，台北：三民書局，2003 年 2 月初版 17 刷。

26. 貝遠辰注譯：《商君書》，台北：三民書局，1996 年 10 月初版。

27. 何世同著：《中國戰略史》，黎明文化出版社，2005 年 5 月初版。

28. 何守法著：《投筆膚談》，李浴日編，《中國兵學大系》，台北：世界兵學社，1957 年 1 月初版。

29. 汪大華、萬世章合著：《中國政治思想史》，台北：政治作戰學校，1968 年 1 月初版。

30. 沈清松著：《物理之後：形上學的發展》，台北：牛頓出版股份有限公司，1991 年 3 月初版。

31. 阮元著：《積古齋鐘鼎彝器款識》，台北：漢京文化出版社，1980 年初版 1 刷。

八畫：易、林、岳、祁

1. 易中天著：《國語讀本》，台北：三民書局，1995 年 11 月初版。

2. 林慶彰、陳恆嵩編：《經學研究論著目錄》，台北：漢學研究中心，2002 年 4 月初版。

3. 尚秉和著：《周易尚氏學》，台北：老古文化事業公司，1981 年 7 月初版。

4. 岳天主編，王桂巖等著：《現代國防戰略──國防之鑰》，台北：中華戰略學會，2001 年 12 月。

5. 祁駿佳著：《遯翁隨筆》，《百部叢書集成・仰視鶴齋叢書》，台北：藝文印書館，1965 年。

九畫：胡、姜、前、韋、軍

1. 胡適著：《中國中古思想長編》，安徽：安徽教育出版社，2006 年 8 月初版 1 刷。

2. 胡自逢著：《先秦諸子易說通考》，台北：文史哲出版社，1989 年 8 月 3 版。

3. 胡自逢著：〈史記易學觀〉，《易學識小》，台北：文史哲出版社，2000 年 3 月初版 1 刷。

4. 胡樸安著：《周易古史觀》，上海：古籍出版社，2005 年 8 月初版。

5. 姜國柱著：《周易與兵法》，北京：國防大學出版社，1997 年 9 月初版 1 刷。

6. 姜國柱著：《中國軍事思想簡史》，北京：新世界出版社，2006 年 1 月 1 版 1 刷。

7. 前田一可著：《老子之軍事思想研究》，文化大學中文研究所碩士論文，1988 年 6 月。

8. 韋政通著：《中國思想史》，台北：水牛圖書出版社，2001 年 11 月初版。

9. 軍事科學院戰爭理論和戰略研究部、中國孫子兵法研究會編：《孫子兵法

與現代戰略——第七屆孫子兵法國際研討會論文集》，北京：軍事科學出版社，2007 年 5 月初版。

十畫：孫、徐、馬、高、袁、倪、後

 1. 孫國中著：《易經指南》，台北：團結出版社，1992 年。

 2. 孫劍秋著：《易理新研》，台北：臺灣學生書局，2000 年 9 月再版。

 3. 孫紀文著：《淮南子研究》，北京：學苑出版社，2005 年 7 月初版 1 刷。

 4. 孫詒讓著：《古籀拾遺》，台北：華文書局，1971 年 5 月初版。

 5. 徐志銳著：《周易陰陽八卦說解》，台北：里仁書局，1995 年 5 月初版 3 刷。

 6. 徐振韜、蔣窈窕著：《五星聚合與夏商周年代研究》，北京：世界圖書出版社公司，2006 年 6 月。

 7. 徐文助著：《漢書藝文志諸子略與兵書略通考》，台北：廣東出版社，1976 年 4 月。

 8. 徐復觀著：《兩漢思想史》，台北：臺灣學生書局，1989 年 9 月初版 4 刷。

 9. 馬振彪著：《周易學說》，廣東：花城出版社，2001 年 12 月初版 1 刷。

10. 高亨著：《周易大傳今注》，山東：齊魯書社，2000 年 6 月初版 2 刷。

11. 高亨著：《老子正詁》，北京：中華書局，1996 年。

12. 高明著：《帛書老子校注》，北京：中華書局，1996 年。

13. 高銳著：《中國上古軍事史》，北京：軍事科學出版社，1995 年。

14. 高齡芬著：《王弼老學之研究》，台北：文津出版社，1992 年 6 月。

15. 袁保新著：《老子哲學之詮釋與重建》，台北：文津出版社，1991 年 6 月。

16. 倪岱峯著：〈易經之軍事思想〉，《易學應用之研究·第 2 輯》，台北：臺灣中華書局，198 年 6 月初版。

17. 後勤學院學術部歷史室編著：《先秦軍事研究》，北京：金盾出版社，1990 年 5 月初版 1 刷。

十一畫：張、陳、陸、常、郭、梁、許、國

 1. 張善文著：《周易漫談》，台北：頂淵文化事業有限公司，2004 年 7 月初版 3 刷。

 2. 張岱年著：《周易大傳》，上海：上海人民出版社，1992 年 6 月初版。

 3. 張其成著：《易道：中華文化主幹》，北京：中國書店，1999 年 1 月初版 1 刷。

 4. 張其成著：《易學大辭典》，台北：建宏出版社，1996 年 2 月初版 1 刷。

 5. 張立文主編：《玄境——道學與中國文化》，北京：新華書店，1997 年 5 月

1 版 2 刷。

6. 張增田著:《黃老治道及其實踐》,廣州:中山大學出版社,2005 年 9 月。

7. 張高評著:《左傳之武略》,高雄:麗文文化出版社,1994 年 10 月初版 1 刷。

8. 張善文、馬重奇主編:《左傳漫談》,台北:頂淵出版社,1997 年 8 月初版

9. 張少瑜著:《兵家法思想通論》,北京:人民出版社,2006 年 11 月 1 版 1 刷。

10. 張大可著,〈司馬遷的戰爭觀〉,劉乃和主編:《司馬遷和史記論集》,北京:北京出版社,1987 年 5 月。

11. 張覺校注:《荀子校注》,湖南:岳麓書社,2006 年 4 月初版 1 刷。

12. 張家山二四七號漢墓竹簡整理小組編著:《張家山漢墓竹簡(二四七號墓)》,北京:文物出版社,2006 年 5 月初版 1 刷。

13. 陳鼓應著:《老子今註今釋及評介》,台北:臺灣商務印書館,1974 年修訂版。

14. 陳鼓應著:《老莊新論》,上海:上海古籍出版社 1992 年。

15. 陳鼓應著:〈先秦道家易學發微〉,《道家文化研究》,第 12 輯,北京:三聯書店,1998 年。

16. 陳鼓應註譯:《黃帝四經今註今譯》,台北:臺灣商務印書館,2004 年 8 月初版 4 刷。

17. 陳麗桂著:《戰國時期的黃老思想》,台北:聯經出版社,1991 年 4 月初版。

18. 陳麗桂著:《秦漢時期的黃老思想》,台北:文津出版社,1997 年 2 月初版 1 刷。

19. 陳奇猷校注:《韓非子集釋》,台北:河洛圖書出版社,1974 年 3 月。

20. 陳啓云著:《中國古代思想文化的歷史論析》,北京:北京大學出版社,2001 年。

21. 陳槃著:〈寫在「五德終始說下的政治和歷史之後」〉,《古史辨》,冊 5。

22. 陳桐生著:《中國史官文化與史記》,台北:文津出版社,1993 年 11 月初版。

23. 陸玉林、唐有伯合著:《中國陰陽家》,北京:宗教文化出版社,1998 年 6 月初版 2 刷。

24. 陸思賢、李迪著:《天文考古通論》,北京:紫禁城出版社,2005 年 4 月,初版 1 刷。

25. 常秉義著:《周易與漢字》,烏魯木齊:新疆人民出版社,2000 年 10 月初

版 1 刷。

26. 郭慶藩編：《莊子集釋》，台北：河洛圖書出版社，1974 年 3 月臺景印 1 版。

27. 郭沫若著：《中國古代社會研究》，《郭沫若全集》，北京：人民出版社，1982 年 9 月初版 1 刷。

28. 梁啟超著：〈陰陽五行說之來歷〉，顧頡剛編，《古史辨》，台北：藍燈文化 事業股份有限公司，1993 年 8 月，2 版。

29. 梁必駸主編：《軍事哲學思想史》，北京：軍事科學出版社，1998 年 3 月 1 版 1 刷。

30. 許保林著：《中國兵書通覽》，北京：解放軍出版社，1990 年 10 月。

31. 國防部史政編譯局編印：《中國戰史大辭典——戰役之部》，台北：國防部 史政編譯局，1989 年 6 月。

十二畫：黃、馮、鈕、普、程、蔡、勞、

1. 黃忠天著：《周易程傳註評》（高雄：復文圖書出版社，2004 年 9 月 2 版。

2. 黃漢光著：《黃老之學析論》，台北：鵝湖出版社，1990 年 5 月。

3. 黃永堂譯注：《國語》台北：臺灣古籍出版社，1997 年 4 月初版 1 刷。

4. 黃浩然著：《中國古代兵學思想》，鳳山：黃埔出版社，1959 年 5 月初版。

5. 黃楠森著：《哲學概念辨析辭典》，北京：中共中央黨校出版社，1993 年。

6. 黃懷信、張懋鎔、田旭東著：《逸周書彙校集注》，上海：古籍出版社，1995 年 12 月。

7. 馮逸、僑華點校，劉文典著：《淮南鴻烈集解》，北京：中華書局，1989 年 5 月初版。

8. 馮時著：《中國天文考古學》，北京：中國社會科學出版社，2007 年 1 月 初版 1 刷。

9. 馮時著：《出土古代天文學文獻研究》，台北：台灣古籍出版公司，2001 年 5 月初版 1 刷。

10. 馮友蘭著：《中國哲學史》，九龍官塘：1970 年 2 月再版。

11. 馮契著：《哲學大辭典》，上海：上海辭書出版社，1992 年。

12. 鈕先鍾：《孫子三論——從古兵法到新戰略》，台北：麥田出版社，1997 年 4 月初版 2 刷。

13. 鈕先鍾著：《戰略緒論》，台北：麥田出版社，1999 年 11 月初版 3 刷。

14. 鈕先鍾著：《戰略家》，台北：麥田出版社，2000 年 6 月初版 2 刷。

15. 鈕先鍾著：《戰略研究入門》，台北：麥田出版社，1998 年 9 月初版 1 刷。

16. 普穎華著：《吳子兵法》，台北：昭文社出版，1997 年 2 月初版。

17. 普穎華著：《諸葛亮兵法》，台北：昭文社出版，1996 年 8 月初版 3 刷。

18. 普穎華著：《孫臏兵法》，台北：旭昇圖書公司，1997 年 4 月初版 2 刷。

19. 程金造著：〈司馬遷的兵學〉，張高評主編，《史記研究粹編‧第二集》，高雄：復文圖書出版社，2001 年 11 月初版。

20. 蔡信發著：〈從《史記》論將帥之道〉，《話說史記》，台北：萬卷樓圖書公司，1995 年 10 月。

21. 勞思光著：《中國哲學史》，台北：三民書局，1999 年 2 月，增訂九版。

十三畫：鄒、楊、葛、裘、解、萬

1. 鄒學熹著：《易學與兵法》，四川：四川科學技術出版社，1997 年 7 月初版 3 刷。

2. 楊伯峻著：《春秋左傳注》，高雄：復文出版社，1991 年 9 月再版。

3. 楊超著：〈先秦陰陽五行說〉，黃壽祺、張善文編：《周易研究論文集‧第二集》，北京：北京師範大學出版社，1989 年 8 月初版 1 刷。

4. 楊善群著：《孫臏》，台北，知書房出版社，2000 年 2 月，2 版 1 刷。

5. 楊慶旺主編：《實用謀略學辭典》，北京：哈爾濱出版社，1992 年 8 月 1 版 1 刷。

6. 楊寬著：《戰國史》，台北：台灣商務印書館，2001 年 11 月初版 7 刷）。

7. 楊家駱主編：《廿二史箚記及補編》，台北：鼎文書局，1975 年 3 月初版。

8. 葛剛岩著：《文子成書及其思想》，四川：巴蜀書社，2005 年 12 月初版 1 刷。

9. 裘錫圭著：《中國出土古文獻十講》，上海：復旦大學出版社，2004 年 12 月初版

10. 解文超著：《先秦兵書研究》，上海：上海古籍出版社，2007 年 7 月初版。

11. 萬德群主編：《左傳戰爭哲學之研究》，台北：三軍大學政治研究所，1985 年 11 月初版。

十四畫：樓、熊、趙

1. 樓宇烈校釋：《王弼集校釋》，台北：華正書局，1992 年 12 月初版。

2. 熊十力著：《讀經示要》，台北：洪氏出版社，1976 年 3 月初版。

3. 趙超著：《簡牘帛書發現與研究》，福建：人民出版社，2005 年月初版 1 刷。

4. 趙國華著：《中國兵學史》，福建：人民出版社，2004 年 11 月初版。

十五畫：劉、潘、鄭、黎、曾、蔡、蔣

1. 劉百閔著：《周易事理通義》，台北：世界書局，1985 年 10 月再版。

2. 劉笑敢著:《老子》,台北:東大圖書,1999 年 3 月。

3. 劉福增著:《老子哲學新論》,台北:東大圖書,1999 年 8 月。

4. 劉大鈞主編:《簡帛考論》,上海:上海古籍出版社,2007 年 5 月初版。

5. 劉昭民著:《中華天文學發展史》,台北:臺灣商務印書館,1985 年 1 月初版。

6. 劉玉健著:《中國古代龜卜文化》,廣西:廣西師範大學出版社,1992 年 4 月 1 版。

7. 劉韶軍著:《占星術注評》,台北:雲龍出版社,1994 年 2 月初版。

8. 劉云柏著:《中國兵家管理思想》,上海:人民出版社,1990 年 11 月。

9. 劉長林著:《中國象科學觀──易道與兵醫上下冊》,北京:社會科學文獻出版社,2007 年 3 月初版 1 刷。

10. 劉基著:《百戰奇略》,台北:微風草堂出版社,2000 年 10 月初版 1 刷。

11. 潘雨廷著:《易學史發微》,上海:復旦大學出版社,2001 年 12 月 1 版 1 刷。

12. 鄭圓鈴著:《史記黃老思想研究》,台北:學海出版社,1998 年 1 月。

13. 鄭文光著:《中國天文學源流》,台北:萬卷樓圖書有限公司,2000 年 3 月初版。

14. 黎翔鳳著:《管子校注》,北京:中華書局,2004 年 6 月初版 1 刷。

15. 曾國藩著:《曾國藩全集・雜著》,台北:漢苑出版社,1982 年 3 月。

16. 蔡松坡著:《曾胡治兵語錄》,中壢:陸軍總司令部印,1989 年 3 月。

17. 蔡信發著:〈從《史記》論將帥之道〉,《話說史記》,台北:萬卷樓圖書公司,1995 年 10 月。

18. 蔣錫昌著:《老子校詁》,台北:東昇出版社,1980 年 4 月初版。

十六畫:錢

1. 錢穆著:《國史大綱》,台北:臺灣商務印書館,1994 年 1 月修訂 2 版。

2. 錢穆著:《秦漢史》,台北:三民書局,1992 年 9 月,6 版。

十七畫以上:戴、謝、薄、蕭、魏、酈、駢、羅、嚴、譚

1. 戴璉璋著:《易傳之形成及其思想》,台北:文津出版社,1997 年 2 月初版 2 刷。

2. 戴黍著:《淮南子治道思想研究》,廣州:中山大學出版社,2005 年 9 月初版 1 刷。

3. 謝松齡著:《天人象──陰陽五行學說史導論》,山東:文藝出版社,1991 年 6 月初版 2 刷。

4. 薄樹人著：《中國天文學史》，台北：文津出版社，1996 年 5 月初版 1 刷。

5. 蕭登福著：《列子古注今譯》，台北：文津出版社，2000 年 3 月初版。

6. 蕭公權著：《中國政治思想史》，台北：聯經出版社，1983 年 5 月初版 2 刷。

7. 魏汝霖著：《孫子兵法大全》，台北：黎明文化事業公司，1986 年 7 月 4 版。

8. 魏源著：〈老子本義序〉，《魏源集》，台北：鼎文書局，1978 年 11 初版。

9. 鄺芷人著：《陰陽五行及其體系》，台北：文津出版社，2003 年 7 月 2 版 2 刷。

10. 駢宇騫、段書安編著：《本世紀以來出土簡帛概述》，台北：萬卷樓圖書公司，1999 年 4 月初版。

11. 羅桂成著：《唐宋陰陽五行論集》，香港：公誠社出版，1982 年 12 月初版。

12. 羅振玉著：《殷虛契考釋卷下》，台北：藝文印書館，1981 年 3 月。

13. 嚴靈峰著：〈老子思想對於孫子兵法的影響〉，《老子研讀須知》，台北：正中書局，1992 年 4 月臺初版。

14. H.Norman Schwarzkopf, Peper Pepre 著，譚天譯：《身先士卒：史瓦茲柯夫將軍自傳》，台北：麥田出版社，1993 年初版。

三、碩博士論文（依著者姓氏筆劃排列）

1. 王璟著：《黃老思想治身治國一體之理論》，國立台灣師範大學國文研究所碩士論文，1990 年。

2. 王智榮著：《周易軍事思想之研究》，高雄：國立中山大學中國文學研究所碩士論文，2004 年 6 月。

3. 李訓詳：《古陣新探——新出史料與古代陣法研究》，國立臺灣大學歷史研究所博士論文，1999 年 6 月。

4. 李宗定：《老子「道」的詮釋與反思——從韓非、王弼注老之溯源考察》，國立中正大學文學研究所博士論文，2002 年 7 月。

5. 岑丞丕著：《先秦兵陰陽家問題探論》，中國文化大學歷史研究所碩士論文，2005 年。

6. 杜京德著：《春秋時代兵學思想的承襲與創新》，淡江大學國際事務與戰略研究所碩士論文，2001 年 6 月。

7. 林文欽：《周義時義研究》，高雄高師大國研所博士論文，1982 年 5 月。

8. 林明正著：《說文——陰陽五行觀探析及對後世字書之影響》，中國文化大學中國文學研究所碩士論文，2000 年 12 月。

9. 林金泉著：《周秦陰陽五行家思想研究》，國立台灣師範大學國文研究所碩

士論文，1982 年 11 月。

10. 前田一可：《老子之軍事思想研究》，文化大學中文研究所碩士論文，1988 年 6 月。

11. 張炳磊著：《黃老帛書治術思想研究》，南華大學哲學系，碩士論文，2007 年 6 月。

12. 郭世清著：《易經哲學之現代意義——以對軍事倫理啓發價值爲例》，政戰學校碩士論文，2000 年 6 月。

13. 郭國泰著：秦漢思想中有關「陰陽」「五行」之探討——從《呂氏春秋》到《太平經》，私立東吳大學中國文學系，博士論文，2008 年 1 月。

14. 黃聖松著：《殷商軍事組識研究》，國立中山大學中國文學研究所博士論文，2006 年 6 月。

15. 趙中偉著：《周易「變」的思想研究》，輔仁大學中國文學研究所博士論文，1994 年 6 月。

16. 鄭國瑞著：《兩漢黃老思想研究》，國立政治大學中國文學研究所，博士論文，2003 年。

17. 簡福興著：《春秋無義戰論》，高雄：高師大國研所碩士論文，1982 年 5 月。

18. 羅獨修著：《先秦兵家思想探源——以孫武、孫臏、尉繚爲例》，台北：中國文化大學歷史研究所博士論文，1998 年。

四、期刊（依著者姓氏筆劃排列）

1. 丁驌著：〈説周原契數〉，《中國文字》，新五期，1981 年 5 月。

2. 于省吾著：〈略論西周金文中的六𠂤和八𠂤及其屯田制〉，《考古》，1964 年第三期。

3. 王智榮著：《易學與兵學之研究》，國軍第二十八屆軍事著作作戰類佳作獎，2001 年 3 月。

4. 王天晞著：〈淺議中國戰爭之起源〉，《人文雜誌》，2002 年第 4 期。

5. 田旭東著：〈張家山漢簡《蓋盧》中的兵陰陽家〉，《歷史研究》，2002 年 12 月，第 6 期。

6. 田旭東著：〈新公布的竹簡兵書《蓋盧》〉，《中華文化論壇》，2003 年第 3 期。

7. 朱伯崑著：〈易學中邏輯思維與辯證思維傳統〉，《中國文哲研究通訊，1993 年》，3 期。

8. 邵鴻著：〈中國古代對軍事術數和兵陰陽家的批判〉，《史林》，2000 年 8 月，第 3 期。

9. 邵鴻著:〈兵陰陽家與漢代軍事〉,《南昌大學學報‧哲學社會科學版》,2002 年 12 月,第 6 期。

10. 邵鴻著,〈春秋軍事術數考述——以《左傳》爲中心〉,《南昌大學學報(人社版)》,1999 年 3 月。

11. 邵鴻著:〈張家山漢墓竹書《蓋盧》與《伍子胥兵法》〉,《南昌大學學報(人社版)》,2002 年 4 月。

12. 邵鴻著:〈神權壟斷的悖論:中國古代國家對術數活動的限制與兩難— 側重兵陰陽學方面〉,《天津社會科學》,2002 年第 1 期。

13. 唐蘭著:〈馬王堆出土〈老子〉乙本卷前古佚書的研究——兼論其與漢初儒法鬥爭的關係〉,《考古學報》,1975 年第 1 期。

14. 晁福林著:〈論老子思想的歷史發展〉,《孔子研究》,2002 年第 1 期。

15. 張善文、樊聖著:〈《左傳》、《國語》中的《周易》筮法〉,《大陸雜誌》,101 卷第 2 期。

16. 張秉權著:〈甲骨文的發現與骨卜習慣的考證〉,《歷史語言研究所集刊》,第 37 本,1967 年 6 月。

17. 陳麗桂著:〈從出土竹簡文子看古、今本文子與淮南子之間的先後關係及幾個思想問題〉,《哲學與文化》,1996 年。

18. 陽平南著:〈《史記》兵謀初探—以所載兵家和徵引兵法爲範圍〉,岡山:空軍軍官學校,戰史與戰爭文學學術研討會,2001 年 3 月。

19. 喻燕姣著:〈從馬王堆漢墓文物看兩千年前的天文星象〉,《天文館期刊》,第七期。

20. 葉文舉著:〈略論《史記》通變觀與《易》道的關係〉,《安徽師大學報‧哲學社會科學版》